Le Territoire de Mambasa en Ituri, RD Congo

Ses ressources et le développement

Sous la direction de
Robert Bungishabaku Katho
&
Isaac Mbabazi Kahwa

Le Territoire de Mambasa en Ituri, RD Congo

Ses ressources et le développement

L'Harmattan
RDCongo

5-7, rue de l'École-Polytechnique ; 75005 Paris

http://www.librairieharmattan.com

ISBN : 978-2-343-18760-0
EAN : 9782343187600

Pour Gaikani Makani Albertine

&

Rubito Komwinzara Kezia

Sommaire

Sigles

AEAB	Association des Exploitants Artisanaux de Bois
AEFAB	Association des Exploitants Forestiers et Acheteurs de Bois
AIU	Africa International University
CI	Circonscription indigène
CEPROMAD	Centre de Promotion de Management et Développement
CRMD	Centre de Recherche Multidisciplinaire pour le Développement de Bunia
EP	École Primaire
HGR	Hôpital Général de Référence
ICCN	Institut Congolais pour la Conservation de la Nature
ISP	Institut Supérieur Pédagogique
MONUC	Mission de l'Organisation des Nations Unies au Congo
ODD	Objectifs de Développement Durable
ONG	Organisation Non-Gouvernementale
ONGS	Organisations Non-Gouvernementales
PFNL	Produits forestiers non litigieux
PK47	Point kilométrique 47
PNIA	Plan National d'Investissement Agricole
PVD	Pays en voie de développement
RDC	République Démocratique du Congo
RFO	Réserve de Faune à Okapis
SIL-Wycliffe	Summer Institute of Linguistics-Wycliffe
TFC	Travail de fin de cycle
UNIC	Université du Centre de Promotion de Management et Développement
USB	Université Shalom de Bunia

Contributeurs

ANDY Anguandia Alo (PhD, Africa International University, Kenya) est consultant en Traduction de la Bible avec Summer Institute of Linguistics (SIL) et Professeur Associé à l'Institut Supérieur Pédagogique (ISP)/Aru. Il est aussi Professeur-visiteur dans le Département de Traduction de la Bible à l'USB, où il enseigne l'Introduction à la linguistique et la Morphosyntaxe approfondie. Ses domaines de recherches sont, entre autres, la Linguistique, la traduction de la Bible et l'ethnicité.

ATIDO Pirwoth Georges (PhD, Africa International University, Kenya) est Recteur de l'USB. Il est Professeur de Missiologie et Christianisme mondial au sein de cette institution. Il est un Langham scholar et membre d'African Society of Evangelical Theology, de l'Observatoire du Religieux en RDC et Président du Comité-directeur de Cours d'Orientation Missionnelle en Afrique francophone. Son cadre de recherches s'applique, entre autres, à interroger les expressions indigènes du christianisme africain et leur connectivité avec le contexte économique, social et politique de l'Afrique. Atido est auteur de plusieurs articles scientifiques publiés dans des revues locales et internationales. Parmi ses publications les plus récentes, on peut citer « Church Revitalization in Congo: Missiological Insights from One Church's Efforts at Glocalization », parue dans *International Bulletin of Mission Research* (2017). De plus, Atido est engagé dans plusieurs projets de publications. Son projet postdoctoral est intitulé « Essor des Églises d'Initiative Africaines : tendance émergentes ».

BALOLEBWAMI Luhinzo Romain (DEA, Université Shalom de Bunia, RDC), après ses études en Missiologie (Diplôme d'Études Approfondies), est actuellement Directeur de la Ligue pour la Lecture de la Bible (LLB) dans la Province de l'Ituri.

Bati Bateaka Jacques (DEA cand, Université Shalom de Bunia, RDC) est Comptable et enseignant à l'USB. Il est porteur d'une licence en Management et Sciences Économiques. Il anime le séminaire de Gestion financière et assiste des Professeurs dans plusieurs cours, dont la Comptabilité générale, la Comptabilité analytique d'exploitation, la Gestion budgétaire, l'Économétrie, et bien d'autres cours, à l'USB et à l'UNIC/Bunia. Bati fait actuellement son Master en Leadership et Management des Organisations à l'USB, un programme sous le parrainage de Développement Associates International (DAI). La finance, et plus spécifiquement la gestion budgétaire, et le leadership, sont ses domaines de recherches.

Bazungu Avemvo Joseth (Licence, ISP/Bukavu, DRC) est licencié agrégé en Géographie. Il est Chef de Travaux à l'ISP/ Bunia, au Département de Géographie et Gestion de l'environnement et Directeur Général au Centre de Recherche Multidisciplinaire pour le Développement de Bunia (CRMD/ Bunia). Il mène ses recherches sur les atouts et freins de développement des Territoires composant la Province de l'Ituri. Il s'intéresse aussi aux impacts de réchauffement climatique sur l'environnement de l'Ituri, notamment les perturbations de saisons agricoles, le recul de côtes de Lac Albert suite à l'évaporation, le tarissement progressif des nappes phréatiques dans les Monts Blues et l'apparition des criquets migrateurs et plantes envahissantes dans le Territoire d'Aru. Bazungu analyse également la pression démographique et la dégradation de la forêt de l'Ituri.

Birungi Sumbuso Amani (DEA cand, Université de Kisangani, RDC) est détentrice d'une licence en Gestion des Entreprises. Elle est Assistante et Secrétaire Académique Facultaire de la Faculté d'Administration et Gestion de l'USB. De plus, elle est inscrite au programme de Diplôme d'Études Approfondies à l'Université de Kisangani. Birungi est auteure de deux articles scientifiques, tous les deux publiés dans la *Revue Shalom de Développement* de l'USB.

Bungishabaku Katho Robert (PhD, University of Natal, South Africa) est Professeur Ordinaire à l'USB. Il enseigne l'Ancien Testament et les cours y relatifs au sein de cette institution et dans d'autres universités en Afrique et au-delà. Il dirige le programme de Doctorat dans la Faculté de Théologie Évangélique de l'USB et est chargé de recherche au Centre de Recherche Multidisciplinaire pour le

Développement (CRMD) de Bunia. Membre de Old Testament Society of Southern Africa et de The Society of Biblical Literature, Katho est auteur de plusieurs contributions dans des livres et plusieurs articles scientifiques dans des revues internationales. Son *Commentaire de Jérémie et Lamentations*, dans la série Commentaire Biblique Contemporain, est paru à 2017. Un autre ouvrage, *Reading Jeremiah in Africa: Biblical Essays in Sociopolitical Imagination* paraît très bientôt. Ses domaines de recherche sont notamment : Interprétation de la Bible dans le contexte africain, la Théologie de l'Ancien Testament, la Théologie Politique et les Prophètes. Katho est Représentant Légal honoraire de la 39e Communauté Emmanuel, une des Communautés membres de l'Église du Christ au Congo (ECC) et Directeur du Centre Jérémie pour la Foi et la Société.

DRABU Dhegru Bienfait (Licence, Université Shalom de Bunia, RDC) a une licence en Développement communautaire. Il est Assistant dans la Faculté des Sciences de Développement à l'USB, où il encadre les étudiants dans le cours de Développement communautaire et beaucoup d'autres cours relatifs au développement. Drabu est également chargé de coordonner les activités de recherches au sein de ladite Faculté. Il a quelques articles scientifiques en cours de publication. L'amour de la recherche a fait de lui un des facilitateurs des cours de la recherche, dont Initiation à la recherche scientifique, Méthodes de recherche en Sciences Sociales, Recherche-action, Recherche socio-anthropologique.

KABUCUNGU Hand-jinga Dieudonné (MA, Nairobi Evangelical Graduate School of Theology, Kenya) est Chef de Travaux et enseigne à l'USB. Il est aussi le Chef du Département de Traduction de la Bible et Coordinateur du Centre d'anglais au sein de cette institution. En sa qualité d'enseignant, Kabucungu enseigne plusieurs cours au niveau de graduat, entre autres, la Traduction de la Bible, la Traduction biblique et l'église, le Monde de la Bible, le Pentateuque, le Monde socioculturel de la Bible et l'Analyse du discours. Parmi ses articles scientifiques, on peut citer « Impact de la traduction biblique en langues locales sur l'Église », « La traduction biblique en langue locale : affaire dépassée pour les églises d'Afrique et du Congo Démocratique ? » et « Une étude socioculturel du livre de Ruth ».

KATANZABO Ngele Dieudonné (Licence, Université Shalom de Bunia, RDC) travaille dans plusieurs ONGs qui interviennent dans les projets d'urgence et de développement. De plus, il travaille avec des Associations locales comme animateur, superviseur de projet, Chef de projet et Directeur des programmes. Katanzabo s'intéresse plus à la promotion de développement local. Après sa licence en Développement, il poursuit actuellement ses études dans le Département de Traduction de la Bible à l'USB, afin d'aider dans le projet de traduction de la Parole de Dieu dans la langue bira.

KIBUKA Kutionga N. Corneille (ThD, Université Protestante du Congo, RDC) est Secrétaire Général Académique à l'USB. Son domaine de recherches est le Nouveau Testament : les Évangiles – l'Évangile selon Luc. Il enseigne, entre autres, les Épîtres catholiques, l'Épître aux Hébreux, l'Apocalypse, les Religions et Sectes, la Théologie Exégétique, la Théologie contemporaine, l'Œcuménisme et courants théologiques en Afrique. Il a une expérience du leadership ecclésial et académique. À ce titre, il a écrit un nombre de livres, le plus récent étant *Le mariage, le divorce et le remariage selon la Bible* (Éditions Moyowa Afrika, 2018). Il est auteur de plusieurs articles scientifiques dont le plus recent est « De l'argent trompeur à l'argent serviteur selon Luc 16.1-13, paradigmes de la fraude et mauvaise gouvernance en Afrique » (*Revue Théologique Shalom*, 2019). Il a un bon nombre d'articles en cours de publication.

KISEMBO NZUMAKI Patrick (MA, Uganda Christian University, Uganda) est enseignant de l'Économie du développement, de l'Economie politique et de quelques autres cours à l'USB et à l'Université de Bunia (UNIBU). Il est le Doyen de la Faculté des Sciences de Développement de l'USB. Il est également membre du Comité de Rédaction de la *Revue Shalom de Développement* de l'USB. Il est aussi auteur de quelques articles scientifiques. Ses domaines de recherches sont, entre autres, les politiques de développement, les ressources naturelles et les communautés locales.

KRIKAIDJA L. Semire Josaphat (DEA, Faculté de Théologie de Bangui, Centrafrique) est Pasteur, enseignant et chercheur dans la Faculté de Théologie Évangélique de l'USB. Il s'intéresse aux recherches multidisciplinaires en Missiologie, en Théologie Biblique, en

Théologie Pratique et Contextuelle. Il est auteur de plusieurs articles scientifiques. De plus, Krikaidja tient assez régulièrement des conférences sur la contextualisation, le christianisme en Afrique et les phénomènes socio-religieux et politiques en Afrique et le rôle de l'église. Son intérêt, ce dernier temps, porte sur les questions de la théologie africaine et sa pertinence.

MAKPELA NGBOYO Théophile (ThD cand, Université Shalom de Bunia, RDC) est enseignant à l'USB. Actuellement, il est doctorant dans les Sciences Bibliques au sein de cette institution. Ses domaines de recherches sont, notamment, les Évangiles, l'Éthique chrétienne en milieux africains, les Lettres pastorales et l'Homilétique dans le contexte africain. Sa publication la plus récente est intitulée « Foi, salut et sacrement pour les polygames », dans la *Revue Théologique Shalom* de l'USB.

MBABAZI Kahwa Isaac (PhD, The University of Manchester, UK) est Professeur du Nouveau Testament et Directeur du Centre de Recherche Shalom de l'USB. Il est le Rédacteur en chef de la *Revue Théologique Shalom* et de la *Revue Shalom de Développement* de cette institution. Un Langham scholar, il est membre de plusieurs associations professionnelles dont *Society of Biblical Literature*, *Tyndale Fellowship* et *Institute for Biblical Research*. Mbabazi est l'auteur de *The Significance of Interpersonal Forgiveness in the Gospel of Matthew* (Eugene, OR, Pickwick, 2013). De plus, il a publié plusieurs articles scientifiques dans des revues locales, régionales et internationales. Sa publication la plus récente est « Heeding Matthew's Voice in the Conflicts and Civil Wars in the DRC », sous dir. Paul A. Barker, *Tackling Trauma: Gobal Biblical, and Pastoral Perspectives* (Langham, UK, 2019). Ses domaines de recherches sont, entre autres : les Évangiles, les Épîtres générales et l'interprétation de la Bible dans le contexte africain.

MANANU Adubango Innocent (Dr en Médecine, Université Évangélique en Afrique, RDC) est médecin traitant au Centre Médical Évangélique (CME) de Nyankunde. Actuellement, il est en formation de Master en Ophtalmologie à l'Institut d'Ophtalmologie Tropicale d'Afrique (CHU-IOTA), Bamako, au Mali.

NDAGIJIMANA Batibuka Pontien (PhD, London School of Theology, en collaboration avec Middlesex University, UK) est Professeur du Nouveau Testament et Bibliothécaire en chef de la Bibliothèque Alo de l'USB. Il est membre de ScholarLeaders. Ses domaines de recherches sont la Théologie du Nouveau Testament (principalement la Théologie de Paul), et la Bible et la société (l'effort ici étant de trouver la réponse de la Bible et de l'Église aux problèmes sociaux actuels de l'Afrique). Ndagijimana est auteur des articles scientifiques parus dans des revues nationales et internationales, le plus récent étant « Laisser la vengeance à Dieu : la vérité de Romains 12, 19 », paru dans *Mélanges de Science Religieuse* (Lille, France, 2017). Il travaille également avec North-West University (South Africa) dans la direction et l'évaluation des mémoires de Master.

NITILU Kongawi Pascal (DEA cand, Université de Kisangani, RDC) est détenteur d'une licence en Pédagogie, Option Administration et Inspection Scolaire. Il est actuellement inscrit dans le programme de DEA, Département de Pédagogie, dans la Faculté de Psychologie et Sciences de l'Éducation à l'Université de Kisangani. Il est également l'Assistant du Secrétaire Général Académique de l'USB, et Superviseur de formation dans le Projet de Réforme et de Rajeunissement de l'Administration Publique (PRRAP), Antenne de la Province de l'Ituri. Son domaine de recherches est la planification de l'éducation.

OBEDI Poung'a Willy (Licence, Université du CEPROMAD Bunia, RDC) est détenteur d'une licence en Management et Sciences Économiques. Il est comptable de formation et de carrière. Il est aussi Administrateur du Budget et Chef de Travaux à l'USB. En sa qualité de Chef de Travaux, il enseigne plusieurs cours dans les institutions d'enseignement supérieur et universitaire de la région, dont la Gestion budgétaire, la Comptabilité analytique, la comptabilité et finance adaptées aux églises et l'économie de développement, la Comptabilité générale et le Contrôle de gestion. De plus, il fait des audits financiers dans plusieurs organisations dans la région. La finance, et plus spécifiquement la gestion budgétaire est son domaine de recherches. Il est auteur de plusieurs articles dont « Analyse budgétaire d'une institution de santé : cas de CME Clinique de Bunia de 2011–2012 » et « Pratique de la comptabilité par les opérateurs sociaux et économiques en cité de Bunia : un regard critique et scientifique ».

SUMBUSO Bamaraki Azalia (ThD, Université Protestante du Congo, RDC) est Doyen de la Faculté de Théologie Évangélique de l'USB et Professeur de Théologie Pratique. Counseling est son domaine majeur. Les problèmes qui relèvent des interférences démoniaques sont en particulier les questions qui intéressent la plupart de ses recherches. Sumbuso enseigne plusieurs cours, parmi lesquels, les cours de Foyer chrétien, de Liturgie, de Croissance et développement de l'église. Il est chercheur au Centre de Recherche Multidisciplinaire pour le Développement de Bunia. Il a publié un nombre d'articles scientifiques, le plus récent étant « Bible et ethnomédecine : compatibilité et limites », paru dans *Revue Théologique Shalom* en 2018. De plus, il a un nombre d'articles qui sont en cours de publication.

TAGBA Baginyo Stalon (Licence, Université du CEPROMAD Bunia, RDC) est Manager et Économiste de formation et de profession. Il est en même temps Pasteur responsable du Ministère Camp de Dieu/Assemblée d'Adorateurs et Disciples (MCD/AAD) et encadre les étudiants dans plusieurs institutions d'enseignement supérieur et universitaire à Bunia. Caractérisé par la curiosité, la rigueur intellectuelle et spirituelle, le sens du professionnalisme et le goût de la communication, avec autant d'attrait à l'enseignement, à la recherche qu'à la formation continue, Tagba poursuit actuellement une licence en Théologie. Il a publié quelques articles scientifiques, les plus récents étant « Management des finances publiques dans la perspective de la future Province de l'Ituri » et « Application de la théorie quantitative de la monnaie en République Démocratique du Congo ».

TATI Makodra Bienvenu (Licence, Université du CEPROMAD Bunia, RDC) est Chef de Travaux à l'Université du CEPROMAD de Bunia. Il est détenteur d'une licence en Management et Sciences Économiques, et il est enseignant-visiteur à l'USB. Ses domaines de recherches sont, notamment, la gestion budgétaire, l'audit et contrôle de gestion et organisation comptable. Il est actif dans la recherche ; il a publié un nombre d'articles scientifiques. Aussi, il est doctorant en Leadership et Management des organisations à l'Université Lumière de Bujumbura. Sur le plan professionnel, il assume plusieurs fonctions dans les domaines de gestion financière, d'organisation comptable, d'audit et du contrôle de gestion des organisations privées, ecclésiastiques et publiques.

UMVOR Keno Gilbert (PhD, Université Pédagogique Nationale, RDC) est Docteur en Histoire. Il est Professeur affecté à titre Principal à l'ISP/Bunia). Outre son institution d'attache, il enseigne dans la plupart des universités et instituts supérieurs du nord-est de la RDC. Il a publié de nombreux ouvrages et articles portant sur les ethnies de la Province de l'Ituri et sur la décolonisation du Congo-Belge. Umvor est Directeur Général de l'ISP/Mahagi et chercheur au CRMD/Bunia dont il est le Rédacteur en chef de la revue. Comme acteur politique, Umvor a été membre de la Commission de la Pacification de l'Ituri, de l'Assemblée Spéciale Intérimaire de l'Ituri et Député national.

WAY Alege (PhD cand, Deakin University, Australia) est enseignant-chercheur à l'USB au sein de la Faculté des Sciences de Développement. Sa thèse de doctorat, intitulé « Reconciling Development Interventions and Communities' Vital Concerns in Ituri District », est en train d'être finalisée. Ses domaines de recherches sont variés : ils s'étalent du développement international et communautaire au développement social et le développement durable, en passant par le développement rural. Sa publication la plus récente est intitulée « De la cueillette à l'agriculture de substance : défis et perspective d'intégration du Pygmée de Shaurimoya dans le développement durable », parue dans la *Revue Shalom de Développement*. Elle analyse les défis que connaissent les Pygmées de la forêt de l'Ituri face à la transition de la vie de chasse, de ramassage et de la cueillette à la vie sédentaire.

Introduction

BUNGISHABAKU Katho Robert &

MBABAZI Kahwa Isaac

Ce volume est une collection de dix-neuf essais, préparés principalement par les chercheurs de l'Université Shalom de Bunia (USB), en collaboration avec les chercheurs de certaines institutions-sœurs implantées dans la ville de Bunia. Ils sont le fruit de recherches menées en Territoire de Mambasa. Mambasa est l'un des cinq Territoires de la Province de l'Ituri, au nord-est de la République Démocratique du Congo (RDC).

Jusque tout récemment, la région de Mambasa était principalement occupée par deux peuples, en l'occurrence : les Pygmées (considérés comme les premiers citoyens de la RDC) et différents groupes des Bantous. À cause de certains phénomènes sociaux (tels que l'explosion démographique, la pauvreté, la quête pour des gains économiques), certains d'autres peuples ont massivement émigré de la savane vers la forêt, envahissant ainsi la région de Mambasa. Ce déplacement a créé des opportunités économiques pour les résidents de la forêt, qui s'y considèrent comme les premiers propriétaires. Ce sont eux qui décident sur les portions de la forêt à vendre, les arbres à exploiter, etc. Cependant, il est observé que ces ressources naturelles offrent plus de gains économiques aux nouveaux-venus qu'aux autochtones.

Ces essais voudraient répondre à deux préoccupations primordiales. La première concerne l'exploitation irrationnelle des ressources naturelles et la distribution inéquitable des gains économiques entre les premiers habitants de la forêt et la population qui, actuellement, se déplace massivement de leurs milieux d'origine vers la forêt. Plus spécifiquement, elle cherche à répondre à la question de savoir pourquoi les conditions socioéconomiques des résidents autochtones de la forêt se dégradent davantage, bien que ces derniers aient basculé de l'exploitation de subsistance des ressources naturelles de la forêt à l'exploitation commerciale. La deuxième préoccupation a trait au déclin de l'évangile dans les milieux où les premiers missionnaires s'étaient investis pendant presque quatre-vingts ans. La question principale est celle-ci : pourquoi ces résidents de la forêt retournent-ils aux croyances et pratiques traditionnelles après qu'ils aient été illuminés par les enseignements évangéliques durant presque huit décennies ?

Abstraction faite des contraintes socio-économiques évoquées, l'évangile semble être à l'arrêt. En effet, le christianisme est entré dans la région de Mambasa dans les années 1900s. Les missionnaires mirent en œuvre des stations avec des centres de santé, une éducation formelle assez bien organisée et des écoles bibliques. C'est de ces stations que l'implantation des églises et les services médicaux émergèrent dans la région. Ainsi, beaucoup d'églises furent implantées dans différents villages, avec comme impact direct l'expansion de l'évangile et le déclin des croyances et pratiques traditionnelles non-conformes à l'évangile.

Cependant, vers la fin des années 90s, l'on a constaté une forte vague des croyances et des pratiques traditionnelles soufflant à travers toute la région. Comme résultat, un nombre de faits sont observés, notamment un déclin important de nombre des croyants, la désertion des églises et l'abandon de l'éducation formelle par la nouvelle génération au profit du rite de passage.

Certains chercheurs, dont les travaux sont inclus dans ce volume, ont ainsi voulu établir la responsabilité de l'église, celle des gardiens traditionnels de la forêt et de l'élite de l'Ituri en général pour leur manque d'implication dans la gestion durable de ces ressources naturelles et un partage équitable de la richesse produite par ces dernières. Ces recherches voudraient aussi aider les églises du Territoire de Mambasa à découvrir de possibles failles qui auraient conduits aux fondations instables de l'évangile, et cela dans la perspective de trouver de nouvelles stratégies pour atteindre ces communautés avec un évangile holistique adapté au contexte local.

Ainsi, après presque six mois d'intenses recherches sur le terrain, le Centre de Recherche de l'Université Shalom de Bunia a organisé trois jours de présentation, d'échanges et de débats, au cours desquels différents chercheurs ont pu présenter les fruits de leurs travaux. L'Université a aussi pris soin d'inviter les leaders locaux et les leaders d'opinion représentants le Territoire concerné par le travail.

Les dix-neuf essais sont repartis en trois domaines suivants: Géo-physique/Bible/Théologie, avec neuf essais ; Éducation, Santé et

Développement, avec cinq essais ; et Économie, avec cinq essais également.

Umvor Keno Gilbert et Bazungu Avemvo Joseth donnent un aperçu général sur les milieux physique, humain, économique et socio-culturel de cette entité. Cet essai sert ainsi d'arrière-plan à l'ouvrage (chapitre 1).

« Conception de temps et développement spirituel chez les Ndaka » (chapitre 2) est la contribution de Kibuka Kutionga N. Corneille. Dans cet essai, l'auteur démontre que la lecture de temps chez les Ndaka du Territoire de Mambasa ne peut pas favoriser le développement spirituel de ce peuple dans la mesure où cette lecture est tournée vers le passé, pendant que la conception biblique de temps (liée à l'histoire du salut) est orientée vers le futur.

Le retour des chrétiens Babila-bakwanza dans les pratiques traditionnelles a attiré la curiosité de Krikaidja L. Semire Josaphat, et l'a poussé à aborder la question du « Rite d'initiation *kanjá* : facteur d'identité chez les Babila-Bakwanza en Territoire de Mambasa » (chapitre 3). Dans cet essai, l'auteur explore la valeur identitaire du rite d'initiation *kanjá* chez les peuples bila-bakwanza, et infère que c'est ce retour dans les pratiques traditionnelles qui justifie l'abandon des églises issues des missions pour les pratiques ancestrales principalement.

Pirwoth Atido Georges examine la résurgence des pratiques métaphysiques indigènes dans la société bila contemporaine (chapitre 4). Pour cet auteur, la société bila actuelle est caractérisée par des phénomènes mystérieux, comme celui des animaux qui incarnent la nature humaine pour défendre la cause des humains. Ce qui attire la curiosité est que cette pratique est approuvée par une grande majorité dans la communauté bila, y compris un bon nombre de chrétiens. Ceci traduit une crise théologique profonde née des questions nouvelles qui surgissent dans la vie pratique de la communauté bila.

Dans « Croyances et pratiques religieuses traditionnelles parmi les Lese-Karo dans le Territoire de Mambasa » (chapitre 5), Sumbuso Bamaraki Azalia opine que la foi de ce peuple s'appuie sur l'existence dynamique d'une série d'êtres invisibles et puissants, vivant tantôt au milieu de la sphère humaine, tantôt au-delà et au-dessus de celle-ci. Pour lui, ce sont des dieux hiérarchisés ou des génies, lesquels sont désignés sous différentes nomenclatures d'après la langue du peuple. Les cérémonies, telles que l'investiture des chefs et les séances d'initiation des jeunes traduisent quelques pratiques dans ce sens et expriment la dynamique entre le naturel, l'humain et le surnaturel avec des phénomènes paranormaux qui souvent se produisent et constituent l'égarement de ce peuple de la foi évangélique.

Bungishabaku Katho Robert et Balolebwami Luhinzo Romain, dans « Religion Traditionnelle Bila et développement socioéconomique » (chapitre 6), font remarquer que malgré toutes les critiques du christianisme dans l'érudition africaine, la présence de nombreuses stations missionnaires a été une opportunité pour le développement spirituel et socioculturel du peuple autochtone. Ils constatent que malheureusement tel semble ne pas être le cas chez le peuple bila parmi lequel l'on retrouve très peu d'intellectuels malgré la présence des nombreux missionnaires protestants qui se sont succédés chez eux entre 1930 et 1996. De plus, pour ces deux chercheurs, le peu des chrétiens que l'on retrouve actuellement chez les Bila semblent avoir un penchant pour la religion de leurs ancêtres au lieu de devenir lumière pour les non-chrétiens. Mais la religion traditionnelle bila enfonce davantage, réalisent-ils, ce peuple dans le sous-développement pour les deux raisons que voici : d'un côté, elle est tournée vers le passé et ignore les défis de notre ère, et de l'autre, elle exclut les femmes et les jeunes, qui sont reconnus comme la force du changement dans nos villes et villages.

« Le retour massif des baptisés lese-karo aux valeurs non chrétiennes : une crise du baptême comme rite de passage ? » (chapitre 7) est la réponse à la question *pourquoi les habitants de la forêt de Mambasa sont dans un sous-développement profond et ont la difficulté de sortir de cet état ?* Ndagijimana Batibuka Pontien, auteur de cet essai, argumente que le Lese est un peuple familier aux rites de passage, et que dû à cette réalité, le baptême chrétien qui est aussi un rite de passage, devrait facilement avoir un impact sur leur vie. Il démontre que si le baptême reste sans impact pour les Lese, la cause majeure est leur solide attachement à la culture héritée des pères. Pour cet auteur donc, ce qui vient des autres, quelle qu'en soit l'importance, se fraye le chemin difficilement dans l'esprit du Lese. L'essai conclut en suggérant qu'une inculturation est nécessaire pour les idées et pratiques importées, sans laquelle le Lese aura de la peine à émerger.

Certaines croyances traditionnelles peuvent entraver la voie du développement matériel dans l'esprit de leurs adeptes. Makpela Mboyo Théophile, dans « La croyance en Dieu, développement matériel et spirituel chez le peuple lese-dese du Territoire de Mambasa » (chapitre 8), pense que le frein au développement matériel est causé par des croyances n'ayant pas de fondement épistémologique. Selon lui, quand un peuple s'attache fermement à une croyance sans se poser des questions pour comprendre, sans analyser les prescrits de ces croyances face aux réalités du moment, il court le risque de demeurer dans la routine qui peut le faire tomber dans la misère. Les hommes de Dieu et les leaders d'opinion devraient accentuer l'enseignement holistique du bonheur. Selon Makpela, pour ainsi dire la vie de bonheur d'ici-bas est un fruit du travail réfléchi, lequel est un avant-goût du bonheur éternel avec le Sauveur.

L'absence de croissance des églises de la 39e Communnauté Emmanuel (CE-39) implantées en Chefferie des Babila-Bakwanza préoccupe autant les responsables des églises que des chercheurs. Dans « Regard comparatif de la contribution de la traduction biblique pour l'essor du christianisme : avec un focus sur le peuple bila » (chapitre 9), Andy Anguandia Alo et Kabucungu Hand-jinga Dieudonné analysent l'état actuel de ces églises locales pour comprendre la contribution que les Saintes Écritures en langue bila pourraient apporter au développement spirituel des membres des églises locales bila. Leur réflexion débouche sur une conclusion arguant que sans les saintes Écritures en langue bila, la progression du christianisme parmi le peuple bila sera presque nulle, ou plutôt, il continuera à enregistrer une régression.

Nitilu Kongawi Pascal, dans « Le contenu éducatif traditionnel des Bila » (chapitre 10) entreprends de vérifier l'efficience du contenu éducatif traditionnel de peuple bila. Il s'interroge sur le contenu éducatif du cursus d'une éducation traditionnelle susceptible d'induire les actions de développement et par là, tirer l'homme de la pauvreté. Les résultats auxquels il arrive démontrent qu'un bon nombre de contenu éducatif traditionnel de ce peuple permet une forte socialisation de ses membres. Trop peu d'éléments dans ce système éducatif est orienté vers les activités de production susceptibles de stabiliser la vie dans la société. De plus, la productivité dans les activités de ce peuple est plus expliquée par l'attachement à la croyance aux ancêtres, ce qui ne leur permet pas de s'intéresser à la nouvelle technologie relative à la production agricole.

À partir d'un constat selon lequel les écoles du Territoire de Mambasa sont surtout fréquentées par les enfants allochtones, alors que les enfants autochtones ne s'y intéressent pas, Drabu Dhegru Bienfait formule ainsi sa thématique : « Représentation sociale de l'éducation traditionnelle et formelle chez les Lese-Karo de Mambasa » (chapitre 11). Les résultats obtenus lui permettent d'affirmer que jusqu'à nos jours, c'est l'éducation traditionnelle qui guide encore les agissements communautaires de la population des Walese-Karo. En effet, ce peuple pense que l'éducation héritée des ancêtres est pratique et réaliste, contrairement à l'éducation formelle qui semble ne pas démontrer une quelconque pertinence dans le milieu. De ce fait, l'auteur conclut que ce fort attachement à l'éducation traditionnelle est un facteur du sous-développement du peuple lese-karo.

Way Alege, dans « Système de sécurité alimentaire chez les lese-dese » (chapitre 12), observe que la Chefferie des Walese-Dese traverse une insécurité alimentaire, malgré ses potentialités agricoles importantes. Ceci soulève deux questions cruciales : Quel était le système de sécurité alimentaire traditionnel des Walese-Dese ? Quelles sont les causes de sa disparition ? Les résultats de la recherche permettent à l'auteur de confirmer que les Lese-Dese avaient un système de sécurité alimentaire basé sur un calendrier agricole cyclique avec des activités qui se chevauchaient, une production agricole garantissant l'alimentation et l'économie du ménage, ainsi qu'un système de stockage approprié sous la surveillance tripartite du paysan, de l'agronome et du chef de village. C'est la disparition de ce système traditionnel qui est à la base de l'insécurité alimentaire actuelle.

« Contribution des Associations locales au développement du Territoire de Mambasa » (chapitre 13) analyse les contributions des Associations locales du Territoire de Mambasa au développement de cette entité. Cette recherche, entreprise par Katanzabo Ngele Dieudonné, part de la question « quel est l'impact des associations locales de développement sur cette entité ? » Les résultats de l'enquête sur le terrain ont révélé que la non-adaptation des objectifs des associations au contexte local, les caractères opportunistes et interventionnistes des associations basés sur la disponibilité de financements extérieurs, le faible investissement dans le capital humain, ainsi que la faible implication des autorités locales dans l'encadrement et l'appui des associations, ne facilitent pas une contribution efficace au développement local.

Le dernier essai dans le domaine de l'Éducation, Santé et Développement est celui de Mananu Adubango Innocent. Il est intitulé

« Accessibilité aux soins de santé pour la population autochtone de la Zone de Santé de Lolwa » (chapitre 14). Le chercheur constate que, bien que le droit aux soins de santé soit reconnu et garanti par la Constitution de la RDC pour tout citoyen congolais, les peuples autochtones (Pygmées et Bila) du Territoire de Mambasa accèdent difficilement aux services élémentaires de soins disponibles, par rapport aux allochtones (moins de 10% de fréquentation). Cette étude a été menée dans la Zone de Santé Rurale de Lolwa. Les résultats auxquels l'auteur a abouti montrent que 75% de ses enquêtés préfèrent recourir au traitement moderne quand ils tombent malades ; 66,6% ont jugé efficace le traitement moderne ; 73,3% ont avoué avoir une structure sanitaire dans leur entourage. Cependant, la majorité d'entre eux (73,3%) ont eu à recourir fréquemment au traitement traditionnel comme alternative et ce, essentiellement par manque d'argent. En rapport avec la qualité de soins administrée dans les structures, elle est jugée satisfaisante par 46,7% de la population. Ces résultats ont conduit l'auteur à la conclusion selon laquelle les peuples autochtones ont la volonté de bénéficier de soins modernes, mais que le manque d'argent constitue l'obstacle majeur à leur accessibilité aux soins, en plus de la qualité de soins reçus.

L'identification et la description des forces et faiblesses de la situation socioéconomique du Territoire de Mambasa en vue de déceler les secteurs porteurs de croissance et déclencheurs de développement (chapitre 15), voilà ce qui intéresse Tagba Baginyo Stalon et Bati Bateaka Jacques. Des analyses effectuées par ces chercheurs, il ressort trois résultats. Primo, l'immensité et la variété des ressources naturelles du Territoire de Mambasa, ainsi que la possibilité d'entreprendre l'industrialisation pour la fabrication des produits manufacturés grâce à ces ressources représentent des opportunités de développement de l'entité. Secundo, le manque de politique susceptible de promouvoir le tourisme, l'insécurité liée à la guerre et à la présence des groupes armés, la carence d'infrastructures diverses, le management public déficient, l'inexistence du secteur industriel, l'extrême pauvreté d'une proportion énorme de la population constituent des facteurs-frein au développement du Territoire. Tertio, de tous les secteurs analysés, celui du tourisme demeure le plus séduisant et porteur de l'espoir pour le décollage de cette entité.

Les retombées des exploitations à travers la perception des taxes, la création d'emplois et les réalisations sociales des exploitants dans le

Territoire de Mambasa constituent un atout pour le développement dudit Territoire. Kisembo Nzumaki Patrick, dans « Retombées économiques et sociales de l'exploitation de bois dans le Territoire de Mambasa » (chapitre 16), réalise qu'apparemment les communautés locales sont faiblement impliquées dans le circuit d'exploitation de bois. La majorité des exploitants artisanaux vient du Nord-Kivu, et seulement une minorité est constituée des membres des communautés locales. Le travail d'évacuation et de sciage de bois sont également réalisés, pour la grande partie, par les travailleurs en provenance du Nord-Kivu, ramenant avec eux quasiment la totalité du revenu de l'exploitation. Les avantages de l'exploitation pour les communautés locales sont très faibles car les communautés sont absentes de ces activités. Elles cèdent les coupes de bois contre des sommes d'argent dérisoires et de biens en nature d'une faible valeur monétaire et peu durables. La seule société industrielle supposée réaliser en faveur des communautés locales les promesses inscrites dans le cahier des charges n'a pas concrétisé ses promesses. L'unique taxe reconnue et perçue par les Chefferies n'est que de cinq dollars américains, une somme perçue lors du chargement de bois sciés destinés à être vendus. Cette somme ne représente qu'une faible contribution au budget de ces entités. Cette situation, conclut Kisembo, est de nature à ne pas favoriser le développement de ces communautés dans un contexte de léthargie du pouvoir public.

La commercialisation et répartition du revenu des bois sciés en Chefferie des Babila-Bakwanza (chapitre 17), telle est la thématique abordée par Birungi Sumbuso Imani. L'auteure observe que le Territoire de Mambasa, en général et la Chefferie des Babila-Bakwanza en particulier, possède une forêt riche. Cette dernière est affectée par la déforestation, qui souvent, est au profit des allochtones. L'exploitation forestière artisanale dans cette Chefferie a connu une régression de 20,24%. Cette dernière se traduit par la tendance générale qui a une pente décroissante. Cette réalité, pense l'auteure, est influencée par la baisse significative de la production des bois sciés exportés. Malgré cette diminution de la production, la commercialisation des bois reste économiquement rentable pour les exploitants, car leur marge bénéficiaire représente 25,24% du prix de vente du bois d'exportation. Cependant, la répartition du revenu issu de cette commercialisation montre qu'au niveau des services étatiques percepteurs, il n'y a pas une politique de décentralisation et de rétrocession pour la restauration de la forêt. Les autorités locales gèrent irrationnellement le droit coutumier dont la grande partie évaluée de ce droit est consommée. Les autres acteurs comme les gérants, les machinistes et les « bombeurs[1] » à 80% venus du Nord-Kivu et des autres Territoires emportent environ 80% de leur revenu et investissent dans leurs milieux d'origine.

Dans le cadre de ce projet, il était important de chercher à vérifier la participation des autochtones aux activités constituant la structure de l'économie informelle des Chefferies des Babila-Babombi et des Babila-Bakwanza en Territoire de Mambasa (chapitre 17). Telle est la thématique que Tati Makodra Bienvenu aborde. Les résultats auxquels il aboutit démontrent le faible niveau de participation des autochtones face aux allochtones ; le peuple bila dans ces deux Chefferies, participe seulement à la hauteur de 2,08%, contre 97,92% des allochtones. L'auteur argue que la négligence de s'investir dans ce secteur constitue la principale cause de la pauvreté et du non développement des autochtones par rapport aux allochtones qui vivent dans ces deux Chefferies.

Obedi Poung'a Willy, dans « Problématique de l'élaboration du budget dans la Chefferie des Babila-Bakwanza en Territoire de Mambasa de 2011 à 2015 » (chapitre 19), fait une évaluation de l'administration de la Chefferie des Babila-Bakwanza dans la perspective de déceler de possibles failles que contiennent les budgets élaborés dans cette contrée.

Il nous reste à exprimer notre gratitude à tous les chercheurs de la jeune Université Shalom de Bunia, qui ont travaillé dur pour produire leur premier ouvrage collectif. Nous avons été encouragés par leur sens de dévouement et de sacrifice lorsqu'il s'agissait d'écrire et de réécrire leurs textes. Nous sommes convaincus que ce livre les encouragera davantage dans les recherches.

Dans le contexte qui est le nôtre, les finances constituent les nerfs des travaux scientifiques. C'est pour cette raison que nous voulons ici remercier *Issachar Fund*, USA, qui a bien voulu financer ce projet de recherche. Nous lui exprimons toute notre gratitude.

[1] Les bombeurs sont des personnes qui évacuent les bois sciés du site d'exploitation au lieu d'entreposage et celles qui s'occupent de chargement et déchargement des bois.

Finalement, nous dédions ce livre à deux femmes, celles qui nous ont élevées dans des conditions très difficiles, pour faire de nous ce que nous sommes aujourd'hui. Il s'agit de Gaikani Makani Albertine, d'heureuse mémoire, et de Rubito Komwinzara Kezia.

PARTIE I

GÉO-PHYSIQUE/BIBLE/THÉOLOGIE

Mambasa, l'un de cinq Territoires qui composent la Province de l'Ituri, accuse un retard considérable dans son développement intégral par rapport à d'autres Territoires. Il sied donc de chercher à comprendre les facteurs qui seraient à la base de ce retard. De manière concrète, le souci de ce livre est de répondre à ces deux questions : (1) Pourquoi les résidents de la forêt de Mambasa retournent aux croyances et pratiques traditionnelles après qu'ils aient été illuminés par les enseignements évangéliques durant presque huit décennies. (2) Pourquoi leurs conditions socioéconomiques se dégradent davantage, bien qu'ils aient basculé de l'exploitation de subsistance des ressources naturelles de la forêt à l'exploitation commerciale.

La première partie du livre comprend neuf essais repartis dans les domaines de Géo-physique, Bible et Théologie. Elle donne un aperçu général sur les milieux physique, humain, économique et socio-culturel du Territoire de Mambasa. Elle présente aussi les facteurs qui entravent la voie du développement intégral dans l'esprit des résidents de Mambasa. Il s'agit, entre autres, de la lecture du temps des peuples de Mambasa, de la valeur identitaire de leurs rites initiatiques ainsi que de leurs croyances et pratiques religieuses traditionnelles.

1

Présentation du Territoire de Mambasa

UMVOR Keno Gilbert &

BAZUNGU Avemvo Joseth

Introduction

Mambasa est un des cinq Territoires composant la Province de l'Ituri. Sa création remonte au 22 décembre 1947 par l'ordonnance n°126/AIMO du 22 décembre 1947 et son fonctionnement a débuté le 1er janvier 1948[2]. Cependant, le Territoire ainsi créé correspond presque à l'ancien Territoire d'Epulu qui était créé par l'ordonnance du 25 janvier 1928. Mambasa tire son nom de la colline Mamba-Musa qui se traduit étymologiquement par « colline du feu », terme évoquant la cuisine qui offrait à manger et le lieu de repos pour les voyageurs. Le nom subira des modifications au cours des âges pour devenir Mambasa avec les Arabisés et les Belges[3].

Le Territoire de Mambasa retient l'attention du public à cause de plusieurs événements historiques qui l'ont marqué, et aussi par la suite de ses atouts économiques, écologiques et géostratégiques ci-après :

- Le trafic des esclaves et la campagne arabe avec installation des arabisés dans la région.
- La présence des Pygmées (premiers occupants de la Forêt Équatoriale) et l'avènement des peuples migrateurs qui ont peuplé la région.
- La position stratégique de Mambasa sur le plan économique pour le trafic entre l'Ituri, les Provinces de la Tshopo, du Haut-Uélé et du Nord-Kivu.

---

[2] PALUKU M. *et al.*, « Aperçu du Territoire de Mombasa : cadres physique, humain, économique et socio-culturel », in *RRD*, vol. 2, n° 4, 2012, p. 106.

[3] UMVOR Keno G., *Processus du changement de mentalités des autochtones du District de l'Ituri (Nord-Est de la RDC) sous le régime colonial (1871-1960)*, Kinshasa, PUC, 2016, p. 13.

- La présence des espèces animales rares au monde, les Okapi de la Réserve de Faune à Okapis (RFO) et la grande richesse de faune et ichtyo faune dans la forêt équatoriale.
- L'exploitation de bois, du sol fertile, du sous-sol riche en or, en coltan et en diamant, opérée par les autochtones et les autres opérateurs économiques.
- Et plus récemment la rébellion Simba de Morgan avec l'attaque de la RFO.

Cependant, malgré ces atouts historiques, environnementaux et économiques importants, ce Territoire continue à tirer le pas dans le domaine de développement. Pourquoi la population de cette entité administrative n'arrive-t-elle pas à capitaliser l'exploitation des ressources naturelles dont elle dispose pour décoller économiquement ? Quels sont les freins à ce développement ? Ces grandes questions trouveront certes les réponses au cours de ses assises où plusieurs sous-thèmes sont programmés.

Quant à cet essai, qui s'est appuyé essentiellement sur l'analyse documentaire, nous exposerons un aperçu du Territoire de Mambasa en présentant le cadre naturel, humain, économique et socio-culturel comme soubassement d'autres exposés multisectoriels sur cette entité.

Cadre physique

Situation géographique (voir carte n° 1)

Carte n° 1 : Province de l'Ituri (Source : QGIS, 2015)

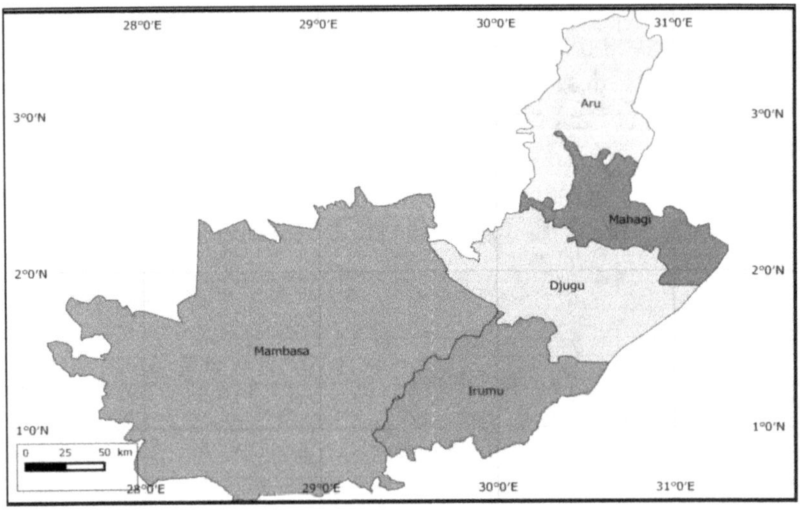

Le Territoire de Mambasa s'étend sur une superficie de 36.785 km^2. Il occupe 55 % de la Province de l'Ituri, mesurant 65.657 km^2. A lui seul, il dépasse les quatre autres Territoires réunis.

Il est situé au sud-ouest de la Province de l'Ituri. Les limites naturelles ont été remplacées par les colonisateurs belges par les limites géographiques. Il est borné :

- Au nord, par les Territoires de Watsa et de Wamba dans la Province du Haut-Uélé.
- A l'ouest, par le Territoire de Bafwasende dans la Province de la Tshopo.
- Au sud, par les Territoires de Lubero et de Beni dans la Province du Nord-Kivu
- À l'est, par les Territoires de Djugu et d'Irumu.

Le Territoire de Mambasa comprend les Chefferies subdivisées en Groupements et Localités qui se présentent de la manière suivante[4].

Carte n° 2 : Territoire de Mambasa

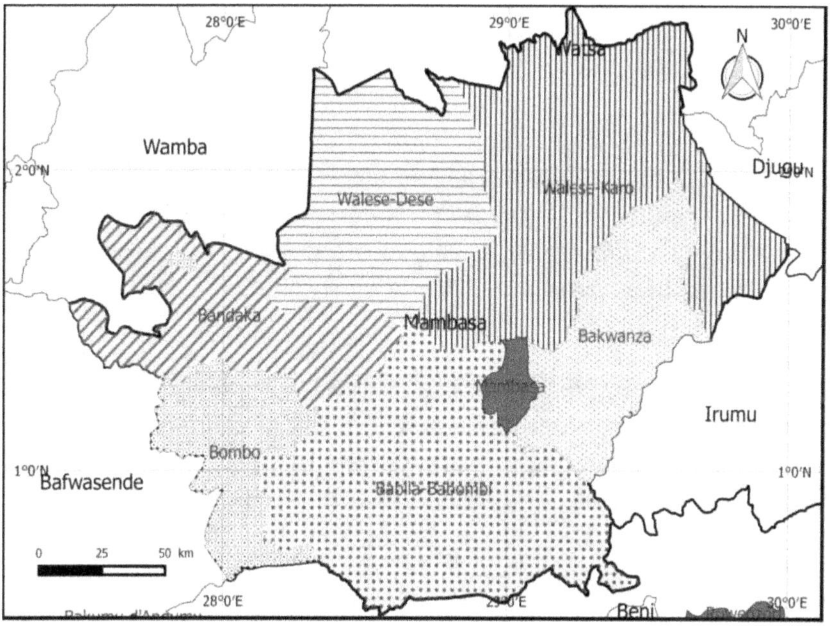

Source : QGIS (2015)

[4] Rapport annuel du Territoire de Mambasa, 2015.

Milieu naturel

Structure géologique

Selon la carte géologique dressée par Sluys et celle du Congo-Belge de 1931, Mambasa se retrouve dans la formation de kibalien composée des amphibolilites, schistes graphiteux, schistes phylladeux, chloritoschistes, quartzite, quartzophylades et itabirites. Le reste de la région est couverte de granites, gneiss et de micaschiste[5]. Notons que ce socle ancien est fortement minéralisé (gisement d'or, de diamant, de colombo-tantalite [coltan], de cassitérite, du wolframite, de magnésium, de mercure, et autres[6]).

Au point de vue relief, dans l'ensemble, le Territoire de Mambasa se trouve sur un relief de replat de l'amphithéâtre de la grande cuvette congolaise à une altitude moyenne de 885 m ; avec quelques points culminants tels que Kpelya, Kpolo, Komove, Kolo, Mukunza, Pede, Kasambu, Muega, etc. Ces points forment les collines disséminées sous la grande forêt équatoriale. Certaines d'entre-elles comme celle de Kolo dans le Groupement Bapongomo en Chefferie des Babombi reçoivent les rites traditionnels d'intégration des jeunes à la vie adulte.

Climat, végétation et sol

CLIMAT

Le Territoire de Mambasa est entièrement dans la zone équatoriale. Les précipitations enregistrées à Mambasa (Station RFO : 1884,1 mm en 2009). Le nombre de pluie varie entre 124 et 135 jours/an. La température moyenne annuelle est de l'ordre de 25,6°C. C'est un milieu très humide et bien arrosé.

VÉGÉTATION

La pluie abondante dans la région permet le développement de la grande forêt sempervirente, dense, stratifiée et riche en essences destinées au commerce. Les principales strates sont les suivantes : la strate de grands arbres dont la hauteur peut atteindre et dépasser 30 m,

---

[5] MEESSEN J. M. Th., *Monographie de l'Ituri : Histoire-Géographie-Économie*, Bruxelles, Ministère de Colonies, 1951, p. 113-118.

[6] Cf. van PUIJENBROEK J., *L'analyse de conflit et évaluation de besoin effectuée dans le cadre de l'opérationnalisation de la deuxième phase du STAREC/ISSSS dans les Territoires de Mambasa et Bafwasende*, Utrecht, Pax Christi, 2014, p. 36, [en ligne], https://www.paxvoorvrede.nl/media/files/ rapport-mambasa-bafwasende-b.pdf (consulté le 14 mars 2016).

la strate d'arbustes plus petits de 20 à 30 m et les sous-bois de fougères, de mousses, de lianes et d'épiphytes. C'est la raison de l'attaque par déboisement consécutif à son exploitation sauvage. Sur l'étendue déboisée pousse une forêt secondaire où de plus en plus les palmiers à huile, le papayer et le cacaoyer sont plantés, ce qui favorise la prolifération de nombreux agents pathogènes.

Cette forêt regorge également d'une importante quantité des produits forestiers non ligneux (PFNL), capables de générer une grande recette en argent aux peuples.

SOL

L'altération chimique du kibalien et de granite conduit à la formation d'un sol argilo-sablonneux mais très lessivé en base et couvert d'une mince couche humifère. Cette situation oblige les paysans à pratiquer une longue jachère pour que le sol se reconstitue. Mais actuellement, avec l'insécurité dans des zones profondes, les paysans se contentent de reprendre les cultures sur les mêmes terres, ce qui baisse de plus en plus la production qui devrait être très élevée (voir produits agricoles).

Hydrographie

Le Territoire de Mambasa est drainé par les grands cours d'eau généralement très poissonneux, dont Ituri, Epulu, Lenda, Ngayu, Nduye, Biasa et Ebiene. Il convient de noter également les grandes largeurs de lit de ces rivières qui rendent difficile l'entretien des ponts du reste en majorité construits à l'époque coloniale. Ces rivières ont beaucoup contribué aux migrations et ont servi également des limites entre les peuples de la région.

Faune

Le Territoire de Mambasa est habité par une faune riche et diversifiée. Elle comprend les animaux suivants : les lions, les léopards, les éléphants, les singes, les chimpanzés, les crocodiles, les serpents, les phacochères, les buffles, les antilopes naines et géantes, les hippopotames ainsi que l'espèce rare comme l'okapi. Cette riche faune a motivé le gouvernement congolais à créer une zone protégée : la Réserve de Faune à Okapis qui s'étend sur les Chefferies de Walese-Karo, Walese-Dese, Bandaka, Bombo et Babombi et d'autres du Haut-Uélé (voir carte 3). Cette faune connaît une destruction par braconnage pour l'ivoire, la peau et pour la consommation. Les gibiers abattus clandestinement sont vendus également à travers Mambasa et sur les marchés de Bunia, de Beni, de Butembo, etc. La réserve offre également un habitat pour la population appréciable d'éléphants de forêt. Récemment, l'on a assisté à l'attaque même du site d'Epulu par les rebelles Simba.

Carte n° 3 : Aires protégées en Ituri

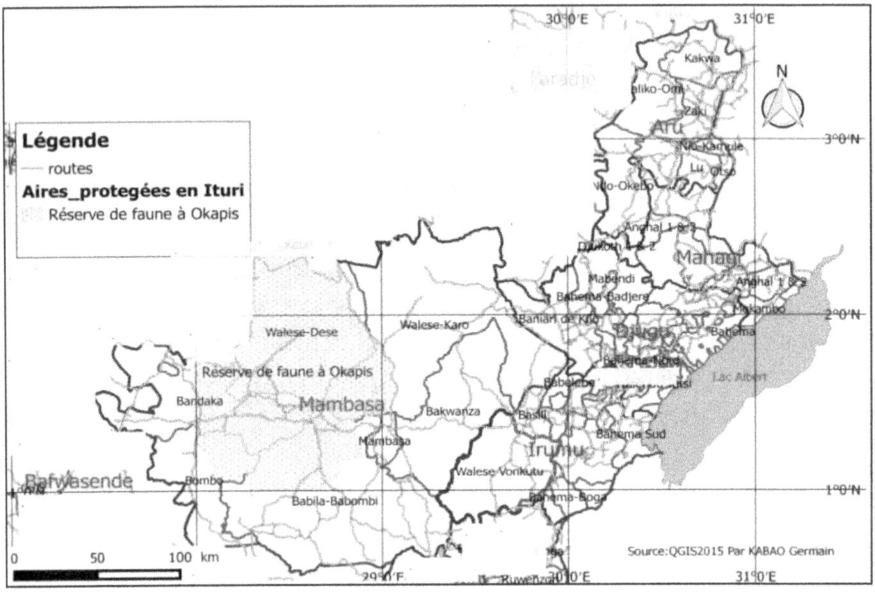

Peuples du Territoire de Mambasa

Migrations et mise en place

En Ituri, se trouvent représentés les quatre principaux groupes ethniques de la RDC, à savoir les Pygmées, les Bantu, les Soudanais et les Nilotiques. Les trois premiers sont identifiés dans le Territoire de Mambasa[7].

Les Pygmées

Les Egyptiens avaient découvert les Pygmées en Nubie il y a 4.500 ans. Depuis lors, les Pygmées, considérés comme produits exotiques et

[7] PALUKU K., « Les missionnaires catholiques et leurs œuvres dans la Zone de Mambasa (1939-1990) », TFC, inédit, ISP, Bunia, 1996, p. 6, 8 ; voir aussi PALUKU K. *et al.*, « Aperçu du Territoire de Mambasa : cadres physique, humain, économique et socio-culturel », in *RRD*, vol. 2, n° 4, 2012, p. 106.

appropriés par les artistes, vont être présents, durant toute l'Antiquité, sur la proue des navires phéniciens, sur les vases grecs, les mosaïques italiennes de Pompéi, etc.[8]

Traditionnellement, friands de chant et de danse, les Pygmées sont reconnus comme les inventeurs du feu et premiers habitants de l'Afrique centrale. Ils sont disséminés depuis l'ouest du Cameroun jusqu'au Burundi. Leur berceau se situerait dans la zone comprise entre le Bomu, le lac Tchad et le confluent du Nil et du Bahr el-Ghazal d'où, devant les poussées successives des populations bantoues venues de l'ouest et les populations soudanaises venues du nord, ils auraient remonté le Nil pour occuper le nord et même le sud du lac Albert, le bord de la Semiliki et de l'Ituri et la région du mont Rwenzori. C'est de ce foyer verdoyant que les Pygmées, devant la haché des agriculteurs bantous et soudanais et sans doute aussi hantés par leurs activités économiques prédatrices, se seraient retirés lentement et déplacés vers la forêt équatoriale et vers le Kivu, le Rwanda et le Burundi où leurs descendants, les Twa, sont actuellement fort métissés avec leurs voisins Bantu, Soudanais et Nilotiques.

Les Pygmées sont remarquables par leurs particularités somatiques qui sont une taille variant entre 1,30 et 1,50 m, le poids de 45 kg, le bras et le tronc plus longs par rapport aux jambes, la tête grosse, la face assez courte et ronde, les yeux grands et proéminents, le nez très large et aplati à la racine, les lèvres minces et inégales, une peau brune et des poils, le gros ventre, etc. Leur petitesse est due à une adaptation progressive à l'environnement, car étant petits, les Pygmées se déplacent lestement et sans bruit dans l'épaisse végétation forestière.

Ils vivent des produits de la chasse à arc et à flèches, de la cueillette, du ramassage et de la pêche, activités qui confirment la preuve de leur maîtrise sur les plantes et les animaux et qui requièrent les efforts de tout le monde sans distinction d'âge et de sexe, chaque groupe se mouvant dans son rayon spatial précis et inviolable. C'est ce qui explique la mobilité de leur campement, car chaque groupe de *Mambuti* (les Pygmées de l'Ituri) ne se fixe à un endroit de la forêt que pendant un mois, jusqu'à ce que plantes comestibles et gibier se fassent rares. Ils évitent ainsi de dégrader leur environnement, cette forêt qui pourvoit à tous leurs besoins. Déménager est une opération facile, car les

---

[8] PHILIPART DE FOY G., *Les Pygmées d'Afrique centrale*, Roquevaire, Parenthèses, 1984, p. 17-18 et BALLIF N., *Les Pygmées de la grande forêt*, Paris, L'Harmattan, 1992, p. 12.

Pygmées ont peu de biens : quelques outils et des filets. Vivant au jour le jour, ils ne faisaient pas de provision, ne fabriquaient que le nécessaire et ne s'encombraient pas des choses inutiles.

Ils se sont toujours laissés assimilés par les peuples qui les ont envahis ; ils ont appris leurs langues maternelles et vernaculaires et ont perdu les leurs. C'est la raison pour laquelle, actuellement, ils n'ont pas de langues propres. Vivant en petits groupes isolés les uns des autres, ils sont sans chef reconnu et obéissent surtout à la gérontocratie et au droit coutumier dont le principal objectif est la paix de la forêt, leur environnement nourricier. L'ordre au sein du groupe maintenu de façon informelle est l'apanage de tout un chacun : la pression de l'opinion publique et la crainte du ridicule suffisent le plus souvent pour le maintenir. Les décisions prises après discussion autour du feu sont imposables à tous. Les sanctions sont rares, mais un coupable récidiviste peut être exclu du groupe. Depuis l'époque coloniale, les Pygmées n'ont jamais formé des entités politico-administratives autonomes, mais sont toujours annexés à leurs voisins politiquement organisés depuis l'époque précoloniale.

Les Pygmées sont disséminés sur une grande partie de la forêt de l'Ituri allant de Gombari, Andundu et Mongbere au nord, jusqu'à Beni et Avakubi, au sud. Les *Mambuti*, habitaient primitivement la savane giboyeuse du Bulega. Depuis le XVe siècle, sous la pression des envahisseurs puissants et sédentaires agriculteurs bantous venus de l'est et des Soudanais venus du nord, ils se sont retirés lentement vers l'ouest dans la zone forestière spacieuse et propice à l'économie prédatrice.

La communauté pygmée du Territoire de Mambasa se subdivise en deux groupes : Aka et Efe. Les Aka vivent dans la Chefferie de Mambasa et ses environs méridionaux où ils parlent le *kibila*. Les Efe, parlant le *kilese*, occupent la région de Nduye et ses environs dans les Chefferies des Walese-Karo et des Walese-Dese.

Les *Mambuti* sont en contacts réguliers avec leurs voisins sédentaires. Ils travaillent pour eux, assurent le transport de leurs diverses marchandises et leur procurent de la nourriture venant de la forêt en échange avec certains produits agricoles ou manufacturés. Même si la forêt est l'habitat naturel des Pygmées qui tiennent encore à leurs traditions, les changements subis par leur économie (consommation des produits agricoles et manufacturés troqués chez les voisins, leur service sollicité par les colonisateurs et les touristes, capture des animaux pour les zoos, réserve naturelle, zone minière, routes, zones de réglementation de la chasse, etc., installés dans leur fief), leurs croyances entamées par les religions universelles depuis l'invasion arabe et la colonisation belge et le métissage de plus en plus fréquent avec leurs voisins, modifient progressivement leur vie traditionnelle. De l'économie de subsistance autarcique et du cloisonnement sociopolitique, avec le risque de la perte de leur culture et leur identité, ils s'ouvrent lentement aux échanges et aux œuvres socioculturelles modernes (hôpital, école, maternité, médias, etc.) institués par l'État et l'Église sans oublier les nombreuses ONGs qui s'occupent de leur encadrement en vue de leur intégration effective dans la vie nationale et moderne. Nous estimons que l'adoption de l'agriculture par les Pygmées serait considérée à la fois comme facteur de libération d'emprise de leurs voisins sédentaires et d'intégration dans la vie nationale.

Les Bantu

La région de la moyenne Bénoué, dans l'actuel Nigeria, paraît être la zone d'origine de 350 parleurs bantous existant actuellement. Ces Protobantu connaissaient la métallurgie et l'agriculture ; l'utilisation de fer a développé les ressources et la population. Paradoxalement, la région connaissait toujours l'afflux des populations agro-pastorales chassées par l'assèchement progressif du désert du Sahara entre -2500 et -500. Bientôt, une pression démographique s'est déclarée dans la région, entraînant un processus de migration des Protobantu vers le Sud aux derniers siècles avant J.-C. Ces migrations, échelonnées sur plusieurs siècles, se sont effectuées au rythme de la culture itinérante sur brûlis. Bénéficiant de la supériorité que leur conférait la possession d'armes et outils en fer, les Protobantu ont dominé aisément les populations pygmoïdes[9].

Dans leur migration initiale vers le sud, les Protobantu vont se heurter à l'immense bloc de la forêt équatoriale. Ils fléchissent alors leur trajet vers l'est à travers les savanes de l'actuel Cameroun où ils s'installent au Mont Bamileke. Quelques siècles après, ils quittent cette région et se dirigent encore vers l'est. Arrivés sur la rivière Ubangi, dans l'actuelle République Centrafricaine (RCA), ils se scindent en deux groupes. Le premier groupe, suivant le cours nord-sud de l'Ubangi et de la Sanga, serait arrivé par voie fluviale, dans la zone des savanes

---

[9] KI-ZERBO Joseph, *Histoire de l'Afrique noire d'hier à demain*, Paris, Hatier, 1974, p. 181.

congolaises qui commencent à 200 km au nord de Kinshasa et aurait formé le noyau protobantu occidental dont les descendants peuplent l'ouest de la RDC et de l'Angola, le Congo-Brazza et le Gabon. Le deuxième groupe aurait longé, par voie terrestre, la limite septentrionale de la forêt jusqu'au lac Albert dans l'étroit couloir qui longe la chaîne des Grands-Lacs. Ici, ce groupe se scinda en deux sous-groupes. Le premier suivit la chaîne des Monts Bleus ; il traversa le Kivu pour atteindre le Katanga. Le second traversa le Nil et alla se heurter aux éleveurs de l'Abyssinie d'où il vira vers le Sud, traversa l'Afrique orientale et le lac Tanganyika pour rejoindre le premier sous-groupe préétabli dans la région des lacs Kisale et Upemba, le long du Lualaba et formèrent ensemble le noyau protobantu oriental d'où sont issues les ethnies bantoues de l'Afrique orientale, australe et de l'est de la RDC[10].

En Ituri en général et à Mambasa en particulier, nous rencontrons les Bantu venus du Bunyoro via la Semiliki et les Arabisés, originaires du Maniema et des Falls et les récents immigrants.

Les Bantu, originaires du Bunyoro

À la fin du XVe siècle et au début du XVIe siècle, le Bunyoro, surpeuplé et connaissant diverses mutations socio-politiques, subit une pression des peuples nilotiques luo. C'est alors qu'ont lieu les premières grandes migrations bantoues dans la région. Ainsi, les Bira-Kumu, les Nyali-Budu, les Ndaka et les Mboo atteignent le Bulega après avoir traversé la Semiliki, au sud-est du Mont Rwenzori, au niveau de la plaine de Boga où la traversée de la rivière était plus facile qu'ailleurs.

[10] Cornevin R., *Histoire du Zaïre, des origines à nos jours*, Bruxelles, Hayez, 1989, p. 115.

Carte n° 4 : Migrations bantoues (Source : Cornevin, 1970:26)

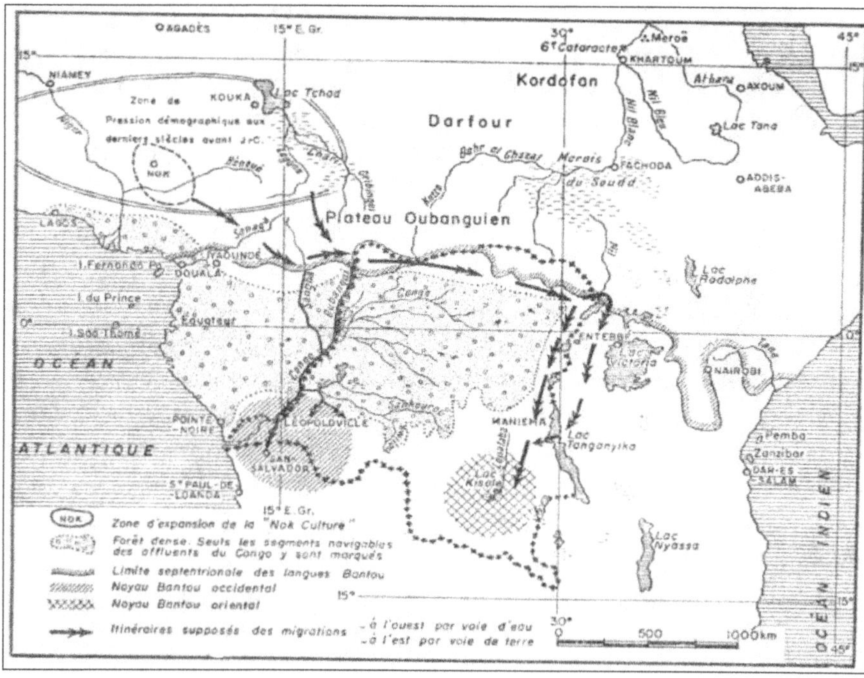

Les Bira

Au Bunyoro, les Bira et les Kumu formaient une seule ethnie. Après avoir traversé la Semiliki et suite aux migrations successives au Bulega et à la poussée des Hema à la recherche de pâturages, les Bira occupèrent d'abord la vallée de la Lowa (Loya) pour finalement s'établir dans la plaine de la Shari et ses environs, dans l'actuel Territoire d'Irumu. D'ici un groupe, fuyant le froid de la plaine déboisée, se détacha pour s'installer définitivement à Mambasa où le bois était en surabondance et le climat plus doux que dans la plaine. Ils ont ainsi formé le noyau des Bira de la forêt connus sous le nom des « Bila », fort métissés et les Pygmées. Ils forment l'ethnie la plus importante du Territoire de Mambasa et occupent les Chefferies Babombi, Bakwanza et Mambasa, cette dernière étant essentiellement habitée par les Arabisés.

Les Ndaka, les Mbeke (Babeke) et les Mboo (Bombo)

Les Ndaka, les Mbeke et les Mboo forment des groupes disparates et éparpillés sur une vaste zone forestière occidentale du Territoire de Mambasa et sont fort métissés avec leurs voisins Lese, Bali, Bila, Budu et Mambuti. Les Mbeke proviendraient d'un métissage entre les Ndaka et les Mambuti ; les Mboo sont appelés *Baladingo* par les Bila, tandis que les Bandaka et les Mbeke sont parfois appelés *Bayose* par les Mboo pour simplement signifier les gens d'aval. Sans doute, c'est pour éviter de s'impliquer dans les querelles habituelles de leurs frères et voisins Nyali et Budu que les Ndaka et les Mboo ont choisi d'émigrer de la plaine de la Semiliki. Ils sont les premiers habitants de la forêt de Mambasa après les Mambuti. Dans leurs premiers mouvements migratoires, ils auraient longé les Monts Bleus pour atteindre le Mont Djegu et la région de Kalo. Ensuite, ils ont progressé jusque dans la zone de Kisangani. Sans doute bloqués par d'autres Bantu du noyau protobantu occidental en expansion vers l'est, les Ndaka, les Mbeke et les Mboo ont rebroussé chemin et ont suivi désormais la rivière Nepoko. Ils ont séjourné un moment dans les environs du marais de Maika pour descendre dans le milieu actuellement habité par les Ndaka. Quelque temps après, les Mboo se sont séparés des Ndaka et en suivant la rivière Ituri, ils s'établirent dans leur Territoire actuel, la Chefferie des Bombo. Tous ces peuples Bantu avaient une organisation politique segmentaire.

Les Arabisés

Le concept « arabisé » désigne un groupe de gens hétéroclites flottés d'islamisme et qui ont atteint l'Ituri à la fin du XIXe siècle dans la mouvance des Arabes esclavagistes et trafiquants d'ivoires. Ce groupe se compose essentiellement des métis nés des Noires avec les Arabes, les ressortissants et quelques esclaves affranchis Tetela, Kusu, Bazimba, Bazula, Balengale, Songye et Bangobango, les Nyamwezi et les Swahili originaires du Tanganyika et quelques éléments Zanzibarites.

Les premiers Arabisés de l'Ituri venus de Kirundu, au Maniema, via les Falls (Kisangani) se sont installés vers 1870 à Mawambi, un village de la Chefferie des Babombi. Peu de temps après, ils fondèrent d'autres postes à Makala, Avakubi, Irumu, Kilo, Boga, Gety et Kasenyi. La campagne arabe les a délogés de partout pour ne garder qu'un noyau à Mambasa où l'autorité coloniale belge parvint à les regrouper dans la Chefferie appelée *Mambasa*, ancien terrain des Bila. Ils parlent le swahili, car ils ont perdu leurs langues mais c'est grâce à leurs noms que l'on peut reconnaître les ethnies auxquelles ils appartiennent. Ils forment un conglomérat dont les éléments différents et majoritaires vivent à Bavalakariki, Mpoto, Makoko, Hama I, Hama II, Kero-Zanzibar et Saïo.

Actuellement, les Arabisés constituent une communauté très présente sur le plan économique, commercial et politique. Mais aussi leur entité politico-administrative connaît un conflit de pouvoir à cause, d'une part, des mésententes entre les Arabisés originaires de l'Afrique de l'Est et ceux des Congolais « maniemééns » et d'autre part, des hostilités des autochtones mambuti, bila et lese contre ces Arabisés qualifiés d'envahisseurs étrangers qui exploitent indûment leurs terres, mines, forêts, flore et faune.

LES IMMIGRÉS DEPUIS LA PÉRIODE COLONIALE BELGE

Deux groupes peuvent être identifiés ici, en l'occurrence : les Nande et les Budu.

1. Les Nande. Depuis l'époque coloniale, les Nande étaient recrutés comme main-d'œuvre dans les chantiers routiers, dans les chantiers miniers des Mines des Grands Lacs (MGL) et de la Tele et dans certaines concessions européennes. Leur nombre était minime et la plupart d'entre eux regagnaient leur région d'origine à la fin de leurs contrats de travail. Mais depuis l'indépendance, les Nande, très prolifiques et comprimés dans leur territoire exigu, sont en quête d'un espace vital. C'est ainsi que le sud du Territoire de Mambasa devient l'objet de leur convoitise. La principale victime est la Chefferie frontalière sous-peuplée des Babombi qui subit chaque année l'immigration massive nande. En 1963, le chef Hamadi Mbida des Babombi, dans le but de réaliser des recettes fiscales et de déboiser la gigantesque forêt de sa Chefferie, contacta, par l'intermédiaire d'un exploitant de bois, ses voisins de la zone nande pour qu'ils lui envoient des agriculteurs ; demande immédiatement suivie d'effet. Mais peu après, ce fut une véritable invasion nande dans cette entité où les autochtones contiennent difficilement leur ressentiment envers ces envahisseurs qui ne se contentent pas seulement de l'espace économique sur l'ensemble du territoire mais aussi de la politique locale. Ceci est visible dans cette zone où les Nande, se croyant majoritaires, tentent souvent de changer les noms de localités et groupements où ils veulent désigner les leurs pour les administrer et présentent les candidats députés dans cette circonscription électorale. À la longue, ce genre de comportement

risque d'être perçu comme abus d'hospitalité et d'oblitérer la cohabitation pacifique dans la région.

2. Les Budu. Ils sont originaires de Wamba, Territoire voisin du nord de Mambasa. Ils sont moins nombreux dans ce territoire où on les trouve dans sa partie septentrionale. Ils s'y sont intégrés pour des raisons économiques (agriculture, commerce, exploitation d'or, de coltan et de diamant). Mêlés aux autochtones, les Budu n'ont visiblement pas l'intention de se constituer en entité politico-administrative distincte. C'est ce qui rend aisées leurs relations avec la population locale. Bref, en Territoire de Mambasa, les Bantu constituent le groupe démographique le plus important.

Les Soudanais

Le gros des Soudanais habitant l'Ituri fait partie du groupe des Madi-Moru qui sont originaires du Soudan oriental. Ils ont quitté leur berceau suite aux attaques des Nilotiques Pajulu et Kakwa. Ils se sont dirigés vers le sud en suivant la vallée du Nil pour s'installer dans la contrée de Redjaf, située entre les deux postes ougandais : Rhino-Camp et Pakwach. Quelques temps après, ils sont descendus jusqu'au Mont Ati et au Mont Leru, actuellement occupés par les Lugbara de l'Ouganda d'où, suite à l'explosion démographique et à la poussée des Luo (Nilotiques), vers la fin du XVIe siècle, ils regagnèrent le plateau d'Aru, fertile pour l'agriculture et propice à l'élevage.

Bientôt, le gros de Madi-Moru, pressé par l'explosion démographique, va connaître une nouvelle émigration vers l'ouest suite à des guerres inter-claniques provoquées par l'insuffisance de pâturage et des terres arables, de l'esprit aventureux de certains chefs de famille, des famines et des épidémies et au XIXe siècle, des invasions mahdistes et arabes et de la crainte du blanc. Ce sous-groupe comprend les Logo, les Dongo, les Avokaya, les Bari, les Mundo, les Lese, les Mamvu, les Mangbutu et les Mangbetu du Haut-Uélé.

En Territoire de Mambasa, nous rencontrons les Lese. Après leur séparation avec le gros des Madi-Moru avant d'atteindre l'Ituri, les Lese ont effectué de nombreuses pérégrinations dans le Haut-Uélé. Sous la pression des peuples venus du Soudan Central, dont les Bayogo et les Azande, vers le XVIe siècle, les Lese se seraient dirigés vers le sud en direction de la Nepoko, affluent de l'Ituri et constitueraient le groupe Mamvu-Lese et le sous-groupe Walese-Arombi du Territoire de Watsa et Walese de Mambasa. Au nord du Territoire de Mambasa, les Lese-

Karo occupent l'est alors que les Lese-Dese sont à l'ouest. Ils sont fort métissés avec les Pygmées, les Ndaka et les Bila.

À part ces populations clairement identifiées, actuellement on trouve dans le Territoire de Mambasa des groupes venus pour diverses raisons : braconniers, rebelles, creuseurs d'or, de diamant et de coltan, agriculteurs, chasseurs, commerçants, exploitants de bois, transporteurs, etc.

Création des Chefferies en Territoire de Mambasa

Les Bandaka

Cette ethnie était autrefois constituée de plusieurs clans importants[11]. Le 5 décembre 1916, le pouvoir colonial créa dans la région treize Chefferies et trois Sous-chefferies (Archives de la Province de l'Ituri).Toutes ces circonscriptions indigènes (CI) ont été formées quand la région des Bandaka faisait partie du Territoire des Mabudu (Wamba).

Le 12 juin 1930, les Chefferies et les Sous-chefferies Bandaka sont supprimées pour former l'unique Secteur des Bandaka mué plus tard en Chefferie dépendant du Territoire de Wamba et dirigé par Katchuie-Ibaka. Le décès de leur responsable, leur incompétence ou leur compromission, la diminution du nombre de leurs populations, etc. furent des prétextes ou occasions pour justifier ces suppressions et fusions. Le chef Bendera du village des licenciés d'Avakubi est révoqué, car il avait toléré dans sa Chefferie la fabrication de l'alcool et l'usage du chanvre malgré les nombreuses observations lui faites à ce sujet par l'AT Bernard. Mais en réalité, l'autorité coloniale se trouvait devant les difficultés d'administrer beaucoup de CI initialement créées mais souvent non viables.

Les Arabisés

Les Arabisés vivaient dans les différentes localités de la région de Mambasa où ils furent localisés par l'administration coloniale. Entre 1915 et 1927, ils furent regroupés en dix Chefferies et quatre Sous-chefferies (Bwanamusa, Salambongo, Mongalula et Mokwani), toutes dépendant du Territoire de Penge (nord de Mawambi). À cette époque, on n'osait pas créer une chefferie englobant de divers groupes des

[11] Ces clans sont Batumbisa, Bafwamobi, Bafwapuaha, Bakano, Bafwahendomba, Bafwabedu, Bafwanendoka, Obomongo et Baoka. Ce dernier clan comprenait trois sous-clans, à savoir : Bafwabeli, Bafwatapi et Bafwainongo. Ces sous-clans étaient dirigés respectivement par les notables Amabangi, Alimase et Ambia.

Arabisés, soupçonnés d'être dangereux pour la stabilité de l'ordre colonial. En 1919, le pouvoir colonial adjoint aux autres Arabisés le groupe Fazili, devenu également Sous-chefferie[12].

Les dix Chefferies et les cinq Sous-chefferies arabisées sont supprimées entre 1924 et 1930, pour bien organiser l'unique Chefferie des Arabisés, afin d'empêcher la dislocation de ce groupement. Cette Chefferie a été mise sous les ordres du nommé Saidi Bin Salum, ancien grand chef local rappelé de Kirundu. En réalité, la création de cette Chefferie avait pour but de mettre fin aux querelles existant au sein des Groupements arabisés. Saidi a été accepté par tous ces chefs arabisés originaires de Mawambi, Makala et Avakubi, tous installés dans la région sous l'ordre de l'autorité européenne. Saidi n'ayant pas encore de descendant mâle, son successeur devrait être désigné par le conseil des notables.

De nouveaux notables furent désignés dans les villages des Arabisés de Mambasa. Le chef Sembo administrait le village Baengi du chef Dinoka, Bafwakoa, Mambao, Nyampara et Bapua. Le chef Ekwangola, établi à Songeroka, dirigeait les deux groupes de licenciés de la région d'Avakubi.

Abdalah Bin Kima Kima est nommé chef du clan arabisé qui s'était établi à Avakubi ; il avait sous ses ordres les trois sous-chefs : Abedi bin Aluta, Yuma Bin Shabani et Assumani Bin Nzaka, dont les terres et les habitants sont rattachés à sa Chefferie par la décision du commissaire de District de Stanley ville du 12 juin 1930.

Notons également que la cité Binase (jadis centre extra-coutumier) fut fusionné à la Chefferie de Mambasa, dont la densité de la population était trop faible, soit 1 habitant par km^2.

Il est important de savoir que le chef Saidi Bin Salum, chef de la CI des Arabisés du Territoire de Wamba à l'époque, mais couvrant les limites du Territoire de Mambasa, était investi chef le 1er juin 1927 et démis de ses fonctions le 1^{er}octobre 1942. Le chef Morisio, investi le 1er octobre 1910, était décédé le 12 juin 1930 ; sa Chefferie était rattachée à celle des Arabisés de Penge. Celle-ci incluait aussi la Chefferie d'Abdalah Bin Kima Kima, investi le 1er août 1922 et démis de ses fonctions le 30 juin 1930.

À la veille de l'indépendance, ce fut Muzalia Mushangana qui dirigeait la CI de Mambasa qui incluait aussi les Pygmées.

---

[12] AIMO, Rapport, Archives de la Province de l'Ituri, 1942.

Les Bakwanza

Avant la colonisation, il existait dans la région trois chefs : (1) Ataleo à Lolwa où sera érigée la Sous-chefferie Mayaku d'Abalikpo ; (2) Hausse Mukubwa à Bahaha et où, en plus du chef, on a désigné un notable, Simbo Bakamete, pour le Groupement Bapwele ; et (3) Andekwakwa. Le pouvoir colonial constitua chez les Bakwanza deux Chefferies et trois Sous-chefferies.

- LA CHEFFERIE DES BAKWANZA. Elle est constituée le 15 février 1916 sous le chef Amudala. Elle comprenait les clans des Bakwanza, Bapofi, Bapamakasi, Bapusumwe, Babombi Atinekuba et Mayaku d'Apaligbo. La Chefferie dépendait du Territoire d'Epulu.
- LA CHEFFERIE DES MAYAKU. Elle est aussi constituée le 15 février 1916. Elle incluait trois Sous-chefferies : Tingbe des Jupanda, dirigée par Mafufu ; Kampi ya Wambuti des Matukulu, dirigée par Hausse Kidogo ; et Ukomba des Bulindzu, dirigée par Sindano.

Le 3 décembre 1929, les Sous-chefferies Bakwanza furent supprimées et la Chefferie des Mayaku est transformée en sous-Chefferie dont le pouvoir s'étendit automatiquement sur les terres et les habitants de ces anciens sous-chefs dépendant désormais de la Chefferie des Bakwanza, dirigée par Kokonyangi. La Sous-chefferie des Mayaku comprenait alors les clans Mayaku, Ipopokwisha, Bakwanza, Badizohera et les régions de Lulua, Timepodzo, Makusike, Makwanzikohubeke et Dehisa.

Les Walese

- LES WALESE-KARO. Cette Chefferie est formée le 5 juin 1916 sous la direction du chef Akambi. Elle comprenait plusieurs clans réunis en sept Sous-chefferies. La Chefferie des Walese- Karo dépendait du Territoire d'Irumu.
- LES WALESE-DESE. Cette Chefferie, en scission avec les Walese-Karo, est créée le 15 décembre 1929 sous la direction du chef Akambi. Celui-ci sera remplacé par Nekubay le 09 mars 1937 pour abus de pouvoir et incompétence. Nekubay est investi par l'AT Siroux et son adjoint Bougart. Ceux-ci ont tiré son attention sur le fait qu'il doit se conformer à la coutume, protéger sa famille, promouvoir le développement politique et socioéconomique de son entité en collaboration avec ses notables et les anciens. Il fixa sa résidence principale à Boyea. La Chefferie des Walese-Dese comprenait 19

clans : Andambe, Andali, Andiotoba, Andebake, Andubangara, Andesengi, Andoka, Andimao, Anduka, Andebonza, Andabe, Andali, Andebai, Andandema, Angelefi, Andakba, Andula, Abeno et Andikori. Elle dépendait du Territoire d'Andundu et plus tard du Territoire d'Irumu.

Les Babombi

La Chefferie des Babombi s'appelait, à sa création en 1916, Chefferie des Babila Bakwanza. Elle fut agrandie le 30 juillet 1934 par l'incorporation du Groupement des Andekwakwa, anciennement faisant partie de la Chefferie des Bakwanza.

Les Bombo

La Chefferie des Bombo est créée en novembre 1948, la dernière à être érigée en Territoire de Mambasa ; elle était dirigée par le chef Kayumba. Elle comprenait aussi plusieurs villages. Après Kayumba, Hamadi dirigea cette CI jusqu'au 30 juin 1957 et cinq jours après sa mort, son petit-frère Isiaka fut désigné chef par le conseil des notables pour lui succéder. Cette organisation politique héritée de la colonisation continue jusqu'à ce jour.

Subdivision administrative

Le Territoire de Mambasa comprend sept Chefferies, subdivisées en Groupements et villages (ou localités).

Chefferie des Babila Babombi (7660 km^2) : sept Groupements comprenant 68 villages

1. Groupement Babombi (5 villages) : Koki, Bandisende, Bianze, Mabanzaku et Ebolyo.
2. Groupement Bapungomu (12 villages) : Kilima-Mweza, Tobola I, Kilunge, Parana, Banana I, Banana II, Banana III, Bandisole, Mabukusi, Seti, Utana, Tuonane.
3. Groupement Bangole (7 villages) : Makumo, Baiti, Mapimbi, Mdendumbi, Ilange, Makombo et Lukaya.
4. Groupement Mambembe-Bela (3 villages) : Makusa, Ngwaba, Djiapanda.
5. Groupement Teturi (29 villages) : Tabia, Sosoliso, Kadodo, Matonge, Mamone, Bozumbura, Etabe, Mabakuwa, Boyoma, Munguiko, Katala, Mawambo, Kalonge, Apekele, Malutu, Sayo, Luemba, Maulo, Lwemba Mines, Butcha, Alima, Kombokombo,

Lolia, Kibowita, Byakato, Makangalo, Nokota, Pelupelu et Ndombilo.

6. Groupement Makeke (6 villages): Makeke Sayo, Makeke Butembo, Makeke Bahaha, Makeke Lukando, Makeke-Centre et Makeke Busagwa.
7. Groupement Bakaiko (6 villages) : Mabutia, Tepe, Pangoyi, Itemboi, Yahonge et Mamulembo.

Chefferie des Babila Bakwanza (2100 km²) : trois Groupements comptant 46 villages

1. Groupement Bayaku (12 villages) : Tipemuche, Bana-congo, Ndeisa, Andisende I, Andisende II, Andindulu, Andilongona, Makusiki, Makwangi, Kundala-kundala, Bandilika et Mbenzu.
2. Groupement Bakwanza (14 villages) : Tolytoly, Bahumakisi, Bandikongbe, Bandisangu, Bahaha I, Bahaha II, Gorofia, Babungwe, Babafi, Bandibwane, Masiliko, Mabukulu, Bengasoli et Kombokombo.
3. Groupement Bapwele (20 villages) : Makoko, Andikpakpa, Tokoleko, Manya, Kuluwe, Muchanga, Pumuzika, Kpeleya, Onze, Mambau, Pekele, Zunguluka I, Zunguluka II, Kalitafu, Metale, Some, Masange, Mayuano, Bango et Mangungu.

Chefferie des Bandaka (5.645 km²) : cinq Groupements comprenant 38 villages

1. Groupement Bafwabete (8 villages) : Bafwabete, Babeke, Bavanaubo, Babesua, Ambaidi, Ebiane, Mamopi et Epulu.
2. Groupement Bafwakoa (5 villages) : Bafanazua, Batiasai, Bagbutambili, Bafwakoa et Balenga Adusa.
3. Groupement Ngayu (13 villages) : Badumbise, Bavatungo, Bavanakengele, Bavabena, Bavayngia, Bavebago, Bavakpongbo, Bavabiti, Bavanatope, Bavanatiso, Bavanuka et Bavabangu.
4. Groupement Nia-Nia (6 villages) : Bafwaiyo I, Bafwaiyo II, Nia-Nia, Bafwaked, Bafwazobange et Bafwaiyo III.
5. Groupement Babunda (6 villages) : Mabele Motani, Mabele Okilo, Bafwatende, Bafwegbeze, Babeke et Babunda.

Chefferie Bombo (6600 km²) : quatre Groupements comptant 29 villages

1. Groupement Basiri (15 villages) : Basiri, Batiasay, Bakupau, Talisa I, Talisa II, Maipongbo, Bavaido, Badingo, Bavagilimba, Bozama, Balika, Badumbisa, Enzewa, Bapeke Debissay et Bafwambaya.
2. Groupement Bafwabaya (2 villages) : Bafwabaya et Baeta.
3. Groupement Badumbise (7 villages) : Bahiya, Bapapua, Lenda, Bakaro, Abachwechwa, Bangulu et Abambu.
4. Groupement Bapeke Debisay (5 villages): Bandegaido, Bafwaseya, Molkai, Salate I et Salate II.

Chefferie de Mambasa (1100 km^2) : trois Groupements comprenant 22 villages

1. Groupement Mputu (10 villages) : Mputu, Mandima, Arua I, Arua II, Butiaba I, Butiaba II, Tokoleko, Plateau médical, Angola et Gabon.
2. Groupement Nyangwe (10 villages): Bavalakaniki, Kamango, Nyagnwe, Sayo, Makalanga, Makoko I, Mirindi, Madidi, Makoko II et Kero-Zanzibar.
3. Groupement Binase (2 villages) : Binase et Bloc Brazza.

Chefferie des Walese-Dese (5340 km^2) : trois Groupements comprenant 18 villages

1. Groupement Angali (6 villages) : Tendi, Nkutu, Takitaki, Mbugu-Panda, Kosamba et Muruo.
2. Groupement Andisengi (7 villages) : Ndingibo, Tobongisi I, Tobongisi II, Kenetata, Akoro, Kibati et Pumuziaka.
3. Groupement Andape (5 villages) : Ukomba, Katala, Paoni, Matembi et Koufao.

Chefferie des Walese-Karo (8348 km^2) : six Groupements renfermant avec le retour de Yedi et Mayala de Djugu à Walese- Karo plus de 44 villages

1. Groupement Andikau (20 villages) : Kofi, Nduye I, Malay, Komboso, Kpolokube, Kifumwa, Baoku, Saba-Saba, Bandua, Akokora, Aluta, Upuku, Makelele, Mamulabu, Mako-Moko, Tsukpakodu, Biase I, Memekidele, Mukonza et Nduye II.

2. Groupement Moro (12 villages) : Efundu ; Kingbi, Akawa, Daini I, Bukulani, Tabora, Lufutso, Daini II, Kalubata, Kuniki, Kadani et Efundu.
3. Groupement Mulikora (6 villages) : Andili I, Andili II, Funangeu, Mugini-Muzuri, Nduye et Angata.
4. Groupement Anibuta (6 villages) : Ekulungu, Ekwa, Pucha, Mambili, Ubunza et Doku.

Situation linguistique

La langue officielle parlée dans Mambasa est le français. Cependant, l'anglais s'installe de plus en plus dans le Territoire. Les langues des autochtones sont les suivantes : le kumbo, le bila, le ndaka, le lese et le swahili. A cela s'ajoute : le yira, le bbaleddha, le dhualur, le bali, le bira, le kele, le budu. Le lingala est parlé surtout dans les centres extra-coutumiers et dans les carrières d'or. Les rapports interlinguistiques d'intégration jusque-là se font sans heurt.

Aspects démographiques

Evolution démographique

Selon les archives de l'État-civil du Territoire de Mambasa, la population de Mambasa bien qu'elle soit la plus faible de l'Ituri, connaît une évolution rapide. Elle est passée de 50.894 habitants en 1968 à 80.522 habitants en 1980, à 130.836 en 1990, à 294.312 habitants en 2009 et enfin 671.607 habitants en 2015.

Sur 47 ans, elle a connu une augmentation de 620.713 habitants, soit 92,4 %. On observe dans presque chaque 10 ans que la population double. Cette augmentation se justifierait par l'attraction exercée par Mambasa sur les populations ituriennes et celles d'autres Provinces venues pour l'exploitation aurifères, forestières et agricoles ; et sans oublier d'autres activités clandestines comme le braconnage. En 2015, l'effectif a vite augmenté avec le retour de deux groupements Yedi et Mayala, anciennement sous le Territoire de Djugu dans la Chefferie des Walese-Karo. Cette population constitue 8 % de la population de l'Ituri chiffrée à 8.341.528 habitants en 2015. La densité de Mambasa demeure la plus faible en Ituri : 18,2 hab/km^2 comparativement à Mahagi 446,9 hab/km^2, Djugu 233,59 hab/km^2, etc. La population de Mambasa est répartie inégalement comme l'indique le tableau ci-dessous.

Tableau 1 : Répartition de la population dans les Chefferies du Territoire de Mambasa

N°	Chefferie	Superficie en km²	Population	Densité/ km²
01	Babila Babombi	7660	137912	18
02	Babila Bakwanza	2100	80798	38,5
03	Bandaka	5645	98518	17,4
04	Bombo	6600	47541	7,2
05	Mambasa	1100	188924	171,7
06	Walese-Dese	5340	28214	5,3
07	Walese-Karo	8340	69700	8,3
	Total	**36785**	**671607**	**18,2**

Source : État-civil du Territoire de Mambasa (2015)

Ce tableau montre que Mambasa est moins peuplé. Sa densité est faible. C'est la Chefferie de Mambasa qui est fortement peuplée. Sa superficie étant faible, sa densité atteint 171,7 habitants/km². Par ailleurs, Walese-Dese est moins peuplé. Notons que ces Chefferies sont plus étendues que d'autres Territoires de l'Ituri. La Chefferie de Mambasa est plus sécurisée, c'est qui justifierait son peuplement élevé.

Actuellement, la population de Mambasa évolue vite à cause de guerre dans le Nord-Kivu. Ceux-là se sont ajoutés aux déplacés internes de l'Ituri lors de la guerre interethnique.

Groupe d'âge	**Masculin**	**%**	**Féminin**	**%**	**Total**	**%**
00 – 4 ans	42194	6,3	35863	5,3	78.057	11,6
05 – 9 ans	37621	5,6	35070	5,2	72.691	10,8
10 – 14 ans	31206	4,6	30403	4,5	61.609	9,2
15 – 19 ans	29184	4,3	26110	3,9	55.294	8,2
20 – 24 ans	24913	3,7	25692	3,8	50.605	7,3
25 – 29 ans	38748	5,7	28736	4,3	67.484	10,0
30 – 34 ans	19857	2,9	18445	2,7	38.302	5,7
35 – 39 ans	19898	3,0	17739	2,6	37.637	5,6
40 – 44 ans	17213	2,6	16.377	2,4	33.590	5,0
45 – 49 ans	16457	2,4	15389	2,3	31.846	4,7
50 – 54 ans	14669	2,2	14362	2,1	29.031	4,3
55 – 59 ans	13865	2,1	12162	1,8	26.027	3,9

60 – 64 ans	12456	1,8	11927	1,8	24.383	3,6
65 – 69 ans	12044	1,8	11439	1,7	23.483	3,5
70 – 74 ans	10446	1,5	10842	1,6	21.288	3,17
75 – 79 ans	5463	0,8	7559	1,1	13.022	1,94
80 – 84 ans	2784	0,4	3220	0,5	6.004	0,90
85 – 89 ans	1040	0,1	56	0,08	1.096	0,16
90 – 94 ans	124	0,02	20	0,00	144	0,02
95 – 99 ans	14	0,00	-	0,00	14	0,00
100 ans et plus	-	-	-	0,00		0,00
Total	**330.196**		**32.111**		**671.607**	

Tableau 2 : Répartition par groupes d'âges et sexe

Source : État-civil du Territoire de Mambasa (2015)

La répartition par les tranches d'âge et les sexes est reprise dans le tableau ci-dessous :

Tableau 2 : Effectif de la population par tranches d'âge
Source : État-civil du Territoire de Mambasa (2015)

Figure 1 : Pyramide d'âges de la population de Mambasa (2015)

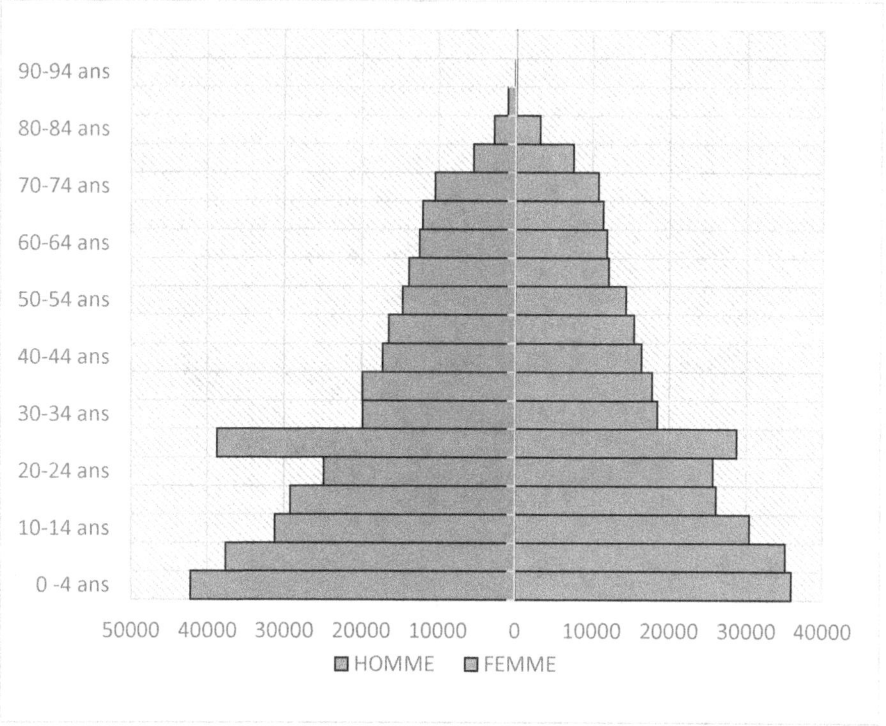

Ce tableau a permis la construction de la pyramide d'âges et du diagramme circulaire ci-dessous.

De l'analyse de cette pyramide d'âges de Mambasa, l'on note que cette pyramide d'âges a la forme triangulaire. La base est large et le sommet rétréci. Les jeunes représentent 39,6 %, les adultes 46,5 % et les vieux 13,29 %. Le faible pourcentage des jeunes indique que cette population se reproduit lentement et la population a tendance à vieillir. La tranche d'âge de 25-29 ans présente un fort pourcentage. Cela se justifierait par l'afflux de cette catégorie vers l'exploitation aurifère et forestière. Ce sont des jeunes et des adultes à la recherche du bien-être.

Un autre constat c'est dans la classe des vieux où contrairement aux théories, le nombre des vieux dépasse celui des vieilles. Par ailleurs, le Territoire de Mambasa étant forestier, les microorganismes causant la plupart des maladies tropicales se développent rapidement, ainsi l'espérance de vie diminue. Le diagramme circulaire ci-dessous confirme cette répartition.

Figure 2 : Diagramme circulaire de la population de Mambasa

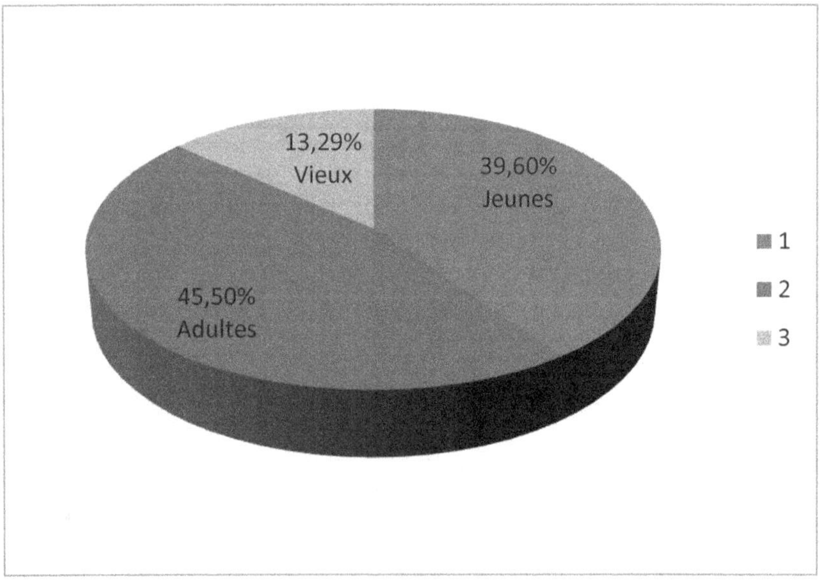

Mouvement de la population

Mouvement naturel

La population de Mambasa connaît un taux de natalité faible. En 2009 ce taux était 25 ‰. En 2009 le taux de mortalité était de 8,7 ‰ (un taux faible), ce qui donnait un taux d'accroissement de 16,3 ‰ ou 1,6 %, qui est faible. Tous ces taux souffrent d'un manque d'enregistrement à l'État-civil.

Mouvement artificiel (migration)

Le Territoire de Mambasa connaît plusieurs sortes de mouvement migratoire.

- IMMIGRATION DÉFINITIVE. Elle concerne la population nande en quête de nouvelles terres à occuper suite au surpeuplement dans leurs milieux d'origine au Nord-Kivu. Elle concerne aussi certaines ethnies de l'Ituri fuyant les secteurs surpeuplés de Djugu, Mahagi et Irumu pour les zones sous peuplées. Il s'agit notamment des Lendu, des Hema, des Alur, etc.
- IMMIGRATION TEMPORAIRE. Elle concerne des exploitants forestiers, des commerçants, des planteurs, et des exploitants d'or venus de toute la RDC. Le fort mouvement d'immigration vers le Territoire de Mambasa se confirme par le gonflement de l'effectif d'adultes (46,5 %).

Aspects économiques

À part les activités économiques traditionnelles, le Territoire de Mambasa a une vocation touristique avec la RFO.

Activités économiques traditionnelles : pêche, cueillette et chasse

- Les activités de la pêche se pratiquent d'une façon artisanale dans les grands cours d'eau qui drainent le Territoire de Mambasa : Ituri, Epulu, Tuwa, Lenda, Nduye, Yeluka Ghiena, Loulo et Ngaju. Les pêcheurs utilisent les filets de maille de 2,5cm, les nasses traditionnelles, les hameçons et l'empoisonnement des rivières. Les mamans des villages et les femmes pygmées font des vannes pendant la saison sèche et ramassent les poissons dans les parties séchées. Byaruhanga a inventorié presque les mêmes espèces dans la rivière

Ituri que celles du lac Albert[13]. La différence réside au niveau de goût de la chair. Les produits de pêche sont vendus en état frais ou secs (fumés) et ne constituent pas une activité économique de grande envergure.

- La chasse constitue la deuxième activité pour les peuples forestiers de Mambasa. Elle est surtout effectuée par des Pygmées, mais aussi par les Bantous. La riche faune est à la base de cette activité. Tous ces animaux font l'objet de la chasse mais à des échelles différentes. Les okapis, les éléphants, les lions, les léopards et les hippopotames sont des animaux protégés par la loi congolaise. C'est pourquoi, leur chasse se fait dans la clandestinité.
  En dehors de la RFO, les Bantous et les Pygmées utilisent pareillement les flèches, les lances, les filets, les pièges sur base des câbles métalliques et de fosses piège.
- Le ramassage et la cueillette des femmes portent sur des termites, des chenilles, des tortues, des racines et des feuilles comestibles, des champignons, etc. Pour obtenir des produits agricoles ou manufacturés, les Pygmées pratiquent le troc ou au besoin travaillent chez les Bantous.

Activités agricoles (agriculture et élevage)

Production vivrière (en T) de 2014 à 2015

Cette production vivrière est comprise dans le tableau ci-dessous.

Tableau 4 : Statistiques de production vivrières (en T) 2014 à 2015

N°	Produits	2014	2015
1	Paddy	26716	28549
2	Maïs	19083	20037
3	Arachide	6045*	7335
4	Haricot	30532	32059
5	Banane	36592	38175

[13] BYARUHANGA L., « Contribution à l'identification de l'ichtyofaune de la rivière Ituri en Chefferie des Basili à Komanda », TFC, inédit, USB, Bunia, 2010, p. 28-33.

6	Manioc	128640	139080
7	Patate douce	18074	18978
8	Céréales secondaire	4535,715	3723
9	Soja	2908	3054
10	Canne à sucre	11510	12090
11	Légumes verts	56180	58990

Source : Rapport annuel 2014-2015 de l'Inspection Provinciale Agriculture, Pêche et Elevage de l'Ituri

* Production de 2009

De l'analyse du tableau ci-dessus et du graphique de production, il ressort ce qui suit.

Figure 3 : Productions agricoles en 2014 et 2015

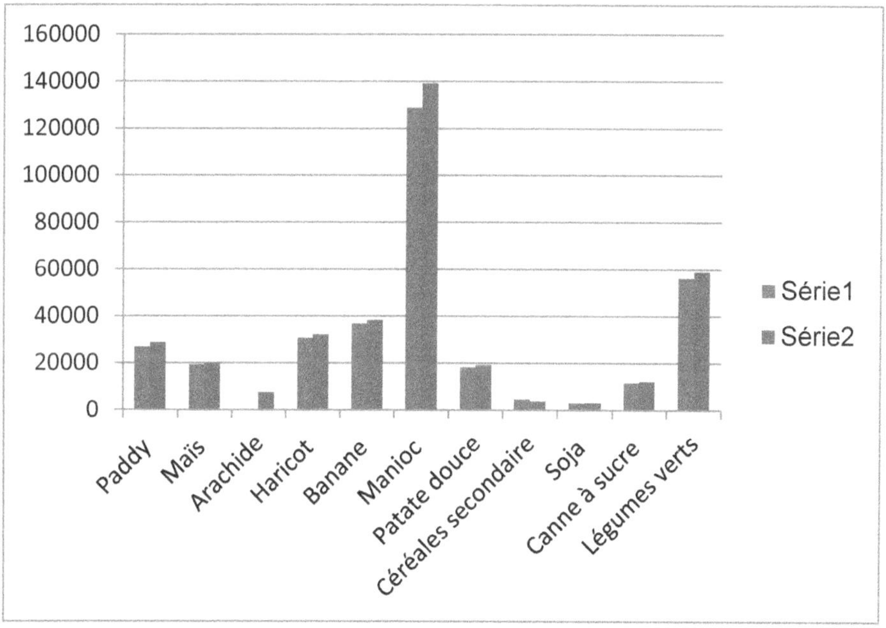

Les productions agricoles vivrières sont en forte croissance entre 2014-2015. Si on se projette de 2007 par exemple pour le paddy,

Mambasa a produit 9.493T, 23.164 T (2009) et 28.549 T. Cette situation s'explique par la forte sollicitation de Mambasa par les populations agricoles venues de l'extérieur (Nord-Kivu, Bunia et ses environs, Wamba). Les décortiqueuses du riz sont implantées sur l'axe Teturi, Mungbere, Epulu, Lolwa. Il en est de même de presses locales d'huile ou « roko ». La population agricole est en forte croissance. Par exemple, pour le paddy, elle est passée de 83.378 (2014) à 87.547 (2015). Elle est très élevée chez les Babombi qui gardent la tête de production dans plusieurs cultures.

Les productions vivrières de Mambasa trop croissantes s'expliqueraient par les besoins toujours croissants en denrées alimentaires des populations de Bunia, de Beni, de Butembo (voir tableau ci-dessous).

Tableau 5 : Statistiques de commercialisation des produits vivriers en T (2015)

N°	Produits	Total (T)	Commercialisé (T)
1	Maïs	20037	10270
2	Haricot	32059	13899
3	Patate-douce	18978	11648
4	Manioc	139080	58154
5	Paddy	28549	7594
6	Arachides	7335	4970
7	Banane	38175	21984
8	Céréales secondaires	3723	345
9	Soja	3054	1979
10	Café robusta (industriel)	66	65
11	Elaeis (industriel)	432	383
12	Cacaoyers (industriel)	1118	1118

Source : Rapports annuels 2014-2015 de l'Inspection Provinciale Agriculture, Pêche et Elevage de l'Ituri

Figure 4 : Commercialisation des produits vivriers et industriels (en tonnes, 2015)

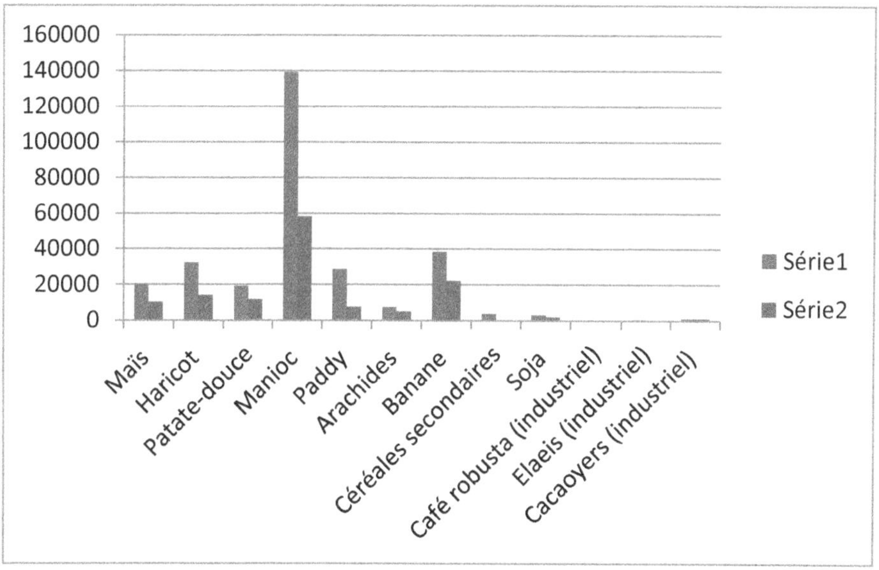

De l'analyse du tableau ci-dessus, on note que pour la plupart des produits agricoles, plus de la moitié de la production est commercialisée. Pour le cacaoyer, 100% de la production est vendue et près de 90 % pour les céréales secondaires, café robusta et élaeis. Partant de cette commercialisation des produits agricoles, le niveau de vie de cette population agricole devrait évoluer positivement. Curieusement, le constat est amer : l'agriculture ne contribue pas au développement du Territoire de Mambasa. Considérons par exemple la production de paddy de 28.549 T dont 7.594 T sont vendues. Il reste 21.000 T : 671.607 hab (2015) = 0.031 T/hab (soit 31 kg/an) : 12 mois = 2,6 kg/mois : 30 jours = 0,08kg consommés. Cela signifie que la population de ce Territoire travaille pour les autres.

Mais, en considérant les 7.595 T : 671.607 = 11,3kg/an, il ressort que la vente de 11.3 kg de paddy n'apporte pas grand-chose dans l'économie de la population de Mambasa. Les travaux ultérieurs dans l'économie agricole proposeront des pistes de sortie de cette crise.

Élevage

La production d'élevage est reprise dans le tableau ci-dessous.

Tableau 5 : Statistiques de production animale en Territoire de Mambasa (2015)

N°	Bétails	2009	2015
1	Vaches	70	68
2	Caprins	5816	8632
3	Ovins	131	643
4	Suidés	158	2375
5	Poules	7320	33105
6	Canards	2716	18205
7	Dindons	56	103
8	Pintades	11	33
9	Pigeons	273	761
10	Cobayes	2875	6276
11	Lapins	889	328
12	Chiens	1953	842
13	Chats	734	2815
14	Perroquets	23	70
15	Singes	27	28

Source : Rapports annuels 2009 et 2015 AGRIPEL/Ituri

Figure 5 : Production animale 2009 et 2015

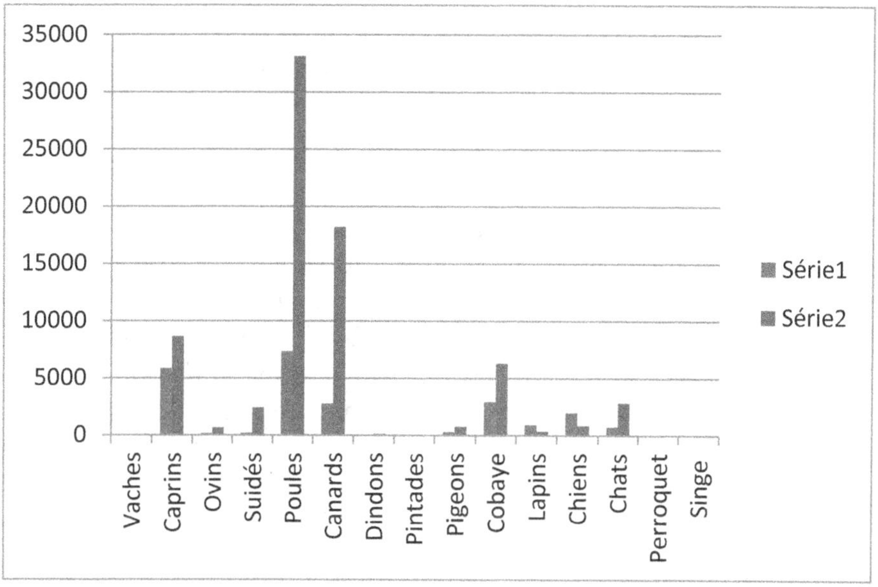

Le tableau ci-dessus montre que l'élevage de bovin est moins développé à Mambasa. Cela se justifierait par la présence de mouche tsé-tsé. Par contre, la population élève plus les caprins, les ovins (arabisés) et la volaille. L'élevage de porcs a repris à cause de sa forte consommation dans les restaurants-bars. Les autres bêtes sont domestiquées pour l'ornement (singe, perroquet, pintade, etc.).

Exploitation forestière

La situation de l'exploitation forestière dans le Territoire de Mambasa présente plusieurs facettes notamment à propos du mode d'acquisition des concessions, des sites d'exploitation et des superficies concédées, des principaux exploitants et des types d'exploitation et des essences exploitées. L'acquisition d'une concession forestière pour exploitation, telle que définie par le législateur, suit les sept étapes suivantes :

1. la demande de l'exploitant ;
2. l'avis de vacance de terre ;
3. le rapport d'inventaire ;
4. le dossier d'investissement ainsi que le cahier des charges ;

5. l'octroi du permis d'exploitation par le Ministère de l'Environnement et Conservation de la Nature ;
6. le permis de coupe de bois (qui est sollicité chaque année) ;
7. l'exploitation proprement dite conformément au cahier des charges.

Dans l'ensemble, cette procédure n'est pas respectée par l'ensemble des exploitants. Souvent, ces derniers s'arrêtent au premier document auprès de chef coutumier : *mapatano ya udongo* (convention de cession de terre). Les autres procédures administratives suivent après.

En 2009, les superficies concédées sur quatre différents axes, en l'occurrence : (1) l'axe Mambasa–Beni ; (2) l'axe Mambasa–Bunia ; (3) l'axe Mambasa–Mungbere ; et (4) l'axe Mambasa–Kisangani. Elles se chiffrent à 69.424 ha[14]. Selon les techniques utilisées, les exploitants sont regroupés en trois catégories : industriels, semi-industriels et artisanaux.

Sur 12 espèces exploitées dans la forêt da Mambasa, les plus exploitées reconnues par le service de l'environnement sont regroupées en trois classes.

- Classe 1. *Khaja anthothca* (« linjo », brun-rouge) ; *entandrophrama cylindricum* (« sapeli » ou « liboyo », brun-rouge) ; *clorophora excelsa* (« mpunga », brun-jaune).
- Classe 2. *Tieghemella heekelii* (« mbalambala », brun-rose).
- Classe 3. *Crolia abyssinica* (« ngomangoma », blanc-jaune) ; *alstonia congesis* (« mutondo », jaune).

Quant aux volumes de bois exploités, les statistiques ne sont pas bien tenues, car les déclarations ne sont pas exactes. Les sorties ne sont pas bien maîtrisées. C'est un manque à gagner pour l'administration. En 2006, les 28 exploitants ont produit 13.774,700 m^3, 24.825 m^3 (en 2007) et cette production continue à augmenter. On note que la production de bois scié est galopante. Malheureusement, la population autochtone ne tire pas de dividende de cette exploitation. Le bois est aussi exploité sous-forme de charbon de bois et de bois de chauffe. L'essence *Cynometra alexandri* (« butina ») est préférée pour son pouvoir calorifique.

---

[14] Coordination de l'Environnement, Province de l'Ituri, Rapport annuel 2009.

Exploitation minière

Les ressources minières sont nombreuses dans le Territoire de Mambasa. Il s'agit de l'or, du coltan, de la cassitérite, du diamant, etc. Elles sont exploitées de façon artisanale en dehors de la RFO, mais depuis un temps, ces exploitants ont même envahi l'aire protégée. Ce qui a poussé l'autorité provinciale de les faire déguerpir de la zone illégalement occupée en violation de la loi.

En 2009, le Territoire de Mambasa comptait 47 propriétaires pour147 carrières minières d'or. Mais officiellement, le service des Mines et Géologie n'a recensé que 11 sociétés minières avec une production totale de 2958 gr. Ce chiffre a certainement augmenté avec un nombre de plus en plus croissant d'exploitants.

Eau et électricité

- L'unique centrale en construction se retrouve à Byakato. La population utilise le groupe électrogène et les panneaux solaires.
- L'adduction d'eau potable s'est effectuée seulement au chef-lieu du Territoire. D'où la population s'approvisionne en eau de source de qualité douteuse. C'est ce qui justifie l'abondance des maladies d'origine hydrique.

Transport et communication

À part la route Bunia–Kisangani dont l'état est bon malgré la vétusté des ponts, les autres axes et surtout les routes de desserte agricole sont dans un état de délabrement avancé.

Les aérodromes de Mandima, de Lolwa et d'Akokora, érigés par les missionnaires protestants et desservis par la Mission Aviation Fellowship (MAF), sont aujourd'hui pour la plupart non opérationnels.

Les compagnies de téléphonie mobile permettent la communication sur ce vaste Territoire. Il s'agit de VodaCom, Airtel, Orange et Tigo. Cela permet aussi le transfert d'argent pour le commerce. La radio communautaire « Amkeni Mambasa » anime les émissions de développement.

Tourisme

Le grand site touristique du Territoire de Mambasa est représenté par la RFO créée le 2 mars 1992, par l'arrêté ministériel n° 045CM/ECN/92. Cet arrêté définit les limites de la réserve, impose certaines restrictions à l'exploitation des ressources. Il donne aussi la liste des lois régissant la gestion de la réserve qui s'étend dans les Territoires de Mambasa,

Wamba et Watsa sur une superficie de 1.372.625 ha dont la gestion est confiée à l'Institut National de la Conservation de la Nature (ICCN). Cet Institut doit assurer la pérennité de la diversité biologique de la RFO.

Commerce

Le Territoire de Mambasa exporte plus les produits agricoles, les produits forestiers et les PFNL vers Bunia, Beni, Butembo, Afrique de l'Est, etc. Il importe les produits manufacturés des régions précitées.

Aspects socio-culturels

Religion

À part l'animisme qui persiste, le christianisme et l'islam sont les principales religions du Territoire de Mambasa. Parmi les confessions chrétiennes, on mentionne l'Église Catholique, les Églises Protestantes et les Églises de Réveil.

L'impact social du christianisme dans le Territoire de Mambasa est visible à travers les écoles primaires et secondaires, les centres de santé et les hôpitaux créés et animés par les missionnaires catholiques et protestants, alors que l'Islam est l'œuvre des Arabisés.

Les catholiques ont atteint Mambasa en 1940 (Mission Nduye) et en 1951 (Mission Mambasa). Les protestants ont atteint Mambasa par le Nord-Kivu et les Territoires voisins de l'Ituri. Ils sont de l'Africa Inland Mission (AIM), de la Communauté Baptiste du Kivu (CBK) et de la Communauté d'Assemblée des Frères en Christ (CAFC), de la 39e Communauté Emmanuel (CE-39), de la 16e Communauté Evangélique de Christ au Cœur de l'Afrique (CECCA-16). Les autres confessions religieuses sont les suivantes : FEPACO (Fraternité de l'Église Pentecôtiste au Congo), Témoins de Jéhovah, Bima, Branham, Kimbanguisme et CHRISCO (Christ et Compagnons).

Avant l'arrivée des Arabisés, le peuple qui occupe aujourd'hui le Territoire de Mambasa était religieux. Certes, chacun de ces peuples avait sa façon de manifester la croyance aux divinités que vénérait son groupe socio-culturel. Toutefois, tous croyaient en un Dieu créateur conçu comme premier ancêtre ou « héros » culturel. Quand ils furent saisis en esclavage ou décidèrent de rejoindre les bandes arabes, les Arabisés leur interdirent de pratiquer toutes ces croyances et leur enseignèrent la croyance musulmane.

Il se fait toutefois remarquer, tel que l'indique nombre d'auteurs, que la conversion des Africains à l'islam se faisait par raison de prestige. Le terme *Ngwana* a fini par être synonyme de civilisé parce que toutes les personnes à qui il s'appliquait se considéraient comme « civilisées » pour avoir adopté les habitudes de l'Arabe et la pratique de l'Islam.

Associations socio-culturelles

Les associations soocio-culturelles sont liées aux groupes linguistiques. Il s'agit de : (1) « Mambamusa », pour tout le territoire ; (2) « Yira », pour les Banande ; (3) « Keezo », pour les Budu ; (4) « Zunana », pour les Bira ; (5) CADEMA, pour les Alur ; et (6) ADEPEF (Association de Développement des Peuples Forestiers). En plus, on note quelques ONGs, dont Premières Urgences (PAP), INTRESOS et Samaritan Purse.

Ecoles dans le Territoire de Mambasa

Mambasa compte plus ou moins 200 écoles primaires et secondaires organisées, dont 101 sont payées par le gouvernement congolais[15]. A cela s'ajoute 6 bureaux de gestion payés et 2 en instance de payement à Byakato et à Mandima (CAFC).

Ces écoles sont plus concentrées dans la Chefferie de Babila Babombi (Byakato et ses environs), Mambasa centre et ses environs et Nia-Nia. Une particularité, les écoles primaires destinées aux Pygmées sont : EP Pygmées Mambasa, Lolwa, Giasito, Bernard Longo (Nduye), Bango, Andisengi Malembe (limite Haut-Uélé) et Madududu (Bana Congo).

Infrastructures sanitaires

En 2009, Mambasa comptait 23 centres de santé et sept postes de santé. Actuellement, ces infrastructures ont subi des modifications. Il s'agit de :

Chefferie de Mambasa

1. Centres de santé de Binase, Makoko II
2. Postes de santé Butiabo, Divine, Tuendelee, Umoja, CBCA, Tumaini

[15] Cf. Bureau de SECOPE/Ituri, 2015.

Chefferie des Babombi

1. Centres de santé Tobola II, Banana, Bandisende, Bakaiko, Kenya (non opérationnel)
2. Poste de Santé Koki

Chefferie des Walese-Karo

1. Centres de Santé Bokulani, Akokora
2. Centre de Santé de Référence de Nduye.

Chefferie des Walese-Dese

Centre de santé Malembi (non opérationnel) et transféré à Lambi.

Chefferie des Bandaka

1. Centres de santé Bandaka, Bafwakoa, CECA-16, Afya, Dispensaire Okapi, Jiudi
2. CSR Epulu, Bafwambaya, Bafwanekengele

Chefferie des Bombo

Centres de santé Salate, Molokay, Badengaido.

Notons, cependant, que ces infrastructures sanitaires augmentent avec l'accroissement de la population.

Conclusion

Cette étude monographique a montré combien Territoire de Mambasa couvre plus de la moitié de l'Ituri ; mais il est moins peuplé. Les vastes étendues forestières sous climat équatorial et la disponibilité des terres arables ainsi que les richesses minières importantes et les grands cours d'eau riches en poissons, la faune très riche sont des atouts de développement de Mambasa. Paradoxalement, Mambasa se développe lentement par rapport aux autres Territoires. Nous suggérons une étude approfondie des mœurs et coutumes rétrogrades des peuples de Mambasa pour son redressement économique à la hauteur de ses ressources naturelles.

Bibliographie

AIMO, Rapport du Territoire de Mambasa, 1926.

AIMO, Rapport, Archives de la Province de l'Ituri, 1942.

BALLIF N., *Les Pygmées de la grande forêt*, Paris, L'Harmattan, 1992, 240 p.

BYARUHANGA L., « Contribution à l'identification de l'ichtyofaune de la rivière Ituri en Chefferie des Basili à Komanda », TFC, inédit, USB, Bunia, 2010, 48 p.

CORNEVIN R., *Histoire du Zaïre, des origines à nos jours*, Bruxelles, Hayez, 1989, 635p.

KI-ZERBO Joseph, *Histoire de l'Afrique noire d'hier à demain*, Paris, Hatier, 1974, 702 p.

MEESSEN J. M. Th., *Monographie de l'Ituri : Histoire-Géographie-Économie*, Bruxelles, Ministère de Colonies, 1951, 305 p.

MOELLER A., *Les grandes lignes des migrations des Bantous de la Province Orientale du Congo-Belge*, Bruxelles, IRCB, 1936, 578 p.

PALUKU K., « Les missionnaires catholiques et leurs œuvres dans la Zone de Mambasa (1939-1990) », TFC, inédit, ISP, Bunia, 1996, 56 p.

PALUKU Matina *et al.*, *Aperçu du Territoire de Mambasa : cadres physique, humain, économique et socio-culturel*, in *RRD*, vol. 2, n° 4, 2012, p. 105-125.

PHILIPART DE FOY G., *Les Pygmées d'Afrique centrale*, Roquevaire, Parenthèses, 1984, 364 p.

Rapport annuel du Territoire de Mambasa, 2015.

Coordination de l'Environnement, Province de l'Ituri, Rapport annuel 2009 ».

Rapport annuel 2014-2015 de l'Inspection Provinciale Agriculture, Pêche et Elevage de l'Ituri.

van PUIJENBROEK J., *L'analyse de conflit et évaluation de besoin effectuée dans le cadre de l'opérationnalisation de la deuxième phase du STAREC/ISSSS dans les Territoires de Mambasa et Bafwasende*, Utrecht, Pax Christi, 2014, [en ligne], https://www.paxvoorvrede.nl/media/files/rapport-mambasa-bafwasende-b.pdf

UMVOR Keno G., *Processus du changement de mentalités des autochtones du District de l'Ituri (Nord-Est de la RDC) sous le régime colonial (1871-1960)*, Kinshasa, PUC, 2016, 779 p.

2

Conception de temps et développement spirituel chez les Ndaka

KIBUKA Kutionga N. Corneille

Introduction

Le temps est incontestablement l'une des variables culturelles les plus significatives qui marquent les différences entre elles. La culture occidentale, mise en contact avec le judaïsme et le christianisme, a été influencée par la conception biblique du temps qui est rectiligne et qui contribue à la compréhension, à l'historisation et à l'intériorisation des doctrines chrétiennes. Celles-ci conduisent à une maturité spirituelle, base d'une église solidement édifiée. Comparativement aux églises établies en Territoire de Mambasa, nous nous trouvons face à une déperdition chrétienne très prononcée et à un statu quo de nouveaux convertis. Les recherches récentes menées par le Centre de Recherche de l'Université Shalom de Bunia en Territoire susmentionné montrent que les peuples qui y habitent ont été évangélisés au 20e siècle, et la plupart ont répondu positivement à l'évangile leur annoncé[16]. Des églises locales ont été établies parmi eux par les missionnaires catholiques romains et protestants. Il y a eu des serviteurs de Dieu formés parmi ces chrétiens ; c'est-à-dire que chrétiens et serviteurs des tribus de Mambasa ont été presque tous en contact avec la conception biblique du temps. Mais, un constat négatif ! Un constat amer : il y a

[16] Centre de Recherche de l'Université Shalom de Bunia, Projet de Recherche Mambasa : Master Plan, inédit, USB, Bunia, 2015, p. 1.

une déperdition de la majorité des chrétiens. Certains retournent à la religion traditionnelle, et d'autres aux pratiques mystiques[17].

En effet, l'observation ci-dessus illustre la problématique de notre recherche ; et la problématique est définie par Michel Beaud comme un ensemble construit, autour d'une question principale, des hypothèses de recherche et des lignes d'analyse qui permettront de traiter le sujet choisi[18]. C'est pourquoi, pour le sujet en étude, notre problématique est sous-tendue par la question cruciale suivante : Pourquoi les Ndaka du Territoire de Mambasa retournent-ils à leur religion traditionnelle et au mysticisme après avoir été éclairés par l'évangile au siècle passé ? Nous avons également les questions secondaires ci-dessous qui s'y rapportent : Quelle est la conception du temps des Ndaka ? Est-elle compatible à la conception biblique du temps ? Celle-ci les aide-ils vraiment à comprendre les doctrines chrétiennes fondamentales susceptibles de les emmener à la maturité spirituelle ? Comment les Ndaka de Mambasa rationalisent et quantifient-ils le temps pour le mettre à profit pour leur développement spirituel ?

La rationalisation du milieu naturel de l'homme est d'une grande importance pour qu'il s'y adapte de manière humaine. Cette rationalisation du milieu humain est le fruit du rapport existant entre l'homme et son milieu naturel. Or, se référant une fois de plus aux observations ci-dessus, il est dit que les Ndaka habitant la forêt du Territoire de Mambasa passent la plupart de leur temps à des fins autres que l'édification spirituelle[19]. Par exemple, la journée est le moment propice pour moult Ndaka de chercher de l'or, de jouer (cartes, mangolo, etc.)[20], de s'adonner aux promenades et de tailler bavette sans conscience de temps sur tout et rien à travers des groupes bruyants sous la paillotte ou sous l'arbre au lieu qu'elle soit gérée pour l'éducation chrétienne. Et la nuit, c'est la vadrouille[21], les danses au clair de la lune ou encore, c'est l'heure de divers autres tours inimaginables en

---

[17] Les Arabisés, les Bila, les Lese, les Mbo, les Ndaka et les Pygmées habitent ce Territoire. Par souci de concision, nous ne parlerons que des Ndaka.

[18] BEAUD Michel, *L'art de la thèse : comment préparer et rédiger une thèse de doctorat, un mémoire de DEA ou de maîtrise ou tout autre travail*, Paris, La Découverte, 2003, p. 38.

[19] Centre de Recherche de l'Université Shalom de Bunia, *op. cit.*

[20] Mangolo = Nous le comparons au jeu de dames ou au monopoly qu'on joue en ville.

[21] Vadrouille = Balade, promenade sans but particulier.

effectuant de longues distances d'un village à un autre pour la recherche du divertissement.

Les hypothèses pour la déperdition des Ndaka dans les églises chrétiennes qu'ils fréquentent sont nombreuses. Mais en rapport avec notre réflexion, nous opinons que les Ndaka du Territoire de Mambasa retournent à leurs religions traditionnelles et au mysticisme après avoir été éclairés par l'évangile parce qu'ils ne comprendraient pas la conception biblique du temps, notamment :

- Ils ne rationaliseraient pas leur temps.
- Ils ne le quantifieraient pas aussi.
- Ils seraient tributaires d'un temps prenant en compte les saisons et ce temps serait élastico-cyclique favorisant aussi des activités cycliques et non pas la compréhension des doctrines chrétiennes qui pointeraient vers l'avenir et donneraient de l'espérance.
- L'Église ne tiendrait pas compte de la culture profonde du Ndaka pour la contextualisation de l'évangile lui annoncé.

Pour cette étude, nous nous sommes servi de la méthode ethnographique[22]. Cette méthode a été soutenue par les méthodes historico-comparative[23] et phénoménologique. Les techniques documentaire, enquêtes sur terrain et entretiens participatifs nous ont été également d'une grande utilité.

L'approche ethnographique que nous avons utilisée est désignée par Masiala ma Solo « l'ethnographie holistique[24] ». Cette dernière est l'étude des groupes sociaux dits « primitifs ». Son avantage principal est précisément de mettre le chercheur en présence de civilisations et institutions pour lesquelles les interprétations subjectives, empruntées au « bon sens vulgaire », c'est-à-dire à des notions qui sont des produits historiques d'une certaine évolution sociale, deviennent manifestement insuffisantes. Pour Durkheim, les sociétés « primitives » se définissent par l'uniformité et la simplicité. Il a pour but de décrire et d'analyser une culture ou une communauté dans son ensemble ou en partie, en décrivant ses croyances et ses pratiques et en montrant comment les diverses parties contribuent à la culture en tant qu'ensemble unifié et

---

[22] KIBUKA Kutionga N. Corneille, « Initiation à la Recherche Scientifique », cours, inédit, USB, Bunia, 2015-2016, p. 13.

[23] KIBUKA, *op. cit.*, p. 11.

[24] MAISALA ma Solo André, MULUMA Munanga Albert et MAMBU Mvumbi Léonie, *Guide du chercheur en sciences humaines : rédaction et présentation d'un travail scientifique*, Kinshasa, Centre Éducatif Congolais, 2012, p. 41.

consistant[25]. Cette approche nous a permis d'être en présence des Ndaka, d'analyser leurs croyances, leurs pratiques et leur rationalisation du temps dans le but de les comparer aux croyances et à la conception du temps selon la Bible, et en dégager les différences.

La méthode historico-comparative est une méthode d'analyse et d'explication dite aussi « l'histoire comparée ». Elle rend compte des éléments divers qui servent à la formation de l'objet de l'étude, montre leurs causes et leurs raisons d'être. Elle nous a permis de comprendre les causes et les raisons qui font que les Ndaka s'attachent à leurs religions traditionnelles et à la pratique du temps cyclique.

Quant à nos enquêtes, elles ont consisté, comme le dit Masiala ma Solo, à recueillir des données temporelles auprès d'un groupe des Ndaka dans le but d'en examiner les caractéristiques, les attitudes, les opinions, les croyances et les intentions ou les comportements[26].

Rationalisation du milieu et du temps par les Ndaka

La présentation de l'espace socio-culturelle des Ndaka étant faite par Umvorkeno et Bazungu[27], il sied de souligner que leur Territoire est très riche en ressources naturelles dont la forêt et les minéraux, variant des diamants, cassitérite, colombo tantalite (coltan), wolframite, magnésium, mercure et surtout l'or[28]. Puijenbroek dit qu'il y a 343 sites miniers dans le Territoire de Mambasa, dont 34 sites sont localisés dans la Chefferie des Bandaka[29]. Cette présence de sites miniers a fait que la région ndaka connaisse une ruée massive de la population de différentes tribus du pays vers l'or et d'autres minerais se trouvant dans le Territoire ndaka avec comme conséquence un brassage culturel très prononcé. La majorité des villages ndaka connaît actuellement ce brassage.

---

25 MAISALA, *op. cit.*, p. 42.

26 *Ibid.*, p. 52.

27 UMVORKENO Gilbert et BAZUNGU Avemvo Joseph, « Présentation du Territoire de Mambasa », essai dans la présente monographie.

28 van PUIJENBROEK Joost, « L'analyse de conflit et évaluation de besoin effectuée dans le cadre de l'opérationnalisation de la deuxième phase du STAREC/ISSSS dans les Territoires de Mambasa et Bafwasende », Utrecht, Pax Christi, 2014, p. 36, [en ligne], https://www.paxvoorvrede.nl/media/ files/rapport-mambasa-bafwasende-b.pdf (consulté le 10 janvier 2016).

29 *Ibid.*

Malgré ce fait, les Ndaka ont gardé leur culture. Dans leur cosmogonie[30], ils gardent le modèle d'origine qui a une base commune surtout centrée sur le culte des ancêtres, la croyance en la réincarnation, le côté initiatique et la conception du temps et de l'espace. Nous citons, en passant, quelques-uns des éléments culturels ndaka : la *mapio* = cérémonie culturelle à la naissance des jumeaux, *mandoloba* et *agbedo* = jeux des femmes, *butuma* ou *agbede* = rituel qui consiste en l'invocation de la divinité de chasse afin que les chasseurs d'éléphant puissent réaliser une chasse fructueuse, *iguni* = la circoncision qui est considérée comme une alliance, *imbaa* = un rituel, une sorte de sorcellerie qui a une divinité, *ilima* = danse nocturne des femmes et *ambhembé* = danse nocturne de femmes[31]. Dans leur culte des ancêtres, les *aliamba* sont des grands prêtres. Les *ngalima*, qui sont tous des hommes, sont détenteurs du pouvoir ancestral et communiquent avec les ancêtres et les esprits. Ils intronisent les chefs et punissent les malfaiteurs[32].

Pour les Ndaka, comme pour tout Muntu, l'univers n'est pas seulement le milieu dans lequel il vit, mais il est un lieu exprimant une relation d'intimité ; une partie intégrante de la vie. C'est la raison pour laquelle chaque objet qui l'entoure a une signification et joue un rôle dans sa vie. Mujynya dit que l'univers pour un Muntu, est conçu comme l'ensemble des forces interactionnaires agissant les unes sur les autres, se renforçant et s'affaiblissant mutuellement dans une interaction constante[33]. Comme ceci décrit le milieu naturel ndaka, il est question de voir comment est-ce qu'il le rationalise. Cette rationalisation est le résultat d'un rapport existant entre l'individu et la nature et entre cette dernière et le groupe social. Ce qui ne manque pas de provoquer une double tension qui paradoxalement oppose et relie l'individu à son milieu social. Wauthier de Mahieu dit à ce sujet que la rationalisation du milieu naturel de l'homme résulte d'un rapport dialectique et

---

[30] La cosmogonie est définie comme un système de la formation de l'univers. Elle se distingue de la cosmologie, qui est la « science des lois générales par lesquelles le monde physique est gouverné ».

[31] KOPIKAMA Véronique, interviewée le 10/01/2016 à Bafwanekengele. « *Ambhembé* » voilée sous le titre de « danse de femmes » est un mouvement traditionnel dirigé par les femmes. C'est un culte à travers lequel les danseuses sont pour la sécurité du Chef et du village. Selon leur croyance, elles peuvent bloquer l'attaque contre le clan, même le projet de développement, la progéniture, etc.

[32] AKUNDEY Raymond, interviewé le 09/01/2016 à Bafwanekengele.

[33] MUJYNYA Nimisi, *L'homme dans l'univers des Bantu*, Kinshasa, PUZ, 1978, p. 25.

dynamique entre l'homme et son milieu naturel et sera donc déterminée tant par le type de milieu naturel que par le mode de vie que, dans ce milieu, le groupe social s'est choisi, ou dans lequel il reste encré[34].

En effet, le milieu naturel dans lequel le Ndaka est resté attaché est forestier. Il y développe l'agriculture, la chasse, la pêche, l'exploitation des minerais et pratique différents rites qui vont de pair avec la nourriture[35]. Du côté agriculture, la culture de banane et de patate douce sont celles que les Ndaka ont connu de longue date bien que celle du riz soit introduite entre la période arabe et la période coloniale.

Selon Beiyo Alimasi, les Ndaka habitent une unité résidentielle restreinte et sont divisés en clans de type patrilinéaire dont les membres possèdent en commun leur forêt, leur montagne, leurs rivières et ruisseaux. Ils ont aussi collectivement leur totem comme chez leurs voisins proches, les Budu et les Bali[36]. La colonisation a obligé les petites unités résidentielles ndaka à sortir de leurs lieux originaires et à se regrouper en villages s'installant le long des routes Epulu-Nia-Nia et Nia-Nia-Wamba. Ce regroupement a eu aussi un effet défavorable, car les Mbo (Bombo) qui habitaient originairement la rive gauche de la rivière Ituri entre Epulu et Nia-Nia ont été obligés eux aussi à se regrouper sur ce tronçon routier envahissant ainsi le Territoire ndaka. En plus, Bandengaido était cédé à la Chefferie de Bombo suite à l'insécurité causée par les braconniers dans le Groupement de Basiri et à la demande du chef de Bombo d'avoir un lieu sécurisé. La Chefferie de Bombo a étendu son administration sur les villages Salate et Molokai et menace d'aller plus loin, en administrant même le village PK 47 axe Wamba[37]. C'est pourquoi, ce dernier réclame aujourd'hui que les villages de Badengaido, Molokai et Salate lui soient restitués[38].

Dans la rationalisation de son milieu et plus précisément du temps, les Ndaka lisaient et lisent encore le temps (*wati*)[39] à l'aide de différentes positions d'une constellation de cinq étoiles (*akuphɛ*) et les cris de certains animaux comme le *ngoya* et des oiseaux comme le

---

[34] de MAHIEU Wauthier, « Le temps dans la culture komo », in *Africana*, vol. XLIII, 1973, p. 2.
[35] BANAPEA Koingo, interviewé le 09/01/2016 à Nia-Nia.
[36] BEIYO Alimasi, interviewé le 28/12/2015 à Bafwabango.
[37] van PUIJENBROEK Joost, *op. cit.*, p. 36.
[38] *Ibid.*
[39] BANAPEA Koingo, *op. cit.*

coq[40]. La lecture est faite pour les différentes divisions du temps : celle de la journée et celle de l'année ainsi que pour le temps divisé et le temps unifié. La rationalisation du temps historique est faite à l'aide des événements. Le schéma rectiligne montrera cette dernière tandis que les deux tableaux ci-dessous décrivent les deux divisions.

Conception ndaka du temps

La conception ndaka du temps sera dégagée de deux lectures temporelles qu'ils font du temps unifié et du temps divisé.

Le temps divisé chez les Ndaka

Le tableau ci-dessous comprend la colonne des heures qui va de 1 heure à la 24e heure, des divisions vagues et des divisions plus au moins précises du temps pour un jour. Les expressions exprimant cette division sont orthographiées en *kindaka* et sont expliquées en infrapaginale.

Division de la journée chez les Ndaka

Heures	Divisions vagues	Divisions un peu précises
1	Upembe[41]	Upembe
2		Bɨsɨ bonotiaine[42]
3		
4		Kobo opee ogbomaine[43]
5		Bɨsɨ botakenea[44]
6	Nɛkubha[45]	Bɨsɨ boyaine[46]
7		ɛpá yo bongono[47]

[40] *Ibid.*

[41] *Upembe* est une période de temps qui commence et se termine avec les cris de *ngoya* ou le daman. Il signifie que la nuit est mure et va de 1 heure à plus au moins 5 heures du matin.

[42] *Bɨsɨ bonotiaine* signifie littéralement « la nuit a grandi ».

[43] *Kobo opee ogbomaine* = le premier chant de coq. Pour les Ndaka ce premier chant de coq se situe à 4 heures du matin, tandis que pour d'autres, il commencerait à 3 heures du matin.

[44] *Bɨsɨ botakenea* = le deuxième chant de coq ; la nuit touche à sa fin (5 heures du matin).

[45] *Nɛkubha* = le matin.

[46] *Bɨsɨ boyaine* = l'aube matinal (première lueur du soleil).

[47] *ɛpá yo nɛkubha* ou *ɛpá yo bongono* = soleil du matin.

8		ɛpά yo nɛkubha
9		
10	ɛpὰ ye nɛpaise[48]	Odhaka[49]
11		
12		Nasotɨ[50]
13		ɛpὰ ye nɛpaise
14		
15		
16	Nɛpaise[51]	Nɛpaise
17		
18		
19	Natɨ na butu[52]	Dulusa atakomaseke[53]
20		Bana kumunieni apee[54]
21		
22		Imbi yo too yopee[55]
23		
24		Atɨ otoo[56]

Un commentaire pour ce tableau s'avère nécessaire ; même chose pour le tableau qui suit.

[48] *ɛpὰ ye nɛpaise* = soleil d'après-midi (15h-17h).
[49] *Odhaka* = moment du silence ; le village est désert car les gens sont partis au champ.
[50] *Nasotɨ* = milieu de la journée.
[51] *Nɛpaise* = après-midi, le soir (16h-18h).
[52] *Natɨ na butu* = début de la nuit.
[53] *Dulusa atakomaseke* = les ténèbres sont aux chevilles (18h30-19h30 ?).
[54] *Bana kumunieni apee* = littéralement, les enfants entrent alors dans la maison ; l'heure de se coucher pour les enfants).
[55] *Imbi yo too yopee* = le premier sommeil (22h-23h).
[56] *Atɨ otoo* = au milieu du sommeil (24h ou 00h).

1. *Division de l'année chez les Ndaka*

Périodes de l'année					Activités				Résidence			
					Hommes		Femmes					
Mois	Etoiles	Soleil	Pluie	Récolte	Champs	Forêt	Champs	Forêt	Village	Champs	Forêt	Mois
Nov			Ndobo				Récolte	Champignons			Baa	Nov
Déc									Ambiance		Kapino	Déc
Jan	Akuphɛ			Riz	Défrichage			Pêche	festive due à la	Baa	Ndobo	Jan
Fév		Igo		(Haricots)	Brûlage +	Or						Fév
Mar		Ipa			Semis arach		Plantage		récolte			Mar
Avr					Brûlage					Baa		Avr
Mai	Kaligbiti		Ndobo				Sarclage			omaiya		Mai
Juin												Juin

Juil		Wati wa ugba a		Arachides	Semis riz Circoncision	Chasse intensive	Plantage Semis riz + bananes	Pêche Chenilles	Rite Circonc.			Juil
Août			Ndobo								Baa Kapino Ndobo	Août
Sept						Or Cueillette		Chenilles	Ambhɛmbé		Baa Kapino	Sept
Oct						Or			Tambiko		Ndobo Tambiko	Oct

Le temps unifié chez les Ndaka

Il serait mieux de commencer par expliquer avant tout ce que « temps unifié » veut dire.

La notion de l'unification de trois grandes périodes du temps comprenant le « passé, le présent et le futur » n'est pas si simple dans la culture ndaka à cause de la difficulté de l'inclusion du passé et du futur dans le présent. Toutefois, les Ndaka en ont connaissance, car elles sont désignées par les mots précis. Mais, le manque des vocabulaires communs souligne encore la difficulté. Nous relevons en exemple les réponses de cinq personnes interviewées donnant des vocabulaires nuancés qui désignent une même sous période du temps unifié.

	Passé	Présent	Futur
1e personne	Wati wo pei ou wati wo jene	Wati wo kpeekpe	Ipobo akoo ou Kuba[57]
2e personne	Ikope	Apabo	Kuba[58]
3e personne	Wati awo wokyedhi zeni	Wati wo kpeekpe	Wati wo weika suo ou weika matu[59]
4e personne	Wati wo ukyedhu	Wo kpeekpe	Wati wekasuo[60]
5e personne	Ikopekope	Kpeekpee	Yeikasuo[61]

Ikope et *ikopekope* sont deux mots qui sont opposés aux trois autres commençant par « *wati…* » et qui désignent tous le temps passé, mais *ikope* désigne plus le jour d'hier, donc un *passé proche*. Pour le temps « présent », il y a *apabo* seul qui apparaît au milieu de quatre expressions gravitant autour de « *kpeekpe* ou *kpeekpee* ». Le temps « futur » est désigné par quatre termes de base différents : *ipobo*, *kuba*,

[57] BAMBINONGAITO Léonard, interviewé le 09/01/2016 à Bafwanekengele.
[58] NAKODITE Emmanuel, interviewé le 10/01/2016 à Bafwatungbo.
[59] BIBENGAMA Jean-Pierre, interviewé le 21/01/2016 à Boyulu.
[60] BANAPIA Samuel, interviewé le 15/01/2016 à Bafwanekengele.
[61] AKODE Charlotte, interviewée le 10/01/2016 à Bafwanekengele.

wati wo weika et *wati wekasuo* (*yeikasuo*). Ceci ne souligne-t-il pas le fait que les Ndaka ont une notion floue du temps « futur », car il semblerait que *ipobo akoo* et *wati wo weika suo* ne désigneraient pas un « futur éloigné » mais un « futur proche ». Plus encore, *kuba* se rapporte à demain, un « *futur très proche* ». Ce qui nous pousse à examiner l'emprise du passé et du futur sur le présent dans la culture ndaka. Mais avant tout voici la ligne du temps unifié avec des termes ndaka pour chacune des trois périodes.

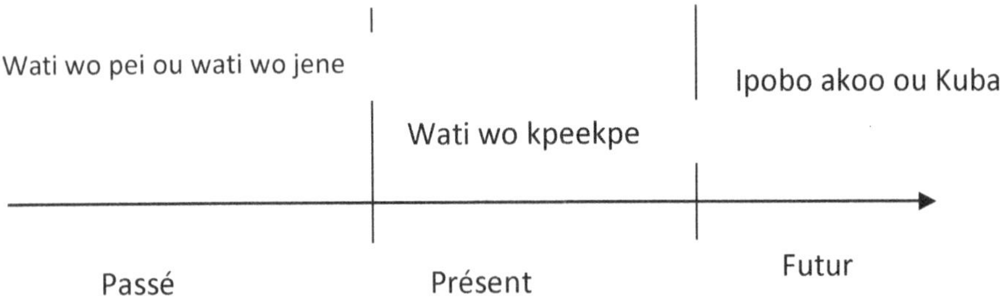

Le schéma ci-dessus semble annuler l'argument découlant du tableau à la page précédente qui montre des mots divers. Sinon, vous feriez mieux de dire bien ce que vous voulez dire par ce schéma abrégé par rapport au tableau précédent.

En effet, plusieurs chercheurs ont écrit à propos d'une forte influence du passé sur le présent dans la conception du temps de l'Africain. Wauthier de Mahieu est cité en exemple à travers les phrases suivantes :

> On a écrit beaucoup au sujet de l'emprise du passé dans les sociétés dites archaïques, mais on n'a peut-être pas toujours tenu compte des contenus différents que peut avoir le terme, et, par conséquent, des différentes façons dont le passé peut être présent à la conscience et déterminer le comportement[62].

Ce qu'affirme De Mahieu dans la citation ci-dessus est vrai. Le temps passé peut avoir une forte influence sur le temps présent selon les différents niveaux de la conscience individuelle ou sociale. Nous notons les quatre niveaux suivants : le niveau affectif, le niveau philosophico-

---

[62] de MAHIEU Wauthier, *op. cit.*, p. 10.

religieux, le niveau des structures sociales et le niveau pratique ou empirique[63]. Mais quant à ce qui concerne un « passé historique », nous constatons qu'il y a carence d'historisation de certains faits et événements dans les sociétés africaines à part les mythes. La société ndaka comme toute société de l'Afrique noire aujourd'hui, présente en grande partie des caractéristiques d'une société archaïque. Le temps passé a de l'emprise sur le temps présent chez les Ndaka au niveau de quatre points énumérés ci-dessus. C'est ainsi qu'un bon nombre des interviewés comme Ambido affirme que le passé aide les Ndaka à garder jalousement leur culture coutumière[64], c'est-à-dire qu'il aide présentement les Ndaka au niveau de leurs structures sociales.

Quant au « temps futur », les réponses à nos questions sont presqu'orientées vers ces affirmations : le « futur » ne dit rien aux Ndaka[65] ; le « futur » ce sont les positions des étoiles indiquant le changement des saisons[66] ; le « futur » est conçu comme un danger pour un Ndaka[67], car il y voit la mort[68]. Toutes ces réponses soulignent deux grandes réalités temporelles : l'absence de la perspective temporelle ou horizon temporel étendus et l'emprise du « temps futur » sur le « temps présent » chez les Ndaka. Il est souvent dit que l'emploi de l'argent permet non seulement le délai mais encore un choix de la contre-valeur dans l'échange économique et les projets de développement industriel entraînant ainsi l'existence d'une perspective d'avenir et une base excellente pour en mesurer la profondeur[69]. Or, la société ndaka emploie l'argent et est dans le monde d'échange de son « or » et l'argent lui ouvre la porte des échanges économiques. Mais hélas ! Le Ndaka n'a pas en esprit « le futur éloigné ». Ambido dit à ce sujet que l'activité d'un Ndaka, c'est cela sa perspective d'avenir[70].

Le « temps présent » appelé « *kpeekpe* ou *kpeekpee* » est le temps qui a été reconnu par la majorité des interviewés comme le temps le plus important pour les Ndaka. Nous citons à titre illustratif Véronique Kopikama,[71] Charlotte Akode, Banapea Koingo, Mombiomane, Claude

---

[63] *Ibid.*

[64] AMBIDO, interviewé le 10/01/2016 à Bafwanekengele.

[65] KOINGO Josué-Albert, interviewé le 06/01/2016 à Bafwanekengele.

[66] ASUMANI Bavabeki Eric, interviewé le 23/03/2016 à Nia-Nia.

[67] AMBIDO, *op. cit.*

[68] MOMBIEMANE, interviewé le 10/01/2016 à Bafwanekengele.

[69] de MAHIEU Wauthier, *op. cit.*, p. 13.

[70] AMBIDO, *op. cit.*

[71] KOPIKAMA Véronique, *op. cit.*

Akemane, qui affirment que « le temps présent » est le temps d'une grande importance pour un Ndaka car on le vit quand le « passé » n'est plus et le « futur » n'est pas encore. Dans le même angle, J. S. Mbiti dit :

> Sasa est la portion du temps dans laquelle les gens sont conscients de leur existence et dans laquelle ils se projettent eux-mêmes dans le futur proche et principalement dans le passé (zamani). Sasa a en elle-même une dimension de temps complète ou pleine, avec son futur proche, un présent dynamique et un passé expérimenté. Nous devons l'appeler le Micro-Temps (Petit-Temps). Le Micro-Temps est significatif à l'individu ou la communauté seulement à travers leur participation en lui ou à son expérience[72].

Les affirmations ci-dessus de J. S. Mbiti ont été confirmées par nos recherches. Le présent (*sasa* en swahili et *kpeekpe* en kindaka) constitue un « temps ». Cette conception fait que le Ndaka satisfait d'abord à ses besoins en rapport au « temps présent » excluant ainsi « l'avenir éloigné ». Il a souci de l'immédiat, et parfois un immédiat par facilité. C'est pourquoi quand il faut chercher une réponse à ses difficultés sur le plan spirituel, on recourt à celui qui peut donner une réponse immédiate.

Concernant la notion du calendrier, nos recherches ont abouti au constat qu'il y a eu existence d'un calendrier familial dans la conception du temps des Ndaka. Ce calendrier était en connexion avec les événements. Il consistait à la fixation des morceaux de l'épi de maïs sur une corde qu'on attachait au mur de hutte. À chaque année (*wati*), on ajoutait un morceau de cet épi[73]. Le premier morceau se rapportait à un événement familial soit le déménagement d'un lieu à un autre. Tous les autres événements suivants s'y rapporteront : naissances, mariages, circoncisions, etc. Donc, ce calendrier n'était pas chronologique et était relatif pour la famille sans valeur pour l'ensemble de la société ndaka. J. S. Mbiti a fait le même constat chez les Akamba du Kenya. Il dit :

> D'une façon générale, il y a inexistence de calendriers numériques dans la conception du temps de l'Africain. Il existe des calendriers

---

[72] MBITI John S., *African Religions and Philosophy*, London, Heinemann, 1975, p. 22-23 (notre traduction).
[73] BANAPIA Samuel, *op. cit.*

phénoménaux. Le calendrier à base des phénomènes ne mesure pas le temps…, mais il considère les seuls événements en relation les uns avec les autres…au moment où ils se produisent dans le temps (c'est-à-dire au moment où ils constituent le temps). C'est l'événement, le contenu du temps qui importe davantage que le calcul exact du temps[74].

Le constat fait par J. S. Mbiti chez les Akamba est identique à celui que nous faisons chez les Ndaka au sujet du manque de calendrier numérique dans leur conception du temps. S'il en est ainsi du calendrier et du temps chez les Ndaka, voyons la conception biblique du temps.

Conception biblique du temps

Le temps selon la Bible (l'Ancien et le Nouveau Testaments) englobe le temps divisé, le temps unifié ainsi que la notion du calendrier. Dès Genèse 1,1-2,4a, nous voyons le temps divisé et le temps unifié figurer dans le texte de la création : un soir, un matin, premier, deuxième jour, etc. Il y a également la présence des astres créés. Ces derniers serviront d'indication des saisons (Gn 1,14-19), des jours et des années. Ils fixeront également le calendrier qui est né avec leur avènement[75].

En Lévitique 23,1-38 le temps cyclique et linéaire sont décrits à travers les sept solennités juives : la Pâque, la fête des pains sans levain, la fête des prémices, les deux pains, la fête des trompettes, le jour des expiations et la fête des cabanes (Tabernacles) [76].

Primitivement, ces fêtes cultuelles juives, à l'exception du sabbat, étaient des fêtes agricoles, d'éleveurs marquant le cycle de la nature : fêtes des Azymes, fêtes des moissons, fêtes des vendages, dit A. Chouraqui[77]. En ce sens, elles décrivent un temps cyclique. Après, ces trois fêtes vont recevoir une historisation en les mettant en relation avec les événements de l'histoire d'Israël : Pâque, célébration de l'exode d'Egypte ; la fête des semaines (Pentecôte), le don de la

---

[74] MBITI John S., « L'eschatologie », in *Rencontre des théologiens africains* : *pour une théologie africaine*, Yaoundé, Clé, 1969, p. 222.

[75] BIKUKA Kutionga N. Corneille, « L'intendance du temps et ses implications éthico-théologiques d'après l'Évangile de Luc : une approche exégétique », Thèse de doctorat, inédit, Université Protestante au Congo, Kinshasa, 2012, p. 40.

[76] *Ibid.*, p. 43-44.

[77] CHOURAQUI André, *L'univers de la Bible*, tome 2, Paris, Lidis, 1983, p. 121.

Torah au Mont Sinaï[78] ; la fête des cabanes (Tabernacles), les haltes d'Israël dans le désert[79]. À ce stade, elles font appel au temps historique et linéaire. C'est-à-dire elles introduisent un temps cyclique dans une masse de temps linéaire. Leur contenu, au lieu de célébrer ce qu'elles sont, célèbre les œuvres de l'Éternel à l'égard d'Israël, l'histoire du salut et sont à la base du calendrier liturgique juif auquel s'articulera le calendrier liturgique chrétien. C'est ainsi que A. J. Heschel dit : « Pour Israël, les événements uniques du temps historique étaient chargés d'un sens spirituel plus lourd que le processus toujours répété du cycle de la nature dont cependant dépendait leur subsistance[80]». L'historisation des événements salvifiques de Yahvéh fait naître le « *Zakor* », le souvenir ou la mémoire.

Il est donc indispensable de conserver en mémoire les faits du passé, d'où la répétition de la « *Torah* ». A ce niveau, nous remarquons une grande différence entre la conception du temps des Ndaka et la conception du temps dans la Bible.

Nous signalons également que le Nouveau Testament donne des éléments du temps divisé et du temps unifié. Par exemple, Luc 12,35-40 parle de l'heure, de la deuxième et la troisième veilles. Les Grecs ainsi que les Juifs avaient divisé la nuit en trois parties de quatre heures chacune (6h-10h ; 10h-2h ; 2h-6h – première veille, Lm 2,19 ; veille de minuit, Jg 7,19 ; veille du matin 1 S 11,11 ; Ex 14,24). Tandis que les Romains l'avaient divisée en quatre parties de longueur égale de trois heures chacune, de six heures du soir à six heures du matin (6h-9h ; 9h-12h ; 12h-3h ; 3h-6h) appelées « veilles » (*phulakaí*) quand les sentinelles étaient à leur poste.

Un autre élément biblique dans la conception du temps est la description de l'économie du salut dès son annonce dans l'Ancien Testament jusqu'à son accomplissement dans le Nouveau Testament. En Genèse 3,15 le Sauveur Jésus-Christ est annoncé en ces termes : « Je mettrai inimitié entre toi et la femme, entre ta postérité et sa postérité : celle-ci t'écrasera la tête, et tu lui blesseras le talon ». La sentence divine contre le serpent contient une « Bonne Nouvelle » pour l'humanité : l'écrasement de la tête de Satan symbolisé par le serpent grâce à une personne, Christ qui naîtra de la descendance de la femme. À partir de

---

78 HESCHEL Abraham J., *Les bâtisseurs du temps*, Paris, Les Editions de Minuit, 1957, p. 104.
79 CHOURAQUI, *op. cit.*, p. 121.
80 HESCHEL, *op. cit.*, p. 104.

ce moment une longue histoire intrigante commence. Elle finit par se réaliser par la mort et la résurrection de Jésus-Christ et laisse voir un temps historique rectiligne. Nous essayons de le représenter sur la ligne du temps ci-dessous.

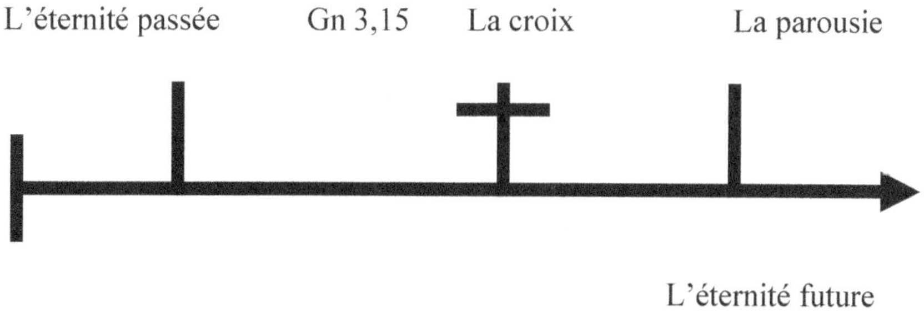

Le Nouveau Testament dans son ensemble décrit ce temps de l'histoire du salut. Les Évangiles narrent l'incarnation de Jésus-Christ, sa naissance, son œuvre, sa mort expiatoire, sa résurrection et son ascension. Actes 1,1ss, qui décrit cette dernière, ajoute que la parousie de Jésus s'effectuera de la même manière que son ascension. Bref, le temps dans l'Ancien et le Nouveau Testaments pointe vers l'avenir. Il est rectiligne, historique, contrairement au temps chez les Ndaka.

Un dernier élément de nos recherches concerne la manière dont les églises ont abordé la culture des Ndaka. La majorité des réponses recueillies ont fait voir qu'elles en ont fait table rase. Elles se sont plus fiées à la culture de surface comme thermomètre de l'enracinement de l'évangile parmi eux tout en oubliant la culture profonde. Cette dernière se compose d'opinions, de croyances religieuses, de valeurs, de modes de gestion des émotions, de façon d'envisager les statuts (le nôtre et ceux des autres), de schémas hiérarchiques supérieurs/ subordonnés, de démarches de résolution de problèmes, la vision du monde, etc. D'où la carence observée chez les Ndaka dans leur compréhension du temps selon la Bible.

Conclusion

Cet essai a été développé à partir de la problématique qui est soulignée par la question cruciale : Pourquoi les Ndaka du Territoire de Mambasa retournent-ils à leur religion traditionnelle et au mysticisme après avoir été éclairés par l'évangile au siècle passé ? Cette dernière a été soutenue par quatre questions secondaires : Quelle est la conception du temps des Ndaka ? Est-elle compatible à la conception biblique du temps ou non ? Celle-ci les aide-ils vraiment à comprendre les doctrines chrétiennes fondamentales les emmenant à la maturité ou pas ? Comment les Ndaka de Mambasa rationalisent et quantifient-ils le temps pour le mettre à profit afin de leur développement spirituel ? Nous sommes arrivé aux conclusions ci-après.

- Les Ndaka avaient et ont une conception du temps qui souffre d'un manque de rationalisation et d'une quantification chronométrée. Les deux tableaux décrivant le temps divisé chez les Ndaka (c'est-à-dire : la division de la journée et la division de l'année) ont dégagé une division vague du temps se basant tantôt sur des cris des bêtes et des oiseaux, tantôt sur la position des astres.
- Les Ndaka sont tributaires d'un temps prenant en compte les saisons et ce temps est événémentiel et élastico-cyclique favorisant aussi des activités cycliques. Ce temps ne peut pas favoriser la compréhension des doctrines chrétiennes qui sont basées sur une conception du temps linéaire. Il est un temps d'espérance et est projectif. C'est l'opposé du temps des Ndaka qui favorise la routine et l'inespérance :

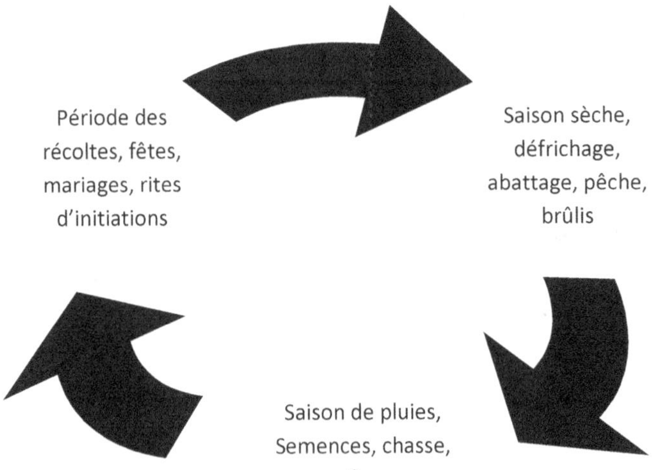

Le fait que les Ndaka accentuent plus le « temps présent » les pousse à chercher des réponses immédiates à leur préoccupations quotidiennes non pas dans le christianisme (les églises chrétiennes locales) mais dans leur croyances traditionnelles. Ils pratiquent à ce fait le syncrétisme et certains abandonnent leurs églises. Que faut-il faire pour remédier à cette situation ? Telle est la question qui fera l'objet d'une étude subséquente.

Bibliographie

AMBIDO, interviewé le 10/01/2016 à Bafwanekengele.

AKODE Charlotte, interviewée le 10/01/2016 à Bafwanekengele.

AKUNDEY Raymond, interviewé le 09/01/2016 à Bafwanekengele.

ASUMANI Bavabeki Eric, interviewé le 23/03/2016 à Nia Nia.

BAMBINONGAITO Léonard, interviewé le 09/01/2016 à Bafwanekengele.

BANAPEA Koingo, interviewé le 09 /01/2016 à Nia-Nia.

BANAPIA Samuel, interviewé à Bafwanekengele, le 15/01/2016.

BEAUD Michel, *L'art de la thèse : comment préparer et rédiger une thèse de doctorat, un mémoire de DEA ou de maîtrise ou tout autre travail,* Paris, La Découverte, 2003, 208 p.

BEIYO Alimasi, interviewé le 28 /12/2015 à Bafwabango.

BIBENGAMA Jean-Pierre, interviewé le 21/01/2016 à Boyulu.

Centre de Recherche Shalom, Projet de Recherche Mambasa : Master Plan, inédit, Centre de Recherche de l'Université Shalom de Bunia, 2015, 6 p.

CHOURAQUI André, *L'univers de la Bible*, tome 2, Paris, Lidis, 1983, 470p.

de MAHIEU Wauthier, « Le temps dans la culture komo », in *Africana*, vol. XLIII, 1973, p. 1-17.

GRIMES B. F., éd., *Ethnologue : Languages of the World*, 20th ed., Dallas, Summer Institute of Linguistics, 1992, 938 p.

HESCHEL Abraham, *Les bâtisseurs du temps*, Paris, éd. de Minuit, 1957, 203 p.

KAKURA Baudouin et KALONDJI Talaja, *Monographie de la Province Orientale, Kinshasa, Ministère du Plan-Unité de pilotage du processus DSRP*, 2005, 134 p.

KIBUKA Kutionga N. Corneille, « L'intendance du temps et ses implications éthico-théologiques d'après l'Evangile de Luc : une approche exégétique », Thèse de doctorat, inédit, Université Protestante au Congo, Kinshasa, 2012, 449 p.

_________. Corneille, « Initiation à la Recherche Scientifique », cours, inédit, USB, Bunia, 2015-2016, 86 p.

KOINGO Josué-Albert, interviewé le 06/01/2016 à Bafwanekengele.

KOPIKAMA Véronique, interviewée le 10/01/2016 à Bafwanekengele.

MASIALA ma Solo André, MULUMA Munanga Albert et MAMBU Mvumbi Léonie, *Guide du chercheur en sciences humaines : rédaction et présentation d'un travail scientifique*, Kinshasa, Centre Éducatif Congolais, 2012, 140 p.

MBITI John S., *African Religions and Philosophy*, London, Heinemann, 1975, 290 p.

_________, « L'eschatologie », in *Rencontre des théologiens africains : pour une théologie africaine*, Yaoundé, Clé, 1969, p. 219-253.

MOMBIEMANE, interviewé le 10/01/2016 à Bafwanekengele.

MUJYNYA Nimisi, *L'homme dans l'univers des Bantu*, Kinshasa, PUZ, 1978, 243 p.

NAKODITE Emmanuel, interviewé le 10/01/2016 à Bafwatungbo.

Van PUIJENBROEK, J., « L'analyse de conflit et évaluation de besoin effectuée dans le cadre de l'opérationnalisation de la deuxième phase du STAREC/ISSSS dans les Territoires de Mambasa et Bafwasende », Utrecht, Pax Christi, p. 63 [en ligne], https://www.paxvoorvrede.nl/media/files/rapport-mambasa-bafwasende-b.pdf

3

Rite d'initiation *kanjá* : facteur d'identité chez les Bila-Bakwanza en Territoire de Mambasa

KRIKAIDJA L. Semire Josaphat

Introduction

La présente réflexion se penche en particulier sur l'identité et la valeur de la circoncision *kanjá* chez le peuple bila. Aujourd'hui, le christianisme en Afrique fait face au défi d'enraciner le message divin dans vécu quotidien du peuple africain. La christianisation des peuples du monde aujourd'hui, et particulièrement en Afrique, prend de recul. C'est un phénomène mondial, qui s'observe. La RDC n'est pas épargnée par cette réalité. On remarque un retour des fidèles chrétiens dans les pratiques ancestrales jadis abandonnées. C'est ce qui se nomme « néo-paganisme » ou « néo-traditionalisme ». Après quelques générations dans une situation stable, la mentalité change et les gens veuillent entreprendre des nouvelles choses. Cet argument historique et pratique explique ce qui se passe aujourd'hui. Les Bila abandonnent le christianisme pour adhérer aux nouvelles religions ou une nouvelle forme de paganisme, en embrassant de nouvelles religions comme l'Islam, jadis inconnues de leur père. Il s'observe en particulier en Territoire de Mambasa dans la forêt de l'Ituri. En effet, les chrétiens autochtones bila retournent dans les pratiques traditionnelles telle que le rite d'initiation *kanjá* et tant d'autres comme le phénomène Isumba, éléphant mystique. Pourtant, cette région a été évangélisé à la fin du XIXe siècle et au début du XXe siècle. Les missions anglicane, protestante et catholique ont évangélisé. La Mission Emmanuel s'est investie particulièrement chez les Bila-Bakwanza pour plus de 80 ans.

Ceci soulève de questionnement. Pourquoi les chrétiens bila abandonnent-ils les églises chrétiennes après cent ans de christianisation de la région forestière de Mambasa ? Pour mieux répondre à cette question cruciale, nous nous servons des trois questions secondaires suivantes : (1) Quelles sont les valeurs que les bila accordent aux pratiques traditionnelles dont le rite d'initiation *kanjá* ? (2) Quelles sont les solutions que le rite d'initiation *kanjá* apportent aux problèmes de la vie quotidienne que la bila manque dans le christianisme ? (3) Quels sont les défis missiologiques de l'église que démontre le retour des chrétiens bila aux pratiques et croyances traditionnelles ?

Milieu d'étude

La descente sur terrain nous a permis de visiter les 26 localités sur 42 localités au sein de cette Collectivité-Chefferie des Babila-Bakwanza dans le Territoire de Mambasa[81]. Dans ces localités les pratiques traditionnelles sont encore vivaces. Mais dans certaines localités sur la route Beni du groupement Bapwele, les rites d'initiation *kanjá* tendent à disparaître comme signalé plus haut à cause de l'hétérogénéité de la population. Ainsi, avons-nous jugé utile de ne pas inclure ces villages dans nos enquêtes. Car on y retrouve moins d'autochtones bila dans ce villages. Les Bila appartiennent au groupe bantou de la forêt équatoriale comme les Ndaka, les Budu, les Komo et les Mbo,

Le but de cette réflexion est de découvrir les facteurs d'identité bila et les valeurs du rite d'initiation *kanjá.* En outre, il faut déceler les raisons majeures qui favorisent le retour de chrétiens bila dans les pratiques ancestrales afin de les amener à se développer sur tous les plans. Nous émettons des hypothèses suivantes de cette recherche.

- Le rite d'initiation *kanjá* serait le facteur déterminant de l'identité bila et incarnerait des valeurs sociale, morale, éducative, économique et pratique dans la vie de bila et ils s'y attacheraient fortement de peur d'en tirer les conséquences; ces valeurs intègreraient mieux ce peuple dans la communauté de la foi et résoudraient leurs problèmes quotidiens de la sécurité spirituelle, sociale et économique;

[81] Pour plus de détails, voir le premier essai dans cet ouvrage.

- La christianisation du Territoire de Mambasa et du peuple bila en particulier passerait par la conciliation entre le lieu privilégié d'affirmation de leur identité et la valorisation de leur culture avec les vérités et les principes de l'évangile. Ceci permettrait aux Bila d'intégrer la foi chrétienne et de corriger les antivaleurs, comme l'idolâtrie, la brutalité, éducation de la peur dans les rites traditionnels et d'assumer valablement le christianisme pour se développer de façon intégrée et intégrale.
- La ré-évangélisation du peuple bila nécessiterait des stratégies appropriées, en tenant compte de certaines valeurs retrouvés dans les pratiques quotidiennes de ce peuple. Tout en reconnaissant, la nécessité pour les Bila de tourner des idoles vers le Dieu vrai et vivant, créateur de toutes choses et sauveur du monde, il y a lieu de traduire le message divin et les vérités chrétiennes dans la langue bila, puisque le message divin devrait passer à travers leurs valeurs traditionnelles et la langue bila avant d'entrer dans leur cœur.
- Les projets de développement durable et intégral relèveraient ces peuples de défis de la pauvreté et de néo-paganisme et du syncrétisme.

La méthode ethnographique et descriptive nous a servi dans la présente étude. Pour les collectes des données, nous avons procédé par les techniques d'enquêtes à l'aide de questionnaire et l'interview de personnes ciblées parmi le peuple bila-bakwanza.

Population d'étude

Tableau 1 : Population des Bila-Bakwanza et les circoncis

POPULATION DE BILA-BAKWANZA			CIRCONCISION			
Groupements	**Localités visitées**	**Hommes**	**Rituel**	**Rituel%**	**Hôpital**	
1. BAYAKU	1. Tipemuche	417	416	99,9%	1	0,1%
	2. Andisongo	377	376	99,9%	1	0,1%
	3. Banacongo	413	412	99,9%	1	0,1%
	4. Ndeisa	417	375	90%	42	10%
	5. Makala/ Andisede II	213	212	99,9%	1	0,1%

	6. Andisede I	706	705	99,9%	1	0,1%
	7. Andingo	916	915	99,9%	1	0,1%
	8. Andilongona	681	680	99,9%	1	0,1%
	9. Makusiki	413	412	99,9%	1	0,1%
	10. Makwangi	137	136	99,9%	1	0,1%
	11. Kundalakundala	312	311	99,9%	1	0,1%
2. BAKWANZA	1. Bandikindo	232	231	99,9%	1	0,1%
	2. Babumakisi	136	135	99,9%	1	0,1%
	3. Bandikongbe	177	176	99,9%	1	0,1%
	4. Bandisangu	112	111	99,9%	1	0,1%
	5. Bahaha	830	829	99,9%	1	0,1%
	6. Bahaha II	336	335	99,9%	1	0,1%
	7. Babofi	187	186	99,9%	1	0,1%
	8. Lumalisa	347	346	99,9%	1	0,1%
	9. Bandibwame	282	281	99,9%	1	0,1%
	10. Masiliko	271	270	99,9%	1	0,1%
	11. Mabukulu	86	85	99,9%	1	0,1%
	12. Bengasoli	213	212	99,9%	1	0,1%
	13. Elake	284	283	99,9%	1	0,1%
	14. Ituri Malolo	160	159	99,9%	1	0,1%
TOTAL	26 localités	8655[82]	8589	90,2%	67	10,1%[83]

[82] Archives du Bureau administratif de la Chefferie des Bila-Bakwanza, à Bahaha.
[83] *Ibid.*

Ce tableau présente le nombre d'hommes dans les 26 villages visités. Sa population hétérogène s'élève à 8655, dont 8589 sont circoncis selon la tradition (soit 90,2 %) et seulement 67 personnes (soit 10%) se sont fait circoncire à l'hôpital. Le tableau indique qu'à Ndeisa, le nombre des circoncis, selon rite, est réduit à cause de la forte répression des missionnaires. Dans certaines localités de la Chefferie des Bila-Bakwanza, le rite d'initiation est encore vivace. Cependant, les pratiques ont cessé dans certaines localités à cause de métissage culturel.

Résultats de recherche sur terrain

L'échantillon de 60 enquêtées, dont les tranches d'âge varient entre 13 à 83 ans. La taille de l'échantillon est constitué de 27 jeunes de 13 à 30, 27 sur 60 (soit 45%) ; 13 adultes dont la tranche d'âge varie entre 31 à 49 ans (soit 22%) ; et de 22 personnes de troisième âge dont la tranche d'âge varie de 50 à 80 ans (soit 36%).

Tableau 2 : Taille de l'échantillon 60 enquêtés

Nombre d'enquêtés	**1er âge : 13-30 ans**	**2e âge : 31- 49 ans**	**3e âge : 50-80 ans**	**%**
60	27			45%
		13		22%
			22	36%

Le tableau ci-dessus indique que les enquêtés appartiennent aux trois couches des tranches d'âge, jeunes, adultes et vieux, qui sont les personnes ressources pour la présente recherche. Comme variable d'étude, ces recherches étudient les comportements observables chez les autochtones bila, et les impacts des rites traditionnels *kanjá* sur leur vie quotidienne pour découvrir l'identité et la valeur de ces pratiques traditionnelles bila.

Identité et valeur du rite d'initiation kanjá

Le rite d'initiation *kanjá* est une pratique ancestrale d'initiation des jeunes dans la vie adulte et les soumettre à l'éducation. Ce rite attire plus les bila que les autres activités de l'église. Il est un facteur déterminant de l'identité bila et constitue une valeur pour ce dernier. Ce rite, en effet, incarne la valeur spirituelle, sociale, morale, éducative, économique et politique de ce peuple. C'est pourquoi, les chrétiens bila retournent dans les pratiques ancestrales. Selon Akoka Mbonda Raphael, le rite d'initiation *kanjá, tina kanjá* (en kibila) signifie littéralement couper la circoncision ou *kukatakumbi* en swahili. Il y a sorte d'hiérarchisation dans ce rite. Le *ngaliba*, est le gourou, et grand maître d'initiation, donc il se nomme *seli*1, on l'appelle aussi tende. Chaque associé dans le rite d'initiation a un rôle particulier à jouer dès le début des cérémonies jusqu'à la fin[84]. Selon Baolu Naiba, un des chefs d'initiation, tende est le médecin traditionnel. Ils sont souvent à deux lors de l'opération, l'un tient les prépuces du pénis de l'enfant avec ses ongles et l'autre coupe en un seul coup à un signal donné des yeux[85]. Car le *ngaliba* est assisté de *seli II, et qui se nomme tini.* En effet, *tini* est la personne qui lance la flèche pour indiquer l'arbre à couper pour commencer les rites traditionnels.

Déjà, plusieurs mois des danses dénommées *kigware* ou *dukitambi* sont exhibées au rythme des tam-tams pour annoncer les prochaines cérémonies de circoncision. Tout le village est mobilisé comme un seul homme pour la réussite de la cérémonie. Mais les femmes dansent la veille en compétition pour accompagner leurs enfants et pour l'au-revoir ou les adieux. Elles s'arrêtent en mi-chemin car elles ne peuvent jamais approcher ce site. Ce sont les hommes qui poursuivront exclusivement les rites. Tout se passe dans la totale discrétion. Néanmoins, tous savent lire les bons et les mauvais signes. Le jour indiqué, les personnes clés recherchent le lieu où le site sera installé dans la forêt. Selon Baolu Naiba, ce lieu choisi doit être préalablement confirmé par les ancêtres par le sacrifice d'un coq. La condition *sine qua non* pour commencer le rite d'initiation est que l'arbre coupé tombe de bon côté donc dans la direction du soleil couchant.[86] Selon Akingba, « avant l'installation dans le site on prépare les lits traditionnels de fortune fabriqués en bois transversal, sont placés avec des couchettes à

---

[84] AKOKA Mbonda Raphael, interviewé le 09/01/2016 à Andisede II.

[85] BAOLU Naiba, interviewé le 08/01/2016 à Ndeisa.

[86] *Ibid.*

l'aide des feuilles sèches de bananiers. Lorsque le site est installé selon les règles ancestrales avec des incantations, alors les cérémonies commencent[87] ».

Selon Liome Akaya et Zamundu Nyamanza, il y a des cérémonies pour le choix du candidat à la circoncision. On utilise l'arbre *makata* pour pointer l'enfant qui passe en premier. Le rite d'initiation prend deux ou trois mois.[88] À part la circoncision, les initiés suivent plusieurs enseignements oraux pour les préparer à la vie adulte. Et Akingba de renchérir : « L'initié apprend comment défricher les champs et couper les grands bois, comment construire la maison, etc.[89] ». L'apprentissage se passe dans le site même mais de fois au village. Les initiés apprennent le savoir-être, le savoir-vivre, le savoir-faire et le faire-savoir. Ces enseignements se poursuivent durant toute la vie au *baraza*. Il convient de noter que c'est une discipline de fer qui s'applique au site, puisque les initiés sont fouettés copieusement et privés de nourriture préparée à domicile.

Chaque étape de l'initiation est suivi scrupuleusement jusqu'à la sortie et le retour au village. Il en ressort avec une identité d'homme bila. Désormais, il a le droit de se marier et de prendre sa famille en charge. Selon le chef de Collectivité des Bila-Bakwanza, le jour de la sortie, les initiés dénommés *mazabina* portent un habillement spécial. On applique sur son corps des produits noircissant et il porte le raphia pour se couvrir la hanche, les ailes surnommées *wasowaso* et le *manguduama* est une sorte de masque que l'initié porte à la figure. Les *mazabina* sont soumis à des interdits formels avant, pendant et après les cérémonies : ne pas parler que moyennant une somme d'argent, ne pas fixer quelqu'un aux yeux, ni entrer dans la cuisine, etc.[90]

Selon Baolu Naiba, la dernière cérémonie de circoncision traditionnelle, en date, dans la contrée de Mambasa s'est déroulée en janvier et février 2016[91]. Ceci permet de voir que la fréquence de rite dépend du nombre des candidats disponibles et des circonstances, sous le regard du chef de Collectivité. Donc, cette pratique démontre

---

[87] AKINGBA, interviewé le 08/01/2016 à Babofi.

[88] LIOME Akaya et Zamundu Nyamanza, interviewé le 08/01/2016 à Babofi.

[89] *Ibid.*

[90] Chef de Collectivité des Bila-Bakwanza, interviewé le 07/01/2016 à Lolwa.

[91] BAOLU Naiba, interviewé le 08/01/2016 à Ndeisa. On a initié à Ndeisa et ses environs : (1) en 1969, 32 circoncis, (2) en 1971, 43 cas, (3) en 1981, 22 cas, (4) en 1984, 22 cas, et en (5) 2014, 13 cas.

l'attachement des Bila à la tradition ancestrale, ce que fait remarquer aussi Pierre-Henri Tavoillot quand il déclare :

> [C]e passage s'effectue sous le regard et le contrôle constant de la collectivité. Le rite de passage est donc la cérémonie publique d'une métamorphose individuelle calquée sur l'ordre suprême des choses. L'identité communautaire et individuelle joue un rôle important dans les rites d'initiation[92].

L'initié acquiert donc sa nouvelle identité et découvre de nouvelles valeurs sociales, morales, éducatives, politiques et économiques. Les valeurs sociales consistent à s'intégrer dans la société bila sans complexe. Pour intégrer la communauté bila, toutes les règles sociales doivent être suivies sans faille. La valeur morale et éducative consiste à apprendre savoir-vivre et le savoir être. Sur le plan pratique, l'initié apprend à exécuter certaines tâches.

Quant aux valeurs politiques, c'est dans le rôle de l'homme dans le conseil des hommes, dénommé *baraza.* C'est là où il apprend à protéger l'intérêt du clan, apprend à connaître l'histoire du clan, les devinettes, les énigmes, proverbes et des pratiques ancestrales. La valeur économique se résume dans l'habilité à produire à travers les travaux champêtres et se construire les cases.

Les recherches sur terrain présentent les résultats suivants.

Tableau 3 : Statistiques de la circoncision à l'hôpital
durant 5 ans (2010-2015)

Année	**Cas de circoncision enregistrés à l'hôpital : 19**	**%**
2010	2 cas	0,1%
2011	9 cas	47%
2012	2 cas	0,1%
2013	2 cas	0,1%
2014	2 cas	0,1%
2015	2 cas	0,1%

[92] TAVOILLOT Pierre-Henri, « Inventer de nouveaux rites de passage », [en ligne], http://www.constructif.fr/bibliotheque/2008-6/inventer-de-nouveaux-rites-de-passage.html?item_id=2858 (consulté le 22 avril 2016).

Le tableau ci-dessus indique que la circoncision effectuée à l'hôpital de 2010 à 2015 est en faible fréquentation. Cette faible fréquentation des Bila à l'hôpital, par rapport aux rites traditionnels, est due à l'attachement aux traditions des ancêtres. Pendant les cinq ans, sur les 19 cas enregistrés, chaque année, seulement deux cas (soit 0,1%) fréquentent l'Hôpital de Référence de Lolwa. Par contre, en 2011 on a enregistré 9 cas (soit 47%). Ceci justifie par la préférence des bila à se circoncire selon les coutumes. Cette légère augmentation de neuf cas de circoncis[93] s'explique, d'une part, par la gratuité offerte par une ONG dans la région ; et d'autre part par l'attachement et la pression de la culture. Pour un Bila, son identité individuelle et collective s'incarne dans ce rite.

Identité bila

Quant à l'identité bila, le rite d'initiation *kanjá* détermine l'identité bila à travers les éléments suivants que fait ressortir le tableau.

Tableau 4 : Identité bila

Identité bila	**Nombre d'enquêtés**	**Oui**	**%**
Signes visibles	60	60	100%
Être un homme	60	32	53%
Connaître la tradition	60	10	16%
Intégrer le rang des hommes	60	8	13,3%
Endurance	60	4	0,06%
Circonscrire les cadavres	60	1	0,02%

Sur les 60 enquêtés, 60 (soit 100%) confirment qu'il y a des signes visibles identifiables sur les initiés, Par ailleurs, 32 enquêtés bila (soit 53%) affirment qu'être circoncis c'est être un homme bila ; 10 enquêtés (soit 16%) déclarent que le rite permet de connaitre la tradition bila ; et 8 personnes (soit 13,3%) intègrent le rang des hommes. Tandis que 4

[93] LONEMA, Registre de malades ambulatoires à l'Hôpital Général de Référence de Lolwa, à Lolwa, le 07/01/2016.

enquêtés (soit 0,06 %) affirment que ce rite permet d'apprendre l'endurance contre 1 (soit 0,02%) qui déclarent la circoncision des cadavres.

Tableau 5 : Valeurs du rite d'initiation *kanjá*

Valeurs	**Nombre d'enquêtés**	**Oui**	%
Éducationnelle	60	39	65%
Morale	60	11	18,3%
Sociale	60	8	13,3%
Economique	60	6	10%
Politique	60	6	10%

Valeur de rite d'initiation kanjá

Quant aux valeurs de rites d'initiation *kanjá*, le tableau 5, 39 enquêtés (soit 65%) indiquent que la valeur éducationnelle du rite d'initiation la plus élevée ; contre 11 enquêtés (soit 18,3%) qui confirment que le rite d'initiation *kanjá* est avant tout une éducation morale. 8 enquêtés (13,3%) confirme que le rite a une valeur sociale et identitaire. S'agissant de valeur économique et politique, 6 enquêtés disent que le rite a une valeur économique. Epinglons quelques valeurs éducationnelle, morale, sociale, spirituelle, socio-économique et politique et environnementale.

Sur le plan pratique, le rite d'initiation *kanjá* est une étape capitale de l'éducation traditionnelle d'un jeune pour apprendre la spiritualité du travail. C'est une éducation de base que l'initié suit dans la forêt et elle se poursuit toute la vie. Selon Luamba, l'initié apprend à construire sa case, à couper les grands arbres lors de travaux champêtres, à faire la chasse, à installer les pièges pour attraper les gibiers, à partager sa nourriture avec les autres au *baraza*[94].

Quant à la valeur morale et spirituelle, l'initié apprend la politesse, la générosité, l'endurance, la discipline et le respect aux plus âgés. Pendant le rite d'initiation *kanjá* reçoit une leçon morale, sexuelle permettant au jeune de se comporter en homme adulte avec sa femme et dans la société.

[94] LUAMBA, interviewé le 08/01/2016 à Kulue. *Baraza* est un terme swahili pour une case « totémisée » et placée au milieu du village pour le conseil et pour le manger et les jeux pour les hommes.

En ce qui concerne la valeur spirituelle et mystique, l'initié apprend à contacter les ancêtres pour avoir la force spirituelle afin d'avoir la vie en abondance, à travers les interdits, les totems et les tabous du clan et d'autres incantations et pratiques mystiques non dévoilées. Selon Luamba, maître et danseur traditionnel, le *ngaliba* ou *tende* fait l'usage de certains produits traditionnels qui lui donnent la puissance magique pour poser des actions extraordinaires. Et quand il porte la feuille de d'un arbre nommé *bunokomi* à la hanche. Il peut même sauter une case[95]. Il peut travailler sans sueur ni fatigue.

Quant à la valeur sociale, le rite d'initiation *kanjá* détermine l'identité individuelle et collective d'un bila. Un homme non-initié ce rite se voit inférieur, ignorant, et méprisé dans sa propre culture. C'est en fait un rite de passage. Ce passage d'enfance à l'âge adulte se fait tout au long de la cérémonie du début jusqu'à la fin. Selon Thierry Goguel d'Allondans,

> le rite de passage entre le statut d'enfant et celui d'adulte prend une importance particulière... Il faut donc se montrer capable de domestiquer les pulsions, les émotions et de respecter les interdits. C'est à ce prix que l'on peut accéder à une nouvelle identité et aux connaissances essentielles qui fondent l'existence même du groupe…[96]

Thierry Goguel d'Allondans renforce l'importance de ce rite de passage pour l'identité individuelle et collective d'un peuple. En effet, dans chaque étape il y a des rites appropriés. A début de cérémonies, les jeunes sont sélectionnés à l'âge de douze ans et plus. Selon Luamba, à la sortie du site, le maitre d'initiation frappe l'initié au dos à l'aide d'un malaxeur en y mettant le crabe déchiré. C'est le rite de passage de l'enfance à l'âge adulte. Ensuite, il utilise la partie dur de la coquille pour le frapper avec au dos. Selon Bangili Marcel, si un enfant garçon meurt sans être circoncis, on le circoncit même avant son enterrement. Ceci pour signifier qu'il est né garçon bila et qu'il meurt Bila.[97] Ceci renchérit l'importance de ce rite pour le peuple bila.

---

[95] LUAMBA, *op. cit.*

[96] GOGUEL d'Allondans Thierry *Rites de passage, rites d'initiation*, [en ligne], http://www.lien-social.com/rites-de-passage-rites-d (consulté le 22 avril 2016).

[97] BANGILI Marcel, interviewé le 07/01/2016 à Lolwa.

Sur le plan politico-économique, l'initié apprend comment acquérir le pouvoir traditionnel. Le *baraza* construit au milieu d'un village est le symbole de ce pourvoir politique ancestrale.

Sur le plan économique, les initiés apprennent aussi à se prendre en charge, à gérer sa famille, son environnement et à produire plus des récoltes en usant de puissance mystique. Eu égard à toutes les valeurs de l'initiation et son attachement à celles-ci, la fréquentation des Bila dans les églises historiques est faible comme l'indique le tableau 6.

Tableau 6 : Fréquentation des Bila dans les églises

Localités	**Églises**	**Types d'églises**	**Nbre des Bila**	**Sainte cène**	**%**
Ndeisa	Kimbaguiste	Indépendantes afro-chrétiennes	30	30	100%
Ndeisa	ECC/CE-39	Issues des missions	30	10	33%
Lolwa	ECC/CE-39	Issues des missions	40	13	32,5%
Mbenju	Catholique	Issues des missions	200	1	0,005%
Tolitoli	ECC/CE-39	Issues des missions	40	40	100%
Banacongo	Catholique	Issues des missions	46	12	26%
Tipemuche	Nouveau Temple de Jérusalem	Réveil	70	62	88,5%
Bahaha	ECC/CE-39	Issues des missions	25	5	0,2%
Mabukulu	ECC /CE-39	Issues des missions	33	33	100%
Bengasoli	4 églises	Réveil et issues de mission	3	1	33%
Makoko	Chapelle Makok ECC/CE-39	Issues des missions	80	60	75%

Le tableau ci-dessous indique que le taux de fréquentation des Bila dans des églises varie de 88,5% à 100% dans les églises de réveil et les églises indépendantes. Tandis que la participation des Bila est faible dans les églises historiques et établies, soit 0,2% à 75%, par contre on constate une faible participation 2 sur 200 (soit 0,005%) dans l'église catholique romaine. Donc, il y a lieu d'affirmer que les Bila ne s'intéressent pas aux cultes dans les églises historiques qu'ils estiment inadaptés à leur mode de vie malgré les 80 ans de sa christianisation pour des causes et raisons ci-dessous.

Causes et raisons de quitter les églises historiques

Tableau 7 : Causes de quitter les églises historiques

Causes pour quitter les églises issues de missions	**Enquêtés**	**Oui**	**%**
Préférence au monde des ancêtres	60	19	32%
Boissons alcoolisées	60	19	32%
Sécurité sociale	60	3	5%
Incompatibilité avec les activités des Bila	60	4	6%
Chanvre et tabac	60	3	5%
Manque des Solutions aux problèmes de la vie	60	3	5%

Le tableau 7 indique que les causes multiples qui conduisent les Bila à quitter les églises issues des missions, notamment : la sécurité sociale, sur 60 enquêtés 19 (soit 32 %) la préférence au monde des ancêtres sur 60 disent que la sécurité sociale 19 (soit 32 %) déclarent que les boissons alcoolisées les éloignent de l'église. Par contre, 4 (soit 6%) disent que les activités des Bila ne cadrent pas bien avec le culte chrétien). Cependant, 3 (soit 5%) disent que l'utilisation du chanvre et de tabac ; et le manque de solutions aux problèmes quotidien cause leur déperdition de l'église. Les résultats ci-dessus démontrent en suffisance que les Bila s'intéressent moins aux choses de Dieu et plus aux traditions des ancêtres.

Considérons les raisons qui poussent les Bila à quitter les églises issues des missions.

Tableau 8 : Raisons de retour dans les pratiques traditionnelles

Raisons de retour dans les pratiques traditionnelles	**Enquêtés**	**Oui**	**%**
Attachement au rite d'initiation *'kanja'* pression forte de la tradition sur les Bila,	60	27	45%
Comportements des pasteurs	60	13	22%
Croyances traditionnelles	60	11	19%
Conflits dans l'église et empoisonnement, sorcellerie	60	7	11%
Maladie d'origine mystique cultes non adaptés	60	1	1,6%
Cultes non adaptés à la culture bila	60	1	1,6%

Le tableau 8 présente les raisons majeures qui poussent les Bila à quitter les églises. Il s'agit de l'attachement aux rites d'initiation *kanja,* croyances traditionnelles et pression forte de la tradition sur les Bila, sur 60 enquêtés, 27 ont confirmé (soit 45%). S'agissant de mauvais comportements des pasteurs, 13 enquêtés ont confirmé (soit 22%). 11 enquêtés sur 60 (soit 19%), les conflits au sein l'église et empoisonnement, 7 sur 60 indiquent que la sorcellerie (soit 11%), Par ailleurs, un enquêté sur 60 (soit 1,6%) évoque comme raison la maladie d'origine mystique et les cultes non adaptés.

Le pire peut arriver si rien n'est fait. Les Bila abandonneront totalement les églises et se plongeront l'idolâtrie, et demeureront dans la pauvreté dans toutes les dimensions. Quelles sont les pistes de solutions ?

Conclusion

La préoccupation principale de cet essai était de savoir pourquoi les Bila abandonnent-ils les églises issues des missions. La recherche a démontré que les Bila ne s'intéressent pas aux activités religieuses et cultuelles dans les églises parce que le rite d'initiation *kanjá* fait partie de ce qui détermine l'identité d'un Bila et conditionne sa vie sociale, religieuse et économique. La raison principale est une forte pression que la tradition ancestrale exerce sur la vie des Bila même chrétiens et les imprègne dans son profond être. Ainsi, pour relever ces défis missiologiques parmi les peuple bila et enraciner l'évangile dans la trame de cette culture, les trois pistes de solutions ci-dessous peuvent être proposées.

En premier lieu, dans la mesure où le rite de passage est une école des Bila, ce rite peut servir pour l'éducation chrétienne de ce peuple après la réception de l'évangile. En outre, comme la Bible reconnaît l'évangile de Jésus-Christ comme signe de la nouvelle alliance entre Dieu et toutes les nations du monde, le rite d'initiation *kanjá* pourrait servir de lieu d'échange entre la grâce commune et la grâce salvifique pour l'évangélisation profonde de ce peuple.

En deuxième lieu, la valeur du rite de circoncision chez les Bila peut servir de pont pour communiquer efficacement la vérité de l'évangile aux Bila. Pour enraciner le message divin dans leur culture, leur inculquer la spiritualité du travail, aimer sa terre, sa patrie afin d'abandonner les antivaleurs comme la brutalité, l'oisiveté, l'exploitation des autres frères bila, la vente de leurs terres, méritent une étude soigneuse et des solutions éventuelles. En outre, il faut ré-évangéliser individuellement et par famille les Bila, suivant les modèles missionnaires de Paul.

En troisième lieu, finalement, pour permettre aux Bila de se développer de façon intégrale et réduire la pauvreté, il faudra : (1) tourner des idoles vers le Dieu vrai et vivant, vivre leur foi dans leur contexte, et assumer leur foi chrétienne en suivant un modèle vivant d'un chrétien bila engagé ; (2) initier un projet d'encadrement spirituel social et économique afin d'aider les Bila à se développer, en créant par exemple un centre missionnaire à Mambasa avec des cercles des disciples dans les tous les villages dans la Collectivité des Bila-Bakwanza ; et (3) créer un projet pour l'encadrement des producteurs bila de cacao avec des micro-crédits, le projet de l'économie verte et celui des réserves communautaires de la forêt pour protéger l'environnement.

Bibliographie

AKINGBA, interviewé le 08/01/2016 à Babofi.

AKOKA Mbonda Raphael, interviewé le 09/01/2016 à Andisede II.

ALONDO, interviewé le 08/01/2016 à Mabukulu.

Archives du Bureau administratif de la Chefferie de Bila- Bakwanza, à Bahaha.

BANGILI Marcel, interviewé le 07/01/2016 à Lolwa.

BAOLU Naiba, interviewé le 09/01/2016 à Ndeisa.

Chef de Collectivité des Bila-Bakwanza, interviewé le 07/01/ 2016 à Lolwa.

« Les chrétiens sont le premier groupe religieux au monde », [en ligne], http://www.lemonde.fr/societe/article/2012/12/18/les-chretiens-sont-le-premier-groupe-religieux-au-monde_1807767_3224.html.
GOGUEL d'Allondans Thierry, *Rites de passage, rites d'initiation*, [en ligne], http://www.lien-social.com/rites-de-passage-rites-d.
LIOME Akaya, interviewé le 08/01/2016 à Babofi.
LONEMA, interviewé le 07/01/2016 à l'Hôpital Général de Référence de Lolwa à Lolwa,
LUAMBA, interviewé le 08/01/2016 à Kulue.
NYAMABAKU, interviewé le 08/01/2016 à Mbenju.
Registre des malades ambulatoires à l'Hôpital Général de Référence de Lolwa, à Lolwa, le 07 janvier 2016.
STEHLY Ralph, « Statistique religion chrétienne », Université de Strasbourg, [en ligne], http://forums.france5.fr/cdanslair/Religions/statistique-religions-chretiennetesujet_348_1.htm.
TAVOILLOT Pierre-Henri, « Inventer de nouveaux rites de passage », [en ligne], http://www.constructif.fr/ bibliotheque/2008-6/inventer-de-nouveaux-rites-de-passage.html?item_id=2858.
ZAMUNDU Nyamanza, interviewé le 08/01/2016 à Babofi.

4

La résurgence des pratiques métaphysiques indigènes dans la société bila contemporaine : une analyse missiologique

ATIDO Pirwoth Georges

Introduction

En juin 2014, un éléphant a fait irruption au sein de la communauté bila, dans le Territoire de Mambasa. Ce pachyderme prit le pseudonyme de « Ya' Mado »[98] qui réfère à une chanson populaire d'un artiste musicien congolais Mbuyulu Bela Fabregas. Ce dernier a comme sobriquet « Métis noir[99] » et met en valeur les personnes avec embonpoint, nom que portait aussi la première victime d'une allochtone dont les champs ont été dévastée par cet éléphant mystérieux. L'information qui a circulé ultérieurement a stipulé que Ya' Mado avait à la fois une nature humaine et animale ; c'était donc un éléphant-homme.

Ya' Mado a opéré essentiellement dans le Groupement des Babila-Bakwanza, précisément dans les villages de Bandikindo, Bapumakisi, Bandikongbe, Baboyo et Bahaha. Mais, précisons que les effets de Ya' Mado ont plus été observés dans les villages de Bandikindo et Bandikongbe. Le Groupement des Babila-Bakwanza compte sept portiques, lignages ou *barza*, à savoir : (1) les Badindekwa, (2) les Bandihosomu, (3) les Bandisombo, (4) les Bandisangu, (5) les Banditete, (6) les Bandibwame (les gardiens de coutume) et (7) les Bandiseli (constituant la famille régnante).

Le phénomène Ya' Mado a généré une psychose générale aux habitants du Territoire de Mambasa de ce pachyderme et un déplacement massif des paysans qui fuyaient l'avancé et les dégâts causés par de Ya' Mado. En plus, pour quelques mois, les voyageurs

---

[98] Ya' Mado sera écrit sans guillemets dans le reste du texte.

[99] La chanson « Ya' Mado » est tirée du premier album de Fabrice Mbuyulu Bela, album intitulé « Mascara ».

qui empruntaient la route Bunia-Kisangani éprouvaient de la peur d'une éventuelle apparition et attaque de Ya' Mado quand ils traverseraient le Territoire de Mambasa.

Ya' Mado a occasionné des dégâts multiples dans le Territoire de Mambasa. Notons en passant que plus de 18 champs ont été saccagés, huit maisons détruites, une chapelle détruite, un pygmée blessé, et surtout un notable tué – à la personne de M. Assumani Musafiri, Chef de poste d'encadrement administratif de Lolwa, qui est mort suite aux blessures causées par cet éléphant-fantôme.

Après une étude ethnographique auprès de 30 membres de la communauté bila, les informations reçues précisent que Ya' Mado est un éléphant mystique en provenance de l'une de sept Chefferies du Territoire de Mambasa[100], en l'occurrence la Chefferie des Babila-Bakwanza. Les Babila-Bakwanza ont trois Groupements : le Groupement des Babila-Bayaku (limitrophe avec la Chefferie des Walesse-Vonkutu, dans le Territoire d'Irumu), le Groupement des Babila-Bapwele (limitrophe avec la Chefferie des Arabisées à 7 km du chef-lieu du Territoire de Mambasa), et le Groupement des Babila-Bakwanza (qui est situé au centre et qui abrite le chef-lieu de ladite Chefferie).

Les exactions de Ya' Mado auraient attiré des réactions multiples dans le Territoire de Mambasa. De prime abord, l'honorable député Ndia Amusi aurait réuni les gardiens de coutume bila pour discuter une solution coutumière à la crise causée par Ya' Mado ; la population aurait marché pacifiquement dans la cité de Mambasa pour réclamer une résolution urgente au phénomène Ya' Mado ; le chef de Chefferie des Babila-Bakwanza aurait autorisé de fusiller Ya' Mado en plusieurs balles ; mais Ya' Mado est restée vivante et a opéré en quiétude après les fusillades qui sont restées sans effets. Les églises initiées par les allochtones et quelques églises des autochtones auraient organisé des veillées de prières pour contraindre spirituellement les actions de Ya' Mado. Mais, de manière générale, les autochtones chrétiens et non chrétiens ont encouragé les actions de Ya' Mado qui ont été perçues comme une légitime défense des autochtones bila pour contraindre les allochtones à les respecter et libérer leurs terres et aussi contraindre l'un

---

[100] Notons les sept Chefferies du Territoire de Mambasa : (1) la Chefferie des Babila-Babombi, (2) la Chefferie des Babila-Bakwanza, (3) la Chefferie des Bandaka, (4) la Chefferie des Bombo, (5) la Chefferie des Walese-Dese, (6) la Chefferie des Walese-Karo, et (7) la Chefferie de Mambasa.

de leurs chef qu'ils ont jugée illégitime à abdiquer de ses fonctions. Après plusieurs tractations, Ya' Mado a été coutumièrement retirée de la scène en novembre 2015 pour laisser cette zone momentanément en paix.

Le phénomène Ya' Mado et la résurgence des pratiques métaphysiques indigènes dans la société bila contemporaine en générale nous a intéressé comme théologien, missiologue et chercheur. Nous nous étions intéressé à savoir pourquoi le peuple bila, qui a été éclairé par l'évangile, recoure encore plus intensément à ses pratiques métaphysiques ? Nous avons mené une enquête ethnographie auprès de : (1) 12 gardiens de coutume bila-bakwanza, (2) huit chrétiens bila-bakwanza de la Communauté Emmanuel actifs à l'église, (3) quatre clergés bila-bakwanza de la Communauté Emmanuel, (4) quatre chrétiens bila-bakwanza de la CE-39 qui ont abandonné la foi chrétienne pour se reconvertir aux pratiques et croyances traditionnelles bila, (5) quatre clergés bila-bakwanza de la CE-39 qui ont abandonné la foi chrétienne pour se reconvertir aux pratiques et croyances traditionnelles bila.

Notre église cible était la Communauté Emmanuel, qui est l'église protestante évangélique la plus ancienne et la plus influente du milieu. En effet, les informations recueillies auprès des gardiens de coutume ont élucidé le phénomène Ya' Mado et la métaphysique indigène bila-bakwanza en générale pendant que l'analyse empirique et cognitive des informations recueillies auprès des chrétiens et apostats bila-bakwanza de la CE-39 nous ont permis d'amorcer une interprétation théologique de la résurgence des pratiques métaphysiques indigènes dans la société bila contemporaine avec une perspective missiologique.

Origine de Ya' Mado

Les propos recueillis auprès des gardiens de coutume bila-bakwanza ont retracé l'origine de Ya' Mado dans la localité Bandikongbe, à 124 km de Bunia ou 49 km de Mambasa. Ce village est formé de trois lignages avec le vieux Kongbe (de la souche lese) connu comme leur ancêtre commun pendant que Kongbe (un sujet lese) serait à l'origine de ce village parmi le Bila. Il aurait enfanté trois fils : Peu, Tedeobo et Ausse. Ce sont les descendants de ces trois fils qui peuplent ce village estimé actuellement à plus de dix ménages. D'autres familles vivent ailleurs dans la Chefferie et sont disséminés dans le Territoire de Mambasa.

Ya' Mado serait une propriété de Zakayo, qui était à la fois chef du village et le responsable de la chapelle de la CE-39 à Bandikongbe de 1980 à 1990. Zakayo était reconnu comme un grand cultivateur dans ce village. Son éléphant, qui plus tard a pris le nom de « Ya' Mado », l'aiderait dans les travaux champêtres. Cet éléphant incarnerait une constellation des forces mystiques du milieu.

Selon une des sources des Bakwanza, l'éléphant mystique a été baptisé du nom de « Ya' Mado », nom que portait une femme de l'ethnie nande[101] immigrée du Nord-Kivu qui résidait à Bandikindo. Elle était connue comme cultivatrice mais restait arrogante envers la population et les autorités locales bila. Pour la réprimer, les vieux sages se seraient servis de l'éléphant de Zakayo, qu'ils ont métaphysiquement stimulé, pour ravager les champs de cette cultivatrice allochtone qui s'appelait Mado, afin de lui donner une leçon de morale. Dès lors, l'éléphant – mystique de Zakayo prit ironiquement le nom de « Ya' Mado », du nom de la femme dont elle aurait ravagé le champ en titre punitif. Ya' Mado est perçue comme un agent culturel de la métaphysique bila qui défend la cause de la population locale contre les envahisseurs allochtones.

Plus récemment, Ya' Mado aurait été utilisée pour réprimer la crise de leadership au sein du pouvoir coutumier de la Chefferie des Babila-Bakwanza où les clans de Bandikindo et de Bandikongbe se disputaient la légitimité du pouvoir coutumier du village Bandikindo parmi les Babila-Bakwanza. Le clan en exercice, à savoir les Badikongbe, aurait décidé d'utiliser Ya' Mado pour mener des campagnes de sabotage afin de contraindre le chef en exercice, émanent du clan opposé jugé illégitime, à abdiquer de son pouvoir jugé illégal et contraignant. Ceci serait la cause des ravages que Ya' Mado aurait perpétrés pendant plusieurs mois dans le Territoire de Mambasa. Ainsi, Ya' Mado serait aussi perçue par les habitants comme un agent régulateur de la justice sociale au profit des peuples opprimés.

---

[101] Les Nande sont une ethnie bantoue d'Afrique centrale établie dans l'est de la RDC, dans les Territoires de Beni et de Lubero, dans la Province du Nord- Kivu. Les Nande sont très réputés pour l'entreprenariat et le commerce.

Comprendre la métaphysique indigène bila

Les gardiens de coutume bila nous ont aidés à comprendre les deux types de sorcellerie bila : le *elimba* ou sorcellerie négative, nocive, nuisible ayant pour but de faire du mal, et le *bongiso* ou sorcellerie positive qui incarne le pouvoir de promouvoir la surproduction alimentaire, démontrer un degré de force dans le duel contre un adversaire, réprimer un comportement malsain dans le village, réclamer un droit menacé, etc.

C'est ainsi que, chacun des sept clans des Bakwanza possède un pouvoir spécifique incarné dans un animal ou une force de la nature. Les animaux associés aux clans sont respectivement le léopard (pour intimider), le porc-épic et le phacochère (pour ravager les champs, comme mesure de représailles contre les abus commis par les jeunes contre les vieux) – c'est la sorcellerie de la disette, le soleil et la pluie (pour favoriser l'agriculture) – c'est la sorcellerie de l'abondance. Notons que le soleil est utilisé aussi pour réprimer un mauvais comportement constaté dans le village. Une pénurie d'eau, par exemple, peut être observée pendant un certain temps comme mesure punitive pour réprimer un comportement antisociale causé par un membre de la communauté bila. Un dernier clan possède le pouvoir coutumier de diriger et de régner.

La métaphysique bila indigène et le christianisme

Notre enquête ethnographique a indiqué qu'un bon nombre de chrétiens bila-bakwanza (des jeunes aussi bien que des vieux) accommode la sorcellerie bila positive comme une pratique acceptable. Par exemple, le phénomène Ya' Mado n'a pas été vu négativement par plusieurs chrétiens aussi longtemps que les actions de Ya' Mado étaient interprétées comme une défense de la cause des autochtones qui sont envahis et menacés par les allochtones, ou quand Ya' Mado était reconnu comme rendant justice à un clan dont le pouvoir a été injustement usurpé par un autre clan adverse.

Les pasteurs de la CE-39 nous ont présenté les cas de plusieurs chrétiens et clergés qui, comme Zakayo, se servaient d'une pratique de la métaphysique indigène bila tout en restant clergé ou membre actif de l'église. Dans les cas où l'église a contraint les syncrétiques d'abandonner les pratiques de la métaphysique bila, la plupart de rétrogrades a plutôt préféré de quitter l'église pour continuer à jouir de ces pratiques à l'abri des contraintes ecclésiastiques.

Ceux ou celles qui ont abandonné l'église, pour se reconvertir aux pratiques métaphysiques bila, ont confessé être satisfaits de leur décision et avouaient se trouver dans une situation beaucoup plus agréable, soutenant que la culture ou mieux la religion bila offrirait une réponse beaucoup plus appropriée aux défis contextuels auxquels la communauté est en train de faire face.

Causes de recours aux pratiques métaphysiques bila

La recherche ethnographique auprès des renégats bila a révélé trois raisons majeures expliquant le retour des chrétiens bila aux pratiques métaphysiques indigènes, à savoir : (1) une croyance au christianisme comme une religion qui s'oriente plus à la vie de l'au-delà, (2) la croyance à l'efficacité de la spiritualité indigène, et (3) la croyance que la tradition offre la meilleure réponse à la justice sociale, fléau de la région des Babila-Bakwanza du pays en général.

La croyance au christianisme comme une religion qui s'oriente plus à la vie de l'au-delà

Le christianisme bila est caractérisé par une rareté de témoignages chrétiens authentiques. Un bon nombre des Bila croit que le christianisme se rapporte moins à la vie sur terre. Ils avancent que le christianisme traite des problèmes naturels résolus par des moyens naturels. Pour eux, le christianisme s'intéresse plus à l'éducation, aux soins médicaux modernes, aux principes de moralité, etc. La culture bila, en revanche, permet de résoudre des problèmes surnaturels qui nécessitent une puissance surnaturelle. Ces problèmes sont, notamment, les malédictions, la sorcellerie, maladies ésotériques, les vices sociaux, etc. Les Bila renégats avouent que la souffrance et le malheur de leur société a augmenté parce que la plupart de Bilas ont embrassé le christianisme pour oublier leurs ancêtres et les rites culturels qu'ils croient être indispensables pour assurer une vie de quiétude ici sur terre.

Ainsi, la tendance des chrétiens bila est de rechercher le salut et l'assurance pour aller au ciel par la croyance en Jésus-Christ et le baptême, tout en vivant une vie selon les normes de traditions bila. Les adeptes de la spiritualité indigène bila croient que les pratiques culturelles offrent la meilleure solution en matière de sécurité, relations amoureuses, entreprise, leadership, compétition, sport, examens, guerre, et surtout en justice sociale dont ils sont fréquemment victimes et où les structures administratives ne les aident pas valablement.

Robert[102], par exemple, attribue la prospérité de son entreprise commerciale au fait qu'il a constamment effectué des rituels appropriés pour avoir la bénédiction de ses ancêtres. En retour, les ancêtres font prospérer son travail. Il avoue aussi avoir plusieurs fois frustré, avec des puissances spirituelles indigènes, ceux qui ont volé ses effets.

Croyance à l'efficacité de la spiritualité indigène

Les Bila croient en la puissance des rituels et d'autres pratiques de la spiritualité indigène pour éviter les malheurs potentiels dans la vie. Ils pratiques des rituels de purification après accouchement, rituels pour accueillir un nouveau bébé, rituels pour les récolte, rituels pour la chasse, rituels pour la circoncision, rituels pour des activités sexuelles, etc. Ces rituels sont interdits dans les églises. Mais les églises n'ont pas proposé des rituels alternatifs chrétiens pour les remplacer. En conséquence, certains chrétiens bila estiment qu'ils sont en situation d'insécurité s'ils ne respectent pas les tabous et rituels établies par leurs ancêtres.

Beaucoup interprètent le malheur qui frappe la communauté comme résultant du manque d'observation des rituels établis par les traditions indigènes. Ainsi, dans la crainte d'être frappé par des malheurs, certains Bila pratiquent la double loyauté : ils consultent les garants de la culture et honorent les rituels indigènes bila, tout en demeurant membres actifs d'une l'église locale. D'autres, cependant, ont finalement quitté l'église pour s'engager sans ambages à pratiquer la spiritualité indigène bila qu'ils jugent être plus efficace pour résoudre leurs problèmes. C'est le cas, par exemple, de Charles qui a quitté la Communauté Emmanuel avec la conviction que le christianisme ne l'aide pas à bien jouer son rôle de chef d'un village bila. Il estime que les défis auxquels il est en train de faire face sont d'ordre spirituel. Il croit aussi que les défis de la vie quotidienne ne peuvent être interprétés et compris que dans le contexte de la culture qui propose aussi des solutions dans la spiritualité indigène bila.

[102] Pour des raisons éthiques, tous les noms présentés dans cet essai sont des pseudonymes.

La croyance que la tradition offre la meilleure réponse à la justice sociale

L'histoire même de la RDC, et du Territoire de Mambasa en particulier, est jonchée de souffrances inouïes. En effet, après l'occupation atroce du pays par le roi Léopold II de la Belgique, de 1885 à 1908, période durant laquelle environ 20 millions de Congolais périrent sous le coup de la corvée[103], le Congo a connu environ cinq décennies de colonisation belge (1908-1960) décrite par Van Reybrouck comme « la colonisation la plus abusive de l'histoire coloniale africaine[104] ».

Le Congo recevra son indépendance en 1960, mais le pays basculera dans une période d'instabilité politique qui durera environ un demi-siècle. Le conflit de leadership qui opposa Kasa Vubu (le Président) et Lumumba (le Premier Ministre) conduisit le pays à la Rébellion de Simba en 1964, au cours de laquelle, environ 20.000 Congolais perdirent la vie. Mobutu Sese Seko saisit de l'opportunité pour monter un coup d'État qui le plaça à la tête du gouvernement congolais. Il régna pendant 33 ans (1965-1997), période durant laquelle lui et sa famille politique ruinèrent profondément l'économie du pays[105].

Laurent-Désiré Kabila succéda Mobutu en 1997, après deux années de guerre aux cours desquelles différentes factions rebelles se partagèrent le pouvoir du pays. Le pays sombra alors dans la guerre qui fut dénommée « la guerre mondiale d'Afrique », une guerre confuse qui a accommodé plusieurs guerres dans une guerre » avec l'implication de huit nations africaines, et 25 groupes armés locaux. Cette guerre qui débuta en août 1998 pris fin officiellement en juillet 2003, quand le gouvernement de transition de la RDC prit le pouvoir, bien que les hostilités aient continué.[106]

Cette situation conduisit les Nations Unies à envoyer une force militaire de la paix au Congo en février 2006, connue sous le nom de la MONUC (Mission de l'Organisation des Nations Unies au Congo). Malgré tout, en 2008, on pouvait dénombrer 5,4 millions de Congolais

---

[103] HOCHSCHILD Adam, *King Leopold's Ghost: A Story of Greed, Terror, and Heroism in Colonial Africa*, New York, Houghton Miffin, 1998, p. 233.

[104] Van REYBROUCK David, *Le Congo, une histoire*, Paris, Actes Sud, 2012, p. 13.

[105] *Ibid.*

[106] STEARNS Jason, *Dancing in the Glory of Monsters: The Collapse of the Congo and the Great War of Africa*, New York, Public Affairs, 2011, p. 181.

tués sous les balles, les maladies ou la faim, sans compter de milliers des femmes violées.

Le Territoire de Mambasa, en particulier, a connu la présence des différentes factions rebelles dont, notamment « les Effaceurs de tableau » qui ont attaqué les Pygmées et ont pris en otages les enfants, les jeunes filles et les femmes au sein du Territoire de Mambasa.

En revanche, beaucoup se sont déplacés des zones troubles. En ces jours, environ 430.000 réfugiés originaires de RDC sont toujours exilés dans des pays limitrophes, notamment : le Burundi, l'Ouganda, la Tanzanie et le Rwanda.[107] Et parmi ceux qui sont restés, peut-être par manque de moyen pour fuir, des milliers ont développé des traumatismes, ayant perdu le goût de vivre, préférant quitter ce monde pour une vie magnifiée, la vie dans l'au-delà. D'autres, qui avaient encore le courage, ont choisi de s'évader dans les villes ou carrément évoluer dans d'autres pays, et surtout dans les pays occidentaux.

Les Babila-Bakwanza, aussi bien que les Congolais en général, ont connu beaucoup d'injustices sociales que les systèmes judiciaires locaux n'ont pas pu régler. La région de Mambasa en particulier a été envahi par beaucoup d'allochtones qui ont exploité les ressources naturelles de la région aux détriments du développement intégral des autochtones. Ces exploitations n'ont souvent pas respecté les protocoles qui permettraient que les autochtones bénéficient de ces activités commerciaux. Dans un tel contexte, l'avènement de Ya' Mado a paru comme un salut pour un grand nombre de la population autochtone, y compris les chrétiens.

Conclusion

Les chrétiens bila contemporains constituent la deuxième génération des croyants dans l'histoire du christianisme au sein du Territoire de Mambasa. Cette génération a connu une résurgence de la métaphysique indigène bila avec beaucoup plus d'acuité.

Andrew Walls estime qu'après chaque génération du christianisme dans une communauté, il se passe une crise théologique qui émane soit de la mauvaise préparation de la génération du moment, soit dans la faible contextualisation de l'évangile au sein de la communauté concernée. Cette crise peut conduire les chrétiens à la sécularisation et

---

107 UNHCR, « Profil d'opérations 2015 - République Démocratique du Congo », [en ligne], http://www.unhcr.fr/pages/4aae621d55f.html (consulté le 10 mai 2016).

à l'apostasie.[108] La résurgence de la métaphysique indigène bila serait alimentée par tous ces deux défis. En fait, la léthargie spirituelle des chrétiens qui, comme les non chrétiens, croient que le christianisme est inefficace pour répondre adéquatement aux problèmes dont ils font face et l'absence d'une incarnation soutenue de la culture bila dans la foi chrétienne seraient des catalyseurs à ce phénomènes métaphysiques.

En effet, il ressort de notre analyse que le peuple bila croit en la puissance des forces métaphysiques qui sont au service de l'homme pour intervenir en cas de difficultés. Les Bila ont des rituels de la chasse, de leadership, de la procréation, de la protection, etc. Ces rituels ont initialement étaient interdits par les églises qui n'ont pas fourni des rituels chrétiens alternatifs. En conséquence, certains chrétiens pensent qu'ils sont en situation d'insécurité dans la foi chrétienne. Certains mêlent le christianisme à la tradition, ce qui contribue à la prolifération de la métaphysique indigène qui trouve sa justification face aux crises économique, sociale, politique, etc., que traverse le pays.

On peut aussi lire un dualisme dans la conception locale du christianisme bila. Les chrétiens ont largement délégué l'administration et la gestion des affaires culturelles et sociales aux non chrétiens. Plusieurs églises parmi les Bila jugent incompatible la fonction de l'ancien du village et ancien de l'église. De ce fait, la foi chrétienne est perçue comme une religion qui s'intéresse plus au physique et à la vie de l'au-delà, pendant que la spiritualité indigène donne de solution aux problèmes mystiques et à la vie présente. L'incarnation de l'évangile est donc restée à la périphérie de la culture bila qui refait surface en ce moment où la nouvelle génération des chrétiens interroge et évalue la foi chrétienne.

En tout état de cause, il s'avère important que les églises au sein de la communauté bila impliquent la jeunesse dans la vie de l'église pour mieux préparer les générations futures. Les programmes des Écoles du Dimanche et les activités spirituelles des jeunes doivent avoir une considération importante dans le budget de l'église et les stratégies du discipulat.

---

[108] WALLS Andrew F., *The Missionary Movement in Christian History: Studies in the Transmission of Faith,* Maryknoll, NY, Orbis Books, 1996, p. 8.

L'incarnation de l'évangile parmi les Bila a aussi besoin d'être pris en considération dans toutes les dimensions de la contextualisation[109].

1. *Le facteur humain*. Le peuple bila lui-même doit être impliqué dans la prise en charge du ministère de l'église en son sein. L'affaire de l'église doit devenir une affaire des Bila eux-mêmes. Il faut donc qu'ils soient équipés pour constituer une élite chrétienne qui sera capable de promouvoir une foi chrétienne qui est authentiquement bila et véritablement chrétien[110].
2. *Le facteur justice sociale*. L'évangile doit adresser les questions de l'injustice sociale au milieu de la communauté bila. Les causes de la léthargie économique parmi les Bila doivent être établies avec des réponses appropriées qui prennent en considération l'éthique chrétienne de l'amour du prochain.
3. *Le facteur foi*. L'évangile au milieu des Bila doit répondre aux questions que se posent le peuple bila. La culture bila doit se conformer à la Parole de Dieu et la Parole doit prendre domicile au sein de la culture bila. Ceci sera possible avec une vraie conversion du peuple bila. En effet, la Bible décrit la conversion comme le fait de se détourner de la méchanceté (2 Tim 2.19), renoncer aux idoles et se tourner vers Dieu (1 Thess 2.9), ou se détourner des ténèbres vers la lumière (Ac 26.18). Elle constitue en première position du fait d'être né de nouveau (Jn 3.1-8), en se repentant et en acceptant Jésus-Christ comme son Sauveur et Seigneur (Mc 1.4, 15; Ac 2.38; 3.19; 20.21; 26.20). Il s'agit d'une rupture avec le passé (Gal 2.20). Il se traduit par un engagement à ne pas se conformer au modèle de sa société si elle n'est pas en conformité avec la Parole de Dieu (Rom 12.2).

Un tel engagement conduirait les convertis dans les étapes ci-après. Tout d'abord, « l'étape de rejet », qui amène le converti à répudier son association avec tout ce qui ne glorifie pas Dieu dans son passé. Deuxièmement, « l'étape d'accommodation », qui amène le converti à s'approprier la foi chrétienne et refuser tout ce qui compromet cette foi. Troisièmement, « l'étape de le rétablissement d'une « nouvelle

---

109 SHAW Mark, *Global Awakening: How 20th Century Revivals Triggered a Christian Revolution*, Downers Grove, InterVarsity Press, 2010, p. 16. Shaw identifie trois dimensions de la contextualisation.

110 STRAHLER Reinhold, *Coming to Faith in Christ: Understanding Conversion*, Nairobi, Life Challenge Assistance, 2010, p. 17.

identité », qui se produit avec la transformation de la conscience du converti qui trouve un équilibre pur en Christ et dans sa culture[111].

Bibliographie

HIEBERT Paul, *Mission et culture*, Saint-Légier, Emmaüs, 1998, 357 p.

HOCHSCHILD Adam, *King Leopold's Ghost: a Story of Greed, Terror, and Heroism in Colonial Africa*, New York, Houghton Miffin, 1998, 366p.

REYBROUCK David van, *Le Congo, une histoire*, Paris, Actes Sud, 2012, 864 p.

SHAW Mark, *Global Awakening: How 20th Century Revivals Triggered a Christian Revolution*, Downers Grove, InterVarsity Press, 2010, 221p.

STEARNS Jason, *Dancing in the Glory of Monsters: The Collapse of the Congo and the Great War of Africa*, New York, Public Affairs, 2011, 416 p.

STRAHLER Reinhold, *Coming to Faith in Christ: Understanding Conversion*, Nairobi, Life Challenge Assistance, 2010, 122 p.

UNHCR, « Profil d'opérations 2015 - République Démocratique du Congo», [en ligne], http://www.unhcr.fr/pages/4aae621d55f. html.

WALLS Andrew, *The Missionary Movement in Christian History: Studies in the Transmission of Faith,* Edinburgh, T & T Clark, 1996, 266p.

WARUTA Douglas, « Towards an African Church », *The Church in African Christianity: Innovative Essays in Ecclesiology*, éds. J. N. K. Mugambi & Laurenti Magesa, Nairobi, Acton, 1998, p. 29-42.

[111] HIEBERT Paul G., *Mission et culture*, Saint-Légier, Emmaüs, 1998, p. 209.

5

Croyances et pratiques religieuses traditionnelles parmi les Lese-Karo dans le Territoire de Mambasa

SUMBUSO Bamaraki Azalia

Introduction

À travers les époques de l'histoire de l'humanité, depuis la nuit des temps et en tous lieux, la race humaine n'a cessé de se poser des questions épistémologiques sur son existence. Ces questions l'ont indubitablement conduit à l'adhésion des croyances auxquelles des gestes pratiques ont été conséquemment démontrées. La préhistoire, l'antiquité, le moyen-âge, les temps modernes et l'époque contemporaine les ont amplement exprimées. Des huttes, des sites naturels, des mosquées, des chapelles, des sites particuliers dans la nature, ont été érigés pour servir des lieux de cultes à l'honneur des dieux. L'homme a, pour ainsi dire, manifesté qu'en lui la crédulité était inhérente et que la notion de Dieu /dieux était incontestablement universelle.

La dépendance de l'homme envers « le très-haut », « le suprême », « l'immortel » s'est trouvée exprimer en ce qu'on a appelé « la religion ». Cette dernière a été une quête pour assouvir le désir humain de connaître son origine et sa destinée et bien d'autres questionnements en face des difficultés d'existence auxquelles il se retrouvait impuissant et ne trouvait des réponses et des solutions efficaces.

Que ce soit dans la civilisation grecque antique, la civilisation romaine, le monde africain, etc., la croyance en des divinités et l'adoration, la vénération qui en a résulté est des faits philosophiques, culturels, ayant constitué l'essence des religions. Les eaux, les astres, certaines espèces animales et certains végétaux ont incarné les divinités qui étaient servis.

Une place de choix a été par ailleurs accordée aux ancêtres ayant trépassé. Leurs esprits n'ont pas connu une quelconque annihilation. Ils sont restés sous un autre état. Eux ont aussi été vénérés au point que leur vexation par les vivants pouvait trouver des sanctions de la part desdits ancêtres. Il fallait à tout prix les apaiser en réparant la faute commise sur le plan individuel ou collectif. Des gestes de sacrifices animaux, voire humains, des offrandes en nature sous formes de nourritures et autres, étaient censés adoucir, suspendre ou arrêter la colère des dieux. Cette colère a souvent été ressentie sous plusieurs formes de calamités (épidémies, maladies, catastrophes naturelles comme la sécheresse, la non productivité des champs, l'infécondité de bêtes élevées, la chasse infructueuse, etc.).

Certes, quoique ceci ne constitue pour le moment l'objet de notre étude, l'on ne peut faire taire le rôle joué par quelques penseurs qui ont nié l'existence de Dieu. Ces derniers ont pour ce faire âprement soutenu des alternatives comme le nihilisme, le matérialisme, l'athéisme. Certains parmi eux ont privilégié l'idée selon laquelle seul le visible, seule la matière étaient des principes ou des philosophies sur lesquels pouvait être fondée la connaissance, et par ricochet l'action de l'homme (rationalisme).

La religion et les traditions caractérisent encore l'Afrique subsaharienne en face des réalités qu'elle traverse sous multiples formes, telles que les guerres récurrentes, le sous-développement, la pauvreté, la famine, les endettements, l'illettrisme, l'ignorance, et ainsi de suite. Au milieu de tout ceci, l'on observe ici et là un regain des croyances et des pratiques religieuses traditionnelles en contradiction de l'essor de l'évangile qui, au cours du XXe siècle avait pénétré nombreux peuples au sud du Sahara. C'est ainsi qu'une sorte de syncrétisme[112] paraît envahir de plus en plus les églises nées des efforts d'évangélisation des missions occidentales[113].

Entretemps, il s'observe ici et là que les églises dites « indépendantes », et parfois celles dites « de réveil », ne cessent de s'implanter en un rythme accéléré par rapport aux églises institutionnelles ou traditionnelles (le cas de la RDC). De toutes les façons, il convient de comprendre certains phénomènes par rapport au poids que constitue le passé religieux des peuples sur leur foi présente

---

[112] MOLIMA Yves, « La couverture médiatique d'une zone en conflit armé : cas de la Radio Okapi (RDC) », TFC, inédit, Institut Facultaire des Sciences de l'Information et de la Communication, 2007.

[113] LEVINSKAYA Irina, « Syncretism – The Term and Phenomena », in *Tyndale Bulletin*, vol. 44, n° 1, 1993, p. 117ss.

au sein des églises. Il est intéressant de comprendre le recul de l'évangile en tenant compte de la pertinence des religions traditionnelles auxquelles restent accrochés les membres des églises et les conséquences que cela comporte sur le vécu quotidien de l'homme en général. Zanga Youssouff Sanogo et son co-chercheur Nabé Vincent Coulibaly l'ont exprimé en ces termes :

> En fait, même dans les régions dites fortement islamisées ou christianisées, les réflexes sont restés les mêmes et les modes de pensée animistes sont encore présents. Il n'est pas rare de voir une amulette ou des gris-gris attachés au cou, à la taille ou au bras des enfants issus de familles réputées pour leur foi islamique ou chrétienne... La logique animiste est celle qui prédomine notamment chez les populations rurales en Afrique subsaharienne. Elle est donc celle que partagent, le plus souvent, non seulement les agriculteurs, les éleveurs, les pêcheurs, les forgerons, les cordonniers, etc., mais aussi les responsables villageois qui dirigent les organisations paysannes et interagissent directement avec les agents de développement. Elle est également présente, à un degré plus ou moins élevé, chez les populations urbaines[114].

Un échantillon basé sur un peuple donné concrétisera mieux ce recul de l'évangile. C'est dans cette perspective que la présente étude examine la foi et le comportement du peuple Lese-Karo, tel qu'on le rencontre dans le Territoire de Mambasa, en matière de sa religion traditionnelle. Une brève présentation du cadre géopolitique et de ce peuple facilitera la compréhension du sujet.

Le cadre de l'étude

Le Territoire de Mambasa est l'une des cinq entités politico-administratives qui composent la Province de l'Ituri, laquelle se subdivise en cinq Territoires, dont le Territoire de Mambasa. Sept Collectivités composent ce Territoire : la Collectivité des Babila-Babombi, la Collectivité des Babila-Bakwanza, la Collectivité des Bandaka, la Collectivité des Bombo, la Collectivité de Mambasa, la

---

[114] ZANGA Youssouf & COULIBALY Nabé Vincent, « Croyances animistes et développement en Afrique subsaharienne », in *Horizons philosophiques*, vol. 13, n° 2, 2003, p. 139, 131.

Collectivité des Walese-Dese et la Collectivité des Walese-Karo[115] dans laquelle a été menée la présente étude.

Nduye est le chef-lieu de la Collectivité des Walse-Karo ; il est situé à environ 65 km du chef-lieu du Territoire de Mambasa. Les facilités d'accès routier sont insuffisantes et précaires, créant ainsi une sorte d'enclavement. La mission catholique de Nduye demeure l'espoir indiscutable pour la population avec les écoles qu'elle gère ainsi que l'utilisation de la main-d'œuvre dans quelques travaux sporadiques de développement. Elle fut créée au départ avec pour cible primordial les Pygmées.

Bien que pas très bien connu du public, les premières mémoires de cette contrée de la Province de l'Ituri font état de quelques faits et réalités spacio-historiques. C'est le cas notamment de :

- La réserve de de faune à Okapis d'Epulu.
- Les activités économiques dominées par l'exploitation artisanale de l'or, du diamant, du bois ainsi que les activités commerciales entre les mains des Nande. L'agriculture est pratiquée quant à elle surtout par les allogènes en provenance des Territoires voisins (Djugu, Irumu, Wamba, Beni, Lubero, etc.). À part les cultures vivrières, on rencontre les cultures pérennes comme les palmiers à huile, les cacaoyers.
- Le cannibalisme perpétré sur les Pygmées par les hommes du Mouvement de Libération du Congo (MLC) vers les débuts des années 2000 durant l'effervescence des groupes rebelles de l'époque.
- Le phénomène « Ya' Mado », dénommant un éléphant mystérieux terrorisant quelques villages de cette contrée depuis quelques années.

Notre champ d'enquête a principalement effectué dans trois sites dans la Collectivité susmentionnée. Il s'est agi de Nduye (le chef-lieu de ladite Collectivité), ensuite d'Akokora et enfin de Maro (chef-lieu du Groupement portant le même nom). Sur chaque site, nous avons rencontré plusieurs couches de personnes susceptibles de nous fournir des informations sur notre préoccupation. L'interview a constitué la meilleure technique pour la collecte des données.

---

[115] Léon de SAINT MOULIN, *Atlas de l'organisation administrative de la République Démocratique du Congo*, Kinshasa, CEPAS, 2006, p. 105.

À Nduye, par exemple, le chef de Collectivité a sensibilisé ses notables, les vieux-sages et les femmes âgées ainsi que les jeunes gens, les femmes d'un âge moyen pour une séance de travail. Nous nous sommes entretenu avec le Rév. Père Ruaro Silvano. Il a entrepris sa carrière pastorale au sein de la paroisse catholique de Nduye il y a plus de 40 ans (1970).

Akokora abrite le chef-lieu de la localité Bapulayi. Il est aussi le siège du District ecclésiastique de la Communauté Emmanuel (CE-39). Nos interviews ont ciblé plusieurs couches de gens, comme sur le premier site, sur les croyances et les pratiques religieuses traditionnelles parmi les Lese-Karo. Les données fournies sont plus ou moins les mêmes que ceux récoltées à Nduye (distante de 15 km d'Akokora). Il en est ainsi du troisième site (Maro), où nous retrouvons le chef de Groupement Ibuchalia Marukumu, Paul, investi à ce poste depuis 1972.

En effet, les données récoltées concernaient plus précisément les Lese-Karo, à part ceux que l'on pourrait rencontrer chez d'autres Lese parsemés dans le même Territoire et dans d'autres Territoires, comme par exemple ceux existant dans les Territoires d'Irumu (Lese-Vonkutu), de Watsa (Lese-Mamvu), de Djugu (Lese-Arombi, Lese-Maro), et ainsi de suite.

Les questions adressées et les réponses fournies aux interlocuteurs abordent plusieurs aspects concernant la tradition religieuse au sein des Lese-Karo :

- l'être suprême ou divinité, les dieux, la place des ancêtres ;
- les interdits ou tabous ;
- les rites ou cérémonies ayant trait à la naissance des enfants ; l'initiation des jeunes, la circoncision, la chasse, la pêche ;
- le rôle des spécialistes de ces rites, pour ne mentionner que ceux-ci[116].

Jetons un regard sur l'identité de l'Etre suprême tel que conçu par ce peuple, celui en qui reposent les croyances de celui-ci.

---

[116] « Religions traditionnelles africaines », mise à jour en 2009, [en ligne], www.foca.org/fra/zifz.fzz/t607328.htm (consulté le 17 octobre 2016). Les données rencontrées chez les Lese-Karo sur le sujet corroborent avec celles que l'on peut trouver chez la majorité des peuples ou ethnies d'Afrique subsahariennes sur des points communs comme le culte des ancêtres, la place de la femme, la croyance en la réincarnation, les cérémonies initiatiques.

Notion d'un « dieu »

La croyance aux dieux est indéniable au sein du peuple lese-karo. À travers les récits sur la mythologie, la présence et les actions des forces surnaturelles reviennent fréquemment. Tantôt, les récits font allusion aux ancêtres, tantôt à des êtres surnaturels, à « des divinités secondaires[117] » souvent difficiles à dompter. Ceux-ci ont besoin d'être entretenus, apaisés lorsque offensés par la non observation de tabou. Ils constituent souvent ainsi une menace constante dans la vie de l'homme. En effet, les dieux et les humains cohabitent. Ils accompagnent ceux-ci et peuvent leur assurer bonheur, longévité, santé, fécondité, récolte, chasse abondantes, force, et ainsi de suite.

Les Lese-Karo se nourrissent de l'idée qu'il existe un être « supérieur », au-dessus des êtres humains de qui dépend la destinée de tout homme. Un tel être constitue donc une divinité. Il se nomme *ngama* ou *ara* dans la langue de ce peuple ; ce qui signifie « dieu puissant, bienfaiteur ». Il collabore, toutefois avec d'autres êtres plus ou moins inférieurs pour accomplir la correction ou récompenser le bien posé par les hommes. Par exemple, *tole* ou *lisumba* sanctionne une femme infidèle à son mari ou un jeune qui n'a pas pu obéir aux plus âgés que lui.

D'autres esprits, *imake* ou *amahe*, peuvent servir les hommes pour leur procurer force en cas de luttes physiques. *Ififo* est réputée aider dans la chasse des éléphants à l'aide d'un piège qui a été tendu (lance suspendue en l'air sur la piste d'éléphants) ou pour les faire chuter dans une fosse préparée contre eux. Ces divinités secondaires se confondent comme l'on peut le constater aux esprits des ancêtres encore présents au milieu des vivants. Ils semblent maitriser tantôt le secteur des eaux, tantôt celui de la forêt. On peut les invoquer pour obtenir d'eux des bienfaits escomptés et demandés en guise du culte qu'on leur a rendu.

Une telle croyance aux êtres spirituels, liée à ce qu'on nomme « esprits des ancêtres » s'accompagne certes des incidences non négligeables dans la foi et la marche, faute d'un enseignement biblique non clairement dispensé. Cela est pareil à certaines pratiques ou conduites qui en résulteraient.

Avant la colonisation, le peuple lese observait ici et là une « religion » du nom de *mangbalese*, ce qui signifie « tout est clair » ou

[117] *Les menaces des dieux*, Abidjan, PBA, 2004, p. 53.

« lumière ». Son initiateur se nommait Tambaliki. En prêtre, il administrait une sorte de baptême et prononçait les expressions *mangbalese yaah, mangbalese yaah.* Le baptisait se relevait vivant de l'eau de rivière au troisième jour où pouvait disparaître sous l'eau et subir la mort.

Un autre illustre personnage du nom de Kuliengbe agissait en prophète à cette époque et prédisait l'avenir. Il recevait des visions et annonçait qu'il y aurait un jour quelque chose avec deux gros yeux qui passeraient par cette contrée sur une voie semblable à un arc-en-ciel (annonce d'une voie routière sur laquelle passeraient les automobiles lorsque la colonisation belge prendra place ?). Ce prophète (voyant) annonçait la guerre qui surgirait dans le futur. Il s'opposait à la corruption morale et prodiguait des conseils moraux au peuple lese-karo. Une recommandation contradictoire ne tarda pas de discréditer sa personne au point qu'il fut remis en cause par ses concitoyens. En effet, il demandait aux gens de s'unir sexuellement aux hommes plus âgés lorsqu'en même temps les jeunes filles étaient encouragées de commettre le même acte avec les vieilles femmes (homosexualité/lesbianisme).

Pratiques religieuses

Quelques pratiques s'ajoutent pour démontrer les croyances religieuses traditionnelles parmi les Lese-Karo. Il s'agit notamment du recours aux fétiches, l'observation des tabous, la cérémonie d'investiture du chef coutumier et ainsi de suite.

Les fétiches

- Le recours au *mani* ou *dawa* (en swahili, ce qui signifie un fétiche) importé des Lese-Mamvu.
- *Beli*, d'origine ngbetu. Ce fétiche pour la protection des chefs coutumiers.
- *Kitawala*, paru en 1964 parmi les Lese-Karo. Un culte était organisé et les adhérents étaient priés de le célébrer en état de nudité. Ils empruntaient ensuite la peau blanche ; aussi, étaient-ils à mesure d'effectuer nuitamment des voyages aller-retour (bilocation) et d'apparaître à l'étranger dans une manifestation donnée ou dans une banque pour retirer une somme d'argent en guise d'emprunt et d'escroquerie. Cette pratique sera dans la suite découverte et

condamnée car reconnue nocive, accompagnée de l'usage de fétiches et tabous ou interdits.

Les tabous

Chaque clan observe un tabou (*kizira*). Voici quelques-uns de ces interdits dont la plupart concerne le monde animal et dont la consommation était strictement prohibée :

- *Tochi* ou *adili* (*sitatunga* dans la langue locale, ou *tragelaphus* en latin). Une femme ne doit pas consommer cette plante jusqu'à ce qu'elle ait mis au monde deux enfants (un garçon et une fille.
- *Hau* (ou *chuyi* en swahili, léopard). Lorsque tel aura consommé la chair de léopard, il connaîtra la chute des dents. La même conséquence s'observe après la prise de la chair d'un chimpanzé (*tato* ou *sokomutu* en swahili).
- *Kpolulu* ou *ngeya*. C'est un singe communément appelé « magistrat » (ou *colobe gereza*, en latin) de poils noir-blancs. Quand une femme le consomme, elle donnera soit naissance à un mort-né, soit elle expérimentera d'énormes difficultés lors d'accouchement.
- *Fele* ou *nziko*, qui est un porc-pique. Des irruptions cutanées attaquent les enfants après sa consommation. Cette conséquence concerne également les consommateurs du pangolin ou *oku*, appelé également *aboso*.
- *Apogopogo* : le poisson sans écailles. La typhoïde est censée troubler la santé de son consommateur.
- L'okapi (dont la peau servait de bouclier dans la guerre et de « médicament contre certaines infections épidémiques) se compte parmi les animaux prohibés d'être consommés.
- *Tau* (*bengele*) : chèvre sauvage dont la peau (légère et durable) servait dans le passé d'habit pour les bébés et les enfants.
- *Igbo* (ou « gibbon » en français) constitue par ailleurs un animal tabou, pour ne citer que ceux-là.

Les croyances ci-dessus se comprennent comme faisant partie du vaste monde de l'animisme dans le monde en général et en Afrique subsaharienne. En effet, comme le note si clairement Hannes Wiher, la conception animiste retient l'Etre Suprême ou l'être spirituel le plus élevé dans la hiérarchie du monde animiste. Ensuite viennent les esprits (au service l'être Suprême) et les aïeux en constante interaction avec l'existence de l'homme. Ceux-ci ne sont rien d'autres que la réincarnation chez les enfants, transférés dans le totem ou esprits des ancêtres[118]. Le monde invisible parmi le peuple lese-karo règle la destinée des vivants, cohabite avec ceux-ci. Il est présent dans la forêt, les cours d'eaux, sur les montagnes. Il veille sur le bien-être des vivants ; il apparaît comme responsable des problèmes, des calamités. C'est pourquoi, les Lese-Karo procèdent par des pratiques rituelles, des sacrifices propitiatoires, l'observance des tabous et des règles de conduite sociale dans le souci d'apaiser, de réguler ce monde métaphysique[119].

L'investiture du chef

Certains faits prouvaient si tel convenait d'être investi du pouvoir coutumier en qualité d'un chef. Ici nous retenons les deux faits importants suivants.

- En premier lieu, les vieux sages ainsi que les femmes avancées en âge envoyaient des gens sur le champ de bataille au nom du candidat. Lorsque ces derniers revenaient victorieux de la bataille, cela servait de signe d'approbation du choix du candidat.
- Un deuxième test servait dans ce sens. Une hutte était érigée pour servir de rencontre avec telle divinité. On lui offrait des sacrifices en termes de nourritures. Lorsque les fourmis envahissaient les lieux pour consommer celles-ci, c'était un signe de désapprobation. Par contre si les nourritures offerte n'étaient pas prises par les fournis, cela servait de son approbation pour hériter le règne.

Cela accompli, une cérémonie d'investiture suivait. Les mêmes personnes âgées composées d'hommes et de femmes immolaient une chèvre dans une hutte nommée « *pada* » ou au cimetière, en dehors de la présence des femmes et de toute personne mineure. C'était le moment de cracher la salive sur la personne à investir. On répandait le riz sur lui et l'on prononçait des mots de bénédiction en ces termes *tole ni anupa*, ce qui signifie que *tole* (dieu/esprit) protège le lieu sur lequel ladite cérémonie se déroule.

---

118 WIHER Hannes, *L'évangile et la culture de la honte en Afrique occidentale*, Bonn, Edwing-Mission Scripts, n° 2, 2003, p. 28-29.

119 YOUSSOUF Zanga, « Croyances animistes en Afrique subsaharienne », in *Horizons philosophiques*, vol. 13, n° 2, 2003, p. 140.

Naissance d'un enfant

Lorsqu'un garçon est né dans tel village, l'on place un morceau de bois appelé *madiga* à l'entrée de la maison. Personne n'était autorisé d'aller effectuer les travaux champêtres. Une fête était organisée avec des danses. Le bain de l'enfant au cours des trois premiers mois était fait à l'aide d'une eau dans laquelle était trempée une herbe avec l'idée que cela assurait la protection de l'enfant contre les maladies endémiques et les attaques des sorciers. L'enfant ne pouvait sortir de la maison, ni être vu par n'importe quel passant jusqu'au jour où les vieux du clan procéderaient à offrir symboliquement au nouveau-né un arc et des flèches en signe de futurs exploits au cours des guerres. Le grand-père de l'enfant crachait ensuite de la salive sur le dos et la poitrine de l'enfant après avoir mâché la noix de kola. Chaque mâle embrassait l'enfant en posant la fesse et la partie dorsale de l'enfant sur sa poitrine en guise de bénédiction.

De coutume, un bébé de sexe féminin sortait de la case deux mois après la naissance. Le jour de sa naissance une sorte de jeu se passe entre les hommes et les femmes par de petites taquineries. Par exemple, les hommes mouillaient les femmes d'eau froide en proclamant la victoire de celles-ci.

Lorsque la fille connaît ses premières règles menstruelles, il lui est recommandé de rester pendant deux mois dans sa chambre, assise sur une natte. Elle était bien entretenue et nourrie pendant cette période. Il n'était pas autorisé aux garçons de s'approcher d'elle comme pour la connaître sexuellement.

Cérémonie d'initiation des jeunes

Principalement marquée par la circoncision de pubères, il fallait avant de l'amorcer se rassurer si son issue serait porteuse de succès ou pas. Pour le savoir, il fallait égorger une poule ; avant de s'éteindre, si sa tête pointait vers la direction de l'ouest, cela présageait que tout irait bien, avec l'approbation des « ancêtres ». Aucun malheur ne surgirait dans la suite. Des danses étaient alors organisées dans le village pendant deux ou même quatre mois pendant que les jeunes seraient choisis pour se rendre dans la forêt pour subir une initiation dont la clôture était marquée par la circoncision proprement dite. Celle-ci était effectuée par des personnes habilitées ou recommandées pour ce faire. Un couteau spécial appelé *kpekpe* ou *kehe* servait uniquement pour cette fin et pas pour un usage habituel.

Le lieu où se déroule l'initiation des jeunes devait être protégé contre les mauvais esprits et contre tout sorcier à l'aide d'un sifflet fabriqué à partir d'un bois : *sigbe* ou *sindiko*. Une plante du nom de *lianga* servait aussi dans le même but. Lorsqu'un sorcier mal intentionné forçait son intention maléfique pour s'introduire dans le camp des jeunes à initier, il était frappé de maladie ou de mort.

Lors de l'initiation, chaque jeune a un parrain, un mentor. Ce dernier lui apprend l'histoire du clan, lui inculque des leçons pour la vie (comment se conduire dans la société, tenir son foyer, comment incarner l'endurance et la persévérance en face des obstacles et dangers, afin d'être un être responsable et utile, bref une formation pour la vie. C'est aussi un temps durant lequel on reçoit des corrections sous forme punitive où l'on doit apprendre parfois la torture physique, le fouet : *mangidhu* ou *akenbga*. Les séances se passent sous la nudité.

Il arrivait qu'un jeune expérimente la mort physique durant les épreuves physiques ci-dessus. Sa mort ne sera pas annoncée au village, pour organiser un quelconque deuil. Au retour au village, les témoins de l'événement enduisaient de sol rouge *ododhu* (prise d'une termitière) la porte de la maison des parents du défunt, pour signifier le désastre intervenu dans la forêt. Le retour au village des initiés a lieu nuitamment. Il est interdit de regarder derrière lorsqu'on quitte les lieux d'initiation pour rentrer au village. La case dans laquelle se déroulait l'initiation était détruite, incendiée avant le retour au village. Le samedi est le jour de retrouver les siens, tandis que le dimanche des jeux étaient organisés pour signifier la fin de la cérémonie.

Vers une autopsie

De quoi est-il question à travers cette « autopsie » ? En effet, il importe de jeter un coup d'œil pour saisir la pertinence des croyances religieuses ainsi que de certaines faiblesses qu'il convient de retenir par rapport au développement intégral d'un peuple basé en partie sur certaines adhésions spirituelles ; en d'autres termes, les conséquences qu'une croyance peut entraîner sur la vie quotidienne d'un individu et de sa communauté. Les croyances et les pratiques religieuses ci-haut relevées peuvent subir un certain examen. Prenons, à titre illustratif, le rôle du rite de circoncision chez le peuple lese-karo.

Le rite de circoncision

Reprenant, par exemple, le tout dernier point concernant le rite de circoncision, une pratique si bien répandue dans l'Afrique subsaharienne, il y a lieu de retenir (hormis le volet éducationnel du rite dont l'objectif serait la préparation du jeune à la vie communautaire ou sociale), trois éléments ci-dessous.

- Le caractère secret du rite. Au cours de ce rite, ce n'est pas n'importe qui est autorisé de se rendre sur les lieux pour observer le déroulement des séances.
- Seules les personnes « spécialement initiées » peuvent encadrer les jeunes gens. L'identité mystique des initiateurs reste une condition sine qua none pour exercer le rôle.
- La fidélité aux traditions de son clan, sa tribu, est confessée par les initiés avec pour preuve un stigmate physique de circoncision ; une sorte d'alliance généralement les règles d'hygiène médicale ainsi que la place de l'éthique sont moins observées par les « chirurgiens » durant la cérémonie au point que certains candidats sont passibles de trépasser suite aux infections reçues. Les parents du défunt doivent se taire, car l'auteur du décès demeure une entité spirituelle avec qui une dispute ne peut être engagée.

Les esprits des ancêtres

Au cours des auditions des personnes entendues dans la communauté lese-karo, à travers la récolte des données sur ce qu'elle nomme « esprits des ancêtres », il se dégage quelque confusion concernant l'identité précise de ceux-ci. Ceux qui ont trépassé, que deviennent-ils ? Peut-on les différencier des « esprits non ancestraux » tels qu'on les retrouve dans les Écritures sous les nomenclatures « anges », « esprits malins/ méchants » ?

Les défunts paraissent demeurer au milieu des vivants. Ils observent attentivement la conduite de leurs descendants. La conduite de ces derniers peut être sanctionnée soit positivement, soit négativement. Leur colère ou vengeance peut être apaisée grâce aux sacrifices qui peuvent être offerts en termes d'immolation d'animaux ou sous forme de nourritures que l'on dépose dans une hutte prévue pour ce but. Cela rejoint ce que John Mbiti entrevoit lorsqu'il parle du mariage entre l'univers spirituel et l'univers physique, l'immanence des ancêtres au milieu des vivants, leur interpénétration[120]. C'est donc une question de taille à considérer lorsqu'on réfléchit sur l'essence sur lequel repose la croyance et les gestes religieux du peuple lese. Sans éclairer ce sujet on a l'impression que la confusion demeurera même si l'on devient chrétien et qu'un syncrétisme est permanent lorsque le sujet n'est pas bibliquement et doctrinalement suffisamment explicité.

Entretien avec le Père Ruaro Silvano

Comme évoqué plus haut, au cours de nos enquêtes, nous avons abordé le Père Ruaro Silvano, responsable de la vie spirituelle dans la Paroisse de l'Église Catholique de Nduye[121]. Profitant de l'expérience de prêtre, jouissant d'une réputation incontestable de la population et même des dirigeants politico-administratifs du milieu, quelques informations ont confirmé les propos des interviewés durant nos enquêtes. En effet, le Rév. Père susmentionné souligne le mélange entre la foi chrétienne et les croyances religieuses traditionnelles parmi le peuple lese-karo. Ce syncrétisme a conduit à une confusion qui remet en question la fidélité des croyants au véritable Dieu dont parlent les Écritures. Cette conclusion se traduit de manière multiforme, a renchéri le clergé. La peur des sorciers et leur stigmatisation en face d'un malheur, le recours incessants aux pratiques ancestrales comme l'usage des fétiches avant de mener la chasse de gibiers justifient le fait que la religion traditionnelle prévaut sur la foi chrétienne. Ce comportement n'épargne la classe des intellectuels. Les gouvernants n'ont qu'à se conformer aux usages traditionnels lors de leur investiture. Il est de même des élèves qui dans une salle d'évaluation ont souvent tendance à passer par des initiations durant lesquels un « bic magique », par exemple, procure la chance de répondre correctement aux questions. Les jeunes footballers croient aux pouvoir des fétiches pour gagner sur l'adversaire. Des superstitions sont visibles durant les cérémonies mortuaires. Les prêtres de la religion traditionnels recourent habituellement à rencontrer la divinité locale sur la montagne Mukonja,

[120] MBITI John, cité par SALALA Charles, « The World of the Spirits: Basakuma Traditional Religion and Biblical Christianity », in *Issues in African Christian Theology*, Nairobi, East African Educational Publishers, 1998, p. 133.

[121] La station missionnaire située sur le flanc de la colline, héberge une chapelle, une école primaire, une menuiserie, un dortoir pour le clergé ainsi qu'une maison d'accueil pour visiteurs. De l'autre côté du ruisseau on retrouve un couvent pour les sœurs religieuses ainsi que la célèbre école mécanique automobile réputée pour avoir formée de compétents chauffeurs-mécaniciens.

avec une altitude de 1000 mètres et parfois sur les rives de la rivière Nduye, affluent de la rivière Ituri[122] pour d'éventuels bienfaits en retour. Face à ces différentes attitudes, le clergé pense qu'il y a une tâche à faire pour fidéliser à la foi chrétienne. Telle est peut-être une nouvelle approche d'éducation chrétienne à découvrir et à appliquer dans l'église parmi le peuple lese-karo.

La place de l'inculturation

Le non-enracinement de l'évangile en milieu lese-karo suscite la question de savoir si la pénétration et l'expansion de l'église a été accompagnée d'une inculturation de l'évangile comme celle-ci doit être et se définir dans un contexte culturel. En effet, l'inculturation devrait être compris et appliquée comme une adaptation de la théologie chrétienne pour la placer dans le contexte de la culture traditionnelle africaine[123]. En d'autres mots, il s'agit de présenter la foi chrétienne en fonction des croyances africaines afin de la faire accepter par la mentalité locale et même des besoins du peuple récepteur de l'évangile.

Pour le cas du peuple lese-karo, il est possible d'implanter l'Église de façon pérenne ou durable à condition que l'évangile soit inculturé. Cela présuppose que les évangélistes de quelques dénominations chrétiennes qu'ils proviennent doivent prendre en compte les vestiges culturels du milieu. Ils doivent éviter à tout prix à faire prévaloir leurs traditions chrétiennes au détriment de l'essence de la Parole. Ils sont ainsi conviés à se garder de tout esprit de complexe lié à la longue ou succès historique de leur provenance caractérise par les divisions pour privilégier l'unité, la cohésion du corps de Christ. Cela signifie par ailleurs, qu'au lieu de faire taboula raza de l'ordre ancestral lese-karo, ils doivent chercher les voies qui ne trahissent pas l'évangile. Certains vestiges comme la recherche de Dieu, la place de l'autorité traditionnelle ainsi que leur influence positive sur les populations peuvent encore être exploitées pour le bénéfice de l'évangile. C'est cela se placer à l'abri des erreurs monumentales commises par les missionnaires ayant confondu l'expansion civilisatrice de la chrétienté, un prosélytisme qui n'a pas valorisé le passé culturel d'un peuple

[122] « Territoire de Mambasa », Rapport annuel 2015 de l'Administration du Territoire, mise à jour le 3 septembre 2016, p. 1-2.

[123] NICOLAS Guy, « La réduction religieuse des visions traditionnelles du monde et ses effets politiques contemporaines : le cas du Nigeria », in *L'Invention religieuse en Afrique*, Paris, Karthala, 1993, p. 445ss.

donné. S'atteler à proclamer un message de salut dont les limites ne se mesurent qu'à l'aide de la destruction des ordalies, des fétiches sans proposer de alternatives adéquates et bibliques conduire à l'éphémère, au superficiel.

Conclusion

Nous venons de parcourir ce que constituent les croyances et quelques pratiques de la religion traditionnelles parmi le peuple lese-karo. Ce qui est dit de celui-ci pourrait s'appliquer dans d'autres contextes des ethnies ou tribus en RDC comme dans nombreux pays de l'Afrique au sud du Sahara. Le peuple précité n'a constitué qu'un exemple parmi tant d'autres. Cette entité tribale se nourrit d'une adhésion spirituelle. La croyance en une divinité appelée *ngama* et en ses dérivés a été confirmée à travers différentes nomenclature attribuées ceux-ci (*ififo*, *lisumba*, *imake*, etc.). Les uns s'occupent à satisfaire les demandes de ceux qui leur rendent un culte à travers l'observation des tabous. Ces tabous se présentent en des interdits, qui, lorsqu'enfreints déclenchent sur les individus et sur tout le village des fléaux et malheurs. Des techniques pour remédier existent. Les cérémonies d'investitures des chefs traditionnels ou coutumières sont incontournables. Les chefs sont doublement intronisés : par les forces surnaturels communément appelés les « esprits des ancêtres » toujours présents parmi les vivants. Sans eux, rien ne peut marcher. L'enfant une fois n'es est accueillis dans sa famille à l'aide des rites auxquels participent ses parents. Lorsqu'il atteint l'âge de puberté le garçon passe par une cérémonie dite de circoncision pendant laquelle les ainés lui apprennent de leçons pour la vie sociale. Il est soumis à une vie de rigueur semblable à un apprentissage de soldat qui veut servir sa nation. Il y a beaucoup d'interpellations si l'on observe le laisser-aller parmi la jeunesse qui n'a pas été initiée à certaines règles de vie sociale suite aux conséquences de la mondialisation. Peut-être une interpellation au contenu de l'éducation chrétienne véhiculée dans les milieux ecclésiastiques auprès des convertis.

Le sérieux que le peuple lese-karo accorde à sa religion traditionnelle ne devrait pas être en bloc considéré comme une idolâtrie. Ce background religieux, cet héritage traditionnel, pourraient judicieusement être exploité pour qu'ils deviennent un tremplin, un bagage à partir duquel présenter la personne de Dieu et pas simplement une menace contre l'évangile. Certes, certains éléments superstitieux devraient être bannis pour laisser place à l'objectivisme, au rationnel sans exclure les points de valeur qui sont soutenables. Baser ses croyances sur une herméneutique des maladies qui trouvent son soubassement sur le surnaturel ou le monde spirituel est une approche obscurantiste. Il faut que l'on marque des pas pour expliquer la raison d'être des maladies et des faits nuisibles à partir des faits scientifiquement défendables en accord avec la logique cartésienne en privilégiant ce qui est « objectif, observable, vérifiable ou démontrable[124] ».

Bibliographie

CHRÉTIEN Jean-Pierre (dir.), *L'invention religieuse en Afrique*, Paris, Karthala, 1993, 487 p.

LEVINSKAYA Irina, « Syncretism – The Term and Phenomena », in *Tyndale Bulletin*, vol. 44, n° 1, 1993, 10 p.

MOLIMA Yves, « La couverture médiatique d'une zone en conflit armé : cas de la Radio Okapi (RDC) », Mémoire de graduat, inédit, Institut Facultaire des Sciences de l'Information et de la Communication, 2007.

Léon de SAINT MOULIN, *Atlas de l'organisation administrative de la République Démocratique du Congo*, Kinshasa, CEPAS, 2006, 256 p.

__________, *Les menaces des dieux*, Abidjan, Presses Bibliques Universitaires d'Afrique Francophone, 2004.

NICOLAS Guy, « La réduction religieuse des visions traditionnelles du monde et ses effets politiques contemporaines : le cas du Nigeria », in *L'Invention religieuse en Afrique*, Paris, Karthala, 1993, 30 p.

« Religions traditionnelles africaines », mise à jour en 2009, [en ligne], www.foca.org/fra/zifz.fzz/t607328.htm

SALALA Charles, « The World of the Spirits, Basakuma Traditional Religion and Biblical Christianity », in *Issues in African Christian Theology*, Nairobi, East African Educational Publishers, 1998, 6 p.

« Territoire de Mambasa : Fiche du Territoire », Rapport annuel 2015 de l'Administration du Territoire, mise à jour le 3 septembre 2016, 3 p.

---

[124] ZANGA Youssouf, op. cit, p.145

WIHER Hannes, *L'évangile et la culture de la honte en Afrique occidentale,* Bonn, Edwigng-Mission Scripts, n° 2, 2003, 132p.

ZANGA Youssouf et COULIBALY Nabé Vincent, « Croyances animistes et développement en Afrique subsaharienne », in *Horizons philosophiques*, vol. 13, n° 2, 2003, 13 p.

6

Religion Traditionnelle Bila et développement socioéconomique

Bungishabaku KATHO Rober et
BALOLEBWAMI Luhinzo Romain

Introduction

L'évangile a atteint la région de Lolwa depuis plus de 80 ans. Les missionnaires protestants y sont arrivés les premiers vers les années 1930, suivis des missionnaires catholiques quelques années plus tard. La station missionnaire de Lolwa, siège administratif du District Ecclésiastique portant le même nom dans la 39e Communauté Emmanuel (CE-39), reste un des témoignages vivants de l'activité missionnaire intense parmi le peuple bila qui occupe cette région. La présence de nombreuses églises dans la région, ainsi que beaucoup d'écoles et d'infrastructures sanitaires appartenant aux églises, sont un autre témoignage que la Parole de Dieu a été et est encore abondamment prêchée parmi ce peuple.

Cependant, alors que partout ailleurs, dans la même région, la présence de stations missionnaires catholiques et protestantes est presque synonyme d'épanouissement spirituel et social, chez le Bila de Lolwa, là où ces recherches ont été menées, l'on aperçoit trop peu de signes qui témoigneraient de la transformation sociale et spirituelle résultant de l'acceptation de l'évangile par ce peuple. Pour preuve, il y a parmi les Bila, trop peu d'intellectuels qui pouvaient jouer le rôle d'avant-garde pour la transformation de la vie de ce peuple[125].

Les jeunes bila qui devraient être actifs dans la transformation de leurs villages par les études, les travaux champêtres et d'autres travaux lucratifs, etc., sont occupés à transporter des planches des exploitants

---

[125] Voir l'essai portant sur « Le bilan socioéconomique du Territoire de Mambasa », dans cet ouvrage.

venus d'ailleurs[126]. Actuellement, la distance entre le lieu de l'exploitation de ces planches et la route principale, là où elles sont déposées, varient entre six et douze kilomètres. Il s'agit donc d'un travail rude qui exige beaucoup de force physique. Malheureusement, pour la plupart de cas, l'argent obtenu de ce travail pénible est presqu'immédiatement dépensé dans l'achat de boisson alcoolique et d'autres stupéfiants. Ces derniers aident ces jeunes gens à s'affaiblir physiquement et à mourir précocement.

Par-dessus tout, depuis une trentaine d'années[127], l'on observe dans ce milieu une recrudescence de pratiques contraires à la foi chrétienne, qui existaient en coulisse à l'époque des missionnaires. Il s'agit plus particulièrement de l'invocation des mânes des ancêtres, sous ses différentes formes, et de la sorcellerie. Ces pratiques sont en train d'occulter fortement la foi chrétienne en sorte que les fréquentations des lieux de culte chrétien ont sensiblement baissé dans la région[128]. Ce qui est remarquable est la participation, à peine voilée, dans ces pratiques occultes, des chrétiens que l'on croyait matures, y compris beaucoup parmi le peu des pasteurs formés dans des instituts bibliques et même au niveau de Faculté de Théologie[129].

Aussi, avons-nous cherché à répondre à la question suivante : Quel est le lien entre le retour avec force de ce peuple à sa religion traditionnelle d'un côté, sa résistance à l'évangile de l'autre, et la pauvreté matérielle dans laquelle il vit actuellement et qui est en train de prendre de l'ampleur ? En d'autres termes, nous avons cherché à découvrir l'impact de la Religion Traditionnelle Bila en pleine résurgence sur le vécu quotidien de ce peuple.

---

[126] Lors de notre enquête, l'on nous a fait remarquer qu'il n'y a aucun exploitant forestier bila dans la région.

[127] Ces années correspondent curieusement au départ des missionnaires blancs et des pasteurs et évangélistes en provenance d'autres groupes ethniques envoyés pour servir chez les Bila. Il semble donc que les choses s'empirent depuis que les Bila eux-mêmes sont en charge des églises locales dans leur milieu.

[128] Un ancien étudiant de la Faculté de Théologie de l'Université Shalom de Bunia nous a témoigné que lors de son stage dans la région de Lolwa, il lui est arrivé des visiter des chapelles protestantes de la CE-39 qui sont restées fermées les dimanches, parce que les membres, y compris les pasteurs, n'ont pas senti le désir de s'y rendre pour prier.

[129] Nous avons trouvé au moins deux pasteurs bila, formés à l'Institut biblique, qui ont été constants dans leur refus d'approuver ces pratiques occultes. Mais ils ont aussi reconnu qu'ils sont une minorité par rapport à ceux qui voient ces pratiques ancestrales d'un bon œil et qui les encouragent.

Cette étude, qui relève de la socio-anthropologie du développement[130] dans une perspective théologique, part de l'hypothèse selon laquelle le sous-développement que nous déplorons chez ce peuple proviendrait de son attachement excessif à la religion traditionnelle et de son incapacité à faire une transition du système religieux primitif, archaïque à un système de pensée moderne. En d'autres termes, le manque de développement socioéconomique dans la société bila proviendrait d'une tendance outrée à vouloir tout expliquer dans la vie par des phénomènes métaphysiques comme l'ont fait nos aïeux à l'époque préscientifique.

Pour réaliser cette étude, nous avons privilégié la méthode qualitative. Les avis de divers membres de la communauté bila ont été recueillis afin de découvrir ce qu'ils pensent de leur communauté. Pour y parvenir, nous avons utilisé les interviews, les entretiens en groupe ou en privé. Il y avait aussi un questionnaire d'enquête semi structuré pour donner la latitude d'expression à chacun de nos interlocuteurs. Les avis des vieillards, des femmes et des jeunes ont été considérés ; les premiers comme vieux sages expérimentés, gardiens et promoteurs de la coutume, et les deux autres groupes comme participants assez passifs de différents rites. Notre enquête s'est concentrée sur un seul élément de la culture bila, à savoir : l'analyse de sa religion traditionnelle et son incidence sur le développement socioéconomique.

Étude de la Religion Traditionnelle Bila

Concept de dieu chez les Bila

Nos enquêtes ont démontré que les Bila ont une notion assez claire de l'existence d'un être suprême. Ce dernier a deux appellations : « Akudula » et « Mbali ».

Akudula

Le nom principal de Dieu chez les Bila est Akudula[131]. Ce dernier a le sens de Dieu créateur. Ainsi, l'expression *Akudula abongisi bulambo*

---

130 Aussi appelée la « socio-anthropologie du changement social et du développement », voir GAUDIO Attilio, *Connaissances actuelles et méthodes de recherche en anthropologie : un voyage sans fin*, Paris, L'Harmattan, 2010, p. 198.

131 Un petit nombre des Bila utilisent également le nom « Mbali » pour désigner Dieu. L'emploi de ce nom serait dû à l'emprunt linguistique que les Bila ont fait à partir de la langue bira, et surtout parce que l'on retrouve beaucoup de pasteurs et évangélistes bira parmi les Bila. Le terme « Mbali » est très populaire et très usité chez les Bira,

na kupa se traduit par « le Dieu qui a créé le ciel et la terre ». Cette expression démontre l'idée de la toute-puissance de Dieu[132]. Cela signifie aussi que le ciel et la terre sont ses possessions. Il les gère et permet à son peuple de jouir de ses bienfaits. En particulier, les forêts et les eaux renferment des mystères d'Akudula, qui ne peuvent être dévoilés qu'aux initiés et à travers les esprits des ancêtres.

Les Bila ont également l'idée de l'éternité de Dieu. Akudula est éternel ; il n'a ni père ni mère. Dans l'expression *Akudula apeteli mayake*, l'on trouve l'idée selon laquelle *Dieu est venue à l'existence par lui-même* ; il n'a pas été créé ; il est au-dessus de toute chose. Personne ne peut le voir car il habite très loin de nous. À cause de cette inaccessibilité de Dieu, il n'est pas permis aux humains de chercher à accéder à lui de façon directe. Par conséquent, il faut des intermédiaires qui sont les esprits ou mânes des ancêtres[133].

Beaucoup parmi nos enquêtés ont avoué qu'ils sont convaincus que ceux qui sont morts entrent dans une classe supérieure par rapport aux vivants. Ils sont donc plus proches d'Akudula, et par conséquent exercent une grande influence sur le quotidien des vivants. En termes clairs, ces morts deviennent des intermédiaires incontournables entre les vivants et les morts[134]. Lors de notre enquête, nous avons voulu savoir si ceux qui sont morts sont tous dans la même classe et s'ils peuvent jouer la même influence prétendue. Masudi Apanato nous a

---

qui est un peuple frère aux Bila. En effet, l'histoire récente démontre que les Bila et les Bira seraient les descendants d'un même ancêtre. Nous avons, cependant, constaté lors de notre recherche que beaucoup de Bila sont devenus réticents par rapport à l'usage de ce nom, car ils croient que Mbali et Akudula ne désignent pas le même Dieu. Selon eux, Mbali est un dieu mythologique. Il serait un homme chasseur rusé qui était habitué à mentir à son épouse chaque fois qu'il revenait de la chasse. Lorsque son épouse lui demandait le rapport de la chasse, il répondait qu'il n'avait rien attrapé alors qu'en vérité, le gibier avait été généreusement offert à d'autres personnes dans le village voisin avant qu'il n'atteignît son domicile. Cette explication ne paraît pas très convaincante. En effet, les Bira qui utilisent ce nom depuis des siècles n'ont aucune idée de ce mythe raconté par BANUKA Bandilu Fredy, interviewé le 06/01/2016 à Lolwa. Une autre explication linguistique plus soutenable serait que le concept Mbali serait rejeté à cause de son homophonie avec le terme *mbela*, qui signifie « mensonge » en kibila et en kibira. Pour les Bila, Dieu ne peut pas mentir (soit « dire le *mbela* »), ni être menteur (*bambela*).

132 KAULI Janvier, interviewé le 9/01/2016 à Mabandiluka.

133 ANGBWANDI Itolo, interviewé le 27/03/2016 à Bahaha.

134 MASUDI Apanato, interviewé le 26/03/2016 à Tolitoli ; ANGBWANDI Itolo, interviewé le 27/03/2016 à Bahaha.

confié que seuls les ancêtres du sexe masculin, c'est-à-dire les hommes, qui sont mort avancés en âge peuvent être invoqués et que les esprits des jeunes et des femmes ne peuvent jamais jouer le rôle d'intermédiaire entre les morts et les vivants[135].

Au-delà de l'idée de la création, Akudula est aussi celui qui s'est révélé. Il s'est fait connaître dans le sens de se faire découvrir aux hommes. La racine *kuda* (dans le substantif Akudula) a le sens de dévoiler ce qui est caché, ouvrir ou porter à la connaissance des autres. Akudula est donc celui qui s'est ouvert, mais sans se faire voir directement. Dans ce contexte, il peut aussi ouvrir les mystères cachés aux hommes par l'intermédiaire des ancêtres.

Attributs d'Akudula

AKUDULA EST PÈRE

Akudula est perçu comme « Père ». Cette idée se trouve dans l'expression *Akudula Tata,* ce qui signifie « Dieu, notre Père » ou « Dieu notre Grand-Père ». Ce binôme *Akudula Tata ou Akudula Tatae !* , lorsqu'employé au vocatif, dans une prière, exprime une très grande autorité par rapport aux pères humains. Akudula est donc vu par les Bila comme une sorte de proto-père, c'est-à-dire le Père d'où dérivent tous les autres pères humains. Il est père de tous et personne ne peut résister à ses décisions.

Une vieille femme nous a déclaré qu'Akudula est le Père des ancêtres et qu'à leur mort, les ancêtres reviennent auprès de lui. Mais lorsqu'on demande aux Bila s'ils craignent Akudula à cause de sa toute grandeur, leur réponse est claire :

> Dieu est très bon, de loin meilleur que les pères biologiques. Il est très généreux envers les humains. Akudula n'a donc pas besoin d'être craint. Il ne désire pas des sacrifices parce qu'il ne fait aucun mal aux humains. Ce sont plutôt les intermédiaires entre Akudula et les vivants qu'il faut craindre. Quoi de plus naturels que d'invoquer les ancêtres que l'on connaît mieux et qui, à leur tour, apportent nos supplications auprès du Père des pères ! C'est à travers eux qu'Akudula écoute les supplications des vivants. C'est ainsi que

[135] MASUDI Apanato, interviewé le 26/03/2016 à Tolitoli.

lorsqu'une personne meurt, les Bila disent que la personne précède les vivants auprès du Père.

On note que les Bila ont une notion du ciel et pensent que ceux qui meurent rejoignent les ancêtres dans un lieu de repos. Nos interviewés n'ont pas pu indiquer si ce ciel (*kupa*) est loin ou proche des humains. Cependant, tous ont confirmé que les ancêtres, ces intermédiaires entre Akudula et les vivants, sont très proches des humains. « Les morts nous écoutent et nous observent là où ils sont», nous a déclaré Ahombi Joachim[136], un membre fidèle de l'église protestante de la place

Il y a donc à ce niveau une confusion nette entre le rôle de Christ[137] comme intermédiaire entre Dieu et les humains, tel qu'enseigné par la Bible, et celui des ancêtres auxquels les Bila croient fermement. Le danger d'une telle conception est qu'elle conduit facilement à l'idolâtrie. En effet, tout problème (maladie, stérilité, sécheresse, etc.) qui surgit dans la communauté bila doit trouver son explication auprès des mânes des ancêtres. Toute autre explication naturelle devient secondaire.

AKUDULA EST TRANSCENDANT

Akudula vit très loin des hommes. Pour comprendre sa volonté, il faut des intermédiaires, car personne ne peut le voir ni percer sa pensée. Les esprits des ancêtres nous facilitent cette tâche. Les officiels du culte sont les ancêtres vivants, c'est-à-dire des hommes avancés en âge et respectés à cause de leur conduite exemplaire au village. Ils jouent ce rôle valablement dans la mesure où :

- Leur âge avancé et leur expérience sur cette terre des hommes leur donnent le privilège de sonder le mystère caché réservé uniquement aux initiés. Leur accointance aux ancêtres qui venaient de mourir, donc de voyager dans l'au-delà leur accorde cette place de privilège.
- Contrairement aux jeunes gens et aux femmes, les vieux sages sont aussi plus proches des ancêtres.

---

[136] AHOMBI Joachim, interviewé le 23/03/2016 à Kulue.

[137] Il serait intéressant d'étudier dans l'avenir la perception de Christ comme intermédiaire dans l'église parmi les Bila.

Dès lors, la hiérarchie ascendante est ainsi établie : Akudula, certains esprits (comme Isumba), les mânes des ancêtres, les vieux sages, puis les restes du commun des mortels.

Les mânes des ancêtres

Ebilibili, un proto-ancêtre

De tous les [mânes des] ancêtres, Ebilibili est le plus grand et le plus important. Selon beaucoup de gens que nous avons interviewés, pour les Bila, Ebilibili est le proto-ancêtre par excellence. Il est invoqué chez les Bayaku, les Bakwanza et les Bakpwele. C'est fut un ancêtre qui se serait évadé dans la forêt et son corps n'aurait jamais été découvert. D'où sa proéminence parmi les autres esprits des ancêtres. Il est la voie principale pour atteindre Akudula. Il est très rare d'avoir des sacrifices dans lesquels son nom n'est pas cité. Voici une prière type qu'on lui adresse pendant le sacrifice avant de commencer une activité de pêche ou de chasse dans la forêt :

Ebilibili Tatae, besu ndi bunde wani !
Bipiki Kpachanaa, we bundi lilia besue.
Wekuo asu ndula, Behungani, Epipikanano
Sikisiono ako ekpangi![138]

Ancêtre Ebilibili, nous voici présents ici !
Nous sommes venus nous débrouiller, nous implorons ta faveur.
Ouvre-nous la forêt que nous puissions avoir ce dont nous avons besoin ; tu seras glorifié !
Nous te remercions.

Comme on peut le voir dans cette prière, Ebilibili est un esprit bienfaisant ; il fait accéder la communauté aux biens de la nature. Les circonstances les plus importantes pour lesquelles Ebilibili est évoqué sont, notamment : l'agriculture, l'exploitation de la forêt et la chasse.

- ***L'agriculture.*** C'est l'activité de base des Bila. Jadis, les travaux collectifs étaient effectués pour accroître la production. Malheureusement, cette pratique a presque disparu actuellement parmi ce peuple.

---

[138] Ekalanji Etolo, interviewé le 25/03/2016 à Lolwa.

- ***L'exploitation de la forêt.*** Nul ne peut exploiter la forêt sans la permission d'Ebilibili.
- ***La chasse.*** Il n'est pas concevable d'entreprendre une activité de chasse chez les Bila sans l'accord d'Ebilibili. D'ailleurs ce dernier est bien capable de reconnaître ses enfants, c'est-à-dire les autochtones et exhausser leur prière. C'est pourquoi, dans leur prière, les Bila s'adressent à lui avec pleine d'affection : *Ebilibili Tatae* ! (Ebilibili, notre cher Père). Avant la chasse, les relations sexuelles sont interdites sous peine de courroucer Ebilibili et d'échouer.
  La chasse est aussi effectuée après le jeu de « Mabendi Mbaka ». Cette expression signifie « il tient la corde et ne peut jamais la laisser ». Il s'agit d'un esprit qui tient un bout de la corde dans l'eau pendant que plus de 20 personnes essayent en vain de la tirer pour la lui ravir. Malgré le nombre et la force déployés par l'ensemble des chasseurs, l'esprit finit par vaincre et les vaincus offrent un sacrifice au nom d'Ebilibili. La chasse devient alors fructueuse. C'est une activité organisée pour créer la communion entre les humains (ici les chasseurs) et l'esprit des ancêtres. Ce dernier manifeste sa puissance et suscite l'admiration des vivants.

Molimo ou Isumba

Molimo, aussi appelé « Isumba », est un esprit de la nature, plus précisément de la forêt. Tous les peuples habitant la forêt savent que celle-ci contient quelque chose d'impénétrable, de monstrueux et de méchant. Ainsi, à la différence d'Ebilibili, Molimo n'est donc pas un esprit bienveillant. Son rôle est de garder et maintenir l'harmonie dans le village en châtiant ceux qui vont à l'encontre des règles établis. Il est craint par beaucoup, plus particulièrement les femmes et les jeunes. Il est évoqué dans trois circonstances.

- ***Les calamités.*** Molimo est évoqué lorsque les calamités surviennent dans le village, par exemple à la suite d'une longue sécheresse qui entrave la bonne récolte. Dans cette circonstance, les vieux du village invoquent cet esprit qui vient avec grand fracas pour s'entretenir uniquement avec des hommes adultes, initiés et préparés pour la circonstance. Les jeunes et les femmes se tiennent à distance, exhibant des danses pour accueillir Molimo et le supplier d'être bienveillant à l'égard de ses enfants. Il faudra préciser que ces femmes et ces jeunes doivent éviter la tentation d'approcher ou d'épier le lieu où les anciens du village s'entretiennent avec Molimo. S'il est satisfait, il marque d'une empreinte tous les bananiers des champs[139] et la production devient satisfaisante.

- ***L'intronisation d'un chef coutumier.*** Molimo est aussi évoqué lors de l'intronisation d'un chef coutumier. Il doit marquer d'un cachet spécial la cérémonie et couronner le nouveau chef d'un pouvoir ancestral. Au cas où Molimo ne sortait pas, le nouveau chef est contesté et son pouvoir reste fragile[140]. Il arrive de fois où Molimo profite de sa sortie lors de l'intronisation pour dédier certaines personnes à son service. On dit de ces personnes qu'ils ont reçu le baptême et sont désormais soumises à certains interdits tel que l'interdiction de se marier ou de se raser la tête[141].
- ***La punition des femmes insolentes.*** Molimo sort pour punir les femmes insolentes qui osent tenir tête à leurs maris lors de bagarres dans le foyer. Il arrive quelque fois que la femme soit plus forte que son mari et parvienne à jeter ce dernier par terre. Pour se venger de cet acte d'humiliation, les hommes qui se sentent offensés et abaissés, peuvent faire recours à Molimo. D'autres maris mécontents ou soupçonneux du comportement de leurs femmes peuvent profiter de cette occasion et s'associer à leurs confrères pour châtier toute désobéissance conjugale. Dans ce cas, la sortie de Molimo devient donc l'affaire des hommes contre leurs propres femmes. À cette occasion, toutes les femmes du village, concernées par le châtiment ou non, doivent collaborer pour satisfaire aux exigences de Molimo et ainsi laver l'affront des maris offensés.

Selon tous les témoignages que nous avons recueillis, Molimo ou Isumba est vu comme un esprit régulateur de la société bila. Cependant, beaucoup de gens considèrent qu'il cause plus du mal que du bien. Ainsi, par exemple, il peut lui arriver de détruire les récoltes et l'élevage appartenant aux personnes accusées. Les églises parmi les Bila et l'État congolais sont unanimes dans leur condamnation de l'invocation de cet esprit ; mais certains vieux sages des villages continuent à perpétuer la pratique parce qu'à sa sortie, il leur offre l'occasion de manger des mets délicieux, plus particulièrement de la viande en grande quantité. Si cette

---

[139] La banane est la culture principale des Bila.

[140] ASSESSELYA Beyanandi, interviewé le 24/03/2016, à Manya.

[141] NGEMU du village d'Andisede, qui nous a livré cette information, affirme être lui-même passé par ce rite de baptême de Molimo. Interviewé le 24/03/2016.

pratique tend à diminuer, beaucoup de nos interviewés ont cité les trois villages suivants comme les lieux où Molimo est encore régulièrement évoqué, à savoir : Andisede, Kundalakundala et Tipemuche.

Participation des chrétiens dans les rites traditionnels

Nous avons voulu nous rendre compte de la participation des chrétiens dans les rites traditionnels analysés ci-haut. Tous les interviewés ont été unanimes qu'une très grande majorité des chrétiens bila prennent une part active à toutes ces activités.

Premièrement, nous avons été surpris du fait que plusieurs chrétiens se sont réservées de condamner ce que la culture fait à travers l'évocation d'Ebilibili ou de Molimo. Un ancien de l'église nous a clairement dit que la Bible reconnaît qu'on doit honorer les ancêtres. Il est allé jusqu'à justifier que, dans leur prière, les chrétiens citent souvent le Dieu d'Abraham, d'Isaac et de Jacob. Il a ajouté que ceux-ci sont des ancêtres des peuples élus (Israël) et de chrétiens comme l'est Ebilibili pour les Bila. Pour cet ancien de l'église donc, il n'y a aucun mal dans cette évocation[142].

Bartous Kayoka, chrétien et diacre dans son église locale, a illustré son approbation pour l'évocation des mânes des ancêtres en confessant que c'est grâce au recours à l'ancêtre Ebilibili qu'il a retrouvé son chemin après s'être perdu pendant de longues heures dans la forêt et après avoir en vain prié au nom de Jésus-Christ. Il nous a déclaré qu'il ne trouve aucune contradiction entre son statut de chrétien et son attachement à Ebilibili. En fait, pour lui, « les ancêtres nous voient. Ils ne sont pas loin de nous ». Selon toute expérience humaine, nous déclara la même personne, « Dieu est plus éloigné que nos ancêtres et il ne s'occupe pas beaucoup de nous [143] ». Bref, la réussite et le succès dans toute entreprise sont souvent perçus plus comme une bénédiction d'Ebilibili et des autres ancêtres, et moins comme la bénédiction de Dieu ou le fruit d'un travail bien fait.

Deuxièmement, lors d'une visite pastorale à Lolwa, un médecin[144] nous a déclaré que les cérémonies pour la préparation et l'orientation

---

[142] Robert, interviewé le 24/03/2016 à Bahaha. À la question « Qu'est-ce qu'il pense de Molimo ? », Robert a refusé de réagir. Nous nous retenons de donner son nom comme il l'a lui-même souhaité.

[143] BARTOUS Kayoka, interviewé le 25/03/2016 à Ndeisa.

[144] Nous taisons le nom du médecin sur sa demande.

de Ya' Mado, un éléphant mystique dans la région des Bila[145], se font chez l'un des pasteurs bien connu et respecté, et qui a une grande responsabilité dans plusieurs églises de ce milieu. Ce pasteur-théologien est donc à la fois responsable des églises du milieu et aussi de la gestion d'un éléphant mystique. Que dire des autres pasteurs sous sa charge ? Que dire des chrétiens sous la responsabilité de ces pasteurs ?

Troisièmement, nous n'avons pas rencontré un seul chrétien bila qui a nié avoir pris part de façon directe ou indirecte aux rites de circoncision appelés « kanja », cérémonies aux cours desquelles ces mânes des ancêtres sont régulièrement évoqués et la Religion Traditionnelle Bila intensément enseignée aux jeunes générations[146]. Beaucoup de chrétiens, même certains anciens de l'église y prennent part comme organisateurs sans que cela ne choque personne. Aucun de ceux qui y vont n'a jamais reçu de reproche de la part de l'église. C'est dans ce sens que Ngemu, un ancien de l'église très actif dans son Assemblée locale, nous a déclaré que les pratiques traditionnelles liées à la circoncision est culturelle et biblique, car Jésus lui-même fut circoncis selon la coutume juive[147]. Ngemu ne voit donc aucun inconvénient que les ancêtres soient invoqués pendant cette cérémonie.

Quatrièmement, bien que l'église semble condamner le phénomène Molimo/Isumba à cause de la sorcellerie ouverte qui se pratique lors de son évocation mais aussi à cause de la brutalité et du dégât matériel qui accompagnent son apparition, seulement quatre chrétiens sur les 45 que nous avons interviewés ont confessé n'avoir pas foi à Ebilibili. Ainsi, l'on peut déduire que la très grande majorité de chrétiens bila croient fermement à Ebilibili.

Religion Traditionnelle Bila et sous-développement : quelques implications

La Religion Traditionnelle Bila est tournée vers le passé

L'argument principal de cet essai est qu'il y a un lien étroit entre le système de croyance traditionnelle bila et le manque de développement

[145] Voir l'essai de ATIDO Pirwoth Georges, « La résurgence des pratiques métaphysiques indigènes dans la société bila contemporaine : une analyse missiologique », dans cet ouvrage.
[146] KRIKAIDJA L. Semire Josaphat aborde cette question dans un essai dans ce livre.
[147] NGEMU, interviewé le 24/03/2016 à Andisede.

socioéconomique assez criant que l'on observe chez ce peuple. Cet argument repose sur la conviction selon laquelle la clé du développement repose sur la transformation du schéma de pensée ou de la vision du monde d'un peuple. Il y a donc un lien entre le monde spirituel, le monde matériel (socioéconomique) et la culture. Aussi, à partir de notre analyse, pouvons-nous tirer les leçons suivantes concernant le peuple bila.

Premièrement, tous les peuples du monde, à un moment donné de leur histoire, sont passés par ce système de croyances traditionnelles similaires à celui des Bila, bien qu'il faut reconnaître de différences frappantes entre les différentes religions du monde. En d'autres termes, chez tous les peuples du monde, il y a eu à un moment donné de leur histoire, des cérémonies, des rites, un culte, des divinités, des lieux sacrés. C'est dans ce sens que l'on peut affirmer que partout où il y a des hommes, il y a aussi un Dieu ou des dieux. Et partout où il y a Dieu ou des dieux, il y a des rites.

Mais la religion, tant du point de vue de fond que de la forme, est dynamique. Elle change et s'adapte aux nouveaux contextes. Même le christianisme en tant que système de foi, que nous croyons statique, ne l'est vraiment pas. Si son contenu ne change pas, puisque fixé par le canon, sa forme change ; et elle change vite. Pour ne donner qu'un seul exemple local, l'Église Catholique, avec sa liturgie écrite, est en train de changer profondément avec l'influence des mouvements charismatiques. Les gens ne comprennent probablement pas l'évangile aujourd'hui comme nos grands-parents l'ont compris. Les contextes sont bien différents et ces contextes influencent grandement notre compréhension de la religion.

Mais la Religion Traditionnelle Bila est restée statique. Elle n'a pas pu faire une transition entre cette période primitive et la période moderne. Pire encore, la Religion Traditionnelle Bila est restée inexorablement tournée vers le passé. Tenez pour exemple le cas suivant. Lorsqu'on emmène les jeunes gens dans la forêt pour la circoncision, on ne fait que leur raconter leur passé, la vie de leurs ancêtres, etc. Après six mois d'enseignement intense, tout ce qu'ils connaissent mieux, c'est leur passé ; c'est leur tradition, leur histoire, la façon de vivre en famille comme leurs ancêtres ont vécu, la façon de cultiver comme leurs ancêtres ont cultivé, la façon d'élever des enfants comme leurs arrières grands-parents l'ont fait, la façon de prier Ebilibili et d'évoquer Molimo comme leurs ancêtres l'ont fait, et comme leurs parents le font encore, etc. Ainsi, la dynamique de la société bila relève de la simple reproduction du passé.

Le peuple bila s'est créé une image explicative du monde à partir de son univers clos, totalement dominé par les forces de sa religion traditionnelle. Confrontés aux réalités présentes, tous ces éléments de la religion traditionnelle deviennent obsolètes, inutiles. En vérité, cette accumulation de la connaissance du passé n'aide pas la nouvelle génération à confronter les réalités de la vie actuelle. En concentrant toute la formation sur le passé, toute la société est ainsi coupée de la réalité moderne, de tout ce qui fait progresser notre humanité. Une telle société devient non réceptive aux impulsions économiques. Or, ce qui caractérise la société moderne est l'abondance de l'information disponible et la détermination d'affronter la société moderne globale dans toute sa complexité. De la même façon, une religion qui libère est celle qui réalise l'importance d'associer les connaissances endogènes et exogènes, anciennes et modernes. Dans ce sens donc, la Bible est lue en rapport avec le contexte présent. D'où, toute la pertinence de la contextualisation dans le domaine biblique.

Toute la question pour la transformation de la société bila reste donc celle-ci : Comment transformer cette religion et cette culture afin qu'elle devienne un levier du développement local adapté au contexte ? En d'autres termes, il y a nécessité « d'insuffler une nouvelle culture permettant à l'imagination de se développer, obligeant à transgresser les frontières du confort quotidien, à réaliser des rêves [148] ». Le développement chez les Bila doit impliquer une modification de la vision du monde, une transformation des croyances, et de changement dans les comportements des individus.

La Religion Traditionnelle Bila exclut les femmes

Dans la Religion Traditionnelle Bila, les femmes sont de spectatrices dociles et soumises. Elles ne sont pas autorisées à fréquenter les lieux sacrés ni à prendre part aux discussions concernant la religion. Elles n'en comprennent pas grand-chose. Leur rôle principal se limite à la danse pour les divinités lorsqu'elles sont invoquées. Même pendant ces danses, elles ne sont pas autorisées à jeter un coup d'œil sur ce qui se passe. Elles sont donc considérées comme des objets qu'on utilise lors de différents rites. Ces divinités sont d'ailleurs quelque fois invoquées

---

[148] OCDE, *La culture et le développement local*, 2005, p. 34.

pour venir châtier les femmes qui réagissent contre l'injustice subie dans leur foyer. Mais jamais une divinité ne peut venir au secours d'une femme qui souffre d'un mauvais traitement dans sa maison. Ainsi, la religion bila considère normal la souffrance de la femme. Toutes les questions de Religion Traditionnelle Bila constituent donc un sujet d'effroi pour la femme bila. On pourrait même dire que les divinités bila sont « anti-femmes ».

La conséquence d'un tel traitement de la femme est qu'il y a trop peu d'intellectuels femmes parmi ce peuple, parce que la société ne les encourage pas à s'épanouir, à se développer et à se considérer comme une partie importante de leur communauté. Pendant notre enquête, nous n'avons inventorié que quatre universitaires parmi les femmes de la région de Lolwa. Or l'éducation est l'ingrédient le plus important de tout développement. C'est elle qui insuffle aux membres d'une communauté ou d'une région l'état d'esprit à adopter pour générer le changement nécessaire pour le développement socioéconomique. Ainsi donc, si la femme, éducatrice de la communauté, est reléguée au second rang, il y a trop peu de chance pour la transformation réelle d'une communauté. Ne dit-on pas qu'« éduquer un petit garçon, c'est éduquer un individu alors qu'éduquer une petite fille c'est éduquer une nation/communauté » ?

La place des jeunes dans la Religion Traditionnelle Bila

Dans la Religion Traditionnelle Bila, les jeunes sont des exécutants des ordres de vieux. Ils doivent apprendre en silence et exécuter fidèlement l'ordre qui leur est donné. Les six mois qu'ils passent dans la forêt pendant la période de circoncision n'est pas complètement bénéfique pour leur épanouissement. Nous avons déjà souligné le fait que ce temps dans la forêt ne leur apporte pas grand-chose pour les aider à s'ouvrir au monde moderne. Il faut, cependant, noter qu'ils y subissent de graves atrocités de la part des personnes âgées et doivent apprendre à ne pas réagir aux horreurs qu'on leur fait subir. Ainsi, par exemple, un des initiés nous a raconté qu'un jour, pendant qu'ils étaient dans la forêt pour les rites de circoncision, et un de ses amis commit l'erreur d'exprimer son admiration pour un joli petit oiseau qui s'était posé sur un arbre. Cela déplut fort aux maîtres d'initiation qui exigèrent à tout le groupe d'aller chercher cet oiseau et de le leur ramener. Les enfants ont ainsi passé trois jours sans manger, en train de courir dans la forêt, avec de plaie de circoncision non encore guérie, à la poursuite du petit oiseau, jusqu'à ce qu'ils fussent aidés par des Pygmées qui eurent pitié d'eux et qui capturèrent un autre oiseau de la même espèce.

L'on peut donc dire que la Religion Traditionnelle Bila est ainsi restée une religion des vieillards et qui garde toute la communauté dans la mentalité des ancêtres, dans la peur des divinités tribales inutiles pour la transformation de la mentalité. En conséquence, la Religion Traditionnelle Bila n'offre pas aux jeunes l'opportunité de réfléchir, de discuter, d'admirer, de remettre en cause certaines pratiques, et ainsi devenir des acteurs du développement de leur communauté. C'est pour cette raison que l'activité principale de la grande majorité des jeunes de Lolwa est restée le transport de planche. Il s'agit d'une vie routinière qui ne pose aucun défi et qui, sous d'autres cieux, pouvait être exécuté par un robot.

Conclusion

La religion, étant une composante naturelle de la culture, ne doit pas rester une mémoire aveugle mais une tâche en perpétuelle construction pour assurer le bien-être de la communauté locale. Dans ce sens, la religion doit fonctionner comme un modèle utopique, un rêve pour un avenir meilleur, un voyage vers la terre promise et non pas un passé rempli de roses. La religion doit aider à connecter le passé avec l'avenir et surtout à émuler la communauté vers cet avenir utopique meilleur. Ainsi, pour résoudre le problème de la pauvreté dans la communauté bila, il ne suffit pas d'identifier les ressources ou de les avoir disponibles ; mais il faut au préalable une nouvelle orientation de la vie, un changement de mentalité, une nouvelle façon de concevoir la religion. Pour ce cas précis, cette réorientation passe par l'adoption d'une attitude critique ou simplement l'abandon d'une religion traditionnelle archaïque et dépassée.

En effet, nous avons déjà dit que les divinités bila et la forte croyance aux mânes des ancêtres empêchent ce peuple à s'épanouir. Le peuple est donc pris en otage, et la religion traditionnelle devient une aliénation psychologique et sociale qui exclut les membres actifs de la communauté : les femmes et les jeunes. Ainsi, la religion bila fait perdre à ces jeunes et ces femmes leur liberté humaine ; et en même temps, elle maintient les personnes âgées dans une peur perpétuelle des esprits. Voilà pourquoi, Chester déclare que la pauvreté n'est pas seulement un manque des biens ou des ressources, mais elle est due aux relations brisées avec Dieu[149]. Pour Chester, là où l'église est absente ou faible, les gens sont privés des occasions d'apporter leurs participations dans leurs communautés[150]. C'est pour cette raison que les églises sont invitées à redoubler d'effort, à repenser leur méthode de travail et à renouveler leur engagement pour tirer le peuple bila du sous-développement spirituel et socioéconomique dans lesquels il est plongé.

Bibliographie

AHOMBI Joachim, interviewé le 23/03/2016 à Kulue.

ANGBWANDI Itolo, interviewé le 27/03/2016 à Bahaha.

ASSESSELYA Beyanandi, interviewé le 24/03/2016, à Manya.

BARTOUS Kayoka, interviewé le 25/03/2016 à Ndeisa.

CHESTER Tim, *La responsabilité du chrétien face à la pauvreté*, Paris, Farel, 2006.

EKALANJI Etolo, interviewé le 25/03/2016 à Lolwa.

GAUDIO Attilio, *Connaissances actuelles et méthodes de recherche en anthropologie : un voyage sans fin*, Paris, L'Harmattan, 2010.

KAULI Janvier, interviewé le 9/01/2016 à Mabandiluka.

MASUDI Apanato, interviewé le 26/03/2016 à Tolitoli

NGEMU, interviewé le 24/03/2016 à Andisede.

OCDE, *La culture et le développement local*, 2005.

---

149 CHESTER Tim, *La responsabilité du chrétien face à la pauvreté*, Paris, Farel, 2006, p. 154.

150 *Ibid.*, p. 157.

7

Le retour massif des baptisés lese-karo[151] aux valeurs non chrétiennes : une crise du baptême comme rite de passage ?

NDAGIJIMANA Batibuka Pontien

Introduction

Les chercheurs congolais viennent de prendre l'initiative de comprendre pourquoi le sous-développement reste collé au Territoire de Mambasa. La présente réflexion, qui est une contribution à cet effort, prend pour point focal le changement de mentalité. «Développement» et « changement de mentalité » vont de pair[152]. Cela est noté par Prudence Yamété, par exemple, quand elle dit : « Le développement par définition est 'la combinaison des changements mentaux et sociaux d'une population qui la rendent apte à faire croître cumulativement et durablement son produit réel, global' ; de là il ressort que le développement est un phénomène qualitatif social et culturel[153]».

Or l'idée de « changement » paraît être un défi majeur pour les Lese-Karo. Pour illustration, parlons de leurs cérémonies traditionnelles visant la protection et la réussite de la chasse ou de la pêche. Ces pratiques impliquent l'invocation des esprits. Par cette vertu elles sont contraires à la foi chrétienne. Mais à la question de savoir si un membre de l'église devrait rester totalement à l'écart de ces pratiques, les chrétiens lese répondent: « Non, il est impossible de laisser ces pratiques. C'est quelque chose léguée par nos ancêtres. Ces pratiques

---

[151] La présente étude a été menée en milieu lese-karo sur l'axe Akokora-Nduye, dans le Territoire de Mambasa.

[152] Voir par ex. CISSÉ Bakary, « Afrique : changement des mentalités, condition du développement économique », mise à jour le 24 novembre 2015, [en ligne], www.atélier.rfi.fr/profiles/blogs/ (consulté le 21 juin 2016).

[153] YAMÉTÉ Prudence, « Le changement de mentalité : un facteur indispensable pour le développement de la RCA», in *Centrafrique le défi*, [en ligne], www.centrafriqueledefi.com/pages/economie-industrie/ (consulté le 21 juin 2016).

nous aident, nous guérissent et nous protègent[154] ». Ce propos montre combien profonde est la réticence du Lese à délaisser une coutume héritée. Changer est une notion difficile pour eux. Il nous faut comprendre cela.

Un élément de la vie de ce peuple qui touche l'idée de changement c'est le rite d'initiation. Comme on verra dans la suite, l'objet de tout rite d'initiation est le « changement » d'une façon de vivre à une autre. Étudier un tel rite aiderait à appréhender pourquoi le Lese a des difficultés à sortir d'une coutume ancestrale qui contribue peu ou pas du tout à son développement.

Pour cerner la difficulté du Lese à se tourner vers une autre façon de vivre, la présente étude essaie de comparer le baptême et le rite d'initiation traditionnel. Partant de l'idée que dans la vie coutumière tout comme pour l'église, un rite d'initiation signifie « changement » d'une vie à une autre, comme le reconnaît Denise Lamarche[155], la problématique qui motive notre réflexion se résumerait comme suit.

Le baptême est le rite chrétien par lequel une personne entre publiquement dans une église. C'est un acte par lequel le baptisé s'engage et confirme que désormais il abandonne la vie non chrétienne et devient membre de la communauté des gens qui vivent pour Christ et le servent. Le baptême est, de par cette vertu, un rite de passage[156]. Dans la plupart des sociétés africaines, et en particulier chez les Lese, pour être effectivement reconnu comme un membre important de sa communauté ethnique, la personne doit passer par des rites traditionnels chaque fois qu'on change d'un rang social à un autre. Une nouvelle vie, un nouveau stade social, c'est là le but de tout rite de passage[157]. Et cela est très important. En effet, dès qu'une personne passe à un nouveau

---

[154] Propos recueillis d'un « focus group » constitué de FATAKI Dimsi, CHONGO Nicholas, BABAYO Joseph, KADAYEFI Akoso, SAYO Ramazani et AKIMANI Etienne, entretien du 10 janvier 2016, à Nduye (Église AOG) ; même propos pour le « focus group » constitué de SHALIFU Kabuleni, KAPITULA Grâce, AMOSHI Justin, HAMADI Salehe, SUKARI Salehe, TOKO Etienne, TUPA Mara, ANGALI Salathiel et MASEKPE Mbafumoya, entretien du 11/01/2016, à Akokora (Église CE-39).

[155] LAMARCHE Denise, *Le baptême, une Initiation ?,* Montréal/Paris, Éd. Paulines/Cerf, 1984, p. 10, 12.

[156] *Ibid.*, p. 10. Pour plus de détails voir NDAGIJIMANA Batibuka Pontien, «Baptism : Passivity or Action? A New Understanding of Baptism as a Rite of Entry in Romans 6 », Thèse de doctorat, inédit, London School of Theology/Middlesex University, London, 2012, p. 16-20.

[157] Voir par ex. LAMARCHE, *op. cit.*, p. 13, 30-31, 38, 41-42.

rang à travers un rite de passage (appelé aussi rite d'entrée, rite d'initiation), la règle est qu'une telle personne ne doit plus retourner au rang précédent auquel elle appartenait avant. C'est un déshonneur pour soi-même et spécialement pour les patriarches du village qui ont été témoins de son passage à l'autre catégorie sociale.

Le Territoire de Mambasa, étant habité par des tribus tels que le peuple lese qui pratiquent la circoncision et d'autres rites d'initiation, il y a lieu de supposer que les membres de l'église dans cette contrée devraient être conscients que, par le baptême, ils ont publiquement abandonné la manière de vivre non-chrétienne qu'ils menaient avant de joindre l'église. Par le baptême, ils ont pris l'engagement solennel d'appartenir désormais à l'église comme leur nouveau groupe social et qu'ils se sont saisis de la vie chrétienne comme leur nouveau mode de vie. Or, comme on le verra dans les lignes qui suivent, un regard attentif sur les Lese vivant dans la région de Mambasa montre que nombreux d'entre eux qui, par le baptême, ont déclaré publiquement leur entrée dans l'église comme leur nouvelle culture de vie, abandonnent l'église et retournent à leur ancien *sitz im leben.* A cet effet, la question principale de cette étude est « pourquoi le retour des baptisés (ici les initiés) à leur vie antérieure des non-baptisés (les non-initiés) ? » Afin d'y répondre, les questions secondaires sont les suivantes : Quel sens (valeur) a le baptême pour un Lese vivant dans le Territoire de Mambasa ? En subissant le rite de passage de l'église (le baptême), le catéchumène Lese croit-il subir un rite de passage à l'instar du rite de passage coutumier ? Si les rites de passage traditionnels des Lese produisent un changement durable, pourquoi le rite de passage de l'église (le baptême) ne les conduit pas à la nouvelle vie escomptée ?

L'hypothèse est que le baptême semblerait non encore compris dans son sens véritable d'un rite par lequel quelqu'un passe d'un stade social à un autre. Sinon le baptême aurait plus d'efficacité dans le milieu qui est bien familiarisé avec les rites de passage. L'inculturation du baptême chez ce peuple paraît une solution qui peut combler cette lacune. La présente étude se fixe les objectifs suivants :

- comprendre pourquoi le retour des baptisés (entendons par là les initiés) à leur ancienne vie des non-baptisés (non-initiés) ;
- comprendre pourquoi un rite de passage (le baptême) peine à avoir des effets escomptés alors que le milieu est familiarisé avec les rites de passage traditionnels ;

- suggérer des pistes des solutions, c'est-à-dire une voie qui pourrait amener le baptême à jouer efficacement le rôle de rite de passage dans le milieu lese.

Afin d'atteindre ces objectifs, l'étude s'appuie sur la méthode ethnographique axée sur la collecte des données à travers un contact direct avec le peuple cible. Les techniques utilisées incluent les entretiens individuels, le *focus group*, et le questionnaire sur papiers à répondre à notre absence. Quelques livres et articles ont aussi été consultés.

Le Lese et les rites de passage

Dans la présente partie, il s'agit de chercher à comprendre si le rite de passage est une réalité bien encrée parmi le peuple lese. Le but est de jauger si le rite de passage tel que le baptême serait naturellement compris par ce peuple.

Les rites de passage constituent un phénomène bien familier pour le peuple lese. En effet, différemment à d'autres tribus où les pratiques transitionnelles sont uniquement pour les hommes, chez les Lese le rite de passage concerne les hommes et les femmes. Ceci est un atout pour le baptême des Lese car le baptême aussi concerne les deux genres. Parmi les nombreuses cérémonies collectives que ce peuple pratique[158], les véritables rites de passage sont *kumbi* (pour les garçons) et *elima* (pour les filles). *Kumbi* est le rite de circoncision. Il se fait dans la forêt loin des parents et des amis. Il faut donc une séparation. Ce rite dure un à deux mois. Pour être admis à recevoir le *kumbi*, le garçon doit avoir au moins 10 ans. Au-delà de cet âge, on est libre de s'associer à une nouvelle cohorte qui part à la forêt pour ce rite de circoncision. Ainsi, ceux qui ont tardé à passer par le *kumbi* ont toujours une occasion de se rattraper.

Elima par contre est le rite de passage pour les jeunes dames lese. Contrairement aux garçons dont l'initiation se fait à la forêt, pour les filles le rite se fait au village dans une maison isolée à tout regard extérieur par une clôture compacte. Dans ce sens, la séparation avec les parents et les amis s'applique pour elles aussi. La durée d'*elima* varie

[158] À part *kumbi* et *elima* qui sont les véritables rites de passage, les autres cérémonies collectives importantes, sont entre autres *isumba*, *lipke*, *beli*, *tabaliko*, *ndibo*, *kolongo*, *tole*, et *uko*.

de six mois à une année. La fille doit avoir au moins 12 ans pour être admise à ce rite.

De nos jours l'affluence au *kumbi* et à *elima* diminue à cause du modernisme[159]. Cependant, pour plusieurs Lese, ces rites demeurent inaliénables à cause de leur importance[160]. Pour un peu de détails concernant l'importance que revêt un rite de passage pour le Lese, parlons juste du *kumbi*[161]. Un homme lese perd la valeur sociale s'il n'est pas passé par ce rite de circoncision. On ne peut exercer la fonction de Chef sans avoir eu le *kumbi*. Ceci s'explique par la valeur que ce rite comporte dans la pensée du Lese. En effet, ce rite permet de quitter l'état de l'enfance ; on devient quelqu'un sur qui la communauté doit compter. La personne acquiert le privilège de s'asseoir en conseil des sages du village. En plus, pour être reconnu capable de se faire un foyer et de s'en occuper, il faut passer par le *kumbi*, car durant ce rite on est instruit de la manière de s'occuper de l'épouse et de la progéniture. Et c'est pendant ce rite de circoncision qu'on parvient à savoir les mystères cachés de la culture lese.

L'importance du *kumbi* touche la dimension communautaire. Différentes familles lese se connectent par ce rite ; c'est un outil de cohésion sociale. Il convient de signaler que cela vaut pour tous les rites de passage, comme Lamarche le montre[162]. Pour le *kumbi*, il faut dire en fait que les gens de la cohorte qui entrent au même moment dans la forêt pour subir ensemble ce rite viennent de différents villages. Ceci renforce l'amitié et le lien des Lese qui habitent dans différentes agglomérations. En effet, vivre dans l'intérêt de l'autre est une idée sur laquelle ce rite met l'emphase. Cela est l'une des choses que la période dans la forêt doit inculquer sérieusement. Pour illustration, durant le temps du *kumbi*, le jeune homme n'essaie pas de retrouver la nourriture

---

[159] Voir par ex. ce propos de BIAKI : « *Kumbi* de nos jours ce sont plus les Pygmées qui le font. Les Lese préfèrent l'hôpital pour la circoncision. Et *elima* a presque disparu », BIAKI Emanda Josué, interviewé le 11/01/2016 à Akokora.

[160] Bien qu'une certaine régression de *kumbi* et *elima* soit observable (cf. propos de BIAKI ci-dessus), le rite de passage garde encore une grande importance dans l'esprit du Lese. L'impression de BIAKI, qui est en fait un non-Lese vivant parmi les Lese, n'est pas concluante. Aucun Lese consulté n'a donné l'impression de sentir une diminution d'affluence à ces rites.

[161] L'espace est limité pour donner les détails de *kumbi* et *elima*. Chacune de ces deux pratiques est si riche qu'elle ferait seule un objet suffisant pour analyse.

[162] LAMARCHE, *op. cit.*, p. 43.

qu'il a laissée sur son plat la veille. Ce qu'il n'a pas pu consommer n'est plus à lui ; il n'en a plus droit. Un de ses compagnons doit s'en servir[163].

Caractéristiques saillantes du rite de passage lese

Si les Lese sont habitué au rite de passage, pourquoi le rite de passage de l'église (le baptême) peine à se créer un impact parmi ce peuple ? Dans cette partie, nous essayons de comprendre pourquoi le rite de passage chrétien (le baptême) conduit difficilement au changement de vie alors qu'après avoir subi le rite de passage traditionnel le changement suit de façon évidente. Examiner les caractéristiques du rite de passage traditionnel nous permettra de relever quelques points où le serviteur de Dieu parmi les Lese devrait réfléchir pour que le baptême ait le résultat escompté. En d'autres termes, le but de cette partie est de permettre à cerner les aspects positifs que l'église pourrait tirer de la tradition afin que le rite du baptême ait plus de sens dans la vie du Lese. L'initiation traditionnelle présente les quatre caractéristiques suivantes.

Nouvelle vie

Le processus du rite de passage traditionnel doit imprimer sur l'esprit du candidat l'idée d'un changement total, un arrimage à un nouveau stade de vie. Dans un rite de passage, des actes concrets et inoubliables sont orchestrés pour marquer clairement ce nouveau départ. Dans le cas de *kumbi*, un de ces actes est le bain qui intervient durant le séjour à la forêt. Dès leur entrée à la forêt, les candidats au *kumbi* sont enduits de la chaux et ne doivent s'en débarrasser avant le moment indiqué. Quand l'étape de laver la chaux arrive, ils sont conduits au ruisseau. Ils doivent éviter de se nettoyer sur la rive qui se trouve du côté de leur village. L'idée est que la chaux et l'enfance sont abandonnées sur la rive opposée au village où le jeune homme va désormais mener sa nouvelle vie.

Un autre symbole fort du changement de vie est le nouvel habit. Au retour de la forêt, on revient avec un nouvel habit ; ce que le jeune candidat portait en entrant à la forêt doit y rester. Il convient de noter l'aspect formel du nouvel habit. Il ne s'agit pas d'un habit de son propre choix. Ceci contraste avec le baptême. Les nouveaux baptisés aussi font la fête ; pour cela, souvent ils portent aussi des nouveaux vêtements, mais chacun ayant choisi la couleur et la qualité du tissu qu'il veut

---

[163] ABINI Timothée, interviewé le 08/01/2016 à Nduye-Mission.

porter. Pour le *kumbi*, le nouvel habit à porter à la fin est un habillement coutumier destiné à être porté en cette circonstance uniquement. Durant un temps (souvent deux mois[164]), le jeune qui vient de subir son *kumbi* doit porter cet habit et cela sert de témoignage à tous qu'il est passé au stade des hommes sur qui la société doit compter. Il y a là un effet psychologique évident : tout le village a vu son nouveau statut ; il ne pourra plus se conduire comme il veut, parce que quiconque le verra dans les manières des non-initiés se moquera de lui. C'est comme si le but final est d'imprimer sur sa conscience, comme Makia le dit, le fait de savoir que désormais « il doit se garder de tout ce qui fait honte, parce qu'il compte désormais parmi les personnes de valeur[165] ».

Aussi, l'incinération de la case à la forêt est un fait qui symbolise le nouveau départ. Avant de rentrer au village, on doit complètement détruire au feu la case qui a servi de logis lors du processus de *kumbi* dans la forêt. C'est là un autre message au jeune initié que la circoncision marque un arrêt de la vie d'enfance, d'une part, et un point de départ pour une autre façon de vivre, d'autre part.

Éducation

Un des éléments principaux du rite de passage traditionnel lese est l'éducation. Celle-ci est apparemment la raison principale d'éloigner les candidats de leur cadre habituel de vie. Il faut les séparer de la communauté pour une concentration maximale afin de mieux saisir l'instruction qui est prodiguée pendant le temps de *kumbi* et d'*elima*. Ce souci de concentration totale fait que les filles, dans leur temps d'*elima*, ne sont permises à exécuter aucun travail. Des servantes leur sont désignées pour leur préparer à manger et s'occuper de tout autre besoin.

L'initiation lese recourt à des moyens rudes pour éduquer. La plupart de nos enquêtés pensent que le pasteur en milieu lese ne devrait pas permettre aux jeunes chrétiens de partir pour le *kumbi*, parce que « les gens sont molestés au point de subir des blessures corporelles[166] ». Il faut noter, par exemple, les coups des fouets auxquels les jeunes hommes sont impitoyablement soumis à la forêt durant leur *kumbi*. Même après le retour au village, ce fouettage du jeune initié continue durant plus ou moins deux mois. Chaque fois que la nouvelle lune

---

[164] FAMILI Balete Daniel et APEKUME Emedi Benoît-Daniel, interviewés le 08/01/2016 à Nduye-Mission.

[165] MAKIA Mutumwa, interviewé le 11/01/2016 à Nduye-Mission.

[166] CHABANGE Joseph, interviewé le 11/01/2016 à Nduye Mission.

apparaît il doit s'attendre à des coups des fouets sur le chemin de l'école et ailleurs[167]. L'objectif de ce traitement est de fortifier le caractère du jeune homme, forger en lui la maîtrise face aux dures épreuves[168]. Aussi, il s'agit de lui inculquer l'idée de la punition sévère qui l'attend si au cours de sa nouvelle vie il brisait les règles reçues lors de l'initiation.

Absence de serment de fidélité

En général, le serment de fidélité ou serment d'engagement se rencontre dans le processus des rites de passage[169]. Les nouveaux initiés doivent jurer de vivre fidèlement selon le nouvel état auquel ils accèdent. Il n'y a pas de serment pour les jeunes *kumbi*. Durant leur temps dans la forêt, uniquement les vieux ont droit à la parole, c'est-à-dire le chef de l'expédition (celui qui a mandat de circoncire la cohorte) et ses collaborateurs[170].

Accueil lors du retour au village

Au retour de la forêt, l'entrée de nouveaux initiés au village est l'occasion d'une fête. Ils sont reçus au milieu de la danse et une grande liesse. Un fait notable est que c'est tous les habitants du village qui fêtent, sans distinction d'âges, ni titres ou rangs. Tous sont concernés. Ce communautarisme du *kumbi* semble dire que le rite lui-même et la pérennisation de son effet sont la responsabilité de tous. La fête pour tous montre aussi devant qui le jeune est en train de s'engager en prenant la responsabilité. Cette présence de tous les habitants du village est une indication que c'est devant toute sa communauté que le jeune initié prend l'engagement de vivre fidèlement son nouveau rang.

Un fait particulier qui va avec cette liesse est la remise des cadeaux. Ils sont essentiellement destinés à l'exécuteur principal du *kumbi*, en l'occurrence celui qui a reçu la tâche de couper les prépuces de toute la cohorte qu'il a conduite à la forêt. Ce patriarche est plus que gâté. En effet, tous ces jeunes qu'il a circoncis doivent lui remettre un cadeau. Ces donations comportent une grande signification. Il y a lieu de noter d'abord le mouvement que les cadeaux suivent : ils viennent *des* parents du jeune initié, sont transmis *par* le jeune initié, sont remis *au* patriarche

---

[167] ABINI, *op. cit.* ; aussi FAMILI Balete D. et APEKUME Emedi, *op. cit.*

[168] Voir par ex. LAMARCHE, *op. cit.*, p. 23-24, 31.

[169] *Ibid.*, p. 43.

[170] CHABANGE, *op. cit.*

qui a circoncis le jeune homme. Cette trajectoire du cadeau de *kumbi* met en place une triple relation (la relation parents-jeune initié, la relation jeune initié-patriarche initiateur, et la relation patriarche-parents). Cette triple relation s'accompagne d'une triple dette morale des uns envers les autres. Un schéma aiderait à mieux montrer cette triple connexion :

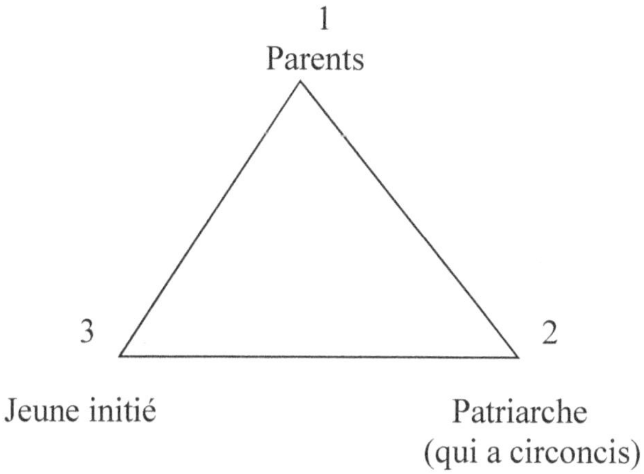

La triple connexion que le cadeau crée fait qu'il y ait trois pôles de responsabilisation pour garantir la durabilité du respect des règles de la nouvelle vie pour le jeune initié. Les trois responsables et le rôle que chacun doit jouer paraissent comme suit.

1. *Les parents*. Ils sont la source du cadeau. Leur geste de donner le cadeau à leur enfant a une portée psychologique importante. Le jeune initié est honoré. En effet, ce serait une honte si lui seul faisait exception quand tous ses compagnons de *kumbi* donnent des cadeaux de reconnaissance au patriarche qui les a circoncis. Cet honneur rend le jeune initié redevable : il ne devra pas manquer d'écouter les futurs conseils des parents sur sa vie d'initié.

2. *Le jeune initié*. C'est par lui que passe le cadeau ; c'est lui qui le remet au patriarche. Ceci place une dette morale entre le patriarche et l'initié. En recevant le cadeau de la main du jeune homme, le patriarche reconnaît indirectement l'obligation d'encadrer ce jeune avec des conseils chaque fois que cela s'avérera nécessaire. Et ce jeune, en remettant le cadeau au patriarche, reconnaît indirectement son éminence sur sa vie d'initié. C'est une promesse qu'il l'écoutera et lui obéira.

3. *Le Patriarche*. Il est le destinateur du cadeau qui vient des parents du jeune initié. Ce cadeau est comme un pont qui existe désormais entre l'exécuteur du rite de passage et les parents de l'initié. Cela a un effet psychologique sur les deux parties par rapport à la vie future de l'initié. Cet échange d'un objet entre les parents et le patriarche de la circoncision les unit symboliquement dans la responsabilité de se soucier de la réussite de la vie d'initié que le jeune *kumbi* doit désormais respecter. En d'autres termes, en acceptant ce mouvement du cadeau entre eux, ils s'engagent à œuvrer ensemble dans l'encadrement de ce nouvel initié. Désormais ce jeune homme lie son parent et son maître initiateur.

Le baptême chrétien pour un Lese

Cette partie essaie de cerner l'idée du Lese concernant un rite de passage qui lui est importé tel que le baptême. Le but est de mieux comprendre s'ils ont la difficulté à intégrer dans leur vie quelque chose qui leur vient d'une autre culture.

Il est utile de noter que le Lese a une pensée assez positive sur le baptême, ce rite de passage de l'église. Pour preuve, il y a lieu de noter les idées suivantes. À la question de savoir lequel d'entre le *kumbi* et le baptême joue mieux le rôle de faire passer quelqu'un d'une façon de vivre à une autre, la plupart des Lese n'hésitent pas à accorder au baptême une certaine prééminence par rapport au *kumbi*. Selon Famili Balete et Apekume Emedi, par exemple, « *kumbi* n'amène pas quelqu'un au ciel. Ce rite ne met pas la personne en relation avec Dieu[171] ». De leur point de vue, le baptême de l'église a quelque chose de plus que le rite de passage traditionnel. En fait, la tendance est qu'en temps de *kumbi* les gens font usage aussi des pratiques chrétiennes. Famili et Apekume font noter que « la prière qui est prononcée à la forêt au temps de la circoncision est la prière chrétienne[172] ».

Un autre témoignage qui montre que le Lese apprécie le christianisme se voit dans cette autre déclaration : « il est vrai que les gens têtus changent avec *kumbi*. Mais le baptême a une grande force parce que c'est un acte dans lequel Dieu est en train d'agir[173]». C'est encore une bonne note donnée au baptême par rapport au *kumbi* quand

[171] FAMILI Balete et APEKUME Emedi, *op. cit.*
[172] *Ibid.*
[173] Propos d'APEKUME Janvier et MBAKPE Jean-Pierre, interviewés le 10/11/ 2016 à Bandikechu (Nduye I).

Makia Mutumwa dit : « *kumbi* change une personne du point de vue sociale et terrestre, mais le baptême change la personne du point de vue de sa vie spirituelle qui l'amène au ciel[174] ».

Ces différents propos montrent l'idée positive que le Lese a à l'égard du baptême. Si ce rite chrétien reste sans efficacité en milieu lese, ce n'est pas parce qu'il manque de valeur dans l'esprit de ce peuple. Le problème n'est pas le baptême en soi ou ce que le Lese pense de ce rite ; le problème c'est le lien du Lese avec sa tradition ancestrale, c'est-à-dire sa difficulté à briser le cordon ombilical avec ce qu'il a hérité de ses patriarches. Pour plus d'évidence de cela, il paraît nécessaire de regarder la comparaison que ce peuple fait entre le rite de passage traditionnel (*kumbi*) et le rite de passage chrétien (le baptême).

Divergences entre le rite de passage lese et le baptême

La différence entre les deux systèmes touche divers aspects. S'agissant de l'aspect de tenir fidèlement la nouvelle vie dans laquelle le nouvel initié est supposé entrer, Famili et Apekume pensent que « les baptisés oublient facilement la vie chrétienne. Ils retournent à la vie qui leur a été interdite. *Kumbi* prépare solidement les gens à rester attachés à la nouvelle façon de vivre qui leur est inculquée[175] ». De cette assertion émergent deux problèmes. La deuxième portion de l'idée, pour commencer par-là, pointe à une certaine insuffisance du processus baptismal. L'organisation matérielle du *kumbi* paraît plus consistante. Cela fait que les jeunes *kumbi* soient plus outillés à mieux respecter la nouvelle vie d'initié. Mais l'insuffisance du processus baptismal ne ressort pas comme la cause cruciale du faible impact du rite de l'église sur la vie du chrétien lese. Le vrai problème émerge dans la première partie de l'assertion : les baptisés lese oublient facilement l'instruction baptismale, et cela a comme conséquence le retour à leur vie d'avant. Pourquoi cela? C'est que le lien avec la culture ancestrale est si fort qu'il rend le Lese incapable d'avancer avec la vie de baptisé. Ceci sera évident au fur et à mesure que notre réflexion avance.

Un autre point de différence entre le *kumbi* et le baptême qui ressort dans la pensée du Lese est que, selon nos enquêtés, l'effet du baptême réside au niveau spirituel, caché. Il y a ce constat que « pour *kumbi*, le changement se voit et il est direct ; mais pour le baptême, il n'est pas

---

[174] MAKIA Mutumwa, *op. cit.*

[175] FAMILI Balete et APEKUME Emedi, *op. cit.*

visible extérieurement[176] ». L'idée de cette assertion est qu'en milieu lese on ne voit pas le baptême changer la manière de vivre. Qu'une personne se fasse baptiser ou pas, elle continue à mener la même vie d'avant le baptême. Ceci encore révèle l'attachement à ce qui est culturel de façon que la vie liée à la tradition reste quasi immuable. Comme *kumbi* fait partie de la tradition, les règles acquises dans ce rite doivent se pratiquer de façon évidente. Mais les règles acquises dans le processus baptismal peuvent se garder juste au niveau cognitif sans que le baptisé lese sente que cela dérange. La marche visible et quotidienne est fonction de la culture.

En milieu lese, l'élément genre aussi différentie le rite de passage traditionnel du rite de passage de l'église. Chabange Joseph est attentif au fait qu'« il y a isolement loin de l'autre sexe dans le cas de *kumbi* et *elima*, alors que pour le baptême les deux sexes suivent le processus ensemble[177] ». Le rite du garçon et celui que la fille doit subir sont tellement séparés au point que chacun des deux genres ne doit chercher à savoir ni pratiquer une chose qui se fait dans l'autre camp, pas même une chose si simple comme les cantiques. Famili et Apekume font noter qu' « une femme ne doit pas savoir ce que les garçons chantent dans leur *kumbi*; de même les hommes ne doivent en aucun cas savoir ce que leurs sœurs psalmodient lors d'*elima*[178] ». Pour un peuple dont la vie quotidienne se retrouve plus du côté primitif que moderne, combiner les genres dans un processus aussi important comme le passage au rang des responsables de la communauté peut paraître déroutant qu'édifiant. Ceci peut laisser que le baptême manque d'impact pour un tel peuple.

Le sang est un autre élément à mentionner comme aspect de différence entre *kumbi* et le baptême. Quelques-uns de nos enquêtés font remarquer que « le sang se verse pour le rite de circoncision ancestrale, une chose qui ne se fait pas pour le baptême. Avec le baptême, le passage à la nouvelle vie se fait au niveau spirituel ; tandis que dans le *kumbi* la personne doit faire couler son sang[179] ». Parfois la personne peut mourir de cet écoulement de sang[180]. On est conscient de ce danger, mais le rite de circoncision est au centre de la culture lese. En dépit de sa violence, ce rite doit se perpétuer. Pour les peuples dont

---

176 APEKUME Janvier et MBAKPE Jean-Pierre, *op. cit.*

177 CHABANGE Joseph, *op. cit.* ; aussi FAMILI Balete et APEKUME Emedi, *op. cit.*

178 FAMILI Balete et APEKUME Emedi, *op. cit.*

179 MAKIA Mutumwa, *op. cit.*; FAMILI Balete et APEKUME Emedi, *op. cit.*

180 CHABANGE Joseph, *op. cit.*

le cadre de vie est primitif, le sang joue un rôle central dans les pactes entre les humains mais aussi entre ces derniers et leurs divinités[181]. Le fait que le sang revêt une place importante dans la pensée du Lese, c'est un signe évident que la vision ancestrale de la vie a une emprise sur ce peuple. Si le baptême se présente comme un rite de passage qui n'a rien à faire avec le sang, ce qui contraste avec la vision du Lese, sans doute ce rite d'initiation de l'église ne peut que manquer d'impact. Cependant, il faut noter que le baptême chrétien n'est pas dénué de l'idée de versement du sang. L'élément « sang » est en fait le fondement de ce rite de l'église. C'est justement parce que Christ a versé son sang en mourant pour les humains que ces derniers sont baptisés en lui et pour lui (cf. Ro 6, 3-7). La question c'est si le sang de Christ, en tant que fondement du baptême, est accentué pour le Lese. Si cela est bien expliqué, le catéchumène lese saisirait plus le sens du baptême.

La part de Dieu/dieu a une place toujours prépondérante dans les rites de passage[182]. Comme on pouvait s'y attendre, aussi sur cet aspect une différence apparaît entre le rite de passage traditionnel et celui de l'église. Cela est aussi vrai pour le cas des Lese. Makia Mutumwa fait remarquer que « *kumbi* est basé sur l'invocation des esprits ancestraux alors que le baptême se base sur Jésus-Christ[183] ». Comme signalé au début, les esprits occupent une place importante dans la vie du peuple lese. Les esprits et les mannes des ancêtres sont un élément culturel important dans leur vie. Mais le baptême ne doit se rattacher qu'à Christ et à son enseignement. A ce niveau, un problème se pose. Si la place de Dieu arrivait à manquer d'être accentuée dans le baptême en tant que rite de passage, sûrement ce rite perdra une certaine valeur pour un Lese. Pour ce peuple solidement tourné vers la tradition, on comprend bien que le baptême, qui est un rite de passage qui n'a aucun lien avec les esprits qui leurs sont chers, peut facilement être banalisé.

De tous ces points de différence, une déduction se dégage : le baptême est voué à avoir très peu d'effet sur un Lese de la forêt de

---

[181] Voir par exemple JAMES E. O., *Primitive Ritual and Belief : An Anthropological Essay*, California, University of California Libraries, 1917, p. 44, 49-50, 55, 64-65. Pour plus de détails, voir « 10 Incredibly Painful Rites of Initiation », [en ligne], www.listverse.com/2010/07/17/10.

[182] Par ex. JAMES, *op. cit.* p. 24 ; voir aussi NDAGIJIMANA, *op. cit.*, p. 46-48, 57-58.

[183] MAKIA Mutumwa, *op. cit.* ; aussi BIBI Massakama Anotane Joseph, questionnaire répondu le 17/01/2016, à Nduye-Mission ; AZUMANGEBGENI Kitika, questionnaire répondu le 08/11/2016 à Nduye Mission.

Mambasa si un certain contact n'est pas envisagé entre ce rite chrétien et les valeurs indéniables et universelles liées au rite de passage traditionnel du peuple lese. Biaki Emanda est aussi de cet avis quand il estime qu'il y a nécessité que « les pasteurs puissent adapter la formation catéchuménale[184] ». Il y a des bonnes raisons de penser dans ce sens de contact entre *kumbi* et le baptême. En effet, comme nous le montrons dans les lignes qui suivent, il y a des similarités entre les deux rites ; ce qui indique qu'une réflexion qui irait dans le sens d'une inculturation du baptême dans la pensée et la vie du Lese est possible. Nous aborderons cette idée d'inculturation avec détails dans la conclusion. Mais avant d'y arriver, il convient en ce moment de jeter un regard sur quelques similarités qui se remarquent entre le *kumbi* et le baptême.

Ressemblances entre le rite de passage lese et le baptême

Il est intéressant de noter que les Lese voient des points de similarité entre leurs rites de passage traditionnels et celui de l'église. Pour commencer, notons que le chrétien lese comprend que *kumbi* aussi bien que le baptême émanent tous deux de Dieu[185]. En d'autres termes, ces deux rites sont voulus de Dieu et le servent. Cette idée est à prendre avec prudence. Théologiquement, elle peut être déroutante. Si tout cela vient de Dieu, alors on peut honorer la vie et les pratiques que les deux systèmes recommandent. Une telle pensée est syncrétiste. C'est un élément qui peut pousser le baptisé à retourner facilement aux pratiques non-chrétiennes. Il y a donc un danger, car l'idée ouvre la brèche au syncrétisme. Cependant, toute similarité que le Lese voit lui-même entre le *kumbi* et le baptême intéresse notre réflexion, car cela va dans le sens de notre thèse qu'un pont entre l'initiation lese et celle de l'église est envisageable. Ainsi, cette idée syncrétiste ne bloque pas la réflexion ; plutôt, elle demeure un atout qui nous propulse vers plus d'analyse.

Une autre ressemblance se situe au volet éducation. En effet, comme le reconnaît James, « l'instruction éthique » est une partie intégrante de tout rite d'initiation[186]. Cela est aussi vrai pour *kumbi* et le baptême.

---

[184] BIAKI Emanda, *op. cit.* Comme nous avons déjà dit avant, BIAKI n'est pas un Lese mais il vit parmi ce peuple depuis longtemps.

[185] AZUMANGEBGENI Kitika, *op. cit.* ; APEKUME Janvier et MBAKPE Jean-Pierre, *op. cit.*

[186] JAMES, *op. cit.*, p. 24.

Kayumba Catherine le reconnaît quand elle dit, « le baptême transmet assez d'enseignements sur Jésus. D'autre part, *kumbi* et *elima* sont le lieu d'inculquer beaucoup d'instructions » même si pour elle, les instructions dans les rites traditionnels sont bonnes et d'autres mauvaises[187]. Les Lese avouent presque unanimement que « toutes les deux sortes d'initiation enseignent des règles assorties d'une instruction ferme de les garder scrupuleusement[188] ». Le but de tout rite de passage est de préparer le novice à passer à un nouveau stade de la vie sociale à travers des enseignements théoriques. Des cérémonies pratiques sont aussi utilisées pour cimenter cette formation. Ces actes pédagogiques peuvent s'appliquer au corps du candidat (ex. la circoncision). Ils peuvent aussi viser le mental (ex. la séparation temporaire avec les siens)[189]. Ce but pédagogique est la clé de tout rite de passage, que cela soit du côté coutumier ou ecclésiastique. Nous avons déjà signalé avant que la formation initiatique est très utile car elle veut forger la maturité du caractère et inculquer un esprit de responsabilité. Ainsi la plupart des enquêtés peuvent insister, concernant à la fois le *kumbi* et le baptême, que « l'accent est sur l'instruction dans les deux sortes de rites[190] ».

La décision personnelle est une autre caractéristique d'un véritable rite de passage[191]. Cet aspect n'est pas absent pour le *kumbi* et le baptême et constitue un autre point de ressemblance entre les deux rites. Chabange, par exemple, stipule que dans les deux systèmes, « il y a le consentement personnel ; on ne force personne[192] ». La décision personnelle est nécessaire parce que subir un rite de passage signifie prendre une responsabilité sociale importante.

Au vu de ces points communs, d'aucuns peuvent se demander pourquoi le rite de passage de l'église a de la peine à se faire un impact chez un peuple qui est familier avec les rites de passage (*kumbi* et *elima*). De diverses manières, le Lese lui-même essaie de dire pourquoi il aime retourner aux pratiques non chrétiennes malgré le baptême qu'il

---

[187] KAYUMBA Catherine, questionnaire répondu le 17/11/2016 à Akokora.

[188] APEKUME Janvier et MBAKPE Jean-Pierre, *op. cit.* ; MAKIA Mutumwa, *op. cit.* ; *focus group* avec FATAKI Dimsi *et al.*, *op. cit.* ; CHABANGE Joseph, *op. cit.*

[189] Dans l'initiation, cela réfère à l'étape techniquement appelée « liminale », voir par ex. NDAGIJIMANA, *op. cit.*, p. 48-49. Pour isolement, voir LAMARCHE, *op. cit.*, p. 20.

[190] ABINI Timothée, *op. cit.* ; APEKUME Janvier et MBAKPE Jean-Pierre, *op. cit.*; MAKIA Mutumwa, *op. cit.* ; CHABANGE Joseph, *op. cit.* ; AZUMANGEBGENI Kitika, *op. cit.*

[191] Voir par ex. NDAGIJIMANA, *op. cit.*, p. 50-51.

[192] CHABANGE Joseph, *op. cit.*

a subi par sa propre décision. Ses raisons sont, entre autres, le soi-disant manque du Saint-Esprit : « nous retournons facilement en arrière par manque du Saint-Esprit[193] ». Il aurait peut-être été utile de commenter cette idée. Mais nous préférons nous réserver d'avancer loin sur ce terrain du « pneuma » sous risque de glisser dans la spéculation, surtout qu'il s'agirait de discuter scientifiquement l'idée de quelqu'un qui n'entend pas dire la théologie en tant que science. La réponse qui semble libérer la réflexion est quand le Lese dit, par ailleurs, que ses frères et sœurs retournent en arrière « simplement parce qu'ils ont été baptisés tout en restant avec le cœur qu'on avait avant de venir à l'église. Les gens se font baptiser sans changement de cœur, ils gardent les manières qu'ils avaient avant le baptême. Les gens ne se libèrent pas de la puissance de Satan[194]». En d'autres termes, pour ce peuple qui vit sans contact évident avec le modernisme, l'emprise de la tradition ancestrale est si forte qu'ils ont des difficultés à délaisser leurs valeurs bien ancrées dans l'esprit à travers des pratiques fortement pédagogiques comme *kumbi* et e*lima*. L'église et son Dieu sont parvenus à intéresser les Lese au point qu'« une poignée [195] » d'entre eux accepte de passer par le baptême. Mais le lien entre le Lese et sa tradition est grand. Le baptisé lese ne se retrouve pas tant que le *gap* ne se rétrécit pas entre les valeurs chrétiennes et ce qu'il considère comme étant des valeurs héritées de ses ancêtres. Il faut jeter un pont entre les deux car, comme Roger Nifle fait remarquer, « Le changement des mentalités ne peut se faire qu'à l'intérieur des logiques culturelles de la communauté humaine en question sauf à la détruire[196] ». Ce pont nous paraît résider dans l'inculturation, un aspect que nous voulons un peu étayer dans la conclusion suivante.

Conclusion : inculturation comme solution

La rencontre des civilisations ne devrait pas être vue comme étant nécessairement le début de leur mort. Bien au contraire, deux cultures peuvent, de façon réciproque, tirer de leur contact un avantage. Cela

[193] *Ibid.*

[194] MAKIA Mutumwa, *op. cit.* ; aussi BIAKI Emanda, *op. cit.*

[195] En fait, ce n'est pas seulement que les baptisés retournent aux valeurs ancestrales; en vérité ils sont aussi très peu les Lese qui se font baptiser. Cf. propos de ZUNANABO Tigale Bosco, interviewé le 12/11/2016 à Akokora.

[196] NIFLE Roger, « Changement de mentalités dans les entreprises et les organisations », in *Journal permanent de l'humanisme méthodologique*, mise à jour le 03/08/2004, [en ligne], www.journal.coherences.com/article181. html (consulté le 21 juin 2016).

paraît être aussi le point de vue de Lassana Cissé qui, en réfléchissant sur le tourisme culturel, émet cette intéressante idée :

> Les pratiques actuelles du tourisme culturel contribuent à insérer la culture d'accueil dans deux directions opposées. D'une part, on persuade les hôtes de redécouvrir leur « passé glorieux » et de créer des passerelles pour cela. D'autre part, en ramenant le monde chez soi par le tourisme, les visiteurs en tant que vecteurs culturels commencent à établir des relations d'acculturation avec l'hôte[197].

Selon cette idée, la rencontre des cultures peut être un élément déclencheur d'un nouvel élan pour les détenteurs. Quand un peuple *x* reçoit un peuple *y*, il est probable qu'un certain développement puisse s'opérer dans le camp des visiteurs aussi bien que dans celui des hôtes. Pour que cela soit possible, il faut l'acculturation des uns avec les autres. Pendant que le terme « acculturation » convient si on parle des personnes, « inculturation » est le mot approprié si l'attention porte sur les pensées d'un groupe des gens qu'on essaie d'adapter dans la culture d'un autre groupe.

L'inculturation ou la contextualisation du baptême ferait donc que ce rite ait plus de sens pour le peuple lese. Là nous sommes en train de marcher sur les traces de François Kabasele Lumbala qui, faisant référence à l'idée du quatrième synode épiscopal mondial, dit : « Une théologie africaine ouverte aux aspirations fondamentales des peuples africains amènera le Christianisme à s'incarner efficacement dans la vie des peuples du continent noir[198] ». Y a-t-il moyen de contextualiser le baptême en amenant en contact quelques caractéristiques positives du rite de passage lese avec le rite de passage chrétien ? Les points suivants tentent de répondre à cette question. Ces points sont, la plupart, formulés non pas en des solutions toutes faites mais en forme des préoccupations parce qu'ils constituent l'objet de notre prochaine étude.

1. *Une retraite loin du cadre habituel de vie.* Il a été noté la séparation du candidat de l'ambiance habituelle. Comme le Lese comprend le rite de passage dans ce sens, il y a lieu de se demander quel impact

---

[197] CISSÉ Lassana, « Tourisme et associations culturelles au pays dogon », in DIOP Momar-Coumba et BENOIST Jean, *L'Afrique des associations : entre culture et développement*, Dakar/Paris, CREPOS/Karthala, 2007, p. 46-47.

[198] KABASELE Lumbala François, *Alliances avec le Christ en Afrique : inculturation des rites religieux au Zaïre*, Paris, Karthala, 1994, p. 67.

aurait le baptême si la formation catéchuménale se faisait au moyen d'une retraite plus ou moins longue loin des parents et des amis de chaque jour.

2. *La concentration lors du rite de passage.* Le contexte traditionnel de passage à une nouvelle vie privilégie l'isolement (cf. point 1 ci-dessus) parce que l'emphase est mise sur la concentration pour mieux saisir la formation. Pour les patriarches lese, l'éducation est l'élément clé de *kumbi/ elima* et ne peut être maximale que si la concentration est de haut niveau. Les candidats sont placés dans un cadre où ils ne doivent faire rien d'autre sauf entendre et raisonner sur ce qui doit desormais être leur comportement, leur pensée, leur manière d'être. L'église devrait réflechir sur cet aspect. Cela permettrait au catéchumène lese de se retrouver.

3. *Séparation de genre.* Dans la coutume, les garçons et les filles subissent séparément le rite de passage. Quel serait l'impact du baptême si l'église adoptait cette séparation de sexe dans le processus baptismal en milieu lese, étant donné que pour ce peuple c'est en séparant garçons et filles que le rite de passage trouve tout son sens ?

4. *La motivation qui pousse le Lese à aller au rite de passage est d'éviter d'être rejeté par la société.* Cet aspect de *kumbi* peut être utilisé pour impacter l'esprit du catéchumène. Le chrétien lese serait intéréssé de comprendre qu'au lieu de la considération des hommes, avec le baptême c'est la considération par Christ qui est visée. Il a besoin de savoir que le *kumbi* est institué par les humains pour une relation avec les humains, alors que le baptême est institué par Dieu et pour une relation avant tout avec Dieu.

5. *Le cadeau lié au rite de passage.* Ce point sur le cadeau et le point suivant (soit point 6) sur le nouvel habit touchent l'aspect d'intégration ou d'acceuil du jeune *kumbi* au sein de la communauté des initiés. Sur ce point d'intégration l'église semble être en retard. Ce propos de Lamarche paraît pertinent:

> Pour exister au même titre que les initiations des peuples primitifs, l'initiation chrétienne devrait favoriser une intégration des initiés [entendons les nouveaux baptisés] dans ses rangs. Et cette intégration, à supposer qu'elle se réalise, devrait se manifester dans une conception du monde partagée par

> l'ensemble des chrétiens, dans une tradition de foi acceptée et exprimée par eux, dans une participation communionnelle au vécu collectif de l'Église...[199]

Au regard de ce propos, parlons du cadeau que les jeunes *kumbi* offrent lors de la célébration de leur retour au village. Nous avons noté que ce cadeau crée une triple relation assortie d'une triple responsabilisation qui est destinée à oeuvrer pour garantir la durabilité du respect de la nouvelle vie par ces jeunes initiés. Ne fallait-il pas que l'église en milieu lese où il y a cette réalité réflechisse sur comment le baptême peut tirer profit de cette force symbolique des cadeaux liés au rite de passage ?

6. *Le port d'un nouvel habit à la fin de l'initiation, un habit spécialement conçu pour les initiés seuls.* Pour le peuple lese qui sait qu'à la fin du rite de passage à une nouvelle vie il faut un habit spécial, l'église aurait avantage à adopter cette idée. Ne serait-il pas utile si, pour les baptisés lese du Territoire de Mambasa, l'église commandait à l'usine un habit avec des écrits tels que « *Mtu wa Yesu*[200] », « *Mtu aliyebatizwa*[201] », « *Mimi ni wa kanisa la Yesu*[202] » ? On a déjà ce cas avec l'habit « *Mukristo ajali mwinda*[203] », que les femmes chrétiennes portent avec beaucoup de fierté mais aussi de responsabilité. Si un nouveau baptisé lese porte un habit spécialement fait pour la circonstance, à l'instar de ce qui se fait pour *kumbi*, il se sentirait mieux. Si l'habit a des écrits comme ceux proposés ci-haut et qu'il le porte durant un ou deux mois, il y aurait un effet psychologique indéniable. Cela imprimerait sur son esprit un sens profond et durable qu'il n'est plus quelqu'un qui peut se livrer à des pratiques non chrétiennes.
7. *Le sang coule pour le kumbi mais pas pour le baptême.* Le peuple lese, pour qui le sang est significatif en relation avec le rite de passage, devrait être aidé à comprendre que le sang est aussi lié au baptême. Il serait nécessaire que le chrétien lese se rende compte que le croyant se fait baptiser parce que Christ a versé son sang pour lui.

---

199 LAMARCHE, *op. cit.*, p. 40.
200 Traduction : « Celui qui appartient à Jésus. »
201 Traduction : « Celui qui est passé par le baptême. »
202 Traduction : « Je suis membre de l'église de Jésus. »
203 Traduction : « Le chrétien est la lumière. »

Ainsi, plus que le *kumbi* où c'est le sang d'une personne qu'on fait couler, pour le baptême c'est le sang du fils de Dieu qui a coulé. Il semble que le changement qu'aurait le baptême sur un lese vivant dans le Territoire de Mambasa serait évident si une emphase était mise sur le sang de Jésus comme soubassement de la vie du chrétien.

8. *Nouveau départ.* Par une série d'actes, *kumbi* imprime sur l'esprit du candidat l'idée d'une nouvelle vie, d'un changement total, d'un nouveau commencement. Pour un peuple habitué au fait que le rite de passage signifie ce nouveau départ, le baptême aurait un impact durable s'il incluait aussi quelques faits symbolisant le changement total, une rupture avec la vie qu'on menait avant. Quels actes et faits de rite de passage faut-il utiliser qui soient familiers au Lese mais qui ne compromettent pas le caractère chrétien du baptême ?

Ces questions, parmi tant d'autres, motivent la poursuite de la réflexion. Notre tâche prochaine sera de vérifier l'applicabilité de ces suggestions. Les Lese sont solidement tournés vers leur passé, introvertis sur ce qu'ils ont hérité de leurs ancêtres. Ceci semble être causé par leur cloisonnement au milieu de la forêt sans interaction avec le monde extérieur, c'est-à-dire les autres cultures. Le changement de mentalité est la base du développement comme déjà souligné avant. Ce changement de mentalité serait mieux adopté par le Lese si les valeurs venant des autres cultures sont introduites doucement dans leur vision du monde. La méthode appropriée est suggérée par Nifle quand, dans sa théorie de changer les mentalités, il dit : « Il faut… discerner le sens dans lequel on veut aller qui deviendra sens du bien commun. Le repérage d'appuis (mémoire, références, personnes, etc.) apporte des matériaux utiles. Reste à concevoir et conduire un processus stratégique approprié[204] ». L'inculturation paraît une voie indiquée, mais une inculturation bien réfléchie.

Bibliographie

CISSÉ Bakary, « Afrique : changement des mentalités, condition du développement économique », mise à jour le 24 novembre 2015, [en ligne], www.atélier.rfi.fr/profiles/ blogs/

CISSÉ Lassana, « Tourisme et associations culturelles au pays dogon », in DIOP Momar-Coumba et BENOIST Jean, éd., *L'Afrique des*

[204] NIFLE Roger, *op. cit.*

associations : entre culture et développement, Dakar/Paris, CREPOS/Karthala, 2007, p. 39-49.

JAMES E. O., *Primitive Ritual and Belief: an Anthropological Essay*, California, University of California Libraries, 1917, 280 p.

KABASELE Lumbala François, *Alliances avec le Christ en Afrique : inculturation des rites religieux au Zaïre*, Paris, Karthala, 1994, 392 p.

LAMARCHE Denise, *Le Baptême, une initiation ?*, Montréal/Paris, éd. Paulines/éd. du Cerf, 1984, 303 p.

NDAGIJIMANA Batibuka Pontien, « Baptism: Passivity or Action? A New Understanding of Baptism as a Rite of Entry in Romans 6 », Thèse de doctorat, inédit, London School of Theology/Middlesex University, London, 2012, 212 p.

NIFLE Roger, « Changement de mentalités dans les entreprises et les organisations », in *Journal permanent de l'humanisme méthodologique*, mise à jour le 03/08/2004, [en ligne], www.journal.coherences.com/article181.html

YAMÉTÉ Prudence, « Le Changement de mentalité : un facteur indispensable pour le développement de la RCA », in *Centrafrique le défi*, [en ligne], www.centrafriqueledefi. com/pages/economie-industrie/

8

La croyance en Dieu, développement matériel et spirituel chez le peuple lese-dese du Territoire de Mambasa

MAKPELA Mboyo Théophile

Introduction

La relation entre croyance et développement ne se voit pas bien dans le vécu des Lese-Dese qui piétinent dans leurs croyances traditionnelles. Or la Bonne Nouvelle qu'apporte la Parole de Dieu est libératrice de l'homme dans sa totalité, c'est-à-dire elle sauve intégralement l'homme dans son être spirituel, social, physique et mental. Elle n'accomplit cette libération que lorsqu'elle a été bien enseignée, bien comprise et vécue par les personnes qui l'ont reçue. Cependant, un bon nombre du peuple lese-dese du Territoire de Mambasa ne reflète pas la transformation qu'apporte l'Evangile dans leur vécu tant social que religieux.

Il est constaté que depuis les années 1980 jusqu'à nos jours, il y a un recours régulier et progressif aux pratiques traditionnelles en vue de répondre aux besoins politico-sociaux que connaît le pays en général, et en particulier l'enclavement dont le peuple lese-dese du Territoire de Mambasa est victime. Ce constat nous stimule à chercher la relation qui existe entre la croyance en Dieu du peuple lese-dese et le développement matériel et spirituel dans la pensée de ce peuple. On peut donc se demander:

- Quelle était la croyance traditionnelle en Dieu/dieux du peuple lese-dese ? Peut-on identifier des éléments confessionnels de cette croyance?
- Quels ont été les points positifs de cette croyance qui ont été retenus ou rejetés par la nouvelle religion, le christianisme ?
- Cette croyance en Dieu/dieux, que véhiculait-elle et véhicule-t-elle sur le développement intégral dans la vie des Lese-Dese ?

On peut affirmer que la croyance en Dieu/dieux, telle que les Lese-Dese la conçoivent, n'est pas seulement opposée à celle annoncée par l'évangile ; elle n'inclue pas non plus un enseignement consistant sur le développement intégral. L'épistémologie de ce peuple fait que leur croyance en Dieu/dieux, par rapport aux ressources naturelles disponibles, soit plus contemplative que transformatrice. En d'autres termes, son développement intégral est limité dans les domaines du manger, du boire, de l'habitat et de la sauvegarde de la nature. Identifier les déficits du contenu de la croyance en Dieu/dieux ayant concouru et concourent encore au non développement intégral des Lese-Dese est une tâche non seulement indispensable mais très importante en vue de les aider à voir autre revers de médaille de leurs croyances.

La voix suivie pour récolter les données de ce travail est celle d'ethnographie. L'ethnographie peut avoir plusieurs sens et peut s'appliquer dans divers domaines[205]. Elle consiste dans cette étude à :

- Comprendre la vie sociale comme une conséquence d'interaction de structures et institution à travers la pratique de la vie quotidienne.
- Examiner la vie quotidienne dans son déroulement en cherchant ce que les gens ressentent dans le contexte de leurs communautés et avec quelques analyses de structures plus larges à travers le temps.
- Examiner d'une manière réfléchie leur propre rôle dans la construction de la vie sociale comme déroulement ethnographique.
- Déterminer les méthodes sur lesquelles puiser et comment les appliquer comme une part continuelle[206].

Les techniques d'observation et de conversation (focus group) seront employées pour récolter les données.

Présentation du lieu d'étude

La présentation de ce lieu d'étude par rapport au Territoire de Mambasa sert à donner une idée sur sa situation d'enclavement qui est causé par un très mauvais état de la route. Il y a plus de 12 ans qu'aucun véhicule n'a réussi à traverser cette Chefferie. Il s'agit en effet, d'esquisser la situation géographique et l'organisation administrative

[205] FETTERMAN David, cité par O'REILLY Karen, *Ethnographic methods*, London/New York, Routledge Taylor and Francis Group, 2012, p. 2.
[206] *Ibid.*, p. 6.

de la Chefferie des Lese-dese avec un accent spécifique sur son enclavement.

Situation géographique

La Chefferie des Lese-dese se trouve au nord-est du Territoire de Mambasa. Elle constitue au nord une zone frontalière séparant la Province de l'Ituri à celle de la Haut-Uélé. Ses principales limites sont : « au Nord la rivière Takuna, du Territoire de Wamba; au Sud les rivières Uekomba et Manano, la Collectivité-Chefferie de Lese-Karo ; à l'Est par la rivière Dingbo, la Collectivité de Ateru du Territoire de Wamba ; à l'Ouest par les Chefferies Bombo et Bandaka[207] ».Toute la Chefferie est dans la zone de la RFO.

Organisation administrative de la Chefferie

La Chefferie des Lese-dese a son siège social et administratif à Alambi. Elle est composée de trois groupements ayant des villages. Ces Groupements sont Andape, Andali et Andisengi. Andali est le Groupement le plus vaste suivi d'Andape et d'Andisengi. Cependant, le Groupement le plus peuplé est celui d'Andisengi. Dans les deux premiers, les villages continuent à se vider à cause de l'enclavement du milieu. Le Groupement d'Andape est le plus frappé par cet exode rural. Il compte moins de cent ménages dans l'ensemble. Tous ces trois Groupements souffrent en quelque sorte des effets du mauvais état de la route de desserte agricole. Ces Groupements finiront par devenir d'ici trente ans des brousses si aucune attention n'y est accordée par les gouvernants[208].

La vie économique et sociale

Activités économiques

Les productions du rendement économique des Lese-Dese sont axées sur cinq activités. L'agriculture est la première activité économique de ce peuple. C'est par elle qu'ils réalisaient certains projets de leurs équipements en ustensiles, matelas, radio, etc. Mais

[207] ENDITE Sukari Christian, « Contribution de la coutume lese à la conservation de la nature : cas de la collectivité lese-dese », TFC, inédit, Université de la Conservation de la Nature et du Développement de Kasugho, 2009, p. 12.

[208] Pour plus de détails géographiques et historiques, nous vous referons à UMVOR Gilbert et BAZUNGU Avemvo J., « Présentation du Territoire de Mambasa » dans le présent ouvrage.

l'état de dégradation avancée de l'infrastructure routière a fait que cette activité ne se pratique en ces jours que pour la survie. Ils pratiquent aussi l'élevage de petit bétail et de volaille qui les aident pendant de grands événements de la vie comme le mariage, la mort ou achat de biens de valeur comme moto ou vélo. L'élevage n'est pas d'une grande envergure dans la Chefferie des Lese-dese. Autrefois, la chasse y était pratiquée pour la survie. La viande du gibier constituait un mets principal pour les Lese-Dese. Mais aujourd'hui la chasse est devenue une activité dont la priorité du rendement n'est pas seulement pour la nourriture mais pour le lucre. Par la chasse, on peut facilement couvrir des petits besoins domestiques tels que du savon, du sel, des allumettes, des habits, des piles, etc. Aussi, puisque les quatre activités précédentes ne couvrent pas tous les besoins suite au faible marché, certains Lese-Dese se donnent à la fabrication et à la vente des liqueurs fortes pour se divertir. La consommation des liqueurs fortes se fait tant par les femmes que par les hommes. La majorité de ce peuple dépense une bonne partie de son avoir dans la boisson. La pêche y est aussi pratiquée surtout pour la survie.

Infrastructures

Hormis certains bâtiments administratifs et sanitaires construits en matériaux durables, lesquels sont actuellement en état de délabrement très avancé, on trouve dans la Chefferie des Lese-Dese que des cases construites en pailles. Seule la maison du Chef, quelques salles des classes, une chapelle catholique et les maisons des Gardes de parc ont des toitures tôlées. Ces infrastructures montrent combien l'enclavement continue à rendre la vie précaire comme à l'Antiquité, bien que le gouvernement du pays encourage dans sa politique, la philosophie de la « révolution de la modernité ».

Éducation

Comme l'a noté Christian Endite Sukari, « la population ne cesse de connaître l'exode rural[209] ». Cette fuite en masse de la population a fait que la Chefferie des Lese-Dese ne dispose que d'une école primaire avec un Cycle complet. Cette école se trouve dans le Groupement d'Andisengi à Malembi. Ce Groupement a aussi une autre école primaire à Dingbo et organise trois classes. Le Groupement

[209] ENDITE Sukari Christian, *op. cit.*, p. 16.

d'Andisengi regorge d'assez d'élèves à cause de sa surpopulation par rapport aux deux autres Groupements organisant chacun une seule école primaire avec un Cycle incomplet. Il n'y a pas d'école secondaire suite au manque d'écoles primaires pourvoyeuses. C'est ainsi que les finalistes de Malembi, dont les parents ont assez des moyens, partent étudier ailleurs. On peut s'imaginer quel serait l'avenir de cette Chefferie des Lese-Dese si la situation d'enclavement ne s'améliorait pas vite.

Croyances chez le peuple lese-dese

Cette étude ne prétend pas donner l'éventail de toutes les croyances du peuple lese-dese. Pour ceux qui s'intéresseraient à la conservation de la nature, ils peuvent consulter le travail de Christian Endite Sukari[210]. Dans son étude, Sukari fait mention des espèces animales, végétales et des lieux qui, culturellement sont des croyances tabous observées par les Lese-Dese. Elles contribuent, cependant, à la protection de l'environnement. Nous considérons ici les croyances qui entravent le développement intégral, c'est-à-dire qui ne favorisent pas une vie chrétienne authentique et une vie matérielle décente. En effet, il s'agit de parler de la croyance en Dieu/dieux; le rite employé pour implorer une assistance en cas de mauvais rendement pendant la chasse, la pêche, la récolte ou autres activités.

Dieu et esprits

Les traditions des Lese-Dese ne concordent pas quant au nom de Dieu. Certaines minoritaires parlent d'*Ara*, qui est un emprunt de kilese en Territoire de Watsa. Cependant, la tradition la plus répandue attribue à Dieu le nom de *Ngonjalipilipi*. Il est le Tout-Puissant, le Créateur de l'univers. Ce nom divin est distinct de celui que Sukari mentionne, c'est-à-dire *Uwengoto*, qui est le caractère divin (invisible). On ne peut pas déterminer, pour les Lese-Dese comme pour les autres Africains, les justes raisons de la croyance en *Ngonjalipilipi*. Néanmoins, on peut croire avec John S. Mbiti que « la croyance de plusieurs Africains serait basée sur la contemplation et la réflexion sur l'univers, sur les limitations et les faiblesses de leurs propres réalisations, sur l'observation des forces de nature[211] ». Puisque ce Dieu est très séparé

---

[210] *Ibid.*, p. 21-34.

[211] MBITI John S., *An Introduction to African Religious*, London, Heinmann, 1975, p. 40-41.

de ses créatures, on ne peut pas directement l'atteindre. C'est pour cela que le culte devrait être rendu à travers des pratiques ancestrales. Nous y reviendrons après. À côté de ce Dieu Créateur, il y a des esprits qui, d'une manière ou d'autre, entrent en contact avec l'homme dans son activité et dans sa vie. Les principaux esprits sont :

1. *Toole*. En dialecte dese, *toole* signifie mauvais esprits. Ces esprits peuvent exercer une activité ambivalente (c'est-à-dire faire du bien ou nuire), assurer la protection ou venger une personne contre son ennemi.
2. *Mayi (koro)*. Les *mayi* (*koro*) sont des esprits des ancêtres à qui sont généralement adressées les prières.
3. *Mulimuli*. Il est un esprit séducteur qui fait perdre les hommes dans la forêt.
4. *Nzowu*. Celui-ci est un esprit considéré comme totem. La rencontre avec ce totem clanique n'effraye pas la personne qui le voit. Son apparition à une personne peut soit être pour lui garantir sa protection contre un danger imminent soit lui rappeler ses devoirs.

Il existe aussi un récit chez les Lese-Dese qui peut facilement prêter la confusion sur le nom de Dieu, d'Adam et celui d'Eve à cause des noms que la tradition attribue soit à Dieu, à Jésus et Satan soit à Caïn et Abel. Selon ce récit, le premier ancêtre avait sa femme *Aratobu*[212] ou *Aratabo*, deux enfants et des ouvriers. L'aîné s'appelait *Autuli* qui, en dialecte dese, signifie celui qui n'écoute pas, et le cadet, *Ongi-ongi*, signifiant celui qui écoute. L'homme disposait des armes à feu et des armes blanches pour la chasse; des ustensiles en verre et en poterie. Il a mis tout cela à la disposition de son fils-aîné pour choisir le premier. Celui-ci, par souci d'avoir les objets qui pouvaient vite le servir, choisit l'arc avec des flèches, des vases de poterie, car le fusil à poudre demandait beaucoup de travail. Le cadet a pris ce que l'aîné avait laissé. Jusqu'à ce point de l'intrigue aucun de ces deux fils n'était désobéissant.

La désobéissance survint lorsque le fils-aîné viole l'ordre de son père de l'attendre avant de conduire une expédition de la chasse. Celui-ci, au bout du temps n'a pas patienté son père qui tardait à venir donner l'instruction pour la chasse. Voyant que l'heure de la chasse était largement passée, il prit avec lui les ouvriers de son père et ils allèrent

[212]*Aratobu* signifie femme. C'est le nom qui a été donné pour parler d'Eve. Il est composé de la racine *Ara* qui est le nom de Dieu d'où *Aratobu* femme de Dieu.

à la chasse. Il laissa son cadet seul parce que ce dernier prit la décision d'observer l'ordre de leur père. Quand le père revint, il retrouva le cadet seul. Cela indigna fort le père. Il quitta ce lieu et traversa de l'autre côté de la rivière afin qu'il ne puisse jamais se revoir avec ce fils désobéissant. Dès lors, les noms d'*Autuli* et d'*Ongi-ong*i ont commencé.

Cette similitude des noms de deux fils d'Adam à ceux de Jésus et Satan a poussé certains (ceux qui n'ont pas bien gardé la tradition), à appeler Adam du nom de Dieu, *Ngonjalipilipi*. Mais en réalité, une vaste tradition différencie le nom d'Adam de celui de *Ngonjalipilipi,* Dieu. Adam reste Adama ou Adamu ; Jésus est désigné par le nom de Yesu qui est la traduction de grec *Yesous* et Satan par Satana pour ne pas prêter confusion aux noms attribués aux deux enfants du mythe ci-dessus mentionné, c'est-à-dire au nom de *Ongi-ongi* et à celui de *Autuli.*

Rites

Les Lese-Dese pratiquent des prières rituelles pour invoquer les *koro* (*mayi*) quand les obstacles se présentent devant eux ou même quand ils commencent des travaux champêtres et autres travaux. Mais l'activité de la chasse suit un rituel spécifique.

Rite de protection

Il est difficile de donner une pratique uniforme des rites chez Lese-Dese ; chaque clan a des espèces d'animaux sacrées qu'on ne peut ni tuer, ni manger pourvu qu'on reçoive la protection des ancêtres. Le système de protection est très varié : certains utilisent le fétiche, d'autres suspendent dans des paillottes un petit oiseau du genre de moineau, d'autres encore picotent derrière leurs maisons de morceau de bois protecteur. Ces pratiques sont une évidence de la crainte excessive d'*aikunda*, le sorcier. Le chef possède un rôle prépondérant dans la gestion des conflits d'origine sorcière[213]. On croit que c'est lui qui est investi du pouvoir pour amoindrir les actes hostiles du sorcier dans son entité.

Rite de la chasse

Jadis, la chasse se pratiquait en groupe et était organisée par tout le village. Une jeune femme, désignée pour assurer la mobilisation du village, pouvait chaque matin et soir alerter le village. Ce travail n'était

[213] ENDITE, *op. cit.*, p. 19.

pas vain car cette femme devrait bénéficier d'une grande partie de la chasse. Son choix n'était pas le fruit du hasard mais était lié à son appartenance à la famille ayant bien maîtrisé les propriétés de la chasse. À la veille, tout le village se réunissait pour souhaiter la bonne chance aux chasseurs et ainsi anéantir les mauvais sorts. Pendant qu'on apprêtait les flèches, les arcs et les lances on scandait ce morceau : « *esiya, ya* ». Ce même morceau était chanté par les chasseurs dans la forêt. Les vieillards, les femmes, les enfants restaient au village tout le temps que la chasse pouvait s'effectuer. Au retour, les gibiers étaient équitablement divisés à chaque famille. La pratique de la chasse commune est presque disparue chez les Lese-Dese. Mais les Pygmées continuent à faire une chasse collective. Vu le rendement positif de cette chasse, plusieurs pensent revenir en ce rite mais d'une manière secrète et individuelle parce que le christianisme condamne ce rituel du paganisme.

Prière rituelle

Les Lese-Dese croient à l'existence des esprits parmi lesquels certains sont bons et d'autres sont mauvais. Ces esprits sont catégorisés par leurs activités parmi les humains. Ceux qui protègent les humains et leur assurent le bonheur sont des bons esprits. Par contre, ceux qui leur apportent le malheur sont de mauvais esprits. Nous avons énuméré certains d'entre eux avant. Ici, il est question de parler du rituel adressé aux *koro*. Les Lese-Dese invoquent généralement le Dieu de leurs pères dans la plupart de leurs activités. Mais cette prière ne prend une ampleur que lorsque les choses et les circonstances tournent vers le mal. Dans ce cas, ils implorent les ancêtres disant : « *Kodu inie kanibi mu nejea, nibomuni upu melipa ni mudafu* ». Cela se traduit comme suit : « Si je t'ai offensé pardonne-moi et fais-moi sortir de cet état malheureux ». En invoquant le Dieu de leurs pères, les Lese-Dese font référence au mode de vie de l'abondance de l'époque de leurs parents et croient que ce sont les ancêtres qui donnaient cette prospérité. Certains y croient fermement car, disent-ils, les ancêtres répondent si vite quand on les invoque. C'est la raison pour laquelle les offrandes des prémices devraient leur être rendues. Ce système tend apparemment vers la disparition. Cependant, à en croire Sukari, la pratique rituelle des offrandes se fait mais sous la condition de s'exprimer en dialecte local[214].

Le retour aux pratiques ancestrales est mentionné par certains pasteurs. Ceux-ci estiment qu'il n'y a que très peu des membres de leurs églises qui ne pratiquent pas le syncrétisme. En réalité, il y a un problème épistémologique de cette croyance et de l'équilibre ontologique[215]. D'un côté, le manque d'éléments de connaissance dans la croyance fait que la foi de certains Lese-Dese soit vacillant. D'autre côté, la désharmonie avec Dieu et les esprits peut apporter des difficultés énormes dans la vie de ceux qui désobéissent à la loi des sacrifices ou des offrandes.

Il est des personnes qui pensent que le christianisme est venu bouleverser leurs pratiques et ne les aident pas à faire face aux maux du vécu quotidien. C'est la raison pour laquelle ils préfèrent invoquer les *mayi* que d'implorer Jésus. Leur manière de voir la chose rencontre ce que dit Philippe M. Steyne :

> Pour arriver à survivre dans un tel monde et le contrôler, il faut que l'homme ait accès à une force capable de maintenir l'équilibre et d'éliminer les sources de conflits. Le secret de la réussite dans la vie réside dans la capacité à maintenir les puissances et les forces. Si l'homme y parvient, il sera récompensé, s'il échoue, il lui est loisible de recourir à une autre solution[216].

On peut penser trouver de solution par de tels recours. Mais si en réalité on ne parvient pas à reconnaitre les causes majeures ne favorisant pas l'épanouissement tant spirituel que matériel, on recourrait à des solutions qui ne sont qu'éphémères. Dans les entretiens en focus groupes, plusieurs personnes ont reconnu que les gibiers voire les poissons ne sont pas en grande quantité comme à l'époque des ancêtres. Ils ont reconnu également que les ancêtres eux-mêmes ont mené une vie des semi-sédentaires ; c'est-à-dire ces ancêtres s'étaient déplacés

---

214 ENDITE, *op. cit.*, p. 18.

215 MBITI John S., *African Religions and Philosophy*, London, Heinemann, 1969, p. 59. L'équilibre ontologique peut, selon Mbiti, se maintenir entre Dieu et l'homme, les esprits et l'homme, les morts et les vivants. Quand l'équilibre ontologique est contrarié, le peuple éprouve le manque de fortune et la souffrance ou a peur que Dieu les attaque.

216 STEYNE Philippe M., *Dieux puissants : une étude des croyances et des pratiques animistes*, Columbia, Lutheran Church, 1998, p. 11.

d'un lieu à l'autre toutes les fois que les gibiers devenaient rares. Aussi ont-ils affirmé que ceux qui recourent à l'invocation des esprits ou qui utilisent le fétiche ne réalisent pas toujours de meilleurs rendement dans leurs travaux.

La notion des promesses de bénédiction de Dieu est remise à cause. C'est facile d'entendre des personnes se dire que les pasteurs les ont trompés en prêchant que celui qui donne sa dîme et ses prémices recevront plus en retour.

Similitudes

Le Dieu Créateur est aussi reconnu par les Lese-Dese, bien que dans la pratique il n'est pas invoqué à cause de sa transcendance par rapport à l'homme. Les humains recourent aux esprits de leurs ancêtres parce qu'ils croient que ces esprits sont proches de lui. Les noms de Caïn (*Autuli*) et d'Abel (*Ongi-ongi*) sont appliqués comme type à Satan et à Jésus. Certains appliquent littéralement ces deux noms pour désigner Satan et Jésus. Les Lese-Dese croient à la sévérité de jugement divin. C'est pourquoi, ils observent, pratiquent le rite des sacrifices car ils reconnaissent le rôle catalyseur des offrandes pour s'attirer la bienveillance divine ou spirituelle. Malheureusement, ceux qui abandonnent à cette pratique pensent que la bénédiction de Dieu est toujours liée aux offrandes ou sacrifices. Ils deviennent hostiles à Dieu car ils ne reçoivent pas en retour ce dont ils espéraient recevoir de lui. La Bible enseigne très clairement que la bénédiction de Dieu c'est le fruit de sa miséricorde et de sa grâce. Dieu n'a pas une voie stéréotypée pour bénir ses enfants.

Croyance et développement

L'église enseigne souvent le bonheur céleste. Mais elle devrait intégrer les divers aspects de la vie courante tels qu'aménagement de l'habitat, de la nutrition, de la scolarisation et du transport. Le développement contemplatif du peuple lese-dese ne favorise pas un changement de vie ; il fait que ce peuple vive comme l'homme de l'âge de la pierre taillée. Cela fait que la vie d'autrefois est vivement souhaitée. Malgré la détérioration de la route, la rareté de la circulation monétaire, la vie continue quand même. Le peuple doit s'adapter aux réalités présentes en prenant de nouvelles orientations pour mener une vie décente.

La difficulté majeure qui freine le développement des Lese-Dese est d'ordre épistémologique, soit l'adhésion aveugle et sans critique aux croyances et pratiques traditionnelles. Il est facile d'entendre ce peuple remettre la cause d'un échec à la non-consultation du garant de la coutume soit au non-respect de certains prescrits rituels. L'exemple frappant est celui d'un chercheur qui voulait découvrir les différentes espèces aquatiques d'une rivière. Pour une pêche expérimentale de plus d'une heure, il a réussi à attraper trois petits poissons et lors d'une visite de prospection dans la forêt, il a constaté dans un espace de plus de deux kilomètres que les animaux étaient si rares car on ne pouvait même pas voir un écureuil. Les Lese-Dese ont interprété cela comme une malice du garant de la coutume qui empêche aux étrangers de ne pas voir leur richesse. Ils ont une croyance qui peut être jugée de l'ignorance car ils ont tous reconnu ce fait par des chasses ou des pêches moins fructueuses dans tout le secteur.

Au demeurant, ils ne s'efforcent pas de sortir de leur peau de croyance pour affronter la réalité autrement, alors que les ancêtres dont ils héritent ces traditions, comprenaient que les animaux ou les poissons pouvaient diminuer dans un milieu surexploité. C'est ce qui fait qu'ils étaient semi-sédentaires. Quand dans une croyance, l'épistémologie fait défaut, le développement intégral est bloqué par les coutumes et traditions qui figent le peuple en des croyances aveugles.

Conclusion

Cette étude, axée sur la croyance en Dieu, développement matériel et spirituel, a abordé quatre points principaux dont le cadre de la recherche, les activités économico-sociales, en a fait l'inventaire de certaines croyances et la similitude entre les éléments centraux de croyances lese-dese et l'enseignement biblique.

Il sied de signaler que le Secteur des Lese-Dese est dans la périphérie de Mambasa dans une région très enclavée. Cet enclavement est l'un des facteurs qui réduisent la majorité de Lese-Dese à une vie précaire occasionnant leur retour progressif aux pratiques traditionnelles supposées abandonnées. La sauvegarde de la nature par l'observance de certaines espèces animales, végétales ou topographiques ont réduit leur vision de développement à une vision contemplative et non transformatrice.

C'est pourquoi, le travail situe le déséquilibre entre croyance et développement au niveau épistémologie de la religion. Ce vide épistémologique suscite une sorte de résistance au christianisme[217]. Il reste donc à trouver une piste dialectique où ces éléments peuvent être confrontés, sélectionnés pour amener ce peuple à une vision transformationnelle de la nature et une foi ferme et inébranlable.

Bibliographie

CONDE-FRAZIER Elisabeth, KANG S. Steve & PARRETT Gary A., *A Many Colored Kingdom: Multicultural Dynamics for Spiritual Formation*, Grand Rapids: Baker Academic, 2004, 224 p.

ENDITE Sukari Christian, « Contribution de la coutume lese à la conservation de la nature : cas de la collectivité des Walese Dese », TFC, inédit, Université de la Conservation de la Nature et du Développement de Kasugho, 2012, 57 p.

GLASER Ida, *Dieu et les religions : pour des relations justes et respectables entre chrétiens et autres croyants*, Paris, Farel, 2005, 299 p.

GLASSER Althur F., *Announcing the Kingdom: The Story of God's Mission in the Bible*, Grand Rapids, Baker Academic, 2003, 400p.

Bertrand de MARGERIE, *Le Christ pour le monde*, Paris, Beauchesne, 1971, 463 p.

MBITI John S., *An Introduction to African Religious*, London, Heinmann, 1975, 211 p.

__________, *African Religions and Philosophy*, London, Heinemann, 1969, 290 p.

MUNROE Myles, Rediscovering the Kingdom: *Ancient Hope for Our 21st Century World*, Nassau, Bahamas Faith Ministry, 2004, 227p.

O'REILLY Karen, *Ethnographic Methods*, London/New York, Routledge, Taylor & Francis Group, 2012, 255 p.

STEYNE Philippe M., *Dieux puissants : une étude des croyances et des pratiques animistes*, Columbia, Lutheran Church, 1998, 187 p.

[217] Nous parlons de résistance non dans le sens d'une hostilité au christianisme mais du mépris de la pratique de certains rituels sacrificiels et d'une vie chrétienne non authentique à la parole de Dieu.

9

Regard comparatif de la contribution de la traduction biblique pour l'essor du christianisme : avec un focus sur le peuple bila

ANDY Anguandia Alo &

KABUCUNGU Hand-jinga Dieudonné

Introduction

L'église est une institution millénaire dont l'évolution a attiré l'attention de plusieurs érudits. Le message d'évangile qu'elle apporte aux peuples a opéré d'énormes transformations, auprès de ces peuples de différents espaces culturels et géographiques dont les passés historiques sont jonchés d'événements dignes des livres d'histoire. Ce présupposé de la puissance de l'évangile suscite des interrogations, quand cette puissance ne produit pas des changements culturels et spirituels escomptés dans le Territoire de Mambasa. Tel est le cas de l'évangile du Christ apporté par les Occidentaux au XXᵉ siècle aux peuples de la forêt de l'Ituri, notamment les Bila, les Lese, les Ndaka, pour ne citer que ceux-ci.

La présente recherche s'est focalisée sur le peuple bila de la Chefferie des Babila-Bakwanza, afin de reposer la question relative au manque du progrès du christianisme dans ce milieu, après un siècle d'évangélisation missionnaire et un demi-siècle de prise en charge par l'élite religieuse congolaise[218]. À la lumière des expériences historiques de l'église depuis l'Antiquité, nous posons l'hypothèse que l'existence d'une traduction des Saintes Écritures en langue bila serait une condition nécessaire pour la survie et le développement du christianisme dans ce milieu.

[218] DJADRI Oba Jacques, « La formation des disciples, un impératif pour l'Église du Christ au Congo : cas de la ville de Bunia », Mémoire de licence, inédit, Institut Supérieur Théologique de Bunia, Bunia, 2005, p. 18.

Vu la nature de la question, la recherche a été abordée en suivant la méthode qualitative et en utilisant les techniques de questionnaire et d'interview pour récolter les données sur terrain. Ces techniques nous ont aidés à mieux comprendre le milieu d'étude. C'est essentiellement une réflexion qui se base sur une comparaison du cas bila avec d'autres cas historiques. L'enjeu de notre réflexion, c'est la corrélation entre la traduction de la Bible et la croissance de l'église. Nous analysons cette croissance à partir d'une perspective « étique » (vue de l'extérieur) et non « émique » (vue de l'intérieur). Ainsi, avons-nous estimé que la méthode ethnographique ne serait pas appropriée pour un peuple qui n'a pas encore une traduction des Saintes Écritures.

Nous discuterons la question en trois points, avant de conclure la réflexion. Nous commençons par un bref aperçu du rôle des Saintes Écritures dans l'épanouissement du christianisme dans l'histoire. Ensuite, nous décrivons la situation présente du christianisme en milieu bila en le comparant avec la situation du christianisme chez les peuples ayant reçu les Saintes Écritures dans leur langue. Enfin, nous aborderons le défi de l'inculturation sans la langue de la culture qui entre en contact avec le christianisme. Une conclusion mettra fin à ces discussions.

Rôle des Saintes Écritures en langue locale dans l'épanouissement de l'église

La traduction d'un message dans une langue que l'audience locale utilise est une pratique qui est aussi vieille que le monde. En fait, ce n'est pas par plaisir, mais c'est une nécessité pour une communication efficace et efficiente. Par exemple, dans l'Antiquité, les édits des empereurs, des rois ou des gouverneurs étaient au besoin traduits dans les différentes langues des peuples qu'ils avaient assujettis (Jn 19.19-20). Ce fut le cas du roi des Perses et des Mèdes dans le récit de la reine Esther (Est 1.22; 8.9).

Des écrits sacrés en hébreu ont été traduits en araméen, pour que les Juifs qui revenaient de l'exil et qui ne comprenaient pas l'hébreu puissent s'imprégner du message de leurs pères[219] (cf. Targums[220]).

[219] KENMOGNE Michel, *La traduction de la Bible et l'Église : enjeux et défis pour l'Afrique francophone*, Yaoundé, Clé, 2009, p. 61.

[220] Dans le judaïsme, quand l'araméen remplaça l'hébreu et devint la langue courante, des traductions devinrent nécessaires ; elles accompagnèrent d'abord la lecture orale des Écritures à la synagogue, puis furent consignées par écrit (cf. Encarta 2009 [DVD]).

Plus tard, quand les Juifs se seront éparpillés dans la diaspora, les Saintes Écritures en hébreu seront traduits en grec, pour qu'ils soient en mesure et de lire et comprendre le message de Dieu à son peuple. Ainsi naîtra la version Septante[221]. Au premier siècle, quand Saint Paul en eut l'occasion, il s'adressa aux siens dans leur langue (Ac 21.37-22.1).

Ces quelques exemples servent à montrer que la traduction est une nécessité, pour qu'une communication passe très bien dans une langue que les auditeurs maîtrisent. Mais, au-delà d'une simple communication efficace, l'histoire est jonchée des traductions des Saintes Écritures qui ont effectivement servi de levain à l'église.

Un contre-exemple classique souvent mentionné dans plusieurs ouvrages est celui de l'Église du IIIe siècle de notre ère, en Afrique du Nord. Elle connut, certes, une traduction. Mais, ce fut en latin, une langue du clergé de l'époque, pas la langue de la masse populaire. Quand survint l'islam sur cette terre, le christianisme en fut effacé[222].

Par contre, là où une traduction des Saintes Écritures a été effectuée de la masse, une croissance notable de l'église locale s'est observée. Pour nous en convaincre, nous pouvons citer le cas de la langue copte. Grâce à la traduction dans cette langue, le christianisme a su se constituer en un îlot dans la mer de l'islam[223]. Plus bas, vers l'est de l'Afrique, la traduction des Saintes Écritures en geez, du IVe au VIe siècle, contribuera à l'implantation du christianisme en Ethiopie, d'où l'islam ne saura pas l'en extirper[224]. Un troisième exemple positif est celui du Madagascar[225]. En 1935, la reine Ranavalomanjaka entame une persécution des chrétiens. Les missionnaires sont chassés après avoir traduit la Bible en *Malagasy*. Le christianisme survivra et connaîtra au contraire un essor grâce entre autres à cette traduction dans la langue du peuple malgache. L'éducation y avait sa part[226].

Ces exemples africains peuvent être renforcés par d'autres hors de l'Afrique et du siècle présent. La traduction par Jérôme de la Bible en

---

221 *Ibid.*, p. 53-55.

222 JENKINS Philip, *The Next Christendom*, Oxford, Oxford University Press, 2007, p. 211-222.

223 KENMOGNE, *op. cit.*, p. 58.

224 *Ibid.*, p. 59.

225 *Ibid.*, p. 18-21.

226 BLANDENIER Jacques, *L'essor des missions protestantes*, Nogent, Institut Biblique Emmaüs, 2003, p. 500.

latin, appelée « Vulgate[227] », a permis à l'Église Catholique de s'établir dans l'Empire romain d'Orient et d'Occident[228]. La Réforme protestante a connu son essor grâce aux traductions qui mettaient à la disposition des chrétiens les Saintes Écritures. Jean Wycliffe entreprit la traduction de la Bible en anglais et William Tyndale lui emboitera les pas en 1530. Lefèvre d'Étaples le fait en français en 1530. Martin Luther produit la Bible en allemand. Ainsi, les Églises protestantes de l'Occident prirent-elles leur essor[229].

Ainsi, voulons-nous revenir aux situations propres à l'est de la RDC où nous pouvons observer la contribution des Saintes Écritures, à l'essor et à l'enracinement de l'Église et du christianisme en milieu local. C'est ce dont nous parlons dans le point suivant.

Comparaison du christianisme en milieu bila et chez les autres peuples ayant reçu les Saintes Écritures en leur langue

Le christianisme chez les Babila-Bakwanza et la nécessité de la traduction de la Bible en langue bila

La Chefferie des Babila-Bakwanza est l'une des sept Chefferies du Territoire de Mambasa. La population de cette Chefferie est estimée à 80.798 habitants. La majorité de la population est constituée de peuple autochtone à savoir la tribu bila, lese et les Pygmées. Mais, on y trouve d'autres tribus qui viennent d'ailleurs dans le but de l'exploitation du bois, le travail dans les écoles et les structures sanitaires.

Le christianisme fut implanté en milieu bila au début du XXe siècle, par des missionnaires occidentaux. La langue d'évangélisation fut et demeure le swahili. Des études récentes sur la langue bila ont montré que celle-ci se trouve dans une situation linguistique à risque[230]. La transmission de cette langue d'une génération à une autre n'est plus

---

227 Vulgate (en latin, *vulgata editio,* « édition répandue »), version latine de la Bible qui fut déclarée « authentique » par le concile de Trente. L'édition de la Vulgate est principalement due au travail de saint Jérôme (347-420), quand l'église adopta le latin. Cette traduction fut établie grâce aux différentes traductions de la Septante (cf. Encarta 2009 [DVD]).

228 KENMOGNE, *op. cit.*, p. 60.

229 *Ibid.*, p. 63-66.

230 POYO Ngbami Tite, « Situation sociolinguistique du peuple bila », Mémoire de Licence, inédit, USB, Bunia, 2010, p. 49, 62.

assurée. La nouvelle génération parle plus le swahili que le bila. Ce défi de transmission intergénérationnelle s'est amplifié par l'arrivée d'autres peuples bantu et non-bantu, en provenance d'autres Territoires de la Province de l'Ituri ou celle du Nord-Kivu. À ce rythme, il est à craindre que le bilinguisme bila-swahili qui caractérise la plupart des locuteurs bila risque de basculer en faveur du swahili.

En conséquence, dans presque toutes les Églises locales implantées le long le la route nationale Bunia-Kisangani, les services dominicales se tiennent en swahili. Les sermons sont délivrés et les chansons composés et chantés en swahili. C'est la pratiquc généralisée, bien que lors des rares occasions où on chante en langue bila, les chrétiens bila se disent les plus touchés par le message ainsi communiqué[231]. Une des raisons évoquées est la présence des peuples allochtones qui ne parlent pas la langue bila. En fait, il n'existe pas de Bible en bila. Quand bien même, dans des rares occasions, la prédication serait en Bila, la lecture de la parole ne peut se faire qu'en swahili.

C'est lors des deuils ou d'autres occasions sociales et culturelles qu'ils utilisent à volonté la langue bila. Cependant, cela ne représente pas une pratique répandue pour occulter le swahili. Au contraire, dans un cas, un interviewé a mentionné l'utilisation de la langue nande par des locuteurs venus du Nord-Kivu. Ceux-là, disait-il, ont le courage d'extérioriser leur affection pour leur langue[232].

Toujours selon les informations recueillies, l'impression générale était celle d'une explosion d'attrait au christianisme lors de l'arrivée des missionnaires. Mais, selon certains informateurs, responsables des Églises locales, ce fut un christianisme de face ou d'intérêt. Pour qu'une personne obtienne du travail auprès des missionnaires, de l'église locale, ou une institution apparentée à l'Église comme l'école et l'hôpital, elle devait être chrétienne. C'était la première condition avant la formation reçue. De plus, pour demeurer dans la faveur des missionnaires, il fallait absolument se comporter en public comme un chrétien. Après une rencontre de l'Église, certaines personnes venaient saluer le missionnaire, non pas par affection ou courtoisie, mais pour que le « bwana » se rende compte de sa présence au service dominicale ou dans des réunions de prière[233]. Il fallait être dans sa faveur.

---

[231] CHUI Salomon, interviewé en 2016 à Lolwa.
[232] TANDISHABO Gilbert, interviewé en 2016 à Bahaha.
[233] POYO, interviewé en 2016 à Lolwa

Mais, ce qui nous intéresse ici, c'est le niveau d'approfondissement d'un christianisme qui demeure oral. Dans l'Église locale de Lolwa (Groupement Andisende II) qui en plus est la plus grande congrégation de la CE-39 dans la Chefferie des Bila Bakwanza, seuls 16 Bila chrétiens participent à la Sainte Cène[234]. C'est à imaginer ce que représente la croissance spirituelle dans d'autres Églises locales.

Selon les données de *Joshua Project*[235], les Bila dont la population totale s'élève à 72.500 âmes sont considérés comme un peuple à qui l'évangile a été présenté, mais qui demeure classé dans la catégorie des « non atteints» à cause de l'impact peu visible de cette annonce de l'évangile ou des transformations spirituelles y observées. Leur religion principale est encore la religion traditionnelle. À part le manque d'une Bible en bila, le Film Jésus n'est pas encore disponible. Nous n'avons aucune trace d'un quelconque enregistrement audio des Saintes Écritures. Cette situation est identique à celle des Lese (102.000 âmes). Ces derniers ont entendu l'évangile mais sont encore au stade des peuples « non-atteints » par l'évangile. Eux non plus n'ont pas reçu la Bible dans leur langue, ni le Film Jésus. Ils pratiquent principalement la religion traditionnelle. Le statut global du christianisme évangélique chez les Bila et les Lese est 2, sur une échelle de 1 à 5 où 1 signifie trop bas, 2 assez bas, 3 moyen, 4 élevé et 5 très élevé[236].

L'utilisation de la langue bila dans le service dominical est de toute évidence nécessaire. Le rapport de novembre 2016 du Programme de Sensibilisation de SIL et les Églises rapporte ce témoignage. Le pasteur Apanza[237] de la 47e CAFEC (Communautés des Assemblées des Frères Évangéliques au Congo), a fait savoir ce qui suit : « Souvent quand je fais intercaler ma prédication pas des synthèses partielles et de conclusion en langue bila, les auditeurs bila me suivent avec beaucoup d'intérêt jusqu'à avoir quelques cas de conversion. » Un autre locuteur membre de l'élite pastorale ajoute cette pensée: « Si ce peuple disposait

---

[234] BERNARD Kabagambe, interviewé en 2016 à Lolwa.
[235] Joshua Project, [en ligne], https://joshuaproject.net/people-groups/ (consulté le 14 juin 2016).
[236] *Ibid.*
[237] APANZA, interviewé le 01/09/2016 à Bandisende.

d'une traduction de la parole de Dieu en ladite langue, il serait capable d'éviter les spéculations diverses liées à la vie chrétienne et sociale[238] ».

En comparaison, les autres peuples de l'est de la RDC ont connu une rencontre plus viable et plus florissante. Nous pensons que la traduction des Saintes Écritures dans la langue de ces autres peuples a contribué à l'essor des Églises auprès de ceux-ci. Nous citerons, par ordre alphabétique, en guise d'exemples les peuples Alur, Lugbara, Kakwa et Nande. Les trois premiers sont de la Province de l'Ituri et le quatrième de la Province du Nord-Kivu, avec une diaspora importante en milieu bila, le peuple qui est le point focal de cette réflexion.

Le christianisme chez les Alur, les Lugbara, les Kakwa et les Nande

Le peuple alur est un groupe nilotique installé au nord-ouest du Lac Albert. Il eut la chance de recevoir l'évangile en 1912. C'est aussi la date de la pénétration de l'*Africa Inland Mission* (AIM) en RDC. En 1955, l'Ancien Testament fut traduit en alur. Le Nouveau Testament paraîtra en 1979 sous l'égide de la CECA-20, appuyée par l'AIM[239]. La population totale alur en RDC était estimée à 500.000 habitants en 1991[240]. Actuellement, elle s'élève à 1.015.000 âmes en RDC, sur une population totale de 1.969.000 comptabilisée en RDC et en Ouganda.

L'Église catholique romaine y est très visible ainsi que l'Église protestante (CECA-20). Pour ce qui concerne le progrès enregistré par l'évangile, le peuple alur n'est plus un peuple non atteint[241]. Son statut global du christianisme évangélique est 4. À côté de la Bible, il possède à la traduction en alur du Film Jésus. Des enregistrements audios des Saintes Écritures sont disponibles.

Le peuple lugbara appartient au groupe ethnolinguistique du Moru Madhi du Soudan Central. En 1915, l'évangile pénètre sur son Territoire. C'est en 1966 que la traduction de sa Bible en lugbarati fut achevée. En 1978, une autre portion du Nouveau Testament sera publiée[242]. La population lugbara en RDC s'élève à 521.000 âmes, sur

---

[238] LOKU Freud, « La traduction de 1 Jean 1-3 en langue bila : un pas en avant pour la croissance spirituelle du peuple bila », Mémoire de licence, inédit, USB, Bunia, 2015, p. 2.

[239] Joshua Project, *op. cit.*

[240] GRIMES Barbara, *Ethnologue: Languages of the World*, Dallas, Texas, SIL, 1992, p. 412.

[241] Joshua Project, *op. cit.*

[242] GRIMES, *op. cit.*, p. 424.

un total de 1.576.000 âmes en RDC et en Ouganda. Il n'est plus catégorisé comme un peuple non atteint par l'évangile. Son statut global du christianisme évangélique est 4. À côté de la Bible, il possède la traduction en lugbarati du Film Jésus. Des enregistrements audios des Saintes Écritures sont disponibles. De même, un recueil des cantiques est disponible. Les Églises protestantes se développent bien en quantité et en qualité. Les serviteurs de Dieu sont en pleine formation. Les édifices visibles témoignent de la participation des chrétiens à l'œuvre du Seigneur. La région lugbara constitue aussi à elle seule un District ecclésiastique de la CECA-20.

Le peuple kakwa du groupe nilotique reçut l'évangile pour la première fois en 1924. Des portions de la Bible en kakwa paraissent depuis 1930 en RDC. Toute la Bible paraîtra en 1983, sous les auspices de l'AIM et la CECA-20[243]. Il serait 34.000 âmes en RDC, sur une population totale de 500.000 âmes des Kakwa en RDC, en Ouganda et au Soudan du Sud[244]. C'est un chiffre proche de celui fourni par *Joshua Project*, soit 584.000 âmes dans les trois pays.

Il n'est plus catégorisé comme un peuple non-atteint par l'évangile. Son statut global du christianisme évangélique est 4[245]. À côté de la Bible, le peuple kakwa possède la traduction en kakwa du Film Jésus. Des enregistrements audios des Saintes Écritures sont disponibles. Il possède en plus un recueil de cantiques. A lui seul, le peuple kakwa de la RDC constitue un District ecclésiastique de la CECA-20.

Enfin, le peuple nande est un des peuples bantu. Il reçut l'évangile pour la première fois en 2012, et sa Bible en 1980 sous le patronage de la 55e CEBCE (Communauté des Églises Baptistes du Congo-Est)[246]. Sa population s'élève à 1.925.000 âmes en RDC sur un total de 1.945.500 âmes en RDC et en Ouganda[247].

Il n'est plus catégorisé comme un peuple non atteint par l'évangile. Son statut global du christianisme évangélique est 4[248]. À côté de la Bible, il possède la traduction en Kinande du Film Jésus. Il possède en plus un recueil des cantiques. Sa religion principale est le catholicisme

243 *Ibid.*, p. 420

244 JUMA Onziga, *People*, [en ligne], www.kakwa.org/people.htm (consulté le 12 juin 2016).

245 Joshua Project, *op. cit.*

246 GRIMES, *op. cit.*, p.426.

247 Joshua Project, *op. cit.*

248 *Ibid.*

romain. Cependant, les communautés protestantes sont vibrantes et envoient des missionnaires hors de la région nande.

Nous ne prétendons pas que la Bible en langue bila constitue l'unique facteur d'un christianisme qui n'a pas décollé. Nous ne prétendons pas non plus que ce seul facteur de l'existence de la Bible en langue alur, lugbara, kakwa et nande constitue l'unique facteur de progrès chez ces peuples. Cependant, force est de constater que la présence de la Bible dans la langue qui véhicule la culture d'un peuple, offre une bonne opportunité de l'enracinement du christianisme dans la culture d'un peuple. Kenmogne n'affirme pas seulement que « la Bible traduite dans les langues des peuples est devenue un catalyseur de la croissance de l'Église »[249], mais il poursuit en donnant un autre cas concret :

> L'observateur contemporain croirait difficilement que la région du Maghreb fut autrefois le berceau du christianisme. Mais à la réalité, ce fut un christianisme désincarné, sans prise et attache réelle avec la culture et les langues ambiantes. D'où sa fragilité et partant son incapacité à subsister aux menaces de l'Islam plus tard[250].

On pourrait dire que l'histoire du christianisme est en train de se répéter, *mutatis mutandis*, dans la forêt de l'Ituri chez le peuple bila.

Beaucoup de chercheurs théologiens congolais, notamment ceux de la Faculté de Théologie Évangélique de l'USB soulignent l'importance de la connaissance et l'étude de la parole de Dieu pour une croissance qualitative et quantitative des églises[251]. Les mots de Craing, repris par Peterson, résument bien cette pensée : « au fil de l'histoire, plusieurs grands mouvements de réveil ont vu le jour lorsque les gens sont revenus à la Bible, devenant plus attentifs aux messages de Dieu pour leur génération[252] ». Cependant, il faut ajouter qu'une meilleure connaissance de la Parole ne peut s'effectuer que dans une langue que l'on connaît en profondeur.

---

[249] KENMOGNE, *op. cit.*, p. 17.

[250] *Ibid.*, p. 19.

[251] ATIABOLI David, « Obstacles à la croissance qualitative et quantitative des Assemblées Evangéliques de la CE-39 : cas de District Ecclésiastique d'Itendey », TFC, inédit, USB, Bunia, 2015, p. 47-49.

[252] PETERSON Eugène, *Les trois angles de la croissance dans le service chrétien*, Québec, Emmaüs, 1998, p. 29.

Pour le cas des Bila, Poyo rapporte qu'une enquête a été menée par SIL-Wycliffe en 1994, dans le but d'évaluer la compétence linguistique des Bila en langue swahili pour la compréhension de la Bible en swahili. Il a été prouvé qu'un nombre significatif des Bila manquent un niveau suffisant de compréhension du swahili qui leur permette d'utiliser la Bible en swahili et en tirer profit[253]. La conclusion du test était qu'il y a un besoin certain de traduction de la Bible en langue bila[254]. Une bonne connaissance de la Parole de Dieu ne sera jamais possible dans une langue que l'on maîtrise mal, que ce soit une de nos langues nationales, ou la langue officielle, le français. Pour beaucoup de chrétiens congolais, ce sera leur langue maternelle.

Cela nous conduit à nous étendre sur l'importance du facteur « langue » dans l'inculturation du christianisme. Cette inculturation est une garantie de l'enracinement et de la croissance du christianisme.

L'inculturation sans la langue de sa culture

Le thème de l'inculturation a été martelé par l'Église depuis la dernière décennie du vingtième siècle. « L'apparition du concept d'inculturation dans l'Église postconciliaire paraît indissociable de la figure du Père Pedro et de la 32e congrégation générale de la Société de Jésus qui s'est tenue à Rome du 1er décembre 1974 au 7 avril 1975[255] ». Aujourd'hui, c'est la plupart des théologiens africains qui ont adopté l'inculturation. L'Exhortation Apostolique Post-synodale du Pape de 1994 en parle également en profondeur. Ndongmo résume bien l'essence de la problématique d'inculturation en ces termes :

> Un des défis théologiques majeurs se situe au niveau de l'inculturation qui consiste à enraciner l'évangile dans les cultures, de telle sorte qu'il devienne un mode de vie… La Parole de Dieu doit s'inscrire dans le milieu de vie des Africains ; intégrer toutes les valeurs humaines authentiques en les purifiant du péché et en leur rendant la plénitude de leur sens. Du fait que les Africains ont vécu pendant longtemps sous une identité d'emprunt, l'inculturation doit désormais annoncer l'évangile en puisant dans le trésor des valeurs

---

253 BRADLEY David, « The Sentence Repetition Testing among the Bila », inédit, SIL, 1996, s.p.

254 POYO, *op. cit.*, p. 62-63.

255 PEELMAN Achille, *Les nouveaux défis de l'inculturation*, Ottawa, Novalis, 2007, p. 9.

permanentes de la Tradition africaine pour permettre un enracinement de la foi[256].

Plutôt que d'entrevoir la culture comme un frein à la croissance de l'évangile, elle doit être perçue comme le lieu où cet évangile va s'implanter.

Ce qui nous préoccupe présentement, c'est l'inculturation à travers l'outil linguistique. Une branche de la linguistique où l'on perçoit l'échange conceptuel et culturel est la sémantique. La conceptualisation des notions chrétiennes par rapport aux notions du milieu local aide le chrétien africain à mieux redécouvrir sa valeur et sa culture et situer ainsi le christianisme par rapport à ce qu'il sait. C'est un pas vers l'intégration des nouvelles croyances chrétiennes dans son mode de penser.

Nous avons supervisé ou nous avons vérifié, en tant que Consultants en Traduction, des textes traduits sous la supervision des organisations de traduction comme SIL-Wycliffe en The Seed Company en partenariat avec des églises membres de l'Église du Christ au Congo (ECC). Par exemple, nous avons travaillé avec les langues suivantes : Omi, Mangbetu, Lika, Lugbara, Ndruna, Mayogo, etc. Dans plusieurs décisions des traductions, une des premières notions qui alimentent la discussion concerne la notion de Dieu. Nous n'affirmons rien de neuf en disant que le concept de Dieu n'est pas étranger à la culture religieuse africaine, et bila en particulier. C'est ce fait connu qui avait amené Schaaf à affirmer que « le christianisme est l'annonce que le Dieu créateur des ancêtres, jusque-là inaccessible pour l'homme, s'est révélé dans toutes les qualités de grâce et de compassion en Jésus-Christ[257] ». Chacun des peuples africains, y compris le peuple bila, possèdent un nom pour le Dieu créateur de l'univers[258]. À l'arrivée du christianisme, le concept exprimant la divinité africaine a été rejeté dans certains milieux et adopté dans d'autres.

Pour les peuples qui ont rejeté le nom culturel de dieu créateur après être évangélisés, le christianisme a présenté un dieu étranger et différent

---

[256] NDONGMO Marcus, « Le 1er Synode africain : Synode de la refondation de la mission évangélisatrice en Afrique », in *Théologie Africaine, Église et Sociétés*, n° 5, 2014, p. 158.
[257] SCHAAF Ype, *L'histoire et le rôle de la Bible en Afrique,* Yaoundé, CETA/HAHO/CLÉ/GM, 2000, p. 221.
[258] « Vulgate » (cf. Encarta 2009 [DVD]).

du « nôtre ». Ces peuples durent choisir entre deux dieux différents. Quand ce christianisme n'a pas répondu aux attentes de ces peuples africains, il leur semble normal de retourner aux puissances ancestrales, à leur dieu qu'il suppose être différent du Dieu chrétien.

Dans les cas où l'inculturation a eu lieu autour du concept de divinité, des peuples ont adopté le propre nom de leur langue maternelle pour désigner le Dieu du christianisme. Il leur a fallu juste donner un contenu nouveau à ce concept. Ainsi donc, ils redécouvraient un Dieu qui n'était pas loin d'eux et qui se révélait ainsi à travers Jésus-Christ. Pour eux, il n'est plus question de retourner au dieu de leurs ancêtres, mais ils s'adressent à Dieu tout court. Ndou, dans ses recherches, trouve que pour beaucoup d'Africains, il n'y a aucun conflit théologique entre ce qu'ils perçoivent comme étant Dieu dans leur culture et Dieu tel que révélé dans la Bible. Beaucoup témoignent que le Dieu qu'ils ont adoré avant l'avènement de la Bible est le Dieu unique, Créateur de l'univers. Ce qui peut prêter à confusion, c'est que dans la Bible, ce Dieu créateur est présenté sous un autre nom[259]. Comment peut-on se détourner de ce que l'on a connu depuis toujours ? Un christianisme ainsi inculturé ne disparaîtra pas du milieu de ce peuple.

Il serait intéressant de s'imaginer ce qu'aurait pu être l'apostasie d'une partie du peuple alur à *Lam Te Kwaru*, qui considère le christianisme comme une religion importée de l'Occident, si le terme pour Dieu, traduit en alur par *Mungu*, avait été remplacé par *Rubanga*, le Dieu Suprême, Créateur de toute chose, des Alur[260]. Il est possible de penser que l'adoption d'un terme propre à la langue alur dissuaderait certains alur de penser que le Dieu annoncé par les missionnaires est un dieu occidental s'il s'appelait *Rubanga.* Le discours de Saint Paul aux Athéniens (Ac 17.22-28) n'aurait pu être qu'adapté à cette circonstance. Il établit un lien entre le Dieu qu'il vient annoncer et 'un dieu inconnu' que les Athéniens révéraient sans le connaitre. Il dit que le Dieu, créateur du monde et ce qui s'y trouve, est en fait le 'dieu inconnu' des Athéniens. Il était pour lui question de les ramener à une bonne compréhension de ce Dieu.

---

[259] NDOU M, « The Gospel and Venda Culture: An Analysis of Factors which Hindered or Facilitated the Acceptance of Christianity by the Vhavenda », Thèse de doctorat, inédit, University of Pretoria, Pretoria, 2002, p. 152.

[260] PIRWOTH Atido George, « Towards a New Inculturation Model for the Alur within the Communauté Evangélique au Centre de l'Afrique in the Democratic Republic of Congo », Mémoire de Master, inédit, AIU, Nairobi, 2012, p. 38-40.

Chez le peuple kongo, d'après Mengi, le passage de Dieu en *Nzambi* fut facile et facilita l'évangélisation du peuple kongo qui croit en Dieu, le Dieu créateur, qui a créé l'univers et les hommes[261]. Les Lugbara protestants de l'Église Anglicane et de la CECA-20 ont choisi d'emprunter le concept swahili *Mungu* (« Dieu ») dans leur traduction produite en 1966. C'est quand les Catholiques du Diocèse de West-Nile adoptèrent *Adrô* (« Dieu ») dans leur traduction de 1978 que beaucoup de Lugbara basés dans le Territoire d'Aru se dirent que le christianisme leur avait révélé le Dieu qu'ils connaissaient mal. Ils peuvent jurer au nom d'*Adrô* sans se sentir versés dans le syncrétisme.

Kabaku estime que dans le cas des Bila, on peut leur prêcher que « si les ancêtres ont eu une connaissance obscurcie sur Dieu [*Mbali*], il est maintenant temps de revenir à ce Dieu, Tout-Puissant, qui n'est pas seulement Transcendant, mais aussi Immanent[262] ». C'est une approche missiologique qui tient compte de la culture du peuple qu'on cherche à atteindre.

La contextualisation qui se pratique dans toute traduction aide le christianisme à observer et évaluer les pratiques traditionnelles. Celles qui cadrent avec le christianisme sont « inculturées » retenues, d'autres qui sont en contradiction avec sont rejetés. Ainsi, pour paraphraser Abega, par l'inculturation, on évite que les pratiques traditionnelles restent très vivaces pour empêcher une propagation du christianisme ou se dissimulent sous les apparences des rites monothéistes chrétiens ou musulmans. L'inculturation réussie permet une cohabitation harmonieuse de la culture africaine avec les pratiques amenées par les religions révélées[263].

L'absence d'inculturation explique en partie l'existence des pratiques syncrétistes toujours décriées par les théologiens. C'est pourquoi, pour arriver à une inculturation réussie du message chrétien, Kenmogne propose :

---

261 MENGI Kilandamoko, « L'évangélisation missionnaire protestante face à la culture Kongo : l'enracinement de l'évangile dans une culture », Thèse de doctorat, inédit, Université de Laval, Québec, 1981, p. 196.

262 KABAKU Dachabo, « Obstacles culturels à l'évangélisation et leurs impacts sur la croissance des Assemblées Evangéliques parmi le peuple Bila de Lolwa », Mémoire de licence, inédit, USB, Bunia, 2008, p. 68.

263 ABEGA Severin, « Le Cameroun et la religion traditionnelle », in *Histoire du christianisme au Cameroun*, Paris, Karthala, 2005, p.19.

> Il faut chercher à identifier des notions préchrétiennes du salut, de la rédemption, du pardon, susceptibles de servir de portes d'entrée à l'Évangile. Ainsi, on pourra présenter le message biblique de manière à ce que le récepteur ne puisse pas le percevoir comme extérieur ou étranger à sa culture[264].

Cela s'effectue tout en maintenant la suprématie de la Parole de Dieu sur toute culture. Cependant, toute cette activité intellectuelle, cette réflexion conceptuelle ne peut se passer que dans la langue propre de celui à qui le message de l'évangile est porté.

Pour le Bila qui reçoit le message dans la langue swahili qui n'est pas la sienne et qui ne véhicule pas sa culture, il lui faut chercher à intérioriser le message du salut en des concepts swahili tels que *Mungu* (« Dieu »), *neno* (« parole »), *uzima* (« vie »), *kuamini* (« croire »), *neema* (« grâce »), etc. Si tous ces concepts étaient articulés en langue bila, il est certain que l'ancrage du christianisme en milieu bila aurait été plus solide et moins éphémère. Ce serait sûrement une interaction plus profonde et plus significative qu'une assimilation superficielle d'un concept en une langue étrangère. Un premier pas de l'inculturation du christianisme en culture bila consisterait à demander aux locuteurs bila de rendre ces concepts en bila et ensuite dire comment cela les aide à comprendre le message de l'évangile.

À cause de la centralité des rites de la circoncision parmi ce peuple bila, il aurait été très profitable de discuter sur le plan théologique et conceptuel de la traduction du concept « circoncision » ainsi que son emploi métaphorique de « circoncision des cœurs ». La similarité conceptuelle entre le mot swahili *kutahiri* (circoncire) et le mot bila *kumbi* (circoncision) est-elle acceptable ? Voilà le genre de questions à explorer.

Ce dont les Bila ont besoin pour maintenir l'évangile sur le sol de leurs ancêtres, c'est d'ancrer cet évangile reçu dans une langue qui n'est pas la leur. Cela ne se fera qu'à travers l'outil indispensable qui est la langue bila.

---

264 KENMOGNE, *op. cit.*, p. 33.

Conclusion

La réponse à la question « pourquoi le christianisme marque-t-il des pas sur place en terre des Bila » est sûrement multifactoriel et holistique. Cependant, dans cette réponse nous nous sommes inspirés du passé du christianisme chez d'autres peuples. L'histoire nous a prouvé que la Parole de Dieu dans la langue des peuples convertis au christianisme est importante pour l'enracinement, le maintien et le progrès du christianisme. Plus près de nous, nous avons cité les nande, les lugbara, les kakwa et les alur qui ont reçu l'évangile annoncé par les missionnaires et avaient aussi leurs conceptions religieuses et des rites comme les Bila. Pourtant, ceux-ci ont vu se développer les églises locales dans leurs milieux. Une différence notable a été l'existence de la Parole de Dieu dans les langues de ces groupes. Posséder une culture différente des enseignements du christianisme a toujours été un défi pour tout peuple. Ceux qui ont pu, grâce à l'inculturation, intégrer le message de l'évangile dans leur propre culture en l'épurant par la Parole de Dieu, ont pu assurer l'avancée du christianisme sur leur terre.

Si les Églises peuvent apprendre de l'histoire, elles prendront au sérieux le ministère de la traduction de la Bible[265]. De même, il y va de la survie du christianisme auprès du peuple bila de la forêt de l'Ituri[266].

Bibliographie

ABEGA Severin, « Le Cameroun et la religion traditionnelle », in *Histoire du christianisme au Cameroun : des origines à nos jours*, Paris, Karthala, 2005, 456 p.

ATIABOLI David, « Obstacles à la croissance qualitative et quantitative des Assemblées Evangéliques de la CE-39 : cas de District Ecclésiastique d'Itendey », TFC, inédit, USB, Bunia, 2015, 64 p.

BLANDENIER Jacques, *L'Essor des missions protestantes*, Nogent, Institut Biblique Emmaüs, 2003, 621 p.

BRADLEY David, « The Sentence Repetition Testing among the Bila », inédit, SIL, 996, s.p.

[265] NDJERAREOU Abel, « Contribution de la traduction biblique en langues locales dans la formulation d'une théologie africaine, in *Église et utilisation des langues nationales en Afrique francophone*, Cotonou, PBA, 2009, p. 59-73.

[266] DEMBÉLÉ Yousouf, « Fondement biblique et rôle de la traduction biblique dans l'histoire de l'Église », in *Église et utilisation des langues nationales en Afrique francophone*, Cotonou, PBA, 2009, p. 39-57.

DEMBÉLÉ Yousouf, « Fondement biblique et rôle de la traduction biblique dans l'histoire de l'Église », in *Église et utilisation des langues nationales en Afrique francophone*, Cotonou, PBA, 2009, 143 p.

DJADRI Jacques, « La formation des disciples, un impératif pour l'Église du Christ au Congo : cas de la ville de Bunia », Mémoire de licence, inédit, USB, Bunia, 2005, 101 p.

GRIMES Barbara, *Ethnologue: Languages of the World*, Dallas, Texas, SIL, 1992, 312 p.

JENKINS Philip, *The Next Christendom: The coming of Global Chritianity*, Oxford, Oxford University Press, 2007, 346 p.

Joshua Project, [en ligne], https://joshuaproject.net/people-groups/

JUMA Onziga, *People*, [en ligne], www.kakwa.org/people.htm

KABAKU Dachabo, « Obstacles culturels à l'évangélisation et leurs impacts sur la croissance des Assemblées Evangéliques parmi le peuple Bila de Lolwa », Mémoire de licence, inédit, USB, Bunia, 2008, 88 p.

KENMOGNE Michel, *La Traduction de la Bible et l'Église : enjeux et défis pour l'Afrique francophone*, Yaoundé, Clé, 2009, 260 p.

LOKU Freud, « La traduction de 1 Jean 1-3 en langue bila : un pas en avant pour la croissance spirituelle du peuple bila », Mémoire de licence, inédit, USB, Bunia, 2015, 82 p.

MENGI Kilandamoko, « L'évangélisation missionnaire protestante face à la culture Kongo : l'enracinement de l'évangile dans une culture », Thèse de doctorat, inédit, Université de Laval, Québec, 1981, 268 p.

NDJERAREOU Abel, « Contribution de la traduction biblique en langues locales dans la formulation d'une théologie africaine », in *Église et utilisation des langues nationales en Afrique francophone*, Cotonou, PBA, 2009, 143 p.

NDOU M., « The Gospel and Venda Culture: An Analysis of Factors which Hindered or Facilitated the Acceptance of Christianity by the Vhavenda », Thèse de doctorat, inédit, University of Pretoria, Pretoria, 2000, 311 p.

NDONGMO Marcus, « Le 1er Synode africain : Synode de la refondation de la mission évangélisatrice en Afrique », in *Théologie Africaine, Église et Sociétés*, 2014, n° 5, 244 p.

PEELMAN Achille, *Les nouveaux défis de l'inculturation*, Ottawa, Novalis, 2007, 240 p.

PETERSON Eugène, *Les trois angles de la croissance dans le service chrétien*, Québec, Emmaüs, 1998, 150 p.

PIRWOTH George A, « Towards a New Inculturation Model for the Alur within the Communauté Evangélique au Centre de l'Afrique in the Democratic Republic of Congo », Mémoire de Master, inédit, AIU, Nairobi, 2012, 172 p.

POYO Ngbami Tite, « Situation sociolinguistique du peuple bila », Mémoire de licence, inédit, USB, Bunia, 2010, 81 p.

Rapport du programme de sensibilisation de la langue bila, septembre 2016, 5 p.

SCHAAF Ype, *L'histoire et le rôle de la Bible en Afrique*, Yaoundé, CETA/HAHO/CLÉ/GM, 2000, 286 p.

PARTIE II

ÉDUCATION, SANTÉ ET DÉVELOPPEMENT

La première partie du livre a donné un aperçu général sur les milieux physique, humain, économique et socio-culturel du Territoire de Mambasa. Certains facteurs qui entravent son développement intégral y étaient également présentés.

Dans la même perspective, cette deuxième partie du livre présente les facteurs additionnels y relatifs. Il s'agit, notamment : de l'inefficience du contenu éducatif traditionnel de ces peuples ; du désintéressement des autochtones du Territoire de Mambasa dans l'éducation formelle de leurs enfants au profit de l'éducation traditionnelle ; de la disparition du système alimentaire traditionnelle ; de la non-adaptation des objectifs des Associations locales au contexte local, des caractères opportunistes et interventionnistes de ces Associations basés sur la disponibilité de financements extérieurs, du faible investissement dans le capital humain ; de la faible implication des autorités locales dans l'encadrement et dans l'appui des associations ; et finalement de la difficulté des peuples autochtones du Territoire de Mambasa d'accéder aux services élémentaires de soins disponibles, par rapport aux peuples allochtones du même Territoire.

10

Le contenu éducatif traditionnel des Bila

NITILU Kongawi Pascal

Introduction

La présente étude porte sur le contenu éducatif de peuple bila-bakwanza. Ce peuple est regroupé sur deux Chefferies du Territoire de Mambasa, l'un dans la Chefferie des Babombi et l'autre dans la Chefferie des Bakwanza. La similitude culturelle et linguistique étroite entre les deux Chefferies nous permet à généraliser nos résultats sur l'ensemble de ce peuple[267].

La pauvreté qui sévit les Bila par rapport aux allochtones nous pousse à nous interroger sur la susceptibilité du contenu éducatif de ce peuple à induire les actions de développement, tendant à réduire sa pauvreté ; mais aussi, essayer d'établir le rapport entre le contenu éducatif et la pauvreté qui sévit ce peuple autochtone par rapport aux allochtones malgré les richesses qui l'entourent. Cette pauvreté est à la base de certaines inégalités observées dans le vécu quotidien des autochtones et allochtones. Ces derniers s'acquittent facilement de paiement des frais de scolarité de leurs enfants dans les écoles de la place, de frais de soins de santé, achètent les portions de forêts auprès des autochtones. De surcroît, le petit commerce et les produits vivriers sur les marchés sont plus l'œuvre des allochtones.

L'époque que nous vivons est exceptionnelle dans l'histoire de l'humanité, cela à cause des changements de tout genre et par la vitesse avec laquelle tout est transformé. Certaines mœurs d'autrefois ne sont plus d'actualité et, inversement, celles de nos jours ne datent pas d'autant d'année que l'univers[268]. Ces changements sont à la base de l'évolution de nombreuses institutions : sociale, politique, économique, etc. L'éducation comme d'autres domaines a été également affectée par ces changements. Elle est passée de la forme traditionnelle à la forme

[267] Propos recueillis de PENE Sindano, le Chef du Groupement de Bakwanza.

[268] MATUMBA Ndakikivangi, *Héritage culturel zaïrois*, Kinshasa, CPED, 1978, p. 9.

moderne: création de l'école avec le programme classique, un amalgame de méthodes, techniques adaptées à la nature de l'homme en situation d'apprentissage et aux réalités de son milieu. « Qu'elle soit traditionnelle ou moderne, l'éducation existe depuis qu'il y a des pères et des mères qui procréent et apprennent à leur progéniture... non seulement en vue de protéger son milieu, mais aussi d'en tirer un gain pour la survie[269]... ».

Malgré l'entrée de l'école moderne en milieu traditionnel, dans plusieurs pays Africains, l'éducation traditionnelle continue à garder sa valeur, bien que diluée par l'apport de l'éducation moderne. Chez les Bila, elle se fait à travers plusieurs circonstances reconnues par le pouvoir coutumier. Il s'agit de palabres, de mariages, de décès, de rites initiatiques, etc.

L'éducation traditionnelle revêt les valeurs culturelles, pédagogiques et morales. Pour ce faire, nos aïeux, ne sachant ni lire ni écrire, transmettaient oralement l'éducation d'une génération à une autre, en recourant aux palabres, aux proverbes, aux maximes, aux discours formels, aux historiettes, aux contes et les adages, etc. Ceux-ci étaient et continuent à être dans certaines contrées et domaines de la vie traditionnelle et moderne des moyens par excellence de l'éducation. Ils constituent l'un des facteurs prédisposant la conduite humaine dans la société. Cette conduite est en grande partie forgée par l'apprentissage et la pratique du contenu que véhicule l'éducation traditionnelle.

> Il est évident que les proverbes, les maximes, les discours formels, les historiettes et les adages, etc., sont porteurs d'une certaines réalités qui peuvent éclairer, à un certain niveau notre conscience et influencer notre conduite. En tant qu'un moyen d'exprimer les valeurs culturelles d'une société donnée, ces moyens traditionnels transmettent une certaine configuration psycho-pédagogique particulière. Leur compréhension exige la connaissance de la culture, des circonstances de vie et de la mentalité qui leur ont donné naissance[270].

Le peuple bila possède les moyens d'éducation, dont les discours formels, les proverbes, les historiettes, les chansons, etc. Il est possible d'analyser le contenu de ces éléments de l'oralité chez les Bila et y

---

[269] SIMONE Scaillet, *Notes de Pédagogie*, Kinshasa, Mediaspaul, 1988, p. 6.

[270] MOY Sylvie, *100 Proverbes français : les plus courants et leur signification*, (s.l. : Franc parler, 2013) , p. 3.

déceler leur pensée, laquelle explique leur perception du monde, et forge leurs attitude et conduites. P. Tempels propose une démarche pour effectuer une telle analyse. Il estime utile de procéder aux rapprochements entre les langages, les comportements, les institutions et les coutumes en dégager la pensée qui explique la vision du monde et oriente les conduites.[271] La culture étant qu'un ensemble des valeurs, des attitudes, des coutumes et des objets dont un groupe se dote au fil des ans pour structurer son mode de vie est toujours en accord étroit avec l'éducation d'un peuple. Il est établit clairement que la culture présente aux individus des modèles de comportements, de conduites sociales, de penser, de juger qui leur permettent de participer aux groupes ou à la société[272].

La question qui se pose est celle de l'efficience du contenu de l'éducation traditionnelle de ce peuple dans le contexte de pauvreté dans lequel il vit. Offre-t-il la possibilité de réduction des inégalités Observées entre les bila et les allochtones ?

> Le rapport d'évaluation des Objectifs du Millénaire pour le développement reconnait la diminution de l'extrême pauvreté de façon significative au cours de deux dernières décennies. En 1990, près de la moitié de la population des pays en développement vivait avec moins de 1,25 dollars par jour, cette proportion est tombée à 14 % en 2015. Malgré les gains remarquables obtenus, ce rapport reconnut que les inégalités persistent encore et que les progrès ont été inégaux. Ces inégalités ont été observées dans plusieurs domaines de la vie et, selon les contrées ; elles ont été très prononcées entre les milieux urbains et ruraux[273].

Dans le cas de la Chefferie des Babila-Bakwanza, cette inégalité se manifeste au sein même de la communauté. Elle semble être significative entre population autochtone et allochtone, alors que les

---

[271] SMET A.J., « Langues bantu et philosophie dans l'œuvre de Tempels », in *Langage et Philosophie*, Kinshasa, Faculté de Théologie Catholique de Kinshasa, 1961, p. 13-19.

[272] MULUMBATI Ngansha, *Manuel de sociologie générale*, Kinshasa, Éd. Africa, 1977, p. 109.

[273] NATIONS UNIES, *Rapport d'évaluation des progrès réalisés en Afrique pour atteindre les objectifs des millénaires*, Addis-Abeba 2015, p. 4, [en ligne], https://www.google.com/search?q=rapport+omd&ie=utf-8&oe=utf-8&client=firefox-b (consulté le 29 décembre 2016).

deux partagent les mêmes atouts (la richesse naturelle) pour une survie plus au moins décente.

Au regard de ce qui précède, la préoccupation de cette recherche transparaît à travers les questions suivantes : la pauvreté qui sévit le peuple bila, n'est-elle pas le reflet de son éducation traditionnelle ? Son contenu favorise-t-il les initiatives au développement, à l'épanouissement de ce peuple ?

Au questionnement ci-haut évoqué, nous supposons que les contenus éducatifs que véhicule l'éducation traditionnelle de ce peuple constituent le contre poids et ne favorisent que peu d'initiatives de développement et l'épanouissement de ce dernier.

Méthodologie de la recherche

Pour cette étude, nous nous sommes servi de la méthode ethnographique. Cette méthode consiste à décrire et à analyser une culture ou une communauté dans son ensemble ou en partie, en décrivant ses croyances et ses pratiques en montrant comment les diverses parties contribuent à la culture en tant qu'ensemble unifié et consistant[274]. Pour notre part, nous avons analysé quelques éléments de l'éducation traditionnelle du peuple bila, éléments qui illustrent leurs croyances et justifient leurs pratiques à travers leur conduite. Ces éléments comprennent entre autres des discours formels, des proverbes, des historiettes et des chansons. Les choix desdits éléments a été motivé par leurs richesses dans l'oralité bila.

S'agissant de la récolte et du traitement des données, ont été utilisés respectivement l'interview non structurée et l'analyse de contenu. L'analyse de contenu est une technique de recherche pour la description objective, systématique et quantitative du contenu manifeste de communication ayant pour but de les interpréter[275]. Il s'agit au juste de produire une reformulation du contenu de l'énoncé sous une forme condensée et formelle. Pour réaliser cette tâche, nous avons procédé en deux étapes : (1) le repérage des idées significatives, et (2) leur catégorisation. La connaissance de la langue du milieu étant un atout nécessaire pour pareille opération, nous avons recouru principalement aux juges, personnes appartenant à cette tribu et ayant une maîtrise de la langue et de son coutume pour éviter certaines déviations dans

---

[274] MASIALA André, *Guide du chercheur en science humaines*, Kinshasa, Centre Éducatif Congolais, 2012, p. 41-42.

[275] *Ibid.*, p. 82.

l'interprétation, repérage des idées et catégorisation des récits oraux après discussion. Ainsi, par catégorisation, nous obtenons une modalité pratique pour le traitement des données brutes (récits oraux).

En mesurant les récits oraux, l'analyse de contenu doit nécessairement découper le contenu en tranche pour ensuite effectuer toutes opérations requises. C'est ainsi que nous retenons les trois unités suivantes[276] :

- L'unité d'enregistrement. Il s'agit des événements qui représentent les récits oraux. Il peut s'agir de travail, du décès etc.
- L'unité de contexte. Elle est la circonstance dans laquelle se produit les récits oraux.
- L'unité d'énumération. Elle est la fréquence des événements oraux.

Un corpus des discours formels, proverbes, des historiettes et des chansons tirés de récits oraux des peuples bila ont constitué notre échantillon d'étude.

Résultats

Les récits oraux qui ont fait l'objet de notre étude ont été récoltés dans les deux groupements parmi les trois que compte la Chefferie des Babila-Bakwanza. Il s'agit du Groupement Bayaku et le Groupement de Bakwanza. Le choix de ces Groupements se justifie par le fait qu'ils sont dirigés par des personnes ressources (chefs de groupement et des villages en collaboration avec les sages conseillers) compétentes en matière de la tradition bila selon la déclaration de Moïse Pene Sindano, Chef du Groupement des Babila-Bakwanza.

Notre tâche à ce niveau consistait à récolter les discours formels, les proverbes, les historiettes et les chansons. De part leur interprétation et signification, nous avons tiré d'eux les contenus éducatifs desquels nous avons déduit les modèles de conduite transmis d'une génération à l'autre dans cette société traditionnelle. Le tableau ci-dessous en donne les détails.

---

276 LANDRY Réjean, « L'analyse de contenu », in *Recherche sociale : de la problématique à la collecte des données*, Québec, Presses de l'Université du Québec, 1992, p. 337-359.

Tableau de l'analyse catégorielle des modèles de conduites

		DISCOURS FORMELS	PROVERBES	HISTORIETTES	CHANSONS	TOTAL	%
	CATEGORIES / CONDUITES						
I	**EVITEMENT DES VICES**	**0**	**21**	**4**	**6**	**31**	**24,4**
1	Eviter l'ingratitude		2	2		4	1,24
2	Eviter la paresse		1			1	0,31
3	Eviter la haine		4			4	1,24
4	Eviter la querelle		3		2	5	1,55
5	Eviter la têtutesse		3	1	1	5	1,55
6	Eviter la solitude		3		1	4	1,24
7	Eviter la sorcellerie		2			2	0,62
8	Eviter l'avarice		3	1	1	5	1,55
9	Eviter le mensonge				1	1	0,31
II	**COGNITIVES**	**0**	**5**	**2**	**1**	**8**	**6,3**
1	Connaissance de son origine		1	1		2	0,16
2	Connaissance du passé		1			1	0,08
3	Connaissance du changement		1			1	0,08
4	Connaissance du pouvoir des Ancêtres/Parents		2	1	1	4	0,32
II	**SOCIABILITE/HOSPITALITE**	**0**	**16**	**4**	**3**	**23**	**18,1**
1	Compatir aux malheurs des autres		4		1	5	1,15
2	Demander conseil		2	1		3	0,69
3	Pratiquer l'hospitalité		3	1		4	0,92
4	Partager avec les autres		3		1	4	0,92
5	Gratifier tout service		1			1	0,23
6	Se solidariser		3	2	1	6	1,38
IV	**ALERTE**	**0**	**2**	**2**	**4**	**8**	**6,3**
1	Manifester la prudence		1	1	2	4	0,32
2	Prévenir		1		2	3	0,24
3	Vérification avant de s'engager			1		1	0,08

V	**CONSIDERATION DES ANCÊTRES**	**9**	**2**	**2**	**0**	**13**	**10,2**
1	Production	5				5	0,65
2	Protection	3	2	2		7	0,91
3	Résolution des problèmes	1				1	0,13
VI	**RECHERCHE**	**0**	**3**	**1**	**1**	**5**	**3,9**
1	Revaloriser son origine		1			1	0,05
2	Rechercher ses propres biens			1		1	0,05
3	Travailler		2			2	0,10
VII	**CONFORMITE SOCIALE**	**0**	**13**	**6**	**1**	**20**	**15,7**
1	Ecouter le conseil		3	3	1	7	1,40
2	Respecter l'ordre		5	2		7	1,40
3	Demander permission		2			2	0,40
4	Respecter l'autorité du chef		3	1		4	0,80
VIII	**RESPONSABILITE**	**0**	**1**	**1**	**1**	**3**	**2,4**
1	Avoir l'autorité au sein de la famille			1	1	2	0,06
2	Assumer ses responsabilités		1			1	0,03
IX	**HARDIESSE/PERCEVERANCE**	**0**	**2**	**1**	**1**	**4**	**3,1**
1	Affronter les difficultés			1		1	0,04
2	Persévérer		2		1	3	0,12
X	**SINCERITE/LOYAUTE**	**0**	**1**	**1**	**0**	**2**	**1,6**
1	Dire la vérité		1	1		2	0,04
XI	**DISCRETION**	**0**	**1**	**2**	**1**	**4**	**3,1**
1	Pratiquer la discrétion		1	2	1	4	0,16
XII	**CONSERVATION/EPARGNE**	**0**	**2**	**1**	**0**	**3**	**2,4**
1	Epargner		1			1	0,03
2	Procréer		1	1		2	0,06
XIII	**PACIFICATION**	**0**	**0**	**1**	**0**	**1**	**0,8**
1	Etre humble			1		1	0,01
IVX	**EQUITE/JUSTICE**	**0**	**1**	**1**	**0**	**2**	**1,6**
1	Aider sans distinction		1	1		2	0,04
	TOTAL	**9**	**70**	**29**	**19**	**127**	**100,0**
	% GENERAL	**7,1**	**55,1**	**22,8**	**15,0**	**100,0**	

		DISCOURS FORMELS	PROVERBES	HISTORIETTES	CHANSONS	TOTAL	%
	CATEGORIES / CONDUITES						
I	**EVITEMENT DES VICES**	**0**	**21**	**4**	**6**	**31**	**24,4**
1	Eviter l'ingratitude		2	2		4	1,24
2	Eviter la paresse		1			1	0,31
3	Eviter la haine		4			4	1,24
4	Eviter la querelle		3		2	5	1,55
5	Eviter la têtutesse		3	1	1	5	1,55
6	Eviter la solitude		3		1	4	1,24
7	Eviter la sorcellerie		2			2	0,62
8	Eviter l'avarice		3	1	1	5	1,55
9	Eviter le mensonge				1	1	0,31
II	**COGNITIVES**	**0**	**5**	**2**	**1**	**8**	**6,3**
1	Connaissance de son origine		1	1		2	0,16
2	Connaissance du passé		1			1	0,08
3	Connaissance du changement		1			1	0,08
4	Connaissance du pouvoir des Ancêtres/Parents		2	1	1	4	0,32
II	**SOCIABILITE/HOSPITALITE**	**0**	**16**	**4**	**3**	**23**	**18,1**
1	Compatir aux malheurs des autres		4		1	5	1,15
2	Demander conseil		2	1		3	0,69
3	Pratiquer l'hospitalité		3	1		4	0,92
4	Partager avec les autres		3		1	4	0,92
5	Gratifier tout service		1			1	0,23
6	Se solidariser		3	2	1	6	1,38
IV	**ALERTE**	**0**	**2**	**2**	**4**	**8**	**6,3**
1	Manifester la prudence		1	1	2	4	0,32
2	Prévenir		1		2	3	0,24
3	Vérification avant de s'engager			1		1	0,08
V	**CONSIDERATION DES ANCÊTRES**	**9**	**2**	**2**	**0**	**13**	**10,2**
1	Production	5				5	0,65
2	Protection	3	2	2		7	0,91

3	Résolution des problèmes	1				1	0,13
VI	**RECHERCHE**	**0**	**3**	**1**	**1**	**5**	**3,9**
1	Revaloriser son origine		1			1	0,05
2	Rechercher ses propres biens			1		1	0,05
3	Travailler		2			2	0,10
VII	**CONFORMITE SOCIALE**	**0**	**13**	**6**	**1**	**20**	**15,7**
1	Ecouter le conseil		3	3	1	7	1,40
2	Respecter l'ordre		5	2		7	1,40
3	Demander permission		2			2	0,40
4	Respecter l'autorité du chef		3	1		4	0,80
VIII	**RESPONSABILITE**	**0**	**1**	**1**	**1**	**3**	**2,4**
1	Avoir l'autorité au sein de la famille			1	1	2	0,06
2	Assumer ses responsabilités		1			1	0,03
IX	**HARDIESSE/PERCEVERANCE**	**0**	**2**	**1**	**1**	**4**	**3,1**
1	Affronter les difficultés			1		1	0,04
2	Persévérer		2		1	3	0,12
X	**SINCERITE/LOYAUTE**	**0**	**1**	**1**	**0**	**2**	**1,6**
1	Dire la vérité		1	1		2	0,04
XI	**DISCRETION**	**0**	**1**	**2**	**1**	**4**	**3,1**
1	Pratiquer la discrétion		1	2	1	4	0,16
XII	**CONSERVATION/EPARGNE**	**0**	**2**	**1**	**0**	**3**	**2,4**
1	Epargner		1			1	0,03
2	Procréer		1	1		2	0,06
XIII	**PACIFICATION**	**0**	**0**	**1**	**0**	**1**	**0,8**
1	Etre humble			1		1	0,01
IVX	**EQUITE/JUSTICE**	**0**	**1**	**1**	**0**	**2**	**1,6**
1	Aider sans distinction		1	1		2	0,04
	TOTAL	9	70	29	19	127	**100,0**
	% GENERAL	**7,1**	**55,1**	**22,8**	**15,0**	**100,0**	

Après discussion sur l'analyse de contenu de différents récits traditionnels bila, il ressort de ce tableau que quarante-deux modèles de conduite ont été décelés à partir de 127 récits oraux récoltés, lesquels sont groupés en quatorze catégories de modèle des conduites. La catégorie « évitement des vices » regorgent en son sein neuf modèles de conduite qui représentent 24,4 %. La catégorie « sociabilité/hospitalité » rassemble en son sein, six modèles de conduite qui représente 18,1%. La « considération des ancêtres » quant à elle, regroupe trois modèles de conduite soit 10,2 % et la « recherche » ne regorge que trois modèles de conduite soit 3,9% de l'ensemble des récits oraux.

Interprétation des résultats de l'enquête

Les analyses de contenu éducatif que nous avons faites à travers les récits de l'éducation traditionnelle bila nous a permis de déceler une certaine variabilité sur les modèles de conduites. Cette variabilité s'explique par la représentativité de chaque modèle de conduite à travers les 14 catégories de modèles de conduites décelés. Sur le plan psychologique, les modèles de conduite sont les diverses matières émanant de la personnalité, d'autant plus qu'il existe une relation étroite entre la personnalité comme ensemble de caractéristiques propres à une personne les différenciant des autres et ces modèles de conduite qui déterminent l'apport de l'homme dans la société où il est appelé à s'épanouir.

Le contenu éducatif et la socialisation

Il résulte des analyses, le constat selon lequel les peuples bila privilégient les quatorze catégories de modèles de conduites retenues qui orientent et règlementent généralement la vie sociale. Toutefois, ces modèles de conduites présentent une disproportion par rapport aux catégories regroupant chacune un ensemble de modèles de conduites déduits des récits oraux.

Il ressort des résultats qu'un grand nombre de contenus éducatifs de récits traditionnels bila exigent, comme dans toute autre société traditionnelle, voire moderne, un modèle de conduite prônant la socialisation à travers les catégories de modèles de conduites suivants : évitement de vice (24,5 %), la sociabilité/hospitalité (18,1 %), la conformité sociale (15,7 %) et la considération des ancêtres (10,2 %).

Parlant de la fonction sociale de l'éducation, nous voulons souligner le but ultime qu'elle exerce au sein de la société et montrer son caractère important dans le processus de socialisation par lequel elle reproduit les valeurs traditionnelles en les transmettant d'une génération à l'autre. En considérant l'aspect conformité dans la socialisation, nous pensons que les récits traditionnels bila est socio-centrique. Dans cet ordre d'idées, il est évident que la méthode éducative sera toute autre suivant que l'on désir former une personnalité libre (susceptible de transformer sa vie et celle de sa société) ou un individu soumis au conformisme (qui subit les effets de son éducation). L'idée en soit est fondée sur un réalisme social, l'adaptation étant nécessaire à la survie de la société. Donc l'éducation devient un moyen par excellence pour réaliser l'adaptation de l'homme dans la société. Elle devient par conséquent une théorie d'adaptation aux conditions existantes. Cette conception traditionnelle de l'éducation pose néanmoins un sérieux problème lorsqu'on se penche plus profondément sur l'état de la société en place (pauvreté pour le cas de Babila-Bakwanza) et les valeurs qu'elle véhicule dans la mesure où, il peut être en train de se développer dans la société au sein de laquelle on éduque l'enfant des valeurs, des situations qui tendent vers une destruction de celle-ci et qui menace la vie même de l'individu en le maintenant dans la pauvreté. Nous référant au rapport de l'UNESCO qui considère l'éducation comme outil indispensable pour réaliser les idéaux de paix, de liberté, de justice mais aussi pour faire reculer la pauvreté[277], les modèles de conduite dont parlent les récits de l'éducation traditionnelle chez les Bila présentent certains atouts quant à la culture de la paix et autres.

Les modèles de conduite se rapportant à l'évitement des vices, à la sociabilité et à la conformité sociale restent dominants dans l'éducation de ce peuple. Malheureusement ces atouts ne débouchent pas sur les activités de productions agricoles, contrairement à la tradition canadienne où toute conduite réglementant la vie sociale paisible était une occasion pour les paysans d'organiser les activités agricoles susceptibles de soutenir les besoins de familles[278].

---

[277] UNESCO, *La pauvreté une fatalité ? : Promouvoir l'autonomie et la sécurité humaine des groupes défavorisé : Bénin-Burkina Faso-Mali-Niger*, Paris, Karthala, 2002, p. 35-36.

[278] DESAUTELS Yvon, *Les coutumes de nos ancêtres*, Québec, Éd. Paulines, 1984, p. 14-15.

Chez les Bila, très peu sont les modèles de conduite qui sous-tendent les activés de production, comme le cas de catégorie « recherche » qui regorge en son sein comme modèles de conduite : le travail, valoriser son origine, etc. ; la conservation : épargne, procréer, etc. ; cognition : la connaissance de son milieu, connaissance de changement; la hardiesse : affronter les difficultés, persévérance ; alerte : la prudence, prévenir, etc. Ces catégories représentent les pourcentages très faibles dans l'ensemble des récits traditionnels chez ce peuple.

La fatalité dans le contenu éducatif bila

La fatalité dans le contenu éducatif des récits traditionnels Bila se fait remarquer à travers la catégorie de modèle de conduite « considération des ancêtres ». Elle regorge en elle 10,2 % de l'ensemble de récits (dont la totalité des discours formels et deux proverbes). Elle recouvre les contenus éducatifs suivants : la production, la protection et la résolution de certains problèmes. Tous ces contenus éducatifs sont orientés vers les ancêtres, c'est-à-dire la production, la protection et la résolution de certains problèmes dans plusieurs secteurs de la vie de peuple bila restent encore l'apanage des ancêtres. Pareille considération est susceptible de forger dans le modèle de conduite de l'homme, la passivité, la dépendance, la paresse.

> … la pauvreté est corrélée à certains aspects. Pour certains groupes ethniques du Burkina Faso, l'accent semble mis sur les capacités individuelles à produire, sur la force physique : celle qui est nécessaire pour travailler, celle qui est altérée par la maladie ou la paresse, celle que l'on acquiert par une bonne alimentation. Le pauvre, c'est le malade, l'incompétent ou le paresseux. Une femme ou un homme en parfaite santé ne peut tout simplement pas être pauvre, sauf s'il s'agit d'un paresseux ou d'une paresseuse[279].

La considération des ancêtres dans la culture africaine en général et particulièrement chez les Bantous n'est pas un fait négatif en soi. Elle devient dangereuse si le moindre détail de la vie de l'homme est expliqué par l'intervention de ceux-ci.

Chez les Bila, il existe un discours formel adressé aux ancêtres pour que les abeilles produisent le miel pas trop éloigné (dans les gros arbres), mais plus proche (dans le feuillage) pour faciliter son

[279] UNESCO, *op. cit.*, p. 22.

extraction[280]. Pareille conception conduit l'homme dans la léthargie, par conséquent la pauvreté.

L'accès aux ressources productives est l'un des cinq axes considérés comme stratégie en matière de lutte contre la pauvreté. Les ressources naturelles, en particulier l'eau, les forêts, sont généralement considérées comme essentielles dans la mesure où les groupes défavorisés (pauvres) dépendent en grande partie. Leur exploitation à bon escient est un facteur pour assurer leur existence et l'amélioration du niveau de vie. S'il faut considérer rien que la richesse forestière qui environne le peuple bila, nous pensons qu'il n'a pas encore pris conscience de sa pauvreté par le fait que, dans son contenu éducatif, le modèle de conduite « cognitif » et « recherche » représentent une faible fréquence. Sous d'autres cieux, la considération des ancêtres a existé et existe. Au Canada, par exemple, le jour de « la criée pour les âmes[281] » les anciens descendaient à l'église emportant avec eux les offrandes pour les disparus. Une fois la messe terminée, il fallait voir s'accumuler sur la tribune du crieur les nombreux objets destinés aux enchères[282].

Par contre chez les Bila, la production, la protection et la résolution de certains problèmes sont conditionnées par l'intervention des ancêtres. Ce constat nous amène à douter de la capacité de contenu du cursus de l'éducation traditionnelle « bila », d'amorcer les activités de développement.

Conclusion

Notre réflexion a porté sur « le contenu éducatif traditionnel de peuple bila. Nous sommes partis de constat selon lequel, il existe un écart considérable de niveau de vie entre la population autochtone et allochtone dans la Chefferie des Babila-Bakwanza, et pourtant toutes deux ont accès aux mêmes ressources productives (l'eau, les forêts, etc.). De ce constat, nous voudrions savoir si la pauvreté qui sévit le peuple bila n'est pas le reflet de son éducation traditionnelle. Est-ce que son contenu favorise-t-il les initiatives de développement ? Pour répondre à ces questions, l'ethnographie a servi de méthode. Après analyse du contenu éducatif des différents récits oraux traditionnels de ce peuple, nous avons premièrement trouvé que celui-ci joue rôle

[280] ALONDO Gérard, interviewé le 27/05/2016 à Mabukulu.

[281] La « criée pour les âmes » est une cérémonie dans la tradition canadienne consistant à présenter les offrandes aux ancêtres.

[282] DESAUTELS, *op. cit.*, p. 17.

prépondérant dans la fonction sociale de l'éducation. Elle permet à intégrer l'homme dans sa société. Cela s'explique par un pourcentage important des conduites comme l'évitement de vices, la sociabilité et la conformité sociale. Les modèles de conduite qui sous-tendent les activités de développement par contre, présentent un faible pourcentage dans les récits traditionnels bila. Il s'agit de: conduite cognitive, de recherche, de conservation/épargne et de persévérance.

Deuxièmement, la productivité étant l'un des axes importants de lutte contre la pauvreté est orientée vers la croyance aux ancêtres. Cette conduite explique la fatalité dans quelques contenus éducatifs bila. Elle a pour conséquence la passivité, la paresse et une attitude de dépendance. A croire Chambers, « le savoir rural, sous la forme de croyances et de pratiques, est parfois nuisible en fonction des valeurs des populations rurales elles-mêmes[283] ».

Eu égard aux résultats obtenus, nous confirmons notre hypothèse selon laquelle le contenu éducatif que véhicule l'éducation traditionnelle des Bila, ne favorise que peu d'initiatives de développement et l'épanouissement de ce dernier. Il le maintient à un niveau moins favorable que les allochtones. Etant donné que ce peuple est plus attaché à sa culture, c'est-à-dire la valeur accordée aux rites initiatiques et à l'interprétation de réalités physiques et sociales en fonction de culture restent prépondérant, nous pensons par conséquent que la révision du cursus de cette éducation traditionnelle est une solution non pas seulement pour réduire cet écart de niveau de vie entre les autochtones et les allochtones, mais aussi pour permettre à ce peuple de mener une vie décente parmi tant d'autres. L'éducation moderne par contre, ne doit pas négliger cet aspect dans son contenu, en suppléant l'insuffisance de l'éducation traditionnelle chez les Bila.

Bibliographie

LANDRY Réjean, « L'analyse de contenu », in *Recherche sociale : de la problématique à la collecte des données*, Québec, Presses de l'Université du Québec, 1992, p. 637-359.

CHAMBERS Robert, *Développement rural : la pauvreté cachée*, Paris, Karthala, 1990, 374 p.

CESAUTELS Yvon, *Les coutumes de nos ancêtres*, Québec, éd. Paulines, 1984, 55 p.

283 CHAMBERS Robert, *Développement rural : la pauvreté cachée*, Paris, Karthala, 1990, p. 163.

JAHN Janheine, *Muntu : l'homme africain et la culture néo-africaine*, Paris, Éd. du Seuil, 1961, 293 p.

MATUMBA Ndakikivangi, *Héritage culturel Zaïrois*, Kinshasa, CPED, 1978, 230 p.

MASIALA André, *Guide du chercheur en science humaines*, Kinshasa, Centre Éducatif Congolais, 2012, 140 p.

MOY Sylvie, *100 Proverbes français (les plus courants) leur signification*, s.l., Franc Parler, 2013, 39 p.

MULUMBATI Ngasha, *Manuel de sociologie générale*, Kinshasa, Éd. Africa, 1977, 210 p.

NATIONS UNIES, « Commission économique pour l'Afrique », *Rapport d'évaluation des progrès réalisés en Afrique pour atteindre les objectifs du millénaires*, Addis-Abeba, 2015, p. 4, [en ligne], https://www.google.com/ search?q= rapport+ omd&ie=utf-8&oe=utf-8&client=firefox-b

SCAILLET Simone, *Notes de Pédagogie*, Kinshasa, Mediaspaul, 1988, 127 p.

SMET A. J., Langues bantu et philosophie dans l'œuvre de Tempels, in *Langage et Philosophie*, Kinshasa, Faculté de Théologie Catholique, 1981, 416 p.

UNESCO, *La pauvreté une fatalité ? Promouvoir l'autonomie et la sécurité humaine des groupes défavorisés : Bénin-Burkina Faso-Mali-Niger*, Paris, Karthala, 2002, 283 p.

11

Représentation sociale de l'éducation traditionnelle et formelle chez les Lese-Karo de Mambasa

DRABU Dhegru Bienfait

Introduction

La « représentation sociale » est une question dont la définition ne fait pas l'unanimité des chercheurs. Les auteurs sont légions qui proposent, selon leurs écoles, ce qu'ils pensent être une représentation sociale d'un fait. Les sociologues et les psychologues sont les premiers à se lancer dans les propositions des définitions pour soutenir cette notion. Pour Jouet le Porc « les représentations sociales sont des systèmes d'interprétation régissant notre relation au monde et aux autres qui, orientent et organisent les conduites et les communications sociales[284] ». En poursuivant l'idée dans ce sens, Jouet le Porcs soutenait déjà que : « dans un groupe social donné, la représentation d'un objet correspond à un ensemble d'informations, d'opinions, et de croyances relatives à cet objet[285] ».

Jodelet, pour sa part, estime que la représentation sociale « est une forme de connaissance, socialement élaborée et partagée, ayant une visée pratique et concourant à la construction d'une réalité commune à un ensemble social[286] ».

En abordant la question de la représentation sociale de l'éducation traditionnelle et formelle, la présente étude veut analyser toute cette connaissance socialement élaborée et partagée et qui construit la réalité commune de l'ensemble de la population des Walese-Karo en Territoire de Mambasa. Actuellement la représentation constitue un facteur clé pour les analyses des réalités sociales, surtout en Afrique noire où la tradition semble encore avoir de poids sur les agissements

---

[284] JOUET LE PORS Michèle, *La théorie des représentations sociales*, s.l., s.e., 2006, [en ligne], https://www.cadredesante.com/spip/profession/recherche/ La-theorie-des-representations (consulté le 01 octobre 2016).

[285] *Ibid.*

[286] JODELET Denise, *Les représentations sociales*, Paris, PUF, 1994, [en ligne], http://dx.doi.org/doi:10.1522/25022684 (consulté le 18 mai 2017).

communautaires. Cette représentation, si elle accorde plus de valeur à l'éducation traditionnelle, peut être une des raisons du blocage du développement intégral de la population allochtone de cette entité.

En effet, en Territoire de Mambasa, bien que l'éducation formelle ait déjà pénétré le milieu, l'éducation traditionnelle semble prendre le dessus. Cette supériorité se fait voir sous plusieurs angles. Sur le plan d'effectif d'élèves, le rapport du terrain révèle que l'effectif des enfants autochtones dans la quasi-majorité des écoles sur l'ensemble du Territoire de Mambasa, et particulièrement chez les Lese-Karo, n'est pas à la hauteur de l'entendement. Mais aussi sur le plan d'effectif des structures scolaires, le constat fait sur l'ensemble de la Chefferie renseigne qu'il y a plus ou moins 12 écoles primaires, toutes ne dépassant pas le niveau de 5e années et trois écoles secondaires, ne dépassant pas encore une fois le niveau de 4e secondaire. Cette statistique d'environ 15 écoles pour une population de presque 43.000 personnes laisse place à beaucoup d'interrogations. Se référant au Groupement Andikau, qui fait l'objet de notre étude, trois écoles secondaires et trois écoles primaires fonctionnent dans ce milieu, pour une population dont l'effectif n'est jusque-là pas maîtrisé, mais repartie sur 23 villages ou localités. Ce paradoxe pousse à se lancer dans les analyses de la représentation de la sociale de l'éducation traditionnelle et formelle chez les Lese-Karo de Mambasa.

Le monde scientifique reste unanime que les fruits de l'éducation (formelle) permettent actuellement de réaliser de progrès énormes que l'on ne s'imaginait pas il y a quelques années. Pour Sawadogo, « L'éducation se confirme de mieux en mieux comme un facteur décisif, du développement progressif, harmonieux, politique, économique, social et culturel de la personne humaine et des sociétés[287] ». Elle est de plus en plus reconnue comme un facteur essentiel, comme un paramètre indispensable pour faire reculer la pauvreté, l'exclusion, etc.

D'un bout à un autre, le monde se bat pour développer un système éducatif plus performant pouvant permettre une maîtrise complète et totale de l'humanité. La recherche de cette maîtrise s'observe par la mise en place de différents niveaux d'éducations qui s'adaptent au

[287] SAWADOGO O., *L'éducation traditionnelle en Afrique Noire : portée et limites*, 2003, [en ligne], http://www.manden.org/imprimersans.php3? id_article=25 (consulté le 26 octobre 2016).

développement progressif de l'être humain. Il est facilement observable un encadrement du niveau de l'école maternel, primaire, secondaire, universitaire et même poste universitaire.

Mais à côté de cette ambition, il s'est développé depuis plusieurs années en Afrique, une éducation traditionnelle liée à chaque culture.

Pour Sawadogo, le terme « éducation traditionnelle[288] » désigne l'éducation qui prend en compte la richesse profonde du milieu africain. Cette éducation-là se fait généralement par la parole qu'accompagnent l'observation et l'imitation, l'art et le jeu, la musique et la danse. Elle tend à valoriser la cohésion, la solidarité, la primauté du groupe.

Ainsi, poursuit Paré-Kaboré, il s'agit d'une éducation qui se réalise dans le cadre de structures communautaires[289]. Le proverbe africain ci-après le dit bien : « Pour qu'un enfant grandisse, il faut tout un village».

Dans une acception générale, le concept d'éducation fait donc appel ici au développement de l'individu dans un contexte social et dans le respect du critère de l'âge. Paré-Kaboré poursuit encore en disant : « A priori, la société traditionnelle a un idéal de maintien de ses valeurs, davantage qu'un idéal de transformation de celles-ci. Elle serait donc, dans le cas de la tradition africaine, dans la logique d'une éducation tendant à préserver le caractère communautariste de cette société[290] ». Et même si la solidarité que ce communautarisme suppose est spontanée, ce serait, selon lui, une erreur de penser qu'elle va de soi, sans une modalité éducative qui préserve cette éducation traditionnelle.

Dans ses conclusions, Sawadogo pense que cette éducation traditionnelle de l'Afrique a connu son âge d'or dans la période qui a précédé en Afrique l'introduction de l'islam et l'arrivée des Européens[291]. Avec la venue de l'école occidentale notamment, l'éducation traditionnelle en Afrique noire s'est doublée d'une autre source de savoir. C'est ce qui aurait fait que cette éducation traditionnelle n'ait plus sa force du temps. La présence de l'éducation formelle semble en quelque sorte l'avoir anéantie.

---

288 *Ibid.*

289 PARÉ-Kaboré Afsta, « L'éducation traditionnelle et la vie communautaire en Afrique: repères et leçons d'expériences pour l'éducation au vivre-ensemble aujourd'hui », in *Revue des Sciences de l'Éducation de Mcgill*, vol. 48, n° 1, 2013, p. 21.

290 *Ibid*, p. 21.

291 SAWADOGO, *op. cit.*

Exploitant la littérature, il est difficile de retrouver les informations sur la représentation sociale d'une communauté paysanne de l'éducation formelle et informelle. De ce fait, apparemment, il n'y a pas d'information sur la représentation sociale de l'éducation traditionnelle par rapport à l'éducation moderne chez le peuple lese-karo. Cet essai est une contribution pour combler ce gap.

Ainsi, comme nous l'avons souligné plus haut, les deux questions suivantes nous ont servi dans l'analyse de cette problématique :

Quelle est la représentation sociale de l'éducation traditionnelle par rapport à l'éducation formelle du peuple lese-karo ? En quoi cette représentation constitue-t-elle un facteur de promotion ou de blocage du développement local ?

Méthodologie

La nature de l'étude nous a poussé de recourir à la méthode ethnographique. Pour Masiala, la méthode ethnographique décrit et analyse une culture ou une communauté dans son ensemble ou en partie, en décrivant ses croyances et ses pratiques en montrant comment diverses parties contribuent à la culture en tant qu'ensemble unifié et consistant[292]. Réputée pour sa spécificité de vouloir guider les études culturelles s'intéressant à la compréhension de la vision du monde, la méthode ethnographique nous a aidé dans la quête de la représentation sociale de l'éducation traditionnelle par rapport à l'éducation formelle chez les Lese-Karo, en Territoire de Mambasa. Elle nous a été utile en cc qu'elle nous a permis de décortiquer l'éducation traditionnelle au travers la pratique *kumbi*[293] et *melima*[294] et de retrouver sa vraie spécificité, celle qui lui donne les forces de faire face à l'éducation formelle.

L'échantillon de cette étude est constitué de 60 personnes, dont les leaders d'opinions (pasteurs, enseignants, infirmiers), les autorités administratives, les femmes, les jeunes et les vieux sages. Avec cet

---

[292] MASIALA André, *Guide du chercheur en sciences humaines*, Kinshasa, Centre Éducatif Congolais, 2012, p. 41-42.

[293] Le Kumbi est un rite(s) ou une pratique de la circoncision culturelle. C'est la pratique qui incarne l'éducation traditionnelle (des futures hommes/parents du village) dans le contexte culturel lese.

[294] Le Melima c'est l'équivalent de Kumbi chez les jeunes filles. C'est donc la pratique initiatique de la transition de la vie d'enfance à celle d'adulte. Il ne s'agit pas ici de la circoncision mais de l'éducation traditionnelle sur la vie d'une femme du village.

effectif, le principe de saturation, qui constitue la base de détermination de la taille de l'échantillon en recherche qualitative, aura été respecté. Pour constituer cet échantillon, nous nous sommes servi de l'échantillonnage intentionnel ; nous nous somme dirigé auprès des personnes-clés ou des groupes-clés susceptibles de posséder des informations concernant l'éducation dans le milieu.

Pour la récolte des données pour cette étude, nous nous sommes servi de trois techniques.

- Groupe de discussion focale. Aussi dénommée « focus group discussion », le groupe de discussion focale est une façon de discuter en profondeur un sujet particulier avec un groupe de gens bien sélectionnés. Il s'agit d'un groupe de discussion qui réunit les personnes souvent du même milieu, ayant des expériences semblables, pour discuter un thème prévu se rapportant aux problèmes rencontrés dans le milieu. Comme technique de récolte des données, le groupe de discussion focale nous a permis de nous entretenir avec différents groupe des personnes à Andikau, pour raison de la triangulation des informations reçues. Ainsi, nous avons eu l'entretien avec les groupes des femmes, des jeunes et des vieux à Andikau.
- Interview non-structurée. Celle-ci est une interview dans laquelle l'enquêté répond à une série des questions dont le nombre, l'ordre et l'énoncé ont été fixé à l'avance par l'enquêteur dans le protocole d'interview. L'enquêteur est appelé ici à recueillir les réponses données, soit textuellement, soit sous une forme codée. Il s'agit pour l'interviewer de recueillir le maximum d'information en évitant l'erreur de trop engager sa propre personne dans la conversation[295]. L'interview non-structurée nous a permis d'entrer en contact avec les leaders d'opinions dans le Groupement Andikau (c'est-à-dire les pasteurs, les enseignants et les infirmiers), ainsi que les autorités administratives que nous rencontrions individuellement à Andikau. Elle nous a aussi permis de discuter autour de la problématique de la présente étude, en l'occurrence, la Représentation sociale de l'éducation traditionnelle et formelle chez les Lese-Karo de Mambasa.

---

[295] MULUMA M. G. T., *Le guide du chercheur en sciences sociales et humaines*, Kinshasa, éd. SOGEDES, 2003, p. 117.

- Technique d'analyse des données. Pour analyser ou traiter les données de la présente étude, nous nous sommes servi de l'analyse conceptuelle.

Présentation et discussion

Dans cette partie, il est question de confronter les résultats obtenus aux écrits d'autres auteurs et chercheurs ayant abordé d'une façon ou d'une autre la thématique que la présente étude aborde.

De la pratique de l'éducation traditionnelle dans le milieu

À part l'éducation qui se donne dans les ménages, les enquêtés soulignent tous que le *kumbi* (cérémonie de la circoncision traditionnelle) et le *melima* (une sorte d'encadrement de la jeune fille avant son mariage) sont les deux manières que la communauté utilise pour l'éducation. Cela mis à part, l'éducation varie selon le sexe. Les garçons suivent leurs pères dans toutes les activités de ceux-ci et les filles font autant avec leurs mères.

Mungala soutenait déjà que, l'éducation traditionnelle en Afrique utilise diverses techniques qui se rapportent aux méthodes dites « nouvelles » : elles s'attachent non seulement à faire acquérir à l'enfant les connaissances utiles à l'âge adulte, mais étendent leur action à la formation de la personnalité[296]. Elles suscitent l'activité de l'enfant en rapport avec ses besoins fondamentaux et sont subordonnées au développement mental de l'enfant ainsi qu'à son niveau de socialisation (méthodes actives).

Selon Mungala les principales techniques éducatives utilisées dans l'éducation traditionnelle sont les contes, les devinettes, les légendes, les proverbes, la peur, les rites d'initiation, etc.[297]

Les rites et pratiques traditionnelles d'intégration communautaire ont une place de choix dans presque toutes les communautés traditionnelles africaines. Elles sont revêtues même d'un caractère obligatoire. Selon Paré-Kaboré ces rites se font sous la vigilance des personnes reconnues dans le village à cause de leurs expériences et

---

[296] MUNGALA A., *L'éducation traditionnelle en Afrique et ses valeurs fondamentales*, 1982, [en ligne], http://ethiopiques.refer.sn/spip.php? article838 (consulté le 26 octobre 2016).
[297] *Ibid.*

sagesse. Vivant isolement pendant la période des rites, les jeunes sont soignés et instruits conformément aux exigences de la vie communautaire[298]. Paré-Kaboré poursuit en disant que pendant cette période, « Ils se livrent à des exercices physiques d'endurance, d'assouplissement, à des danses, des jeux divers. Ils développent l'esprit de camaraderie et la solidarité entre eux[299] ». Ils apprennent la chasse, la nage, les pièges, endurent le froid et sont soumis aux leçons de morale[300]. Pour ce qui est de la présente étude, les pratiques comme le *kumbi*[301] et *melima*[302] sont les exemples qui soutiennent les propos d'Afsta. Ces pratiques sont conduites par les personnes expérimentées qui soumettent les enfants (surtout garçons) à presque toutes les conditions de la vie humaines avec les leçons à tirer : leçon d'endurance, du socialisme, de la responsabilité sociale dans le contexte du milieu, etc.

Choix entre les deux formes de l'éducation

Pour bien appréhender la représentation communautaire, il a paru important d'analyser les points de vue des enquêtés sur le choix entre ces deux formes de l'éducation qui existent dans le milieu. Deux tendances se sont rapidement présentées. La première soutient qu'il faut combiner toutes les deux formes de l'éducation, car l'une comble un vide que laisse l'autre et vice-versa. La deuxième soutient quant à elle, qu'il faut suivre l'éducation formelle seulement, car l'éducation traditionnelle a déjà montré ses limites, vis-à-vis de l'actuelle évolution du monde.

Cette réponse prouve en suffisance comment les membres de cette communauté sont accrochés à l'éducation traditionnelle, qui est sociale et qui fait déjà ses preuves dans la communauté. Selon le constat, si les

---

[298] AFSTA Pare-Kabore, « L'éducation traditionnelle et la vie communautaire en Afrique : repères et leçons d'expériences pour l'éducation au vivre-ensemble aujourd'hui », in *Revue des Sciences de l'Éducation*, vol. 48, n° 1 (2013), p. 22.

[299] *Ibid.*

[300] Propos d'un responsable rituel de la Chefferie des Walese-Karo, lors de notre entretien.

[301] *Kumbi* est une pratique traditionnelle de la circoncision chez les Lese-Karo. Cette pratique se fait en retrait dans la forêt pendant une période qui varie entre un et trois mois.

[302] Melima est une pratique traditionnelle, une sorte de préparation traditionnelle de la jeune fille au mariage. Cette pratique se fait entre quatre mois et une année dans le village, mais dans un endroit réservé exclusivement à des personnes clés.

membres sont respectueux les uns vis-à-vis des autres, prennent soin de leur famille, trouvent des solutions selon les exigences culturelles, etc. point n'est question de défendre que l'éducation traditionnelle soit soutenue, acceptée et suivie par les membres de la communauté. Contrairement à l'éducation formelle qui coûte, mais aussi elle n'est pas palpable au sein de la communauté. Alors comment comprendre qu'un enfant qui est allé aux études soit cinq fois moins performant dans la gestion des affaires courantes qu'un autre qui est resté au sein de la société et qui sait tenir un foyer avec beaucoup de succès ? Que les enfants étudient ou non, s'il y a juste à côté une opportunité pratique qui puisse les aider à réussir socialement, au tant mieux la suivre et tourner le dos à l'école formelle. C'est cela qui semble être la conclusion, à attendre les enquêtés s'exprimer au tour du choix, voire la vraie perception qu'ils ont vis-à-vis de l'éducation tradition et formelle.

Impact de l'éducation traditionnelle sur le développement du milieu

Une seule tendance se manifeste suite à la question de l'impact de l'éducation traditionnelle du développement dans le milieu. Les enquêtés sont restés unanimes sur le fait que cette éducation n'a aucun impact positif pour le développement du milieu. Ils soulignent au contraire que cette philosophie issue de l'éducation traditionnelle freine toute initiative du développement individuelle de la population autochtone de notre milieu d'étude. Mais au contraire, la population croit que poser une action de développement expose au malheur. Par conséquent, il y a un recul terrible qui s'observe. C'est pourquoi, ceux qui prennent l'élan du progrès dans notre milieu d'étude sont seulement les allochtones.

En s'accordant aux écrits de Mungala, ce serait une erreur de croire que l'éducation traditionnelle ne comporte que des valeurs[303]. Selon lui, elle comporte aussi des anti-valeurs. L'auteur distingue à ses mots, les anti-valeurs qui sont liées à la nature de l'éducation traditionnelle et celles qui sont transmises par elle. Pour Mungala « Parmi les anti-valeurs liées à la nature de l'éducation traditionnelle, il y a : l'absence de l'écriture, l'éducation par la peur, la grande permissivité lors de la petite enfance et la brutalité du sevrage[304] ».

---

[303] MUNGALA, *op. cit.*

[304] *Ibid.*

En analysant de plus près ses écrits, précisément quand il parle de l'éducation par la peur, l'auteur soutient que ce type d'éducation

> … ne conduit pas à une véritable formation de la volonté, du caractère et de la personnalité par le jeu d'identification, d'encouragement et de stimulation c'est-à-dire par une véritable structuration de l'intériorité, mais pousse l'individu à accepter passivement le rythme de son milieu et à s'y harmoniser. Ceci débouche sur l'impuissance que l'individu vis-à-vis de la nature, impuissance qui se révèle dans l'attitude passive et contemplative que l'Africain a du monde[305].

Reproche à l'éducation formelle dans leur milieu

Une seule tendance caractérise les points de vue de nos enquêtés à la question de savoir les reproches qu'ils formuleraient à l'endroit de l'éducation formelle. Selon eux, bien que l'éducation formelle soit souhaitable, elle reste incomplète et théorique. Les enfants ayant suivi les enseignements issus de l'éducation formelle sont incompétents socialement parlant pour la plupart d'entre eux. Mais aussi, certaines notions de savoir et savoir être et savoir vivre traditionnel semblent ne plus être leur partage. Face à cette réalité, Afsata souligne pour sa part que l'éducation traditionnelle a un caractère très global[306].

Afsata, relève que la grande importance accordée au caractère collectif et social de l'éducation, le lien intime de celle-ci avec la vie sociale aussi bien au plan matériel que spirituel, son caractère polyvalent, son caractère progressif et graduel[307].

Le manque de compétence sur le plan social dénoncé par les enquêtés arrive par ce que la formation formelle est bien couverte par le traditionnel.

Mungala souligne que l'entrée dans la vie d'adulte est marquée surtout par des rites initiatiques[308]. Ici, poursuit-il, l'action éducative est plus consciente[309]. L'adolescent est éprouvé et endurci pour la vie dure qui l'attend ; il doit ainsi se plier sous « l'autorité de fer » qui s'impose à lui. Il apprend un ou plusieurs métiers et, petit à petit, les adultes lui

---

305 *Ibid.*

306 PARÉ-KABORÉ, *op. cit.* p. 21.

307 *Ibid.*

308 MUNGALA, *op. cit.*

309 *Ibid.*

confient les secrets de la famille, du clan, de l'ethnie. A travers les épreuves, les jeux et les cérémonies initiatiques se créent des liens d'amitié et de solidarité aussi bien avec les pairs, les initiés et les aînés qu'avec les autres membres du groupe. Le résultat le plus important de l'initiation est que le jeune qui en sort est homme complet ; il a de sa vie et de sa société une idée nette et cohérente, il sait ce que les autres attendent de lui et ce qu'il peut attendre d'eux.

Il est, de ces explications, important que le système d'enseignement formel aussi s'adapte au contexte africain du travail. Comme le disait déjà Debré, dans son discours inaugural du colloque sur le bien-être de l'enfant en Afrique au sud du Sahara,

> le problème de l'enfant dans la société, le rôle du milieu par rapport à l'école, est un problème mondial mais qui revêt pour l'Afrique un caractère particulier puisqu'il s'agit de substituer un enseignement répondant à des besoins locaux à un enseignement plus ou moins formaliste et étranger. Les civilisations se mêlent et se lèguent les unes aux autres leurs acquisitions. Les modifications dans les programmes et dans les méthodes d'enseignement doivent venir des Africains eux-mêmes[310].

Dans ce même sens, FAO, faisait déjà une analyse qui traitait des difficultés de l'éducation formelle en Afrique. Selon lui, « le problème principal que posent les écoles modernes et que posaient déjà les écoles missionnaires au temps des colonies, vient du fait qu'elles retirent les enfants de leur société et leur inculquent des valeurs et des connaissances qui rendent leur réintégration difficile[311] ». Il poursuit en soutenant que « L'existence même des salles de classe communiquait clairement le message qu'il est plus respectable d'être assis dans un bureau que de gagner sa vie par un travail manuel[312] ». Selon Aillaud,

> un des principes qui séparent profondément la pédagogie traditionnelle et la pédagogie "moderne", c'est que la première

[310] CIE, « Le bien-être de l'enfant en Afrique au sud du Sahara », colloque organisé à Lagosdu 25 au 31 mars 1959 par le Centre International de l'Enfance et la Commission de Coopération Technique en Afrique au Sud du Sahara.
[311] FAO, Archive des documents : éducation traditionnelle, [en ligne], http://www.fao.org/docrep/t6260f/t6260f0f.htm (consulté le 03 novembre 2016).
[312] *Ibid.*

propose tout de suite aux élèves l'outil qui leur permet de parvenir aux fins proposées par l'éducateur alors que la seconde laisse les enfants essayer parmi plusieurs outils celui qui leur permettra de réaliser le but qu'ils se sont fixés eux-mêmes, pensant que rayant découvert, peut-être après plusieurs échecs, et ayant, enfin connu l'euphorie grisante du succès, ils le retiendront avec tout leur être et sauront l'utiliser pour amorcer de nouveaux tâtonnements conduisant à d'autres conquêtes[313].

Assy montre comment l'éducation en Afrique en général est en mutation, en crise. Selon lui, si autrefois l'éducation était une chose collégiale et l'enfant un bien collectif, cela, selon lui, semble de moins en moins le cas tant en zone rurale qu'urbaine[314]. Étant donné l'éclatement familial, l'autorité parentale est mise à mal et ce, en raison de l'école et de l'environnement socioculturel en général : au lieu de se faire au niveau communautaire, l'éducation de l'enfant se fait au sein de chaque couple ; or, selon Assy, l'enfant n'écoute pas ses parents en raison du fait que le savoir est un pouvoir que ces derniers ne possèdent plus.

Ainsi, faut-il conclure en empruntant les termes d'Afsta qu' « Il importe donc de revoir les systèmes éducatifs pour leur donner plus de chances d'accompagner efficacement le processus de transformation de nos sociétés. Pour ce faire, ils doivent être orientés vers plus d'humanisme à travers un cadre socioculturel de vie qui valorise nos traditions et permet à nos sociétés de préserver leurs valeurs de solidarité, de communautarisme.

Perception sociale de l'éducation

Deux tendances peuvent être déduites de la perception sociale de la population de notre milieu d'étude. D'un côté, les uns soulignent que l'éducation formelle est un souci des parents pour leurs enfants. Selon les enquêtés, l'éducation traditionnelle n'aide plus pour le siècle présent. Mais d'un autre, bien que l'importance de l'éducation formelle soit connue de tous, les enquêtés pensent qu'ils n'ont pas assez d'argent pour supporter les frais scolaires de leurs enfants.

---

[313] AILLAUD F., *Étude critique de l'école traditionnelle*, [en ligne], http://www.icem-freinet.fr/archives/tv/28/17-20.pdf (consulté le 03 novembre 2016).
[314] ASSY, cité par AFSTA, *op. cit*, p. 24.

Ces deux perceptions, diamétralement opposés sont, selon nos analyses, liées dans leur fond. Par ce que, si les uns pensent que pour l'instant leurs idées sont tournées vers l'éducation formelle, le poids de la culture (éducation traditionnelle) est plus que ressentie. La preuve en est qu'une prise de décision responsable, mais aussi un sevrage sincère et réel de la tradition, n'est pas une réalité dans ce milieu.

Tout porte à croire que, finalement, l'éducation formelle n'existe pas. À supposer que les confessions religieuses n'existaient pas dans la région, il serait possible de ne trouver aucune trace des établissements scolaires de formation dans la zone. Mais malgré l'effort de celles-ci, les parents semblent ne pas s'engager avec détermination, selon les dires des enseignants et dirigeants de ces établissements (et même de quelques parents allochtones soucieux de la formation de leurs enfants), à prendre soin de leurs enfants convenablement jusqu'à la fin de l'année, voire jusqu'à la fin des cycles.

Conséquences de cette perception sur le progrès de la Chefferie des Walesse-Karo

Deux tendances aussi peuvent être retenues. D'un côté, cette perception a réellement un poids sur le progrès de la population de façon directe, et sur le milieu de façon générale ; il suffit d'avoir une perception positive de l'éducation formelle pour envoyer les enfants même à Mambasa (un centre situé à plus ou moins 60 km du chef-lieu de la Chefferie de Walese Karo) pour qu'ils y poursuivent leurs études. Mais vu que cette éducation ne semble pas du tout être le cheval de bataille de la plupart des parents dans le milieu de l'étude, aucune motivation ne se fait voir, en dépit des initiatives scolaires de l'église catholique dans le milieu.

D'un autre côté, s'ajoute l'aspect de l'enclavement du milieu, qui a comme influence la régression du développement de l'éducation formelle. Mungala, à qui nous avons fait allusion plus haut, a aussi identifié trois antivaleurs qui sont transmises par l'éducation traditionnelle. Ces antivaleurs sont ainsi libellées.

- En premier lieu, *le complexe de dépendance*. Le fait que l'individu s'attache foncièrement au groupe et s'y soumet totalement. Il en résulte une personnalité caractérisée par le conformisme, l'insuffisance d'initiative personnelle, l'absence d'esprit de compétition, etc. Cet état d'esprit renforce et confirme la situation de dépendance culturelle et économique. L'école devra, selon

Mungala, combattre ce complexe de dépendance en formant les enfants à l'autonomie, à compter d'abord sur leurs propres forces et en même temps en leur inculquant l'esprit d'entraide de manière à éviter le développement de l'égoïsme.

- En deuxième lieu, *le mysticisme* est la principale pratique à laquelle recourt l'Africain pour saisir et pénétrer les secrets de la vie et de la nature. D'où sa tendance à consulter les médiums, à recourir aux forces occultes pour expliquer ou comprendre certains phénomènes naturels que l'Européen appréhende grâce à la science, à la technique[315].

  De ce point de vue, le mysticisme se présente comme une anti-valeur dans la mesure où il est incompatible avec la mentalité scientifique. Celle-ci offre la base à l'objectivité scientifique, à la rationalisation et à la systématisation des connaissances. Elle pourrait ainsi aider à passer du domaine de la subjectivité, de l'imprécision et de l'empirisme à celui de l'objectivité, de la précision et de l'action rationnelle.

- Troisièmement, *l'égalité entre les membres semble* être soutenue par deux principes.

  - Le premier principe est celui de l'égalité mentale restrictive. Ce principe reconnait à l'aîné plus de force vitale et la possession de plus de connaissances que le puîné. Il repose sur la croyance que tous les individus sont semblables et possèdent les mêmes capacités mentales et que celles-ci se développent au fur et à mesure que l'individu avance en âge. Ce principe semble vouloir rechercher l'équilibre entre les moins doués et les plus doués en préconisant en quelque sorte la modération à ces derniers. Aussi, l'individu se résigne-t-il à vouloir dépasser en sagesse ses semblables, à prendre des initiatives, à se lancer en aventure dans un domaine encore inexploré ou à s'engager dans des activités compétitives avec les autres.
  - Le second principe est celui de la possession égale qui fait voir à l'individu qu'il n'est pas bon de vouloir dépasser en biens ou en richesses ses semblables. Ceci expliquerait l'absence de la concurrence dans la recherche des richesses et justifie la nécessité

[315] MUNGALA, *op. cit.*

> de distribuer, de partager pour ne pas attirer sur soi les influences maléfiques des autres.

Cette situation semble réelle dans la Chefferie des Walese-Karo, où les enquêtés déclarent que la construction des maisons en tôle n'est que l'apanage des allochtones. « Si un natif ose construire en tôle, lui-même sait qu'il n'habitera même pas cette maison, exception faite à la famille royale[316] ». Ce constat semble être une des influences de l'éducation traditionnelle dans cette Chefferie.

Mais d'un autre côté, pointe aussi un autre problème ayant une part non négligeable dans l'emprise de l'éducation traditionnelle sur le formel. Il s'agit alors là de l'enclavement de cette Chefferie. Pour les experts, l'enclavement a des graves conséquences sur le développement socioéconomique de la population. Noyoulewa trouvait que le retard de l'Afrique sur les autres continents dans tous les domaines pourrait s'expliquer par l'isolement qui caractérise ses villes et ses campagnes. Si l'activité agricole était appelée à s'y développer, autant commencer à doter les bassins de production des infrastructures qui puissent permettre aux paysans d'écouler leurs produits vers des marchés pour leur faire gagner des devises, poursuit-il[317]. Désenclaver un milieu peut donner de lueur d'espoir dans l'amélioration de l'état d'un peuple. Noyoulewa souligne qu'au Togo, dans la localité désenclavée en 1988, le nombre de planteurs de coton avait connu une croissance de 88%, le taux de scolarisation était passé de 26 à 53% entre 1984 et 1991 et le nombre de marchés d'animation hebdomadaire de 3 à 7[318]. Pour Keuleers, il semble difficile de bâtir une société inclusive lorsque, jour après jour, les pauvres souffrant du manque de solutions aux besoins de base, sont témoins de l'abondance de richesses avoisinantes[319]. Cette situation d'enclavement des zones rurales crée d'inégalité impossible.

---

[316] Propos d'une enquêtée de la Chefferie des Walese-Karo.

[317] NOYOULEWA A. T., « Enclavement et développement des zones rurales d'Afrique subsaharienne: recherche bibliographique », Mémoire de licence, inédit, 2006, [en ligne], http://www.memoireonline.com/01/12/5192/ Enclavement-et-developpement-des-zones-rurales-d-Afrique-subsaharienne-recherche-bibliographiqu.html (consulté le 03 novembre 2016).

[318] *Ibid.*

[319] KEULEERS Patrick, *L'enclavement, un risque pour l'avenir du développement* ?, 2015, [en ligne] http://www.undp.org/content/ undp/fr/ home/blog/2015/10/30/Will-enclaved-development-be-the-scenario-of-the-future-.html.

Pour faire face à cette situation, les Nations Unies ont proposé, dans ce qu'ils appellent les Objectifs de Développement Durable (ODD), l'objectif 10 en particulier ambitionne de réduire les inégalités dans les pays et d'un pays à l'autre, avec un accent sur la redistribution des richesses par le biais de politiques budgétaires et de programmes de protection sociale[320].

Certes, les anti-valeurs qui sont transmises par l'éducation traditionnelle ont une emprise sur le développement de ce milieu, mais notre analyse risque de rester incomplète si nous ne prenons pas en compte cette dimension de l'enclavement qui mérite bien d'attention pour tant soit peu permettre l'accès facile à ce milieu.

Conclusion

Le constat motivateur de la présente faisait état des écoles du Territoire de Mambasa qui étaient remplies des enfants allochtones que les enfants autochtones. Nous pensions que les parents de ces enfants donneraient un peu plus de l'importance à l'éducation traditionnelle au détriment de l'éducation formelle. Comme nous ne pourrions rien affirmer avant de vérifier, il était alors urgent de s'imprégner de la perception sociale de la population lese-karo de l'éducation traditionnelle et formelle.

À l'issu de la recherche, nous constatons que théoriquement toute la population pense qu'à l'heure actuelle, l'éducation traditionnelle n'a plus sa place comme dans le temps, la modernité ayant pris place ; cette éducation évolue avec l'éducation formelle. Mais dans la pratique, contrairement à la première déclaration (selon laquelle l'heure de l'éducation traditionnelle est révolue), l'éducation traditionnelle a encore une forte emprise sur l'éducation formelle. Dans la pratique africaine, il est vrai que l'éducation traditionnelle a plusieurs valeurs, mais que ces valeurs ne sont pas les preuves de son innocence dans le sous-développement des communautés. L'éducation traditionnelle amène avec elle des antivaleurs qui sont alors, en grande partie les facteurs importants qui plongent les communautés dans un état de sous-développement inconcevable. Vu ces écrits, nous affirmons que cette perception de la population de l'éducation traditionnelle et formelle est

[320] Ibid.

un des facteurs du sous-développement du peuple lese-karo, en Territoire de Mambasa.

Bibiographie

AFSATA Paré-Kaborés, « L'Éducation traditionnelle et la vie communautaire en Afrique : repères et leçons d'expériences pour l'éducation au vivre-ensemble aujourd'hui », in *Revue des Sciences de l'Éducation de McGill*, vol. 48, n° 1 (2013), p. 15-33.

AILLAUD F., *Étude critique de l'école traditionnelle*, [en ligne], http://www.icem-freinet.fr/archives/tv/28/17-20.pdf.

CIE, *Le bien-être de l'enfant en Afrique au sud du Sahara*, colloque organisé à Lagos (Nigéria) du 25 au 31 mars 1959 par le Centre International de l'Enfance et la Commission de Coopération Technique en Afrique au Sud du Sahara.

ERNY P., *L'enfant et son milieu en Afrique noire*, Paris, L'Harmattan, 1987, 310 p.

FAO, *Archive des documents : éducation traditionnelle*, [en ligne], http://www.fao.org/docrep/t6260f/t6260f0f.htm.

JODELET Denise, *Les représentations sociales*, Paris, PUF, 1994, 447 p.

JOUET LE PORS Michèle, *La théorie des représentations sociales*, 2006, [en ligne], *https://www.cadredesante.com/ spip/ profession/ recherche/La-theorie-des-representations*.

KEULEERS Patrick., *L'enclavement, un risque pour l'avenir du développement*, 2015, [en ligne], *http://www.undp.org/ content/undp/fr/home/blog/2015/10/30/Will-enclaved-development-be-the-scenario-of-the-future-.html*.

MUAMBA Kamuanga E., « Guide des recherches de l'Université Shalom de Bunia », inédit, USB, Bunia, 2011.

MULUMA M. G. T., *Le guide du chercheur en sciences sociales et humaines*, Kinshasa, éd. SOGEDES, 2003, 88 p.

MUNGALA A. S., « L'éducation traditionnelle en Afrique et ses valeurs fondamentales », in *Revue socialiste de culture négro-africaine,* Ethiopiques numéro 29, (1982), [en ligne], http://ethiopiques. refer.sn/spip.php?article838.

NGAKOUTOU T., *L'éducation africaine demain : continuité ou rupture* ? Paris, L'Harmattan, 2004, 271 p.

NGOMA N., *Initiation dans les sociétés traditionnelles Africaines : le cas de Kongo*, Kinshasa, PUZ, 1981, [en ligne], https:// searchworks.stanford.edu/view/1635344.

NOYOULEWA A. T., « Enclavement et développement des zones rurales d'Afrique subsaharienne: recherche bibliographique », mémoire inédit, 2006, [en ligne], http://www.memoireonline.com/01/12/5192/Enclavement-et-developpement-des-zones-rurales-d-Afrique-subsaharienne-recherche-bibliographiqu.html.

PADONOU M., *Représentation initiatiques : des valeurs et de l'authenticité à travers les rituels en Afrique*, 2007, [en ligne], http://www.google.rw/url?q=http://www.romanice.ase.ro/dialogos/15/07-Miche-Padonou.pdf&sa=U&ved=0ahUKEwi-hsPG-a_JAhVGJg8KHe2ZCMEQFggPMAI&usg=AFQjCNGja0u_TDPlzkljOdpZMLLj6SYZg.

SAWADOGO O., *L'éducation traditionnelle en Afrique Noire : portée et limites,* 2003, [en ligne], http://www.manden.org/imprimersans.php3?id_article=25.

12

Système de sécurité alimentaire chez les lese-dese

WAY Alege

Introduction

La sécurité alimentaire demeure une préoccupation majeure dans le monde entier. Depuis 1948, les Nations Unies reconnaissent que le droit à l'alimentation est fondamental. Cependant, avec une population croissante estimée actuellement à sept milliards et projetée à plus de neuf milliards d'ici 2050, les crises mondiales globales, régionales, locales ainsi qu'au niveau des ménages sont loin d'être éradiquées. Selon les recherches menées aux États-Unis, bien que les fermiers de ce pays produisent chaque année un surplus alimentaire, 13 millions (soit 11,1% de ménages) sont dans l'insécurité alimentaire[321] ; ils n'ont pas assez de nourritures pouvant leur permettre de mener une bonne santé. Il en est de même pour l'Inde dont, selon la FAO, la production agricole globale la classe parmi les pays en sécurité alimentaire ; alors qu'au niveau des ménages, un bon nombre de personnes ne mange pas à sa faim dans ce pays[322].

Quant aux Pays en voie de développement (PVD), il est estimé que 833 millions de personnes vivent dans l'insécurité alimentaire[323]. Par ailleurs, conformément au nouveau paradigme de développement mettant plus d'accent sur la satisfaction des besoins de base par rapport au revenu de ménage, toute population incapable de satisfaire à ses besoins alimentaires est considérée pauvre. Par conséquent, leurs

---

[321] National Research Council, *Toward Sustainable Agriculture Systems in the 21st Century*, 2010, p. 72, [en ligne], https://www.nap.edu/catalog/12832/ toward-sustainable-agricultural-systems-in-the-21st-century (consulté le 19 mars 2017).

[322] *Ibid.*, p. 13.

[323] *Ibid.*, p. 71.

enfants éprouvent des problèmes d'apprentissage et ils pourraient difficilement accéder au développement socioéconomique[324].

La déficience d'apprentissage liée à la carence alimentaire est aussi un problème commun aux pays de l'Afrique sub-saharienne. Ayant généralement célébré 50 ans d'indépendance, ces pays sont toujours préoccupés d'abord par leurs différends politiques sans envisager des solutions concrètes aux problèmes accablant leurs populations[325]. Ces populations à leur tour, incapables de se prendre en charge, s'attendent à ce que les hommes politiques restaurent les périodes de gloire du passé, pendant que la moyenne des enfants par famille est constamment en hausse[326]. Pendant que les populations sont en pleine croissance, les moyens de subsistance sont en plein recul[327]. Par conséquent, les enfants sont mal nourris, or les cellules humaines ont un fonctionnement chimique très complexe dont la source de l'énergie est tirée de graisse, de protéine et de sucre[328]. Ces enfants ne sont pas seulement mal nourri, mais naissent dans l'insécurité alimentaire qui aura des conséquences néfastes et irréversibles tel que le trouble psychosocial, émotionnel[329] ainsi que cognitif[330].

Quant à la RDC, la situation générale est plus inquiétante. Dès son accession à l'indépendance, toutes les politiques visant à relever le niveau de vie de la population de base ont connu des interruptions à telle enseigne que les secteurs clés pour le développement socioéconomique semblent atteints par un virus de dysfonctionnement

---

324 BENE Christophe *et al.*, *Increasing the Contribution of Small Scale Fisheries to Poverty Alleviation and Food Security*, Rome, FAO, 2007, p. 9.

325 KÄ Mana, *L'Afrique va-t-elle mourir ? : essai d'éthique politique*, Paris, Karthala, 1993, p. 77.

326 Futures Africaines, *Afrique 2025 : quels futurs possibles pour l'Afrique au sud du Sahara ?*, Paris, Karthala, p. 39.

327 GIRI Jacques, *L'Afrique en panne : vingt-cinq ans de « développement »*, Paris, Karthala, 1986, p. 49.

328 DYE Louise, *Nutrition for Brain Health and Cognitive Performance*, 2015, p. 151-153, [en ligne], www.ebook3000.com

329 *Child Food Insecurity and Mental Health*, p. 2, [en ligne], http://mcsilver.nyu.edu/sites/default/files/Child%20Food%20Insecurity%20and%20Mental%20Health.pdf (consulté le 19 mars 2016).

330 National Research Council and Institute of Medicine, *Research Opportunities Concerning the Causes and Consequences of Child Food Insecurity and Hunger: A Workshop Summary*, Washington, The National Academies Press, 2013, p. 95, [en ligne], http://www.nap.edu/catalog.php? record_id=18504 (consulté le 19 mars 2016).

caractérisé par l'inapplication des textes légaux et inadéquation entre le budget et les besoins dans les secteurs clefs. Par exemple, comme l'a remarqué Hamuli[331], bien que de tous les plans nationaux, le véritable premier plan national à avoir été bien élaboré fusse le Plan quinquennal 1986-1990, il reçut aucun soutien pour sa réalisation et le budget alloué fut d'environ 3 % seulement du budget national. Ceci constitue l'une des causes majeures du sous-développement chronique observé dans le pays.

Pour ce qui concerne le développement social des populations rurales il aura du mal à décoller aussi longtemps que le secteur agricole n'a pas reçu une attention particulière. Pour le moment, les efforts du gouvernement ainsi que ceux des populations rurales actives vivant dans les régions minières semblent se concentrer plus sur l'exploitation minière. C'est pour cette raison que la croissance économique de 8 % qu'a enregistré la RDC entre 2010 et 2014 a été essentiellement basée sur l'industrie extractive[332]. Par ailleurs, l'objectif global du Plan National d'Investissement Agricole (PNIA) de la RDC est « de stimuler une croissance annuelle soutenue du secteur agricole de plus de 6%, indispensable pour réduire la pauvreté, assurer la sécurité alimentaire et nutritionnelle des populations congolaises et générer durablement des emplois et des revenus[333]. » Cependant, le même rapport stipule que « Le retard de croissance ou malnutrition chronique, touche 43% d'enfants de moins de cinq ans. L'insuffisance pondérale quant à elle, touche un enfant sur quatre, soit 24%.[334] » Ces constats sont souvent visibles dans les ménages des pauvres en milieux ruraux contrairement aux familles nanties basées en milieux urbains. Il apparaît que l'échec de relever le niveau de vie du paysan serait un salut pour un riche qui croirait que le pauvre doit continuer à servir du tremplin pour le propulser à bonheur infini.

---

[331] HAMULI Baudouin, *Donner sa chance au peuple congolais*, Paris, Karthala, 2002, p. 42.

[332] Congo Times, *RDC : le succès économique du gouvernement gène ?*, 2015, [en ligne], http://afrique.kongotimes.info/eco_tech/9908-rdc-succes-economique-gouvernement-gene-croissance-reduction-pauvrete-ecole.html (consulté le 19 mars 2016).

[333] Ministère de l'Agriculture et du Développement Rural, *Plan National d'Investissement Agricole (PNIA)*, 2013, p. vii, [en ligne], http://extwprlegs1.fao.org/docs/pdf/cng146463.pdf (consulté le 5 juin 2017).

[334] *Ibid.*, p. 8.

Cette dichotomie semble caractériser toutes les Provinces de la RDC, et particulièrement celle de l'Ituri. Selon les observations faites par Anduta Sukari, le Chef de Chefferie des Walese-Dese, la Province de l'Ituri était considérée comme un grenier alimentaire auto-suffisant capable de stocker un surplus pour répondre à ses besoins supplémentaires. Cette Chefferie éprouve actuellement des difficultés sérieuses à assurer la sécurité alimentaire de sa population ; pourtant, jusqu'aux années 1970, selon le chef de cette entité, la Chefferie des Walese-Dese était classée parmi les entités décentralisées les plus productives de la Province de l'Ituri. Cette déficience alimentaire nous amène à poser la question principale suivante : Quel était le système de sécurité alimentaire chez les Lese-Dese? De cette question découle deux questions secondaires: (1) Quel était le système traditionnel de sécurité alimentaire qui a soutenu les Lese-Dese dans les cinquante ans passés? (2) Comment ce système a-t-il régressé pour amener les Lese-Dese dans une situation d'insécurité alimentaire ?

Bien que la dégradation de la route et l'absence de l'autorité de l'État soient évoquées comme les raisons principales de la disparition du système, la conjugaison des multiples facteurs doit plutôt être à la base, avec des conséquences immédiates et en long terme. Ces conséquences ont plongé ce peuple dans un cercle vicieux de pauvreté susceptible d'hypothéquer son avenir.

Méthode, technique et matériel

Cette étude poursuit deux buts. D'abord, elle explore le système de sécurité alimentaire qui a soutenu les Lese-Dese dans le passé et essaye de comprendre le recul qu'a connu ce système et son impact sur la population Lese-Dese en termes d'insécurité alimentaire. En second lieu, l'étude vise découvrir les causes du déclin de ce système et ses conséquences sur la génération actuelle et future.

Pour arriver aux résultats, le recours à l'ethnographie pour reconstituer l'histoire de sécurité alimentaire de la Chefferie des Lese-Dese a été utile. La méthode ethnographique a permis d'explorer les facteurs qui sont à la base d'insécurité alimentaire et comprendre comment ils affectent la génération actuelle[335]. La reconstruction de l'histoire agricole des Lese-Dese indique que le système de sécurité alimentaire du peuple lese était composé d'un calendrier agricole bien

[335] LECOMPTE Margaret & SCHENSUL Jean, *Designing and Conducting Ethnographic Research*, Maryland, Alta Mira, 2010, p. 36.

défini, une répartition des tâches agricoles claire par sexe et âge, un système de stockage, une gestion des produits agricoles repartie entre l'homme et la femme. En outre, cette méthode a permis de découvrir les causes du déclin agricole, ses conséquences sur la génération présente et projeter les scénarios futures possibles.

Etant donné que cette recherche est de nature exploratoire, nous avons ciblé la tranche d'âge entre 25 et 70 ans. Nous pensons que cette génération est composée des personnes qui ont vécu la période d'abondance et la pénurie alimentaire dans les aux groupements Andape et Andisengi. Les déclarations des enquêtés dans ces deux groupements ont permis de faire une analyse comparative de la production du passé et celle du présent. Pour y arriver, l'échantillon était composé de 46 personnes, âgées entre 25 et 70 ans, réparties en trois catégories : 14 femmes, 8 jeunes et 14 hommes. Ces personnes étaient réparties en six focus groupes dont trois à Andape et trois autres à Andisengi. Les informations supplémentaires ont été recueillies auprès du Chef de la Chefferie et de l'agronome de ladite entité. Le premier a été à la tête de la Chefferie pendant plus de trois décennies, tandis que le dernier a servi vers les années 1970 avant qu'il se lance dans sa la production agricole pour son compte personnelle.

Les données ont été recueillies par la technique d'interview non structurée et du *focus group*le guide d'interview était constitué des questions ouvertes. Ces deux techniques ont permis aux enquêtés d'avoir la liberté d'exprimer leurs points de vue. Un enregistreur digital a été utilisé pour recueillir toutes les discussions.

La récolte des données a eu lieu dans des endroits librement choisis par les enquêtés, leur offrant ainsi un cadre approprié. Dans le souci de clarifier les opinions, avant chaque *focus group*, l'enquêteur procédait par la présentation et l'explication de l'objet de l'enquête. Cette approche a servi à obtenir le consentement des interlocuteurs avant de déclencher les discussions.

Résultats

Calendrier agricole

Tableau 1 : Calendrier et répartition des tâches agricoles chez les hommes et les garçons

Le tableau ci-dessous décrit le calendrier agricole, la manière dont les tâches sont organisées par les hommes et la manière dont ces derniers préparent le stockage des produits agricoles.

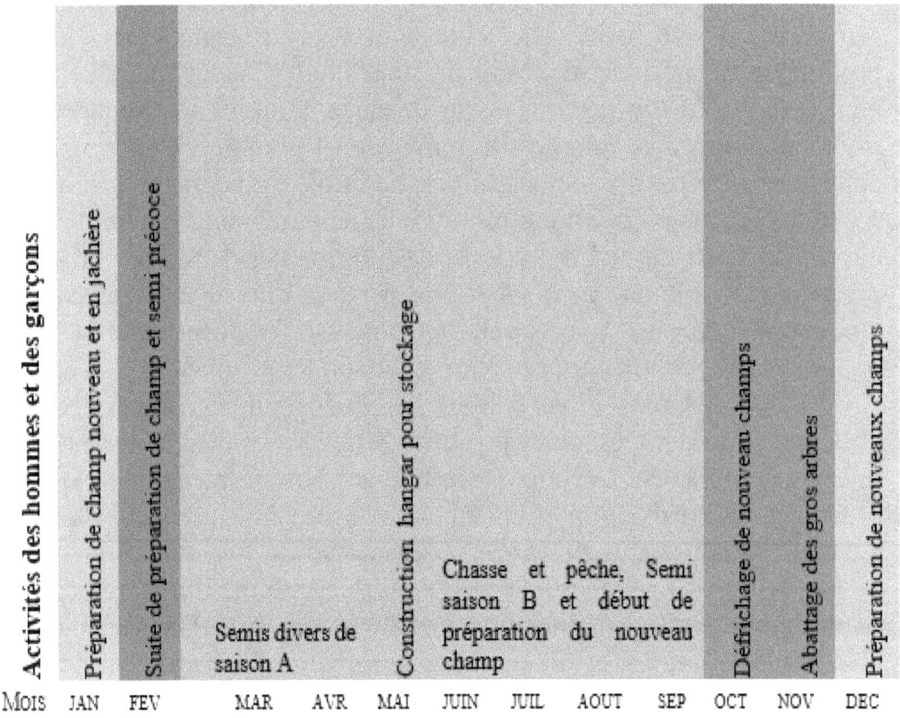

Selon les déclarations de toutes les catégories des enquêtés, l'agriculture chez les Lese-Dese commençait en août ou en octobre, pour le champ vierge, et en janvier pour le champ en jachère. Cette étape était assurée par les hommes et les garçons à l'âge de contribuer aux travaux. Selon l'agronome de la Chefferie des Walese-Dese, la surface légalement exigée par le gouvernement belge, à travers le chef du village, et surveillée par l'agronome du village, était de 2.500 m² pour un célibataire et de 15.000 m² au minimum pour un homme marié. Les polygames devaient préparer le double de la surface exigée aux mariés. Toutefois, les hommes les plus assidus pouvaient avoir plusieurs champs à la fois selon la capacité de chacun. Pour répondre aux besoins personnels, il y avait lieu de prévoir un champ de famille, un autre pour le chef du ménage et un autre pour la femme. Tous les champs étaient cultivés en couloir pour assurer la surveillance contre les animaux sauvages.

L'agronome de la Chefferie devait se rassurer que chaque homme à l'âge de production avait préparé son champ en temps, en respectant les normes et les spéculations. La construction de hangars pour stocker temporairement les arachides et le riz dans le champ intervenait en mai. Après ces activités, les hommes pouvaient s'occuper de la pêche, de la chasse et des activités diverses entre juin et juillet, avant d'entamer encore la préparation de nouveaux champs à partir d'août. Ce calendrier, bien que cyclique, était interrompu par la pêche et la chasse, activités pourvoyeuses de protéine animale mais aussi de loisir.

Tableau 2 : Calendrier et répartition des tâches agricoles chez les femmes et les filles

Le tableau 2 ci-dessous explique comment les femmes et les jeunes filles organisent les activités agricoles sur toute l'année.

Mois	JAN	FEV	MAR	AVR	MAI	JUIN	JUIL	AOUT	SEP	OCT	NOV	DEC
Activités des femmes et des filles	Récolte riz, préparation de nouveau et champ en jachère	Préparation de champs et semi	Différents semis de saison A et sarclage			Sarclage, récolte, stockage et semi saison B				Récolte, repiquage bananier	Repiquage bananiers et manioc, suite de récolte	Récolte

D'après le tableau ci-haut, le calendrier agricole chez les femmes et les filles lese-dese était aussi cyclique et chevauché par les différentes activités champêtres. Bien que la préparation des champs soit commune entre les hommes et les femmes, le semis, le sarclage, la récolte et le stockage revenaient plus à la femme, et cela presque toute l'année. La transplantation des bananiers et du manioc intervenait entre octobre et novembre, immédiatement après défrichage par les hommes. Au même moment, les femmes et les filles s'occupaient de la récolte du riz de « saison A » et assuraient la préparation des champs pour le semis en « saison B ».

Les récoltes s'étendaient d'octobre à janvier. Elles s'enchainaient avec la préparation des nouveaux champs ou jachère entre janvier et février. Les différents semis interviennent dès la tombée de premières pluies, à la fin de février et tout au long de l'année. L'entretien des champs commençait après février et continuait tout au long de l'année. Ces activités sont chevauchées par les différentes récoltes (voir stockages de « saison A » et « saison B ».

Spéculations agricoles et synthèse de valeur nutritive des aliments

Les résultats ci-dessous décrivent les différentes cultures des Lese-Dese groupées selon les catégories.

Tableau 3 : Spéculations agricoles

Céréales	**Tubercules**	**Oléagineux**	**Cucurbitacées**	**Autre**
Paddy	Igname	Sésame	Courge	Banane
Millet	Patate douce	Arachide	Citrouille	
	Manioc	Huile de palme		

Dans le temps, les Lese-Dese s'étaient spécialisés dans la production des céréales, des tubercules, des oléagineux, des cucurbitacées et des bananes.

Tableau 4 : Synthèse des aliments selon leur valeur nutritive

Aliment énergétique	Aliment protéinique	Vitamine
Riz, millet, igname, patate douce, banane, et manioc	Arachide, sésame, pépin de citrouille, produit de chasse et de pêche	Courge Huile de palme

En groupant les aliments selon leur valeur nutritive, le système de sécurité alimentaire lese-dese était riche et équilibré.

Gestion des produits agricoles

Le tableau ci-dessous étale la richesse du système de sécurité alimentaire chez les Lese-Dese, la production par superficie et la gestion de stock alimentaire.

Tableau 5 : Production agricole et mode de gestion

Produit	Lieu de stockage	Quantité par superficie	Equivalence
Paddy	Grenier ou maison	+ ou - 5 (*mputu*) paniers par hectare	+ou -2,5 tonnes
Millet	Idem	Non estimée	Non estimée
Arachide	Idem	+ ou- 35 (*mputu*) paniers par hectare	+ ou-2,5 tonnes
Sésame	Idem	Difficile à estimer ?	Non estimé
Courge	Champ	Idem	Idem
Citrouille	Grenier ou maison	Idem	Idem
Banane	Au champ	1 hectare au moins	Idem
Manioc	Idem	Non estimée	Idem
Igname	Idem	Idem	Idem
Patate douce	Idem	Idem	Idem

NB : Un *mputu* c'est grand panier en forme d'un grenier moyen mais qui était placé dans la maison.

Selon les enquêtés, le stockage des céréales et les oléagineux était assuré dans un grenier, ou dans la maison, par les hommes et les femmes. Les tubercules et les bananes, pour leur part, étaient récoltés par les femmes progressivement selon le besoin alimentaire des ménages. La production moyenne de paddy et des arachides était estimée à plus ou moins deux tonnes et demi par famille. Bien qu'une partie du riz et des arachides était destinée à la consommation, la grande portion était destinée à la vente, et était gérée par l'homme. La partie destinée à la consommation familiale était laissée à la disposition de la femme.

Affectation des produits agricoles et pouvoir de décision

Le tableau suivant indique l'affectation des différents produits agricoles et spécifie à qui appartient le pouvoir de décision sur tel ou tel produit.

Tableau 6. Affectation des produits agricoles et les décideurs

Produits	**Affectation**	**Décideur**	**Observation**
Paddy	-Besoins socioéconomiques et culturels -Alimentation -Semence	Homme Agronome Chef du village	-L'homme décide plus que la femme. -Semences stockées dans la cour du chef du village jusqu'à la saison prochaine
Arachide	-Besoins socioéconomique et culturels -Semence	Homme Agronome Chef du village	-L'homme décide plus que la femme -Semence stockée dans la cour du chef du village jusqu'à la saison prochaine
Autres	Alimentation	Femme	Laissé à la disposition de la femme

Selon les enquêtés, le paddy et les arachides sont les produits destinés en grande partie à la satisfaction des besoins socioéconomiques et culturels. Ils garantissaient le revenu familial de chaque ménage et pouvaient être utilisés pour couvrir les besoins sociaux tels que la dot, le mariage, les cérémonies de funérailles et les rites traditionnels. Dans cette condition, la décision de l'homme reste prédominante dans la vente des produits agricoles et les dépenses de l'argent gagné. Par contre, la décision de la femme sur les produits destinés à l'alimentation reste prépondérante. Cependant, la gestion des semences est tripartite, assurée par l'homme, l'agronome et le chef du village. Ces semences sont étiquetées et conservées jusqu'à la saison prochaine dans un hangar commun construit dans la cour du chef du village.

Analyse et discussion des résultats

Le système traditionnel de sécurité alimentaire du peuple lese-dese

Depuis le début de notre ère, l'agriculture faisait partie de mode de survie dans les régions intertropicales[336]. Avec des pluies régulières et intercalées par des courtes périodes de sécheresse, la forêt équatoriale présente des potentialités agricoles naturelles au même titre que celles des régions amazoniennes[337]. Ces précipitations rassurantes favorisaient, tel qu'exprimé par les résultats des tableaux 1 et 2, les activités agricoles suivant un calendrier généralement cyclique.

Toutefois, le calendrier agricole chez la femme et la fille lese était chevauché par les tâches telles que la récolte, le semi et l'entretien des champs, cependant, l'homme et le garçon intercalaient leurs activités champêtres, entre juillet et septembre par la chasse et la pêche. Cette variation semble discriminatoire par rapport à l'occupation de la femme et de la jeune fille qui n'avaient pas de détente par rapport à l'homme. Cependant, en plus de loisir, la répartition plus ou moins déséquilibrée des tâches était une compensation de la lourde responsabilité d'abattage aux outils rudimentaires, du couvert arboré qui demande plus d'efforts par rapport aux responsabilités féminines[338]. En outre, cette détente constituait aussi une source alimentaire

---

336 BERGONZINI Jean-Claude & LANLY Jean-Paul, *Les forêts tropicales*, Paris, Karthala, 2000, p. 44.

337 ORTRIZ Rodomiro *et al.*, *Food Security in Amozonia: A Report for the Amazonia Security Angenda Projetct*, s.l., Swidish University of Agricultural Science, 2013, p. 22.

338 HLADIK Claude Marcel *et al.*, « Se nourrir en forêt équatorial : Anthropologie alimentaire des populations des régions forestières humides d'Afrique », UNESCO/MAB, 1989, p. 31, [en ligne], https://hal-univ-diderot.archives-ouvertes.fr/hal-00644954/ document (consulté le 19 mars 2016).

supplémentaire en protéine animale, afin de compléter l'apport végétal[339].

La conjugaison des efforts de tous les membres de ménage ne garantissait pas seulement la main d'œuvre (tableaux 1 et 2), mais aussi la diversité de spéculation (tableau 3) et la richesse alimentaire telle que répartie selon la valeur nutritive au tableau 4. Une telle alimentation pouvait être pas seulement une source protéique, mais aussi une expression d'identité culturelle[340]. Pendant le *focus group discussion* avec les femmes, une femme assez âgée s'est levée pour aller chercher un poignet de sésame, qu'elle a brandi fièrement en disant : « Regarde la nourriture de nos ancêtres ! »

Le système de sécurité alimentaire lese-dese n'était pas seulement varié ; il était aussi rassurant. Selon les résultats du tableau 5, une famille était en mesure de produire en quantité suffisante. Le « *mputu* » était un gros panier qui servait d'unité de mesure d'arachide et de paddy. Selon les estimations, une production de 25 *mputu* pouvait être évaluée à plus ou moins deux tonnes et demi. Une telle production était suffisante pour l'alimentation familiale ; le surplus servait pour couvrir les besoins socioculturels (deuils, mariage, rite de passage, etc.) ainsi que pour les besoins économiques (par exemple, l'achat des biens de luxe). Comme l'a remarqué un homme dans le *focus group discussion avec* les hommes, « Les véhicules venaient jusqu'ici pour acheter les arachides et le paddy. Cet argent nous servait pour acheter le vélo, la machine à coudre, la lampe, les habits, etc. D'ailleurs, nous avions perdu l'habitude de nous chauffer au feu le soir car nos maisons étaient éclairées ; on aimait s'y reposer le soir. On pouvait acheter du pétrole à tout moment pour allumer nos lampes. Maintenant, il fait sombre dans nos maisons ; le soir, nous sommes autour du feu ».

Bien que l'achat des biens de valeur fasse la fierté familiale, la clé de répartition ou d'affectation des dépenses revenait plus à l'homme. En référence au calendrier de la femme, tel qu'exprimé au tableau 2, il est clair que la femme lese-dese, bien que partenaire dans la production agricole dans le temps, était surexploitée comme beaucoup d'autres

---

[339] PAGEZY Hélène, « Faim saisonnière et "faim de viande" », *Se nourrir en forêt équatorial*, 1989, p. 43, [en ligne] https://hal-univ-diderot.archives-ouvertes.fr/hal-00644954/document (consulté le 24 mars 2016).

[340] HLADIK *et al.*, *op. cit.*

femmes dans nombreuses cultures africaines[341]. En général, la femme et les enfants n'avaient pas droit à la décision ni la liberté d'utiliser certains biens de luxe. Je me souviens de mon enfance entre les années 1960 et 1970 où le vélo, le poste de radio, la machine à coudre et le fer à repasser étaient des biens de luxe très rares dans les villages. Leur utilisation revenait exclusivement aux hommes et personnes âgées. Une seule personne (le chef de la famille ou un grand-frère) était autorisée à manipuler le poste de radio. Pour apprendre à rouler à vélo, il fallait attendre l'absence des parents. Aussi, après avoir utilisé le vélo, il fallait ensuite balayer la cour pour faire disparaître les traces des pneus avant le retour du propriétaire de l'engin.

Selon les hommes enquêtés, la décision d'utilisation des arachides et du paddy était conjointement prise avec la femme. Cependant, lors de *focus group* avec les femmes, deux d'entre elles ont fait les remarques, lesquelles étaient appuyées par les autres, en ces termes : « les hommes sont des menteurs. Ils permettaient que les femmes utilisent les autres produits alimentaires, mais le paddy et les arachides étaient gérés plus par eux-mêmes, à moins que la femme ait cultivé aussi son petit champ à côté pour subvenir à ses besoins personnels ». Toutefois, l'une de ces femmes a répliqué ainsi : « La femme peut refuser l'utilisation d'une récolte (paddy et arachide) lorsque le mari voulait doter une seconde femme en utilisant le produit des efforts conjugués avec la première femme. Ici elle a droit de dire "non" ».

Toutefois, le Chef de la Chefferie des Walese-Dese, les femmes, les hommes et l'agronome de cette entité ont confirmé que seule la gestion des semences était tripartite. Selon l'agronome, un hangar pour conserver les semences était construit dans la cour du chef de village. Chaque ménage apportait sa part dans des paniers bien étiquetés. La conservation avait lieu jusqu'à la période de semi. Personne ne manquait les semences. Toutefois, en cas de manque, a fait remarquer une femme dans le *focus group*, « l'agronome subvenait au besoin de celui qui avait manqué. Ce dernier pouvait rembourser à la récolte prochaine ».

Eu égard à ce qui précède, nous pouvons affirmer sans ambages que la sécurité alimentaire chez les Lese-Dese était garantie. Elle l'était conformément à la définition de sommet mondial du 1996, qui

---

[341] FAO, *Les femmes, l'agriculture et la sécurité alimentaire,* p. 1, [en ligne], http://www.fao.org/worldfoodsummit/french/fsheets/women.pdf (consulté le 24 mars 2017).

stipule : « La sécurité alimentaire existe lorsque tous les êtres humains ont, à tout moment, un accès physique et économique à une nourriture suffisante, saine et nutritive leur permettant de satisfaire leurs besoins énergétiques et leurs préférences alimentaires pour mener une vie saine et active.[342]»

Production agricole actuelle et causes de déclin du système de sécurité alimentaire

La population lese-dese est actuellement dans l'insécurité alimentaire. Ce fait est aussi reconnu par nos enquêtés, dont le Chef de Chefferie et l'agronome de la Chefferie des Walese-Dese. Les surfaces cultivées diminuent de plus en plus et la production agricole a beaucoup régressé. Les spéculations traditionnelles (telles que la citrouille, le sésame, la courge, le millet, etc.) sont en disparition. Le nombre des tiges de bananes plantains par ménage sont à compter. La production du paddy et des arachides est quasi inexistante. Comme conséquence, aucun hangar n'est visible dans les cours pour signifier que le stockage des produits agricoles existe encore.

Evoquant les facteurs qui sont à la base du déclin agricole, ses causes peuvent être classées comme suit. Premièrement, on peut évoquer l'absence de route reliant le chef-lieu du Territoire de Mambasa et le centre de Mungbere, situé dans le District de Bas-Uélé. Selon les enquêtés, cette route avait désenclavé la Chefferie des Walese-Dese et la région de Mungbere, respectivement considérées comme les plaques tournantes agricoles de la contrée. La dégradation de l'état des routes était confirmée par le Chef de Chefferie, en ces termes : « Le dernier entretien par le gouvernement de ce tronçon date de 1978, à part les efforts des ONGs qui n'ont pas durés ».

Deuxièmement, il y a l'absence de l'autorité de l'État. Dans le *focus group discussion* avec les hommes, un agronome et un vieil homme ont affirmé que « les dimensions de champs exigées par l'État étaient de 15.000m² par culture pour un homme marié et de 2.500 pour un célibataire. Les ivrognes étaient arrêtés et transférés à la prison ; ils y revenaient comme de grands prédicateurs pour décourager ceux qui s'adonnaient à l'alcool ». Une jeune femme a ajouté dans le *focus group* ce qui suit : « Ma mère nous racontait que les champs étaient cultivés ensemble et contrôlés par l'agronome du village. Le jour d'appel,

---

[342] FAO, « Sécurité alimentaire : l'information pour l'action », *Programme CE-FAO*, 2008, p. 1, [en ligne], http://www.fao.org/3/a-al936f.pdf (consulté le 8 avril 2017).

chaque femme se tenait devant le sien pendant que l'agronome faisait le contrôle. En cas de non entretien, la paresseuse était couchée et fouettée dans son champ et ce en présence de tout le monde. Cette pratique faisait peur et personne ne voulait tomber entre les mains de l'agronome ». Ces déclarations montrent qu'il y avait un système de contrôle et de suivi mis en place par les Belges, mais que les Congolais ont fait disparaître. Ceci semble contredire l'affirmation de Stearns selon laquelle les Belges étant forcés à rendre le pouvoir, ils se sont rassurés avoir piégé les Congolais avant leur départ pour qu'ils se retrouvent dans l'impasse[343].

Troisièmement, la migration de la jeunesse vers les centres et les sites d'orpaillage était évoquée comme un facteur majeur déstabilisant la main d'œuvre agricole. Dans le *focus group avec les* femmes, une femme portant son enfant dans ses bras déclare : « Les hommes ne font que nous laisser avec des enfants. Nos mères ne mettaient pas beaucoup d'enfants au monde alors qu'il y avait beaucoup à manger et tous étaient bien nourris. Maintenant qu'il n'y a rien, nos maris nous laissent toujours avec des enfants même jusqu'à dix ». Bien que ce chiffre sonne exagéré, cette femme semblait exprimer son inquiétude alimentaire par rapport à la charge familiale. Cependant, bien que la migration des hommes soit un facteur de découragement, les hommes qui sont restés n'ont pas pu maintenir la culture de partenariat avec les femmes dans la production agricole. Les facteurs occasionnant la perte de reflexe agricole doivent être suffisamment fouillés.

Quatrièmement, la paresse était mentionnée par les enquêtées femmes comme la raison principale de déclin du système de sécurité alimentaire. La paresse n'a pas été placée en premier lieu par les hommes qui croient qu'ils sont démotivés par l'état précaire de la route. Ceux-ci ont plus évoqué l'absence de route. Cependant, les femmes pensent que c'est plutôt la paresse qui est à la base de tout. Mais selon notre analyse, la paresse et l'alcoolisme sont des facteurs majeurs de régression de sécurité alimentaire chez les Lese-Dese. Actuellement, la culture d'ivresse n'est pas voilée en Chefferie des Walese-Dese. Par exemple, à la fin de *focus group* avec les femmes, elles n'avaient pas hésité à déclarer que « maintenant que nous avons fini le travail, il faut laver nos yeux ». En d'autres termes, aussi longtemps que quelqu'un

---

[343] STEARNS Jason, *Dancing in the Glory of Monsters: The Collapse of the Congo and the Great War of Africa*, New York, Public Affairs, 2012, p. 7.

n'a pas pris une petite dose de boisson, il a tendance à somnoler. Les jeunes filles qui étaient à côté de leurs mères aux champs sont dans la préparation artisanale de boisson alcoolique. La boisson alcoolique est préparée à base d'un type de banane impropre à la consommation et qui pousse à l'état sauvage. Ce type de banane qui ne demande aucun entretien et constitue la matière principale dans la fabrication de boisson alcoolique.

Le Lese-Dese se lance à la récolte de cette nouvelle variété de banane, la fermente en quelques jours dans des sacs plastiques et passe à la distillerie artisanale. La consommation est à la portée de tous sans distinction de sexe ni d'âge. Le surplus est destiné pour la vente au chef-lieu du Territoire de Mambasa afin de répondre, tant soit peu, aux besoins de première nécessité. C'est la nouvelle culture en plus d'une alimentation pauvre et mal variée. L'impact d'un tel régime alimentaire sur les femmes et les enfants pendant des générations n'a pas encore fait l'objet d'une étude scientifique approfondie. Toutefois, il y a lieu, sur base de ce qui précède, de peindre une image provisoire de l'avenir des Lese-Dese.

Conclusion

D'abord il y a lieu de noter que l'insécurité alimentaire prolongée risque de plonger la population de la Chefferie des Walese-Dese dans une utopie selon laquelle la sortie de cet état doit être conditionnée par l'ouverture de la route par le gouvernement congolais et l'imposition de la culture de travail à l'instar colonial, alors que plus ou moins deux générations ont déjà perdu le réflexe de travail. La réalisation d'une telle demande pour une génération qui a déjà perdu les habitudes agricoles pourrait être une peine perdue. La raison est que cette route risque de ne pas bénéficier d'une maintenance locale car la population sera incapable de combiner les travaux champêtres et l'entretien routier.

En deuxième lieu, l'insécurité alimentaire persistante chez Lese-Dese et l'enclavement vont continuer à jouer comme des facteurs qui poussent au dépeuplement (*push factor*). Lors des enquêtes, c'est plutôt les jeunes qui ont plus insisté sur le fait que la Chefferie est en train de se vider progressivement de sa main d'œuvre active. Si tel est le cas, la Chefferie des Lese-Dese finira par n'être peuplée que des femmes et des vieillards. Ce déséquilibre démographique risque d'hypothéquer l'avenir économique, politique et social de l'entité.

En troisième lieu, une population alcoolique et mal nourrie, peut être exposée à un disfonctionnement biologique et psychique. Ce disfonctionnement est le résultat du fait que leur organisme ne bénéficie pas d'une alimentation convenable et équilibrée. C'est dans cet organisme à un métabolisme dysfonctionnel que les enfants sont conçus. Etant donné que les mamans sont mal nourries, leurs fœtus risqueront d'avoir un retard de croissance intra-utérine qui résultera à des naissances avec un poids inférieur, dysfonctionnement de croissance et cognitif.

La combinaison de ces trois scénarios peint une image sombre de la Chefferie des Walese-Dese. Cette image ne devait pas seulement tirer une sonnette d'alarme pour la population du milieu, mais aussi pour tous les décideurs et la population de la Province de l'Ituri. Comme c'est une partie de celle-ci qui est en souffrance, l'inquiétude et les solutions doivent être globales et multisectorielles. En outre, ces trois scénarios pourraient être à la base de la rareté de l'élite lese-dese, la déficience dans la réflexion et le trouble comportemental. Ces trois aspects doivent être pris en compte s'il faut initier des actions sociales dans cette entité. Pour arriver à décanter la situation, initier un dialogue entre les parties prenantes et la société lese-dese s'avère important.

En bref, nous pouvons conclure que le Lese-Dese fut un peuple agricole engagé dans l'agriculture. Celle-ci a soutenu non seulement le système de sécurité alimentaire, mais plutôt la vie socioéconomique de toute la génération passée. Des facteurs combinés ont contribué à la disparition de ce système de sécurité alimentaire plongeant la Chefferie dans une insécurité alimentaire. Celle-ci a des conséquences néfastes qui demandent un dialogue entre les parties prenantes et la société lese-dese afin d'arriver à une solution durable.

Arbre de problème de sécurité alimentaire de la Chefferie des Walese-Dese

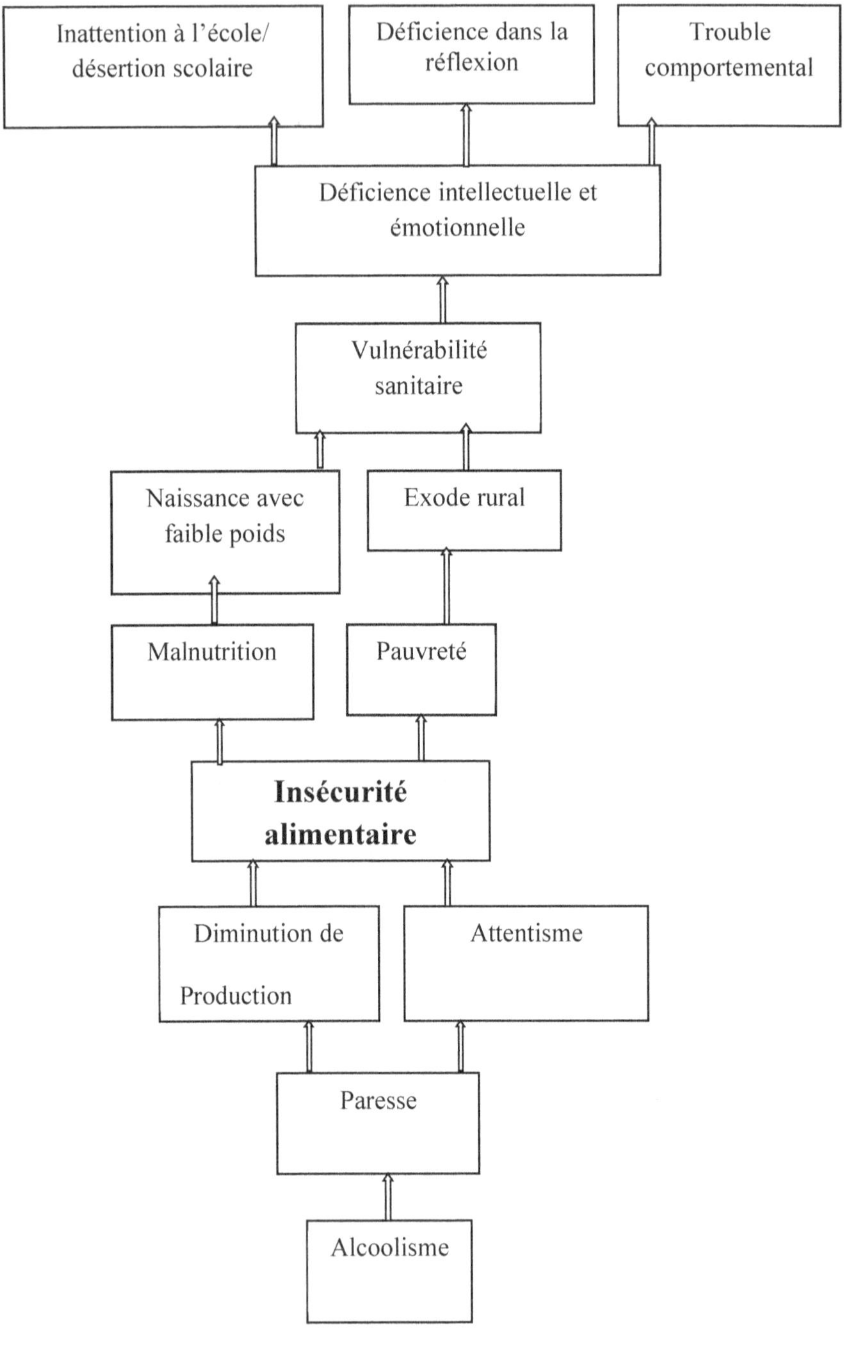

Bibliographie

BARRETT Christopher, *Food Security and Socio Political Stability*, London, Oxford Online Scholarship, 2013, 489 p.

BERGONZINI Jean-Claude & LANLY Jean-Paul, *Les forêts tropicales*, Paris, Karthala, 2000, 165 p.

BENE Christophe, MCFADDEN Graeme & ALLISON Edward Hugh, *Increasing the Contribution of Small Scale Fisheries to Poverty Alleviation and Food Security*, Rome, 2007, 125 p., [en ligne], http://epub.sub.uni-hamburg.de/epub/volltexte/2008/475/pdf/fao.pdf.

CONGO TIMES, *RDC : le succès économique du gouvernement gène ?*, 2015, [en ligne], http://afrique.kongotimes.info/eco_tech/9908-rdc-succes-economique-gouvernement-gene-croissance-reduction-pauvrete-ecole.html

DYE Louise, *Nutrition for Brain Health and Cognitive Performance*, 2015, 357 p., [en ligne], www.ebook3000.com

FAO, *Les femmes, l'agriculture et la sécurité alimentaire*, Rome, [en ligne], http://www.fao.org/worldfoodsummit/french/fsheets/women.pdf

FAO, Sécurité alimentaire: l'information pour l'action, 2008, Programme CE-FAO, [en ligne], http://www.fao.org/3/a-al936f.pdf

Futures africains, *Afrique 2025 : quels futurs possibles pour l'Afrique au sud du Sahara ?*, Karthala, Paris, 195 p.

GIRI Jacques : *L'Afrique en panne : Vingt-cinq ans de « développement »*, 1986, Karthala, Paris, 204 p.

HAMULI Baudouin, *Donner sa chance au peuple congolais*, Karthala, Paris, 2002, 252 p.

HLADIK Claude Marcel *et al.*, *Se nourrir en forêt équatorial : Anthropologie alimentaire des populations des régions forestières humides d'Afrique*, UNESCO/MAB, 1989, Paris, 97 p., [en ligne], https://hal-univ-diderot.archives-ouvertes.fr/hal-00644954/document

KÄ Mana, 1993, *L'Afrique va-t-elle mourir ? : essai d'éthique politique*, Paris, Karthala, 1993, 218 p.

LECOMPTE Margaret & SCHENSUL Jean, *Designing and conducting ethnographic Research*, Plymouth, Altamira Press, 2010, 351 p.

PAGEZY Hélène, « Faim saisonnière et « faim de viande », in *Se nourrir en forêt équatorial : Anthropologie alimentaire des populations des régions forestières humides d'Afrique*, UNESCO/MAB, 1989, Paris, p.

43-44, [en ligne], https://hal-univ-diderot.archives-ouvertes.fr/hal-00644954/document
New York University Silver School of Social Work, *Child Food Insecurity and Mental Health*, s.d., [en ligne], http://mcsilver.nyu.edu/sites/default/files/Child%20Food%20Insecurity%20and%20Mental%20Health.pdf
Ministère de l'Agriculture et du Développement Rural, *Plan National d'Investissement Agricole (PNIA), 2013*, 96 p., [en ligne], http://extwprlegs1.fao.org/docs/pdf/cng146463.pdf
National Research Council And Institute of Medicine, *Research Opportunities Concerning the Causes and Consequences of Child Food Insecurity and Hunger: A Workshop Summary*, The National Academies Press, Washington, 2013, New York, 194 p., [en ligne], http://www.nap.edu/catalog.php?record_id= 18504
ORTRIZ Rodomiro *et al.*, *Food security in Amozonia : A report for the Amazonia security Angenda Projetct*, Swidish University of Agricultural Science, 2013, 89 p., [en ligne], https://www.researchgate.net/profile/Rodomiro_Ortiz-SLU/publication/273885520_Food_Security_in_Amazonia/links/550f165b0cf21287416b01fd/Food-Security-in-Amazonia.pdf
STEARNS, Jason, *Dancing in the Glory of Monsters: the Collapse of the Congo and the Great War of Africa,* 2012, New York Public Affairs, 380 p.

13

Contribution des Associations locales au développement du Territoire de Mambasa

KATANZABO Ngele Dieudonné

Introduction

De nos jours, considérant l'immense misère qui accable la majeure partie du genre humain, la question du développement semble être une préoccupation du monde entier, le concept *développement* étant défini comme un « processus ordonné, global et cumulatif par lequel une société locale, régionale ou nationale tire le maximum des potentiels de son milieu...[344] ». Dans le contexte de l'évolution de leurs réflexions et de leurs actions sur le développement, les organisations internationales mettent en avant la Société civile. Cette dernière peut avoir pour composante des groupes religieux, des Organisations Non-Gouvernementales (ONGs), des Associations locales, etc. La présente réflexion se focalise sur les Associations locales. Celles-ci apparaissent très souvent comme des instruments pouvant accompagner le processus de développement, et sont, quelques fois, les éléments-clefs de la plupart des projets au niveau local[345]. De ce fait, l'analyse de leurs contributions au développement local est nécessaire.

Dans ce domaine, en Ituri, des études se sont appesanties, notamment, sur les aspects liés aux enjeux de la gestion d'un projet en synergie par les ONGs locales et les organismes internationaux en Ituri[346]. Très peu de réflexion semble se concentrer sur les contributions en soi des Associations locales au développement de leurs entités

---

[344] FERNAND Vincent, *Manuel de recherche de financement et de gestion financière : des ONG et organisations de développement du sud*, Genève, IRED, 2003, p. 171.

[345] DIOP Momar-Coumba et BENOÎT Jean, *L'Afrique des associations: entre culture et développement*, s.l., CREPOS, 2007, p. 234.

[346] DUPE Wele, « Enjeux de la gestion d'un projet en synergie par les ONG locales et les organismes internationaux en Ituri », in *Revue de Recherche-Développement*, 2011, n° 3, p. 215-229.

respectives. L'analyse de ces contributions s'avère indispensable dans la mesure où elle permet de repérer les forces et opportunités dont les Associations disposent, ainsi que les limitations et menaces auxquelles ces structures font face dans la quête du développement de leurs entités. En outre, une pareille réflexion permet aux acteurs de développement de penser à des stratégies appropriées, en vue de proposer des éventuelles orientations nécessaires à ces sociétés de développement.

Pour ce qui est du but, cette étude vise à évaluer les contributions des Associations locales au développement, en focalisant sur celles existantes en Territoire de Mambasa.

La situation actuelle se présente de telle manière que l'aspect d'autonomisation et du développement socioéconomique des populations en générale, et de peuples autochtones de Mambasa en particulier, reste en ces jours loin d'être une réalité. La précarité caractérise au quotidien la vie de la quasi-totalité de ces peuples précités. Les bilans que l'on peut dresser en regardant ces groupes cibles facette par facette convergent : faibles productions agricoles, dégradation du milieu naturel en s'appuyant sur les phénomènes mystiques qui ne favorisent pas le développement, la paresse, faibles initiatives locales de développement, etc. Cet état des choses enracine constamment la pauvreté avec tous ses effets collatéraux en charge des autochtones de Mambasa.

La résolution d'une crise sociale ainsi décrite exige une nouvelle forme de mobilisation des ressources humaines. Dans cette optique, les regroupements des populations en associations – centre de réflexion et d'analyse des problèmes sociaux locaux – en est une des stratégies efficaces. En ces jours, les initiatives de création des Associations locales se sont multipliées en prétendant formellement apporter solution à la misère aussi bien culturelle qu'économique qui accable cette population. Cependant, il s'observe, malheureusement, un total déphasage entre cette multiplicité des Associations et l'amélioration de conditions socioéconomiques des populations dont il est question.

Un tel paradoxe suscite des questionnements par rapport à l'efficacité de l'existence et des travaux de ces structures locales dans les milieux. D'où cette recherche est partie de la question de savoir les retombés de l'existence des associations locales au profit du développement socioéconomique des populations du Territoire de Mambasa. L'hypothèse émise, par rapport à cette question, est que ces structures locales ne contribueraient pas significativement au développement du Territoire de Mambasa.

Méthode et techniques de recherche

La méthode dialectique a été choisie pour l'élaboration de ce document. Cette méthode consiste à rechercher derrière les faits sociaux directement lisibles, les structures déterminantes sous-jacentes, non apparentes mais réelles par lesquelles les faits observés fonctionnent socialement[347].

Les techniques d'échantillonnage, la technique documentaire ainsi que celle d'enquête ont été utilisées. Leurs interventions dans cette réflexion sont décrites de la manière suivante : un échantillon de 40 Associations locales a été tiré d'un ensemble de 127 enregistrées au service du Plan du Territoire de Mambasa. La technique documentaire a consisté à la consultation de certains textes (principalement des statuts, des textes des projets ainsi que des rapports des activités) des Associations enquêtées. Les entretiens semi-structurés ont aussi été d'application afin de recueillir des témoignages et déclarations complémentaires auprès des responsables des associations concernées, du coordinateur de la Société civile du Territoire, des responsables des services du Plan et du Développement rural et auprès de quelques bénéficiaires des projets réalisés par ces structures cibles.

Variables de recherche et faits observés

Les variables retenues pour cette évaluation sont, notamment :

- Les motivations ayant stimulé la création desdites Associations locales.
- La pertinence des objectifs poursuivis par ces structures locales par rapport aux besoins réels des populations, ainsi que leurs réalisations, etc.
- Les difficultés rencontrées dans la poursuite de leurs objectifs.

Les tableaux et les paragraphes qui suivent présentent les résultats recueillis sur le terrain et les discussions y relatives par rapport aux variables retenues.

---

[347] MULUMA Munanga Albert, *Guide du chercheur en sciences sociales et humaines*, Kinshasa, SOGEDES, 2003, p. 25.

Motivations à la base des Associations locales

Ici, les motivations ayant stimulé la création des Associations sont reparties en deux groupes, tels que repris dans le tableau ci-dessous.

Tableau 1. Motivations ayant stimulé à la création des Associations locales en Territoire de Mambasa

Motivations	**Effectifs**	**%**
Motivations liées au souci du développement socioéconomique de la population	26	65
Motivations liées aux intérêts intrinsèques des membres des Associations	14	35
Totaux	**40**	**100**

Ce tableau montre le souci du développement de la population de Mambasa comme étant la motivation première de la création des Associations locales. Ces initiatives émergent dans un contexte de crise avérée mettant en recul le progrès des populations de Mambasa, en général, et des autochtones, en particulier. Ceci semble traduire la conscience qu'ont les leaders locaux au sujet du sous-développement de leur entité et sont en quête d'une voie de sortie de la situation.

Objectifs des associations locales

Pour que les efforts de la sortie de la crise soient efficaces, il faut que les objectifs poursuivis présentent leur pertinence. C'est cela qui est analysée ci-dessous.

Tableau 2. Pertinence des objectifs poursuivis par les Associations par rapport aux besoins réels des populations

Procédures de fixation des objectifs	**Effectif**	**%**
Les objectifs sont fixés à la suite d'une observation personnelle faite par les leaders initiateurs des Associations	15	37,5
Les objectifs sont fixés lors d'une assemblée générale de tous les membres effectifs des Associations	11	27,5
Les objectifs sont fixés suite aux demandes formulées par la population lors d'un meeting communautaire.	10	25,0
Les objectifs sont fixés à la suite de résultat d'une enquête d'identification des besoins sur terrain.	04	10,0
Totaux	**40**	**100**

Ici les objectifs fixés par les initiateurs, selon leurs observations et leurs jugements personnels, sont en nombre plus important (37,5%). Cette tendance est talonnée par le deuxième score (27,5%) qui est celui des objectifs fixés par les membres des Associations en lieu et place des populations locales. L'implication du public communautaire au processus de détermination des objectifs d'une part, et d'autre part une enquête d'identification de besoins ne se sont révélées respectivement qu'à la hauteur de 25% et 10%. Ainsi, les objectifs poursuivis par les Associations locales sont loin d'être une expression des populations. Pourtant, considérant le contexte actuel du Territoire de Mambasa qui évolue en défaveur du développement des autochtones, la fixation des objectifs communs ainsi que la recherche de l'intérêt collectif – celle de la promotion socioéconomique – serait à mesure de jouer un rôle majeur dans le processus fiable et décisif du développement, lequel processus est celui qui commence à la base c'est-à-dire avec l'implication des populations, ultimes bénéficiaires des actions. Ceci continue d'insister sur le fait que « c'est le local qui doit prendre en main la défense de son identité et la construction de son avenir[348] ». Cette vision des choses rencontre la définition du développement comme étant « un ensemble des pratiques et des représentations sociales exprimées par des sujets qui participent à des interventions de changement planifié[349] ». Ceci est nettement contraire à l'idée selon laquelle le rôle principal au sein de processus du changement voulu serait confié à des planificateurs (hommes politiques, diplomates, techniciens du développement, etc.) dépositaires d'un savoir expert, et non pas aux protagonistes dudit changement[350].

Il sied ainsi de conclure que la façon dont la plupart des Associations locales de Mambasa fixent leurs objectifs ne revêt pas d'un caractère pertinent du moment où les populations à la base n'y sont pas impliquées. Cette révélation remet aussi en doute la conclusion du premier résultat précisant le développement communautaire comme étant le souci majeur de la création des Associations locales. Cette dernière affirmation est valable si l'on ne considère pas l'ignorance et

---

[348] AROCENA José, *Le développement par l'initiative locale : le cas français*, Paris, L'Harmattan, 1986, p. 90.
[349] TOMMASOLI Massimo, *Le développement participatif : analyse social et logique de planification*, Paris, Karthala, 2004, p. 9.
[350] *Ibid.*, p. 10.

l'incompétence des animateurs des associations locales en matière des démarches du développement endogène.

Réalisations des Associations locales

Dans cette rubrique ce sont les réalisations des Associations qui sont catégorisées et analysées.

Tableau 3. Réalisations des Associations locales

Catégories des réalisations	**Effectifs**	**%**
Réalisations faites en faveur des membres des associations d'abord.	21	52,5
Réalisations faites au profit du développement communautaire.	14	35,0
Les associations n'ayant encore rien réalisé.	05	12,5
Totaux	**40**	**100**

Les organisations enquêtées ont prouvé à 52,5% que leurs réalisations sont premièrement faites en faveur ou au profit de leurs membres. Seulement 35% ont affirmé que leurs réalisations à ces jours sont promotrices du développement communautaire. Parmi les réalisations faites au profit du développement communautaire nous pouvons citer les projets comme :

- La sensibilisation des femmes sur les différents thèmes comme les violences sexuelles, la prévention contre le VIH/SIDA et autres IST par l'association dénommée Fédération Féminine pour le Développement et l'Auto-prise en Charge (FFDAPC) de Mambasa ;
- La mise en place d'une presse à huile local en faveur des habitants par l'Association pour le Développement de Peuple Bakwanza (ADPB) de Manya ;
- La vulgarisation des techniques d'élevage des poules pondeuses par l'association Ushindi et l'association dénommée Initiatives des Natifs pour l'Appui à la Conservation à Mambasa (INACOM) et l'Association de Développement aux Pygmées au Congo (ADPY/CONGO) de Mambasa.

- Le projet d'élevage des caprins par l'Association de Jeunes Agriculteurs, Pécheurs et Eleveurs (AJAPE) de Banana gite.

Finalement, 12,5% n'avaient encore rien fait comme réalisation aussi bien pour les membres que pour la population locale. Cherchant à analyser l'impact des projets visités dans leurs sites respectifs, il s'en est ressortis que les associations locales sont opportunistes et sont porteuses des projets à caractère interventionniste et éphémères basés sur la disponibilité de financements extérieurs (appels d'offre aux projets).

Cette façon d'agir de la majorité des Associations entre en totale déphasage avec la pensée selon laquelle « Il y a peu de projets de développement qui n'ont pas dans leurs objectifs de promouvoir une meilleure organisation villageoise[351] ». Alors que les actions de l'État tardent à promouvoir le développement social des autochtones en Territoire de Mambasa, de nouveaux acteurs dont, notamment, les Associations locales, devraient se mobiliser aux côtés des agences internationales du développement pour lutter contre la pauvreté et les inégalités sociales. Ainsi, les organisations locales doivent, en effet, être appuyées pour renforcer leurs capacités à gérer des programmes complexes, aux sources de financement multiples, en coopération avec plusieurs partenaires, et à partir des besoins des populations dont il est nécessaire de susciter l'expression, de soutenir l'implication pour qu'elles s'approprient l'initiative[352].

De ce qui précède, il ressort clairement que les actions des Associations locales doivent viser a priori l'amélioration des conditions de vie des communautés locales, et non le bien-être exclusif des membres fondateurs de ces organisations.

Difficultés des Associations

Pendant les investigations sur le terrain, les représentants des Associations ont invoqué les difficultés auxquelles leurs organisations

[351] MORIZE J. *et al.*, *Guide de l'agent du développement rural*, Paris, PUF, 1983, p. 58.

[352] HOFMANN Elisabeth et NAJIM Annie, *L'agent de développement et le Sud : tentatives pour circonscrire un profil professionnel*, Paris, Karthala, 2003, p. 8.

font face dans leurs actions. Les détails en sont donnés dans le tableau qui suit.

Tableau 4. Difficultés des Associations locales

Difficultés	**Effectif**	**%**
Insuffisance de ressources humaines compétentes au sein des Associations	28	70,0
Difficultés de compréhension des actions bénévoles des Associations par la population et même par quelques chefs coutumiers	14	35,0
Insuffisance d'appuis financier, matériel et technique.	35	87,5

Il convient de noter que les effectifs et les pourcentages marqués dans le tableau 4 ci-dessus ne correspondent pas à l'effectif total de 40 répondants pour la simple raison qu'une seule association pouvait évoquer plus d'une difficulté en même temps. Dans ce tableau, l'insuffisance d'appui financier, matériel et technique se montre être la difficulté majeure des associations enquêtées. Ce problème représente 87,5%. Pourtant, dans le domaine du développement, la question d'appui reflète l'idée de coopération. Le fait de déclarer une insuffisance d'appui financier, matériel et technique signifie simplement que les associations, pour la plupart, n'opèrent pas en partenariat efficace avec d'autres organisations congolaises ou d'outre-mer. A ce niveau, il est clair qu'il y a un problème. Les contacts et les échanges avec le monde extérieur sont considérés comme mesure d'accompagnement pour cimenter des relations[353]. Dans cette condition, les coopérations sont des contacts mixtes pendant lesquels les stigmatisés et les normaux partagent une même situation sociale[354]. En développement, la coopération s'inscrit, à coup sûr, dans la logique de globalisation qui s'impose en ce XXIe siècle.

[353] FREUD Claude, *Quelle coopération ? Un bilan de l'aide au développement*, Paris, Karthala, 1988, p. 39.

[354] NAHAVANDI Firouzeh, *Repenser le développement et la coopération internationale : état des savoirs universitaire*, Paris, Karthala, 2003, p. 32.

Un autre problème évoqué est l'insuffisance de ressources humaines compétentes au sein des Associations locales de Mambasa. Dans ses propositions de programme pour 1993-1995, l'OCDE souligne :

> Le capital humain constituait l'un des trois facteurs déterminants de la croissance et du progrès au même titre que le contexte politique et environnemental : car l'aptitude à créer, à adopter, à faire bon usage de progrès technique, est tout d'abord étroitement liée à l'évolution des représentations sociales que les hommes se font de leur manière d'être et d'agir[355].

Signalons, en passant, que la manière d'agir des animateurs des associations est susceptible d'affecter largement la compréhension et l'implication des autorités locales dans les actions communautaires. Ceci revient à dire, sans ambages, qu'une bonne partie des imperfections constatées dans le chef des Associations locales concernées est une conséquence directe d'insuffisance d'investissement dans le capital humain en vue de rendre les ressources humaines locales compétentes et professionnelles en matière de leur développement.

Conclusion

La recherche sur les contributions des Associations locales au développement du Territoire de Mambasa a montré que ces structures locales sont, à nos jours, caractérisées par les faits majeurs suivants :

- Les objectifs non adaptés au contexte local.
- Les Associations locales sont opportunistes et sont porteuses des projets à caractère interventionniste et éphémères basés sur la disponibilité de financements extérieurs (appels aux projets).
- Les réalisations des projets sont faites premièrement au bénéfice des membres fondateurs de ces associations, au lieu d'être au bénéfice de la population.
- Un faible investissement dans le capital humain.
- Un faible appui financier, matériel et technique nécessaires.
- L'incompréhension des actions bénévoles des associations par la population et même par une grande majorité des chefs coutumiers ;

[355] HOFMANN et NAJIM , *op. cit.*, p. 18.

et ce, consécutivement au manque de professionnalisme de la part des animateurs des structures locaux de développement.

Au regard de ce qui précède, il sied de confirmer en définitif qu'au stade actuel les Associations locales du Territoire de Mambasa ne contribuent pas efficacement au développement de cette entité. De toute évidence, l'adéquation qui peut s'observer dans la fixation des objectifs (adaptés au contexte local) d'une association, les réalisations des projets déclencheurs du développement communautaire et la mobilisation de toutes les parties prenantes aux projets (y compris les autorités locales) sont des expressions d'un professionnalisme avéré attribuable aux animateurs des associations locales. De ce fait, le renforcement des capacités de ces animateurs se veut une nécessité urgente en vue de leur permettre de gérer des programmes complexes, aux sources de financement multiples en coopération avec plusieurs partenaires, et à partir de besoins des populations dont il est nécessaire de susciter l'expression et de soutenir l'implication pour qu'elles s'approprient les initiatives de manière durable.

Bibliographie

AROCENA José, *Le développement par l'initiative locale : le cas français*, Paris, L'Harmattan, 1986, 227 p.

DIOP Momar-Coumba et BENOIT Jean, *L'Afrique des associations : entre culture et développement*, (s.l.), CREPOS, 2007, 295 p.

DUPE Wele, « Enjeux de la gestion d'un projet en synergie par les ONG locales et les organismes internationaux en Ituri », in *Revue de Recherche-Développement*, 2011, n° 3, p. 215-229.

FERNAND Vincent, *Manuel de recherche de financement et de gestion financière : des ONG et organisations de développement du sud*, Genève, IRED, 2003, 230 p.

FREUD Claude, *Quelle coopération ? Un bilan de l'aide au développement*, Paris, Karthala, 1988, 270 p.

HOFMANN Elisabeth et NAJIM Annie, *L'agent de développement et le Sud: tentatives pour circonscrire un profil professionnel*, Paris, Karthala, 2003, 221 p.

MORIZE J. *et al.*, *Guide de l'agent du développement rural*, Paris, PUF, 1983, 113 p.

MULUMA Munanga Albert, *Guide du chercheur en sciences sociales et humaines*, Kinshasa, SOGEDES, 2003, 129 p.

NAHAVANDI Firouzeh, *Repenser le développement et la coopération internationale : état des savoirs universitaire*, Paris, Karthala, 2003, 207p.

TOMMASOLI Massimo, *Le développement participatif : analyse social et logique de planification*, Paris, Karthala, 2004, 265p.

14

Accessibilité aux soins de santé pour la population autochtone de la Zone de Santé de Lolwa

MANANU Adubango Innocent

Introduction

Le Territoire de Mambasa fait face, depuis un certain temps, à un afflux des peuples de la savane, poussés par les réalités socio-économiques précaires et l'insécurité, à quitter leur milieu naturel pour venir s'installer dans la forêt en vue d'y pratiquer l'agriculture, exploiter les bois et les minerais.

Plus la démographie s'accroît dans un milieu, plus l'on se confronte aux questions de santé. Ce qui fait appel à la disponibilité des structures sanitaires pour la prise en charge des pathologies couramment rencontrées parmi la population. Mais il se pose un problème d'accessibilité aux soins[356], surtout pour la population autochtone qui n'arrive pas à bénéficier de services de soins disponibles, comparativement à la population venue de la savane. C'est ce qui oblige cette population à recourir parfois aux traitements traditionnels.

La Zone de Santé de Lolwa déclare que la fréquentation de la population autochtone dans les structures sanitaires sous son ressort est estimée à une moyenne de 10 % comparativement aux allochtones.

En vue d'émettre nos hypothèses, nous nous sommes posé des questions ci-après.

- Pourquoi le peuple autochtone se désintéresse-t-il de la médecine moderne pour recourir à la médecine traditionnelle, ou de fois rester sans se faire soigner ?

[356] « Accessibilité aux soins de santé » c'est la capacité matérielle d'accéder aux ressources sanitaires et aux services de santé. Elle présente au moins deux dimensions, en l'occurrence : la dimension matérielle et la dimension sociale.

- Les services de soins disponibles sont-ils accessibles en termes de localisation et de coût, pour cette population ?

Par cette recherche, nous voulons vérifier les hypothèses qui suivent.

- Les facteurs culturels seraient à la base du désintéressement et du recours à la médecine traditionnelle par le peuple autochtone, au détriment de la médecine moderne.
- Les structures sanitaires seraient éloignées par rapport aux agglomérations des autochtones de la localité de Lolwa.
- Le coût de traitement dans les structures sanitaires de la Zone de Santé de Lolwa serait élevé par rapport aux revenues de la population autochtone, et constituerait le principal blocage pour l'accès aux soins.

Nous nous sommes fixé trois objectifs : (1) vérifier l'impact des facteurs culturels sur le désintérêt à la médecine moderne, (2) évaluer la distance parcourue par cette population avant d'atteindre la structure sanitaire la plus proche, (3) identifier les sources de revenue des peuples autochtones ainsi que leur capacité à honorer la facture de soins reçus et enfin.

Cette étude a été menée dans la Zone de Santé[357] de Lolwa, localisée dans le Territoire de Mambasa. Elle est subdivisée en cinq Aires de Santé (Lolwa, Bahaha, Mabukulu, Manya et Pekele) et couvre une population estimée à 47 428 habitants, étendus sur une superficie de 2 826 km^2. Dans le cas spécifique de notre étude, nous nous sommes focalisé sur les trois premières Aires de Santé[358], dont celles de Lolwa, de Bahaha et de Mabukulu.

Notre population d'étude est constituée d'un échantillon de 60 personnes, tirées occasionnellement parmi les peuples autochtones

[357] Une « Zone de Santé » est une entité géographique bien délimitée (diamètre maximum 150 kms) contenue dans les limites d'un territoire ou d'une commune administratif, comprenant une population d'au moins 100.000 habitants (composée des communautés homogènes au point de vue socioculturelle) avec des services de santé à deux échelons interdépendants (Centres de Santé au premier échelon et un Hôpital Général de Référence [HGR] au deuxième échelon), sous la supervision d'une équipe cadre de la Zone de Santé.

[358] Une « Aire de Santé » est une entité géographique délimitée, composée d'un ensemble de villages en milieu rural et/ou des rues en milieu urbain, établis selon des critères d'affinités sociodémographiques dont la taille de la population desservie est en moyenne de 10.000 habitants selon le milieu (rural ou urbain). Chaque Aire de Santé est couverte par un Centre de Santé.

(Pygmées et Bila). Nous les avons rencontrés dans leurs agglomérations respectives, et nous les avons soumis à une interview.

En vue de faciliter le contact avec la population cible, nous avons recouru à un interprète ; et en plus, avons eu à interroger les responsables des aires de santé pour d'amples éléments en rapport avec notre étude.

Pour nous permettre d'analyser les données, nous avons utilisé la moyenne et le pourcentage comme procédé statistique.

Résultat

Opinions selon le type de traitement de première intention

Type de traitement	Effectif	Pourcentage
Moderne	45	75
Traditionnel	13	21,7
Les Deux	02	3,3
Total	60	100

Parmi le peuple autochtone, 75% sont ceux qui préfèrent recourir au traitement moderne quand ils tombent malades. Toutefois, 21,7% d'entre eux utilisent directement les médicaments traditionnels et 3,3% recourent à la fois à tous les deux types de traitement.

Opinions selon le traitement jugé efficace

Traitement efficace	Effectif	Pourcentage
Moderne	40	66,6
Traditionnel	17	28,4
Les Deux	03	05
Total	60	100

Ce tableau révèle que 66,6% de la population autochtone juge efficace le traitement moderne, contre 28,4% qui considèrent le traitement traditionnel plus efficace que le moderne. Une proportion de 5% attribue l'efficacité à tous les deux types de traitement.

Opinions selon le nombre de structures sanitaires retrouvées dans l'entourage direct des enquêtés

Nombre de structures sanitaires	Effectif	Pourcentage
Une	44	73,3
Deux	16	26,7
Aucune	00	00
Total	60	100

Ce tableau nous montre que 73,3% de nos enquêtés avouent avoir quand même une structure sanitaire dans leur entourage, à laquelle ils peuvent recourir en cas de maladie. En plus, 26,7% déclarent en avoir même deux.

Recours au traitement alternatif à la médecine classique

	Effectif	Pourcentage
Médecine traditionnelle	44	73,3
Automédication	9	15
Aucun	7	11,7
Total	60	100

La majorité de nos enquêtés a eu à recourir au traitement traditionnel comme alternative, ce qui représente une proportion de 73,3% des cas. Par contre, d'autres ont fait appel à l'automédication soit 15% et 11,7% de cette population n'ont utilisé aucune alternative.

Opinions selon la distance approximative parcourue avant d'atteindre une structure sanitaire la plus proche

Distance	Effectif	Pourcentage
Inférieur à 5 km	50	83,3
5 à 10 km	07	11,7
Supérieur à 10 km	03	05
Total	60	100

Les patients issus du peuple autochtone parcourent dans 83,3% des cas, une distance inférieure à 5 km, avant d'atteindre la structure sanitaire la plus proche. Par contre, 11,7 % effectuent entre 5 et 10 km.

Opinions selon les facteurs qui les motivent à recourir au traitement traditionnel

	Effectif	Pourcentage
Manque d'argent	41	68,4
Distance	03	05
Inefficacité de traitement Moderne	14	23,3
Tradition	02	3,3
Total	60	100

Ce tableau révèle dans une proportion de 68,4 % que certaines gens recourent parfois au traitement traditionnel à cause du manque d'argent, alors que 23,3 % y recourent à cause de l'inefficacité du traitement moderne.

Opinions selon la qualité de soins médicaux rencontrés dans la structure sanitaire

Qualité de soins	Effectif	Pourcentage
Satisfaisante	28	46,7
Pas satisfaisante	32	53,3
Très satisfaisante	00	00
Total	60	100

En rapport avec la qualité de soins rencontrée dans les structures, elle est jugée satisfaisante par 46,7% de la population. Par contre, 53,3% la trouvent pas satisfaisante, du fait que les soins dépendent de moyens financiers ; et que les structures de santé sont sous-équipées en matériels et médicaments.

Opinions selon la capacité ou non à honorer les frais de soins

	Effectif	Pourcentage
Capables	10	16,7
Incapables	50	83,3
Total	60	100

Il ressort de ce tableau que 83,3 % de cette population se déclarent être incapables d'honorer les frais de soins, contre 16,7% qui s'estiment quand même capables.

Opinions selon la profession

Profession	Effectif	Pourcentage
Agriculteurs	30	50
Chasseurs	14	23,3
Journaliers	11	18,3
Aucune	5	8,4
Total	60	100

Nous remarquons dans ce tableau que 50% de cette population pratiquent l'agriculture comme profession, suivi de la chasse qui est pratiquée par 23,3%. Par contre 18,3% vivent de travaux journaliers exécutés dans certains ménages si l'occasion se présente et 8,4% se retrouvent sans aucun emploi.

Discussion

Tableau 1. Type de traitement de première intention

La population autochtone a le choix à faire entre deux types de traitement : le traditionnel et le moderne. Ainsi, 75% nous ont déclaré recourir en première intention au traitement moderne. Ceci s'explique par la présence d'une école de formation des infirmiers dans le milieu depuis plusieurs années, qui a contribué à la sensibilisation de toutes les couches de la population de la Zone de Santé de Lolwa.

Par contre, 21,7% utilisent directement le traitement traditionnel sans passer par les médicaments modernes. Il s'agit de ceux qui demeurent attachés à la tradition ou qui évoquent quelques raisons les empêchant d'utiliser le traitement moderne. Nous avons rencontré une faible proportion de ceux qui recourent à tous les deux types de traitement. C'est certainement quand l'un ne marche pas qu'il faut tenter avec l'autre.

Tableau 2. Traitement jugé efficace

Apportant leur jugement sur les deux types de traitement, 66,6% ont approuvé l'efficacité du traitement moderne. C'est un fait positif dans le sens où ce peuple est traditionnellement attaché au traitement indigène.

Toutefois, une proportion non négligeable de 28,4% approuve l'efficacité du traitement traditionnel ; ceci montre que malgré la sensibilisation, certains autochtones demeurent attachés à la tradition. Deux femmes pygmées ont déclaré qu'il existe des pathologies propres à la forêt, que les médicaments modernes ne guérissent pas.

Tableau 3. Nombre des structures sanitaires retrouvées dans l'entourage direct des enquêtés

Nous découvrons ici qu'il existe quand même une structure sanitaire dans l'entourage direct de nos enquêtés (73,3%). Selon la Zone de Santé, chaque Aire de Santé est composée d'un Centre de Santé et des postes de santé tant du secteur public que privé. Ceci a favorisé le rapprochement de ces structures de cette population. C'est ainsi que certains ont même avoué avoir deux structures sanitaires auxquelles ils peuvent recourir (26,7%).

Ceci témoigne de l'existence des structures sanitaires en dépit de leur viabilité, maintenant ainsi cette Zone de Santé (composée d'un hôpital général de référence, de cinq centres de santé et de 11 postes de santé et desservant 47 427 habitants) dans les normes du Ministère de la santé de la RDC[359], qui exige la création d'une zone de santé pour une population de 100 000 habitants.

Tableau 4. Recours au traitement alternatif à la médecine classique

En dépit de la disponibilité des structures sanitaires tout autour des Pygmées et des bila, nous constatons que 73,3% d'entre eux recourent premièrement au traitement traditionnel en cas de non accessibilité de ces dernières. Les paragraphes qui suivent le montreront.

Nous retrouvons aussi 15% de cette population qui fait appel à l'automédication dans certaines officines de fortune existant dans le milieu, en allant acheter des comprimés à la dimension de leur argent.

Tableau 5. Distance parcourue pour atteindre une structure sanitaire

Pour atteindre la structure sanitaire la plus proche, 83,3% des autochtones effectuent une distance inférieure ou égale à 5 km. Ceci grâce au fait que la plupart d'entre eux sont actuellement regroupés dans des campements érigés par certaines organisations non gouvernementales qui les récupèrent de la forêt profonde pour les rapprocher des Bantous. Keren Masudi, dans son étude, a trouvé que

---

[359] Ministère de la Santé, *Recueil des normes de la Zone de Santé*, Kinshasa, 2006, p. 1-5.

90,4% des ménages enquêtés, parcouraient une distance de moins de 1 km[360]. Nous retrouvons tout de même, une proportion de 11,7% de cette population qui parcoure une distance entre 5 et 10 km ; et 5% en font au-delà de 10 km.

Il est constaté que certains autochtones, à force d'être attachés à la forêt, finissent par quitter les campements pour y retourner. Ainsi, il leur faut de plus longues marches avant d'atteindre des structures sanitaires qui sont majoritairement érigées le long de la route principale.

Tableau 6. Les facteurs qui motivent les autochtones à recourir au traitement traditionnel

Compte tenu de leur niveau socio-économique précaire, 68,4% des autochtones déclarent recourir au traitement traditionnel suite au manque d'argent pour supporter le coût de traitement moderne. Les infirmiers que nous avons rencontrés dans les aires de santé ont déclaré que les autochtones qui fréquentent les structures sanitaires sont des insolvables car à la fin de prise en charge, ils ne payent pas les frais de soins. Un pygmée nous a avoué ne pas aller au centre de santé parce qu'en y arrivant, on va lui demander de l'argent qu'il n'a pas. Ainsi, il vaut mieux pour lui se soigner par les plantes médicinales que d'aller dans un dispensaire. Une étude de l'Institut de Recherche et Documentation en Économie de la Santé effectuée en France en 2008 avait révélé que 15,4% de la population adulte déclarait avoir renoncé à des soins médicaux pour des raisons financières[361].

Par contre, 23,3% ont avoué recourir au traitement traditionnel à cause de l'inefficacité du traitement moderne. Selon certains, la médecine moderne montre ses limites quant à certaines maladies qui sont spécifiques à la forêt. Seuls 3,3% d'entre eux, disent recourir au traitement traditionnel sous l'effet de la tradition.

---

[360] MASUDI Keren, « Problématique d'accessibilité aux soins de santé primaires en milieu urbanorural, dans l'aire de santé de Bujovu », TFC, inédit, Institut Supérieur des Techniques Médicales, Goma, 2012, p. 27-28.

[361] DESPRÉS C. *et al.* « Le renoncement aux soins pour raisons financières: une approche économétrique », in *Questions d'économie de la santé*, n° 170, Paris, 2011, p. 1-2

Tableau 7. Qualité de soins rencontrés dans les structures sanitaires

Apportant leur jugement sur la qualité de soins reçus dans les centres de santé, moins de la moitié disent être satisfaits (46,7%). Cette satisfaction fait suite à la guérison dont ils ont été bénéficiaires après avoir reçu le traitement moderne. Dans son étude, Pierrot Bahati Bishangi a aussi trouvé que 45,7% des autochtones du campement Lac Vert à Goma ont trouvé la guérison lorsqu'ils se sont fait soigner à l'hôpital[362]. Mais le reste (53,3%) affirme ne pas être satisfait de la qualité de soins pour deux raisons principales : la première est l'exigence de l'argent en échange de bons soins comme l'ont déclaré certains de nos enquêtés qui sont obligés de recevoir les soins à la dimension de leurs revenues ; la seconde raison étant l'insuffisance en matériel et médicaments dans les centres de santé qui généralement s'organisent avec les recettes locales insignifiantes, sans aucune subvention, pour se ravitailler en médicaments et matériels.

Dans l'Aire de Santé de Mabukulu, par exemple, l'infirmier titulaire a dit n'avoir plus de médicament depuis que le stock disponibilisé par le chef du village a pris fin. Sanny Yaya et Samuel Ileka affirment que dans les pays en développement, la formation médicale est souvent d'un niveau assez bas et d'un contenu mal adapté aux conditions de travail réelles, et la prestation de soins de qualité est restreinte par la pénurie de matériel médical[363].

Tableau 8. Capacité ou non à honorer les frais de soins

La majorité de nos enquêtés (soit 83,3%) disent ne pas être capables d'honorer les frais de soins médicaux. Keren Masudi a trouvé, dans son étude, que 89,2% des ménages ont affirmé que l'indisponibilité des moyens financiers est la principale cause de l'inaccessibilité aux soins de santé primaires. Ceci est le reflet de faibles revenus des autochtones qui ne leur permettent pas de subvenir à leurs besoins élémentaires. Innocent Ntakobajira stipule que privés de la forêt, les autochtones pygmées du Parc National de Kahuzi Biega sont également privés

---

[362] BAHATI Bishangi Pierrot, « Analyse des facteurs entravant l'accessibilité des Pygmées aux soins de santé dans les zones de santé de Goma et de Karisimbi », Mémoire de licence, inédit, Université Libre des Pays des Grands Lacs, Goma, 2008, p. 39 & 51.

[363] SANNI Yaya, « Les maux et les choses de la santé», in *Acteurs, pratiques et systèmes de santé dans le tiers monde*, Québcc, Presse de l'Université de Laval 2010, p. 69.

d'accès aux médicaments indigènes ; pourtant ils n'ont pas d'autres ressources pouvant leur faciliter l'achat des médicaments dans des pharmacies modernes, voire de se faire soigner dans des hôpitaux et autres Centres de Santé[364].

Nous trouvons tout de même une proportion de 16,7% de cette population qui se dit être capable de subvenir soi-même à ces besoins.

Tableau 9. Profession

La moitié de nos enquêtés (soit 50%) pratiquent l'agriculture comme activité principale. Pierrot Bahati a trouvé dans son étude que 67,5% des chefs de ménages pygmées de Mugunga pratiquent l'agriculture. La chasse (23,3%) et l'exécution des travaux journaliers[365] (18,3%) constituent des secteurs d'activité préférentiels pour les peuples autochtones qui ne peuvent pas faire au-delà.

Malheureusement, ces activités demeurent rudimentaires et ne procurent pas de bons revenus. « Pour que je me fasse soigner, il me faut accepter de cultiver le champ de l'infirmier responsable », a déclaré un sujet bila que nous avons rencontré.

Conclusion et recommandations

À l'issu de notre étude effectuée sur l'accessibilité aux soins de santé pour les peuples autochtones dans la Zone de Santé Rurale de Lolwa à Mambasa, nous avons abouti aux trois résultats suivants.

- Les peuples autochtones (pygmée et bila) de la Zone de Santé de Lolwa ont bien besoin de bénéficier de soins modernes. Contrairement à notre première hypothèse qui stipulait que les facteurs culturels seraient à la base du désintéressement et du recours à la médecine traditionnelle par le peuple autochtone au détriment de la médecine moderne; la tradition ne constitue pas un obstacle pour leur accession aux soins de santé.

---

364 NTAKOBAJIRA Bisimwa, « Garantir un accès aux soins de santé des peuples autochtones Pygmées expulsés dans le Parc National de Kahuzi Biega dans la Province du Sud Kivu : capitalisation du thème de la journée internationale des Peuples Autochtones », Bukavu, 2015, p. 2.

365 Les « travaux journaliers » sont des travaux informels (champêtres ou ménagers), exécutés auprès d'un particulier en échange d'un payement à la fin de la tâche. Tout se négocie séance tenante entre les deux parties.

- Les structures sanitaires, quoique souvent peu viables, se retrouvent être géographiquement accessibles aux autochtones, ce qui infirme notre deuxième hypothèse. Toutefois, il se pose un réel problème en termes de qualité de soins.
- La difficulté majeure entravant leur accessibilité aux soins est liée à leurs revenus faibles qui les empêchent d'être en mesure d'honorer les frais de soins, ce qui pousse la plupart à renoncer aux soins médicaux modernes.

Bibliographie

BAHATI Bishangi Pierrot, « Analyse des facteurs entravant l'accessibilité des Pygmées aux soins de santé dans les zones de santé de Goma et de Karisimbi», Mémoire de Licence, inédit, Université Libre des Pays des Grands Lacs, Goma, 2009, 68 p.

CAUSSAT L. & RAYNAUD D., « La régulation de la demande de soins : le rôle de l'assurance maladie dans la formation de la consommation de biens et services de santé », in *Revue d'économie financière*, n° 76, Paris, 2004, 23 p.

COLLINS K. *et al.*, *Diverse Communities, Common Concerns: Assessing Health Care Quality for Minority Americans,* Commonwealth Fund, 2002, 80 p.

COUFFINHAL A. *et al.*, « Income-Related Inequality in the Use of Medical Care in 21 OECD Countries », in *Towards High-Performing Health Systems*, OECD, p. 109-165.

DESPRÉS C. *et al.*, « Le renoncement aux soins pour raisons financières: une approche économétrique», in *Questions d'économie de la santé*, n° 170, Paris, 2011, p. 1-5.

DOURGNON P. *et al.*, « Dépense de santé et accès financier aux services de santé : une étude du renoncement aux soins », in *Les comptes de la santé 2010* n° 161, 2011, p. 85-96.

MARIKO M., « Accès aux soins et qualité : résultats d'une étude empirique menée à Bamako », in AUDIBERT J., MATHONNAT E. de Roodenbeke, *Le Financement de la Santé dans les Pays d'Afrique et d'Asie à Faible Reven*u, Paris, Karthala, 2003, p. 41-58.

MASUDI Keren, « Problématique de l'accessibilité aux soins de santé primaires en milieu urbanorural, dans l'aire de santé de Bujovu », TFC, inédit, Institut Supérieur des Techniques Médicales, Goma, 2012, 43 p.

Ministère de la Santé, *Recueil des normes de la Zone de Santé*, Kinshasa, 2006, p. 1-5.

NTAKOBAJIRA Bisimwa, « Garantir un accès aux soins de santé des peuples autochtones Pygmées expulsés dans le Parc National de Kahuzi Biega dans la Province du Sud Kivu : capitalisation du thème de la journée internationale des Peuples Autochtones », Bukavu, 2015, p. 1-6.

SANNI Yaya, « Les maux et les choses de la santé», in *Acteurs, pratiques et systèmes de santé dans le tiers monde*, Presse de l'Université de Laval, Québec 2010, p. 65-88.

PARTIE III

ÉCONOMIE

Toujours dans le souci de mieux cerner les raisons pour lesquelles les résidents de la forêt de Mambasa retournent aux croyances et pratiques traditionnelles après qu'ils aient été illuminés par les enseignements évangéliques, et la dégradation de leurs conditions socioéconomiques malgré leur basculement de l'exploitation de subsistance des ressources naturelles de la forêt à l'exploitation commerciale, cette troisième partie du livre tacle les questions liées à l'économie.

Parmi les facteurs-frein au développement du Territoire de Mambasa, l'on note le manque de politique susceptible de promouvoir le tourisme, l'insécurité liée à la guerre et à la présence des groupes armés, la carence d'infrastructures diverses, le management public déficient et l'inexistence du secteur industriel. À ces entraves s'ajoutent la faible implication des communautés locales dans le circuit d'exploitation de bois dans le Territoire de Mambasa, le manque d'une politique de décentralisation et de rétrocession dans la commercialisation de ces bois.

15

Bilan socioéconomique du Territoire de Mambasa

TAGBA Baginyo Stalon et
BATI Bateaka Jacques

Introduction

Il n'y a pas d'un côté l'économique et de l'autre le social : le social commande l'économique, comme le dit F. Braudel, autant que l'économique commande le social, comme l'écrit K. Marx[366].

Parler du bilan socioéconomique d'une entité revient à faire une observation et une description des ressources sectorielles propices à sa croissance et à son développement multisectoriel. C'est une démarche qui vise à faire ressortir, à travers un diagnostic situationnel, les forces et les faiblesses de l'entité, en vue d'orienter la réalisation d'actions concrètes pour un développement global.

En rapport avec l'objet d'étude, le bilan socio-économique, c'est une relation entre les facteurs ou ressources vecteurs de croissance et de développement au sein d'une entité. En d'autres termes, c'est une description des secteurs d'activités de l'économie ou les ressources nécessaires à son évolution.

Il est indispensable de recourir à l'économiste écossais Colin Clark, cité par Bremond et Geledan, qui a eu l'idée de définir trois secteurs économiques principaux, selon la nature de l'industrie :

- Le secteur primaire : concerne la collecte et l'exploitation directe de ressources naturelles (matériaux, énergie, et certains aliments). Il s'agit des activités liées à l'extraction des ressources naturelles. Il comprend l'agriculture, la pêche, l'exploitation forestière et l'exploitation minière. On désigne parfois les trois dernières industries par « autres industries primaires ».

[366] TAGBA Baginyo Stalon, « Microéconomie et macroéconomie », cours, inédit, USB, Bunia, 2015, p. 11.

- Le secteur secondaire : concerne les industries de transformation (agissant sur une matière). Le secteur secondaire correspond ainsi aux activités liées à la transformation des matières premières, qui sont issues du secteur primaire. Il comprend des activités aussi variées que l'industrie du bois, l'aéronautique et l'électronique, le raffinage du pétrole.
- Le secteur tertiaire : regroupe les industries du service (essentiellement immatériel : assurances, intermédiation, formation, études et recherche, administration, services à la personne, sécurité, nettoyage, etc.). Ce secteur regroupe toutes les activités économiques qui ne font pas partie des deux autres. Par exemple, l'assurance, l'enseignement, la grande distribution, les associations, le tourisme font partie du secteur tertiaire. Il s'agit du secteur qui produit des services. Dans les pays développés, c'est de loin le secteur le plus important en nombre d'actifs occupés. On distingue le secteur tertiaire marchand du secteur tertiaire non marchand. Ce dernier comprenant la production de services non échangeables comme la justice, la sécurité, etc[367].

Actuellement, il existe le quatrième secteur économique, appelé secteur quaternaire.

C'est le secteur d'activité qui regroupe les entreprises exerçant des activités de recherche, de conseil, de louage ou de concession de services à forte valeur ajoutée de matière grise.

Le secteur quaternaire, qui a été proposé dans les années 70, regroupe les activités qui visent à fournir des services très élaborés, dont ceux notamment de l'informatique et des télécommunications[368].

Il s'agit d'un secteur de l'économie comprenant certaines activités nouvelles, à forte valeur ajoutée de matière grise, certains services très élaborés: recherche, informatique, conseil, création, communication.

Le bilan socioéconomique, dans une approche globalisante, analyse successivement le tissu économique et les grandes filières (agro-alimentaire, mécanique avancée, transport/ logistique, bois etc.), les

---

[367] BREMOND Janine et GELEDAN Alain, « Secteur économique », in *Dictionnaire économique et social*, Paris, Hatier, 1981, p. 332-333.

[368] Gouvernement du Québec, « Secteur quaternaire », in *Thésaurus de l'activité gouvernementale*, 2015, [en ligne], http://www.thesaurus.gouv.qc.ca/tag/terme.do?id= 11512 (consulté le 20 juin 2016).

spécificités propres à une entité, les parcs d'activités, les secteurs spécifiques des activités économiques.

L'environnement économique du Territoire de Mambasa est marqué par des potentialités naturelles et du sous-sol énormes et des potentialités touristiques importantes capables de propulser la croissance économique et le développement des populations locales. Malheureusement, toutes ces richesses ont toujours été spoliées et n'ont jamais profité suffisamment à la population.

Le bilan socioéconomique y analyse, dans une approche descriptive, sa structure économique et sociale en vue de la formalisation de son économie, d'une part, et de déceler les facteurs-frein et les déclencheurs de son développement économique et social, d'autre part.

Les activités économiques du Territoire de Mambasa sont, pour la plupart, à caractère individuel et familial. La population autochtone vit principalement de travaux agricoles, d'élevage et de commerce. De nombreux jeunes s'orientent vers les travaux d'orpaillage ou de moto-taxi. Les personnes originaires des autres Provinces du pays sont venues habiter Mambasa pour y exercer des activités d'agriculture, de commerce ou d'employés de l'administration publique[369].

Les problèmes majeurs à ce Territoire, et qui constituent la manifestation même de la pauvreté généralisée qui y sévi, sont la pauvreté intellectuelle (analphabétisme), la pauvreté socioéconomique (manque d'eau potable, inexistence des marchés agricoles, impraticabilité des routes de desserte agricole, etc.) et la pauvreté sécuritaire (conflits sociaux). Parmi les déterminants de la pauvreté en Territoire de Mambasa, le DSCRP (Document de la Stratégie de Croissance et de Réduction de la Pauvreté) de la Province Orientale démembrée cite principalement l'absence des services d'encadrement des paysans, d'intrants agricoles et des marchés des produits agricoles[370].

Bref, les guerres à répétition, particulièrement depuis 1996, les conflits multiformes et l'insécurité persistante ont détruit le tissu socioéconomique du Territoire de Mambasa et réduit les populations locales à une grave misère. Une autre conséquence de ces conflits armés est la dégradation avancée et en voie de disparition de plusieurs espèces

---

369 Province Orientale, « Document de la Stratégie de Croissance et de Réduction de la Pauvreté », Kisangani, s.é., 2007, p. 13.

370 *Ibid.*, p. 23.

animales de la RFO d'Epulu, habitat naturel d'okapis, une espèce unique au monde.

Depuis près de deux décennies, certaines entités de l'actuelles Province de l'Ituri sont considérées comme étant hostiles aux investissements à cause des conflits multiformes qui y perdurent. Les conséquences de cette crise sont néfastes sur les habitants, entrainant avec elle un recul économique de plusieurs entités.

Par ailleurs, les conflits armés, en particulier, qui ont enrôlés volontairement ou de force des milliers d'enfants et adultes, ont eu un impact négatif sur la situation socio-économique du Territoire de Mambasa : la persistance des certaines maladies (l'onchocercose, la trypanosomiase, le goitre, etc.), la consommation exagérée de la drogue et de l'alcool par les jeunes, l'habitat rudimentaire, le revenu très faible des habitants[371].

L'utilité économique du Territoire de Mambasa au sein de la Province de l'Ituri et sa position géostratégique nécessitent une étude de quelques problèmes de la communauté liés au secteur vital de son économie. Pareille étude, dans une région où prédomine le secteur primaire, d'une part, dynamise la vie locale à travers l'agriculture de subsistance en vue d'une production suffisante, qui est ici à l'origine de changement de l'organisation et de la préservation des ressources naturelles et sociales et, d'autre part, elle pourrait établir les formes de relations avec la vie publique au-delà de l'espace locale.

La situation économique de la Province de l'Ituri, en général, et du Territoire de Mambasa, en particulier, nécessite, en effet, qu'un moment donné, des chercheurs s'arrêtent et tentent d'établir un bilan de leurs secteurs vitaux d'activités, en vue de dégager les forces et faiblesses de cette situation, d'une part, et de proposer une thérapeutique de choc visant une amélioration continue de ladite situation, d'autre part.

Comme toute recherche scientifique part d'un questionnement, le présent essai n'y échappe pas. C'est ainsi que, dans le cadre de sa rédaction, voici les questions que soulève la présente réflexion : (1)

---

[371] AYBEKA Kopikama Jean de Dieu, « Exploitation artisanale de l'or en Territoires de Mambasa et Wamba (Province Orientale, RD Congo) », Mémoire de licence, inédit, Université Catholique de Graben, Butembo, 2010, [en ligne], http://www.memoireonline.com/11/11/4932/m_Exploitation-artisanale-de-lor-et-developpement-en-territoires-de-Mambasa-et-Wamba-province-ori18.html (consulté le 24 février 2016).

Quelles sont les forces et faiblesses de la situation socio-économique actuelle du Territoire de Mambasa ? (2) Quels sont les secteurs économiques porteurs de croissance et déclencheurs de développement dans cette entité ?

Telles sont les préoccupations qui font l'objet de cette étude, un tel questionnement faisant appel, bien entendu, à des hypothèses.

Les premières observations et connaissances empiriques relatives à la situation problème identifiée, définie et évoquée ci-dessus conduisent à formuler des réponses provisoires à ces préoccupations de la manière que voici.

- Il semble que, d'une part, les forces de la situation socio-économique du Territoire de Mambasa se trouvent être ses ressources ou potentialités naturelles énormes et que, d'autre part, ses faiblesses soient l'incapacité des acteurs locaux à exploiter judicieusement ces ressources et à les transformer à richesse.
- Il est probable que les secteurs économiques porteurs de croissance et déclencheurs de développement au sein de ce Territoire soient l'industrie primaire et tertiaire.

Toute étude poursuit un ou plusieurs objectifs identifiables et vérifiables. Il en est de même du présent essai lequel, en général, vise à diagnostiquer la situation économique et sociale du Territoire de Mambasa. Spécifiquement, il y est question (1) de décrire les forces et faiblesses de la situation socio-économique de l'entité sous étude, et (2) d'identifier ses secteurs économiques porteurs de la croissance et déclencheurs de développement.

Matériel et méthodes

Cette recherche a concerné le Territoire de Mambasa, au sein de la Province de l'Ituri, au nord-est de la RDC.

Le Territoire de Mambasa est situé au nord de l'Équateur entre 1°00' et 1°30' latitude Nord et 29°00' et 29°30 longitude Est, possède un sol fertile favorisé par un climat tropical humide fortement influencé par l'altitude. Cette fertilité du sol favorise la production de différents produits agricoles. L'entité, avec 471.240 habitants, s'étend sur 36.783 km^2[372].

[372] Province Orientale, « Document de la Stratégie de Croissance et de Réduction de la Pauvreté », dans AYBEKA, *op. cit.*

Territoire le plus vaste et le moins peuplé de l'Ituri, Mambasa partage la frontière avec la Province du Haut-Uélé au Nord, la Tshopo à l'Ouest et les Territoires d'Irumu et Djugu, à l'Est, ainsi que la Province du Nord-Kivu au sud. Malgré sa superficie, le Territoire de Mambasa ne compte que sept Chefferies[373].

Pour atteindre les objectifs et vérifier les hypothèses, l'analyse descriptive a servi de guide à la réflexion, sur base des données recueillies sur terrain par l'entretien, la documentation et l'observation. La descente sur terrain a eu lieu en décembre 2015 et février 2016 pour recueillir les données du moment, le bilan étant une forme d'état des lieux.

En effet, la méthode descriptive, consistant à « décrire, nommer ou caractériser un phénomène, une situation ou un événement de sorte qu'il apparaisse familier[374]», et étant « souvent utilisée comme précurseur des modèles de recherche quantitatifs et pour rechercher des sujets spécifiques[375]», a permis la description des secteurs d'activités socioéconomiques du champ d'investigation en vue de mieux les appréhender.

Ainsi, dans la suite, le présent essai a décrit l'état de lieux de la situation socioéconomique du Territoire de Mambasa à travers ses secteurs économiques ou sa structure économique.

Résultats

Structure économique et sociale du Territoire de Mambasa

Voici comment se présente la structure économique et sociale du Territoire de Mambasa.

Secteur primaire

Après avoir répertorié les ressources naturelles du Territoire de Mambasa, il est présenté l'état de lieux des activités d'exploitation des dites ressources : l'agriculture (culture, pêche et élevage), l'exploitation forestière et l'exploitation minière.

---

[373] Pour plus de détails, voir le premier essai de cet ouvrage.

[374] N'DA P., *Méthodologie de la recherche : de la problématique à la discussion des résultats*, Abidjan, Éd. Universitaires de Côte d'Ivoire, 2002, p. 19.

[375] TAGBA Baginyo Stalon, « Initiation à la recherche scientifique », cours, inédit, Université du CEPROMAD de Bunia, Bunia, 2004, p. 34.

Tableau 1. Ressources naturelles du Territoire de Mambasa

Nature	Ressources
Ressources minières	or, coltan, fer
Ressources environnementales	forêt, animaux sauvages, carrières à ciel ouvert, limonite, sable
Ressources touristiques	Réserve de Faune à Okapi
Potentiel énergétique	Chute de Biakato-Maï, Rapide d'Epulu

De ce qui précède, on peut conclure que le Territoire de Mambasa regorge d'énormes ressources naturelles, lesquelles sont susceptibles d'enclencher et de pérenniser son développement économique et social si elles sont transformées en richesses ou exploitées judicieusement et durablement.

La forêt y renferme plusieurs écosystèmes abritant beaucoup d'animaux. Ces derniers jouent un rôle important de par leur contribution à l'économie locale de subsistance (alimentation et vente) et au tourisme.

Concernant, en particulier, la RFO, elle est un site de patrimoine mondial créé pour la conservation de la richesse biologique de la forêt de l'Ituri et du Haut- Uélé afin d'assurer l'utilisation durable de ses richesses naturelles par la population locale.

Après la deuxième guerre mondiale, vers 1944, M. Putnam de nationalité américaine, est venu s'installer à Epulu comme hôtelier. Entre-temps, il capturait les singes et okapis à montrer aux visiteurs. En 1952, M. de Medina, un portugais, crée officiellement la station de capture et d'hébergement de beaucoup d'espèces animales, à savoir les okapis, les éléphants, les crocodiles, les chimpanzés, etc. Pendant la rébellion de 1964, tous les animaux en captivité furent massacrés, dont 28 okapis. Après la rébellion, la station de capture d'Epulu reprit ses activités avec le soutien de plusieurs partenaires étrangers : le Wildlife Conservation Society (WCS) depuis 1982, le projet Gilman International Conservation Inc. (GIC) depuis 1987, le Word Wildlife Funds (WWF) depuis 1987, le projet Frankfurt Zoological Society (SZF)[376].

Le 2 mai 1992 fut créée la RFO par l'arrêté ministériel n° 045/CM/ECN/92. Elle s'étend sur une superficie de 1372625 hectares, soit environ 40862 km^2 dont la gestion est confiée à l'Institut Congolais

[376] AYBEKA, *op. cit.*

pour la Conservation de la Nature (ICCN). Elle est à cheval sur trois Territoires administratifs : Mambasa (90%), Wamba et Watsa (10%)[377].

De ses richesses, du point de vue végétation, la R.F.O. couvre quatre types principaux de forêts de terre ferme et un type de forêts riveraines :

- les forêts mixtes avec « *cynometra alexandri* » et « *julbernadia seretii* » (appelés localement « *Tuna* » et « *Alambi* ») comme espèces d'arbres dominantes ;
- les forêts mono-dominantes avec « *gilbertiodendron dewevrei* » (appelé localement « *Mbau* ») comme espèce d'arbre dominante ;
- les forêts sèches des hautes collines ;
- les forêts riveraines ou les forêts marécageuses[378].

Du point de vue faune, l'inventaire mammalien a donné un chiffre de plus ou moins 5000 okapis. À part cette espèce, il existe 2000 léopards, 4700 éléphants de forêts, 7500 chimpanzés à face claire, 6 espèces de céphalophes, 3 espèces de crocodiles, 13 espèces de primates, 327 espèces d'oiseaux, les buffles de la forêt, la genette aquatique, le chevrotain aquatique, divers insectes, reptiles et amphibiens, etc. La plupart de ces espèces sont reprises dans la liste des espèces animales totalement ou partiellement protégées en RDC[379].

Parmi les problèmes qui menacent aujourd'hui la RFO, on note l'exploitation artisanale de l'or qui crée des grands foyers de chasse commerciale dans la réserve et qui altère l'habitat des animaux. En 2006, un rapport de la RFO faisait état de 27 carrières d'or identifiées sur l'étendue de la réserve.

---

377 Institut Congolais de la Conservation de la Nature, « Ce qu'est la Réserve de Faune à Okapis », Kinshasa, ICCN, 2006a, p. 3-8.

378 AYBEKA, *op. cit.*

379 Institut Congolais de la Conservation de la Nature, « Protection du paysage forestier Ituri – Epulu – Aru et notion de site du patrimoine mondial », Kinshasa, ICCN, 2006b.

Tableau 2. Exploitation agricole, minière et forestière en Territoire de Mambasa

Activité	Produits
Cultures vivrières et maraichères	légumes, riz paddy, maïs, haricot, banane plantain, manioc, arachide, aubergines, cardons, artichauts, igname, choux…
Cultures commerciales	riz, café robusta, cacao
Elevage	bovidés, caprinés, ovidés, suidés, poules
Exploitation forestière	bois sciés (planches, grumes)
Exploitation minière	or, coltan, diamant

AGRICULTURE

Tout comme presque dans toute la Province de l'Ituri, l'agriculture est la principale source de revenu pour l'immense majorité de la population du Territoire de Mambasa.

Dans cette entité, le sol appartient au groupement clanique et non à l'individu. Ce groupement en a pris possession à son arrivée dans la région. Il assure la souveraineté ainsi que l'usage exclusif de ce sol, avec tout ce qu'il produit et tout ce qu'il contient. Chaque membre de groupement a le choix d'occuper ce sol, en vue d'y établir sa case où ses cultures, dans la mesure de ses besoins et de sa capacité de travail. Quant à la répartition du sol, c'est le chef de famille ou du groupe ethnique qui s'en occupe

Cependant, les occupants actuels de concessions à Mambasa ont acquis un droit qui équivaut en fait à un droit de propriété foncière. Toutefois, ce désir de possession individuelle garantie de la terre, qui semble aujourd'hui être surtout la conséquence du développement des cultures et de l'exploitation forestière accrue, tend à entrer en conflit avec la croyance fortement enracinée que la terre doit être partagée.

Si l'inconvénient du genre de régime foncier de l'Ituri en général, et de Mambasa en particulier, consiste à gêner la mobilité inter-clanique des facteurs de production, ses avantages économiques et sociaux paraissent cependant nombreux et incontestables. Ainsi remarque Verhaegen :

> Les systèmes communautaires bantous possèdent des avantages incontestables. Ils maintiennent une grande souplesse dans les nombres et la dimension des exploitations, ils assurent à chaque membre de la collectivité un usufruit permanent de la surface qu'il

cultive ; ils ont une grande valeur sociale du fait qu'ils constituent une force puissante, liant les éléments susceptibles d'amnésier la société, ils garantissent les masses rurales contre toute tentative de prolétarisation et sont supérieurs à l'exploitation entièrement collectivisée en étatisée en ce sens qu'ils se gardent le stimulant de l'intérêt personnel ; ils constituent encore un puissant atout de progrès technique à condition d'un taux acceptable de densité de la population agricole puisse être maintenu ; ils facilitent la gestion des terres de pacage par une autorité qui pourra décider des modes d'explication rationnelle de ces surfaces et fixer les contributions de chacun en espèce ou en travail pour toute amélioration intéressant la communauté des Eleveurs[380].

Les techniques archaïques employées dans le secteur agricole traditionnel est caractéristique particulièrement des autochtones. Les outils servant dans la production agricole de paysans de Mambasa sont : la hache, la houe, la machette et le coupe-coupe, utilisés à la fois par l'homme et la femme.

Les paysans pratiquent l'agriculture sur brûlis. Les jachères sont pratiquées pour reconstituer le potentiel agricole. La mise en jachère d'un lopin de terre a souvent une durée mal connue. Cela dépend de l'abondance ou de la rareté relative de la terre.

Quant aux cultures commerciales, telles que le cacao, elles sont pratiquées essentiellement par la population nande ayant glissé de la Province voisine du Nord-Kivu. En 2015, la production était de 68 245,64 km, achetée en brut par ESCO-Kivu en vue du conditionnement à Beni.

Dans le domaine de l'élevage, la méthode traditionnelle continue à se pratiquer. On se préoccupe rarement de produire des fourrages et de créer des pâturages pour le bétail. En dehors de quelques pâturages qui sont en enclos, il est de tradition, en Territoire de Mambasa, de laisser le bétail paitre ou brouter où il peut, pourvu qu'il ne s'attaque pas aux parcelles cultivées.

Dans le domaine de la pêche, l'activité est essentiellement du type traditionnel et pratiquée dans les rivières et ruisseaux.

Les cultures maraichères sont une activité importante depuis l'époque de la colonisation dans tous les Territoires de l'Ituri.

---

380 VERHAEGEN, cité UKUMU U., « Production agricole vivrière de l'Ituri », mémoire de licence en géohistoire, UNAZA, 1973, p. 14.

Habituellement, les légumes poussent durant toute l'année. À Mambasa, il faut y ajouter les espèces particulières aux climats chauds, tels que les aubergines, les cardons, les artichauts, les piments et autres.

Les cultures vivrières sont parmi les activités principales de la population de Mambasa. La production continue naturellement à satisfaire aux besoins de la population autochtone.

Le Territoire de Mambasa a une vocation agricole, il produit presque tout ce qu'il consomme. Mais à cause de l'explosion démographique, il s'approvisionne en certaines denrées alimentaires pour combler le déficit alimentaire dont il a besoin.

En comparaison des autres entités de la Province de l'Ituri, l'élevage bovin est moins pratiqué en Territoire de Mambasa. La population s'en donne essentiellement à l'élevage de petit bétail et des volailles. Les données de la Division de l'Économie en Province de l'Ituri renseignent les quantités ci-après de la production animale en Territoire de Mambasa, du moins pour l'année 2014 : Bovidés : 397 – Caprinés : 11765 – Ovidés : 508 – Suidés : 1719 – Poules : 9587[381].

L'activité de l'élevage connait une baisse sensible à cause du vol massif à mains armées, de l'insécurité persistante et des maladies des suidés.

Quant à la pêche, pratiquée par les riverains des rivières Ituri et Epulu, elle est du type traditionnel, utilisant des techniques rudimentaires. La production est absorbée par l'autoconsommation.

Il sied de signaler que l'agriculture est pratiquée, dans la partie nord, essentiellement le peuple Nande venu du Nord-Kivu et, au Sud, par le peuple Budu du Haut-Uélé. Ainsi, une bonne part de revenu issu de cette activité est rapatriée vers les Provinces d'origine des exploitants.

Quant à la pêche, elle s'effectue à Avakubi par les sujets Lokele, à provenance de la Province de Tshopo. Elle reste aussi traditionnelle. On note la présence d'une pisciculture privée à Mambasa, chef-lieu du Territoire.

L'élevage organisé est pratiqué par les missionnaires catholiques de la congrégation des Consolata, ainsi que quelques ONGs locales.

Exploitation forestière

Dans le domaine de la faune et de la flore, le Territoire de Mambasa produit beaucoup de grumes de bois sciés et de planches. Une grande partie des bois sciés est exportée, via la Province du Nord-Kivu, vers

[381] Division de l'Economie de la Province de l'Ituri, « Rapport annuel » 2014 et 2015.

l'Ouganda et le Kenya, tandis qu'une petite partie est évacuée vers le chef-lieu de la Province, la Ville de Bunia, ou travaillée sur place par des menuiseries.

L'exploitation de bois s'effectue de façon par des personnes indépendantes pour lesquelles le volume de production est assez limité. Par contre, la société ENRA, dont le siège est basé à Beni, au Nord-Kivu, pratique une exploitation semi-industrielle, dont le rendement est substantiel et destiné à l'exportation.

En plus d'ENRA, il y a aussi le Groupe des Exploitants et Exportateurs de Bois (GEEBO) et la Société Agricole et Forestière (SAF) qui exploitent le bois de la forêt de Mambasa. Les sièges de ces deux entreprises sont également basés à Beni.

Il est à noter que chaque associé de ces deux dernières sociétés possède une portion individuelle de forêt qu'il exploite.

À part le don de ces entreprises en planches pour les réhabilitations des ponts dans l'entité et l'utilisation des natifs comme main-d'œuvre en manutention, il est à signaler que toutes ces exploitations ne contribuent pas au développement du Territoire d'autant plus que le revenu est totalement rapatrié vers les Provinces d'origine des exploitants qui, tous, ne sont pas originaires.

Exploitation minière

Le Territoire de Mambasa regorge plusieurs carrières d'or concentrées autour des grandes agglomérations, tels que Mambasa et Niania. Mais les plus connues sont dans la zone d'orpaillage de Bafwabango – Bafwambaya – Bafwanekengele

Autour de ces sites, s'organisent une trentaine des carrières d'or, notamment : Santa Maria, Mopa, Libreville, Camp Base, Malekesa, Kazania, Lisala, Adombi, Vatican, Canon, Monde Arabe, Mbuji-Mayi, Mambo Bado, Mabele Mokonzi, Tindika Longindo, Dieu-Merci, La Grâce, Kputuka, Mangenengene, Yindi, Kanana, Singa Muambe, Manzedaka, Potopoto, Etoile, Tika Muana, Landa Bango, Akili Nyuma, Tokobika, Maroc, Senke Bisengo, Maka, Lisala, Tokomeka, etc.

Les sites de Bafwabango et de Bafwambaya, situés respectivement à 51 km et 47 km de Niania sur l'axe Niania – Wamba – Isiro et séparés seulement de 3 km entre eux, sont caractérisés à la fois par des exploitations à ciel ouvert et des exploitations souterraines. En ce qui concerne les exploitations souterraines, les orpailleurs de ces deux sites descendent dans des puits antérieurement creusés lors du premier orpaillage à l'époque coloniale. La profondeur de ces puits peut atteindre parfois 20 à 25m. Il existe des tunnels qui relient les puits entre eux de sorte que l'ensemble constitue un réseau souterrain dense. L'une des particularités de ces exploitations souterraines est sa richesse en or. Mais s'il est possible d'avoir un rendement élevé d'or sur ces exploitations, leur fréquentation est redoutée par la plupart des orpailleurs parce qu'elles présentent des risques d'éboulement.

Situé aussi sur l'axe Niania – Wamba – Isiro, à environ 25 km de la cité de Niania, le site de Bafwanekengele est un site d'exploitation à ciel ouvert. Du fait de sa proximité à la cité de Niania par où passe la route nationale n°4 réhabilitée en 2008, il se développe aussi sur ce site, des activités économiques importantes. Il y a, notamment, le commerce de médicaments, de produits cosmétiques, de vêtements, de produits vivriers et surtout de la restauration (vente de bières et de différents mets).

Les différents acteurs qu'on rencontre dans les carrières d'or en Territoire de Mambasa agissent chacun suivant ses règles et motivations propres.

- Les services étatiques

L'État joue un rôle réglementaire, notamment dans l'institution d'une zone d'exploitation artisanale qui est faite par voie d'Arrêté du Ministre après avis de la Direction des Mines et du Gouvernement de la Province concernée. L'État, le premier acteur, devrait être présent dans toutes les carrières d'or à travers ses différents services et administrations ayant des responsabilités spécifiques, à savoir : le cadastre minier (CAMI), la Division des mines, le Service d'assistance et d'encadrement des Small Scale Mining (SAESSCAM), le service chargé de la protection de l'environnement minier[382].

- Les exploitants artisanaux

Ils se répartissent en deux catégories, les grands exploitants et les petits exploitants. À ces deux catégories, on peut ajouter les ouvriers journaliers qui sont associés, d'une manière ou d'une autre, au travail de ces deux premières catégories. Tous ne possèdent aucune structure de leur encadrement ni de défense de leurs intérêts.

[382] République Démocratique du Congo, « Loi n° 007/2002 du 11 juillet 2002, portant code minier », in *Journal Officiel*, numéro spécial du 15 juillet 2002.

- **Les grands exploitants** sont des orpailleurs qui sont les détenteurs des cartes d'exploitant artisanal en cours de validité pour la zone concernée et sont ainsi appelés propriétaires de la carrière ou PDG (Président Délégué Général). Ils possèdent généralement les facteurs de production et un fond de roulement plus ou moins élevé. Ce capital leur permet d'engager dans leur unité de production de la main d'œuvre. Ces grands orpailleurs possèdent souvent des motopompes qui les aident à vider les puits pendant les travaux de creusage. Une grande partie de cette catégorie d'acteurs n'est pas novice dans l'activité. Ils ont déjà exercé ailleurs et leur ancienneté dans l'activité leur permet d'acquérir le fond de roulement, les moyens de production et les connaissances pratiques dans le lavage du fond limoneux contenant les particules d'or. En réalité, ces grands exploitants ont commencé pour certains en tant que petits exploitants, pour d'autres en tant que ouvriers ou même main-d'œuvre gratuite auprès de leurs parents. Dans tous les cas, ces grands exploitants ne sont pas venus sans avoir appris quelque part.
- **Les petits exploitants: i**ls sont les plus nombreux. C'est parfois même toute la famille au complet qui s'engage à l'exploitation de l'or. Pour la plupart, l'orpaillage se présente comme une stratégie de survie, « ... un marché self -service et anarchique, à la limite de l'informel et duquel le pays ne tire en réalité aucun profit substantiel. Tout au plus, permet-il aux masses désœuvrées de s'assurer une certaine survie[383]». La quasi-totalité de petits exploitants n'a pas d'autorisation d'exploitation. Ils exploitent soit dans la clandestinité (illégalité) soit dans des zones gérées par les grands exploitants qui ont des cartes d'exploitation artisanale. Dans l'incapacité de se procurer les moyens de productions de masse, ils se contentent de creuser la terre à la recherche de pierres ou encore de ramasser celles rejetées par les grands exploitants.
- Les grands exploitants et même quelques petits exploitants se font souvent aider par les ouvriers journaliers.
- **Les ouvriers journaliers** : ce sont des jeunes, voire des enfants (filles et garçons) sans emploi. Ils offrent leur force de travail aux grands exploitants et aux petits exploitants moyennant une rémunération journalière. Leur travail consiste à creuser la terre, à transporter jusqu'au bassin où se fait le lavage et enfin à laver la terre.

---

383 *Le Potentiel* (2006), dans AYBEKA, 2010.

Les tâches des ouvriers sont souvent classifiées en fonction du genre. Les hommes sont affectés aux tâches qui nécessitent beaucoup de forces physiques. Ainsi, ils s'occupent du creusage de la terre et du lavage. Les filles quant à elles s'occupent du transport de la terre creusée et aussi à servir l'eau pour le lavage. Cependant, l'attribution de ces postes n'est pas figée. Il arrive que des filles lavent la terre ou encore que des hommes assurent le transport de la terre jusqu'au lavage.

- Les négociants : ils ont le monopole d'achat dans les milieux étant donné l'absence des comptoirs agréés sur place. Ceci signific qu'ils sont les seuls à fixer le prix de l'or aux exploitants artisanaux qui ne sont pas d'ailleurs organisés en associations. La plupart des négociants n'ont même pas de carte de négociant. De façon générale, tout commerçant œuvrant dans les zones aurifères achètent de l'or.
- Les femmes : elles entreprennent une multitude d'activités surtout dans le domaine de la restauration populaire et de buvettes ou *nganda*. Elles gèrent la production alimentaire, l'approvisionnement en combustible du foyer, en eau potable et le commerce des produits de base. Les femmes entreprennent des activités commerciales informelles. Ainsi les femmes sont aussi embauchées pour des tâches connexes à l'orpaillage comme le transport d'eau et de pierres. En effet, après la procédure de creusage, le minerai d'or doit être transporté, pilé, nettoyé et tamisé. Généralement ces tâches sont réservées aux filles ou aux femmes. Le transport consiste à déplacer les roches de quartz de la mine vers l'outran. Le tamisage consiste à casser les roches de quartz en une poussière plus malléable, qui est alors nettoyée et tamisée dans les outrans environnants.
- Plusieurs femmes rencontrées dans les sites d'orpaillage travaillent comme tenancières des restaurants populaires. Elles sont ainsi appelées « mamans restaurants ». Ces « mamans restaurants » se font aider par des filles qui sont employées dans les bars et les restaurants destinés à la communauté minière. On y a trouvé même des filles, âgées de 10 à 12 ans, travaillant jusqu'à 12 heures par jour. Dans beaucoup de cas, ce travail peut mener à la prostitution ou aux abus sexuels imposés par des clients ou des employeurs.

Secteur secondaire

Comme dit précédemment, le secteur secondaire ou industriel regroupe les activités liées à la transformation des matières premières issues du secteur primaire. Ce secteur est quasi-inexistant en Territoire de Mambasa.

Secteur tertiaire

Ce secteur, dit des industries du service, regroupe, notamment, les activités ci-après : assurance, audit, banque, commerce, communication, conseil, électricité, éducation, formation, entretien, finance, HORECA (Hôtellerie, Restauration, Café), industrie des loisirs, informatique, réparation, recherche, santé, médecine, sécurité, services à la personne, services juridiques, services publics, télécommunications, tourisme, transport, logistique. S'agissant du Territoire de Mambasa, on y retrouve ce qui suit.

- Dans le secteur des banques et assurances : la CADECO (Caisse d'Épargne du Congo) et la SONAS (Société Nationale d'Assurance), toutes, des institutions étatiques, ainsi qu'une société de messagerie financière basée à Nia-Nia (SOFICOM). Il n'y a aucune banque.
- Dans le secteur, on y note la présence d'un TRIPAIX (Tribunal de Paix), au chef-lieu du Territoire.
- Activités sanitaires : on y trouve deux hôpitaux généraux (Mandima et Nia-Nia), des centres de santé de référence, des centres de santé, des postes de santé et des officines pharmaceutiques.
- Il est à noter que la couverture médicale n'est pas encore optimale. Il se pose les problèmes des infrastructures sanitaires, des équipements de la maternité, de la sous-qualification du personnel soignant et du déficit de la référence et contre-référence, c'est-à-dire du système ambulance.
- Routes et voies de communication : la Nationale N° 4 travers ce Territoire et est régulièrement entretenue grâce au financement du Gouvernement central. Les routes d'intérêt provinciales (telles que les axes Mambasa – Biakato – Beni, Mambasa – Nduye – Dingbo – Mungbere – Nia-Nia – Wamba) et locales sont soit dans un état de détérioration très avancée, soit quasi inexistantes, laissant la place à des sentiers.
- Aéroports et pistes d'atterrissage : il y a une piste d'atterrissage à Mandima, qui est mal entretenue.
- Commerce : en 2014, on y a recensé 500 patentés, 20 opérateurs enregistrés au RCCM, et 280 informels.

- Domaine touristique : en plus de la RFO, on retrouve quelques hôtels au chef-lieu du Territoire.
- Eau et électricité : la REGIDESO et la SNEL, les entreprises publiques chargées de la production et de la production respectivement d'eau et d'électricité y sont inexistantes.
- Transport en commun : la population est desservie par quelques agences de voyage, notamment Mangolo et Muyembe, à Mambasa centre, ainsi que Musafiri, à Nia-Nia et autres anonymes. On retrouve également, dans le Territoire de Mambasa, une multitude de motos-taxi.
- Communication : il y a trois chaines de radio communautaire dans le Territoire. Aussi, l'entité est desservie par les réseaux de télécommunication Airtel et Vodacom.
- Éducation : on y trouve des écoles maternelles, primaires et secondaires, mais aucune institution de l'enseignement supérieur et universitaire, ni un centre de recherche. Les intellectuels autochtones sont à compter ceci parce que les parents manquent les moyens de scolariser leurs enfants après l'obtention de diplôme d'État.
- Administration publique : il y a plusieurs services publics tant nationaux, provinciaux que locaux (DGRAD, DGI, FFN, Urbanisme, DGRPI, Energie, OCC, Commerce extérieur, Transvcom, SESSCAM, DGM, ANR, AGRIPEL, Industrie, PME, etc.)[384].

Secteur quaternaire

Pour Debonneuil, il s'agit d'un secteur économique conjuguant le secteur secondaire et le secteur tertiaire dont les produits ne sont ni des biens, ni des services, mais « de nouveaux services incorporant des biens », la mise à disposition temporaire de biens, de personnes, ou de combinaisons de biens et de personnes. Dans l'automobile par exemple, nous avions traditionnellement le fabricant qui fournissait le produit (la voiture) et le garagiste qui fournissait le service (la maintenance et la réparation). Aujourd'hui, on associe de plus en plus le produit et les services en proposant dès le départ, un montage financier, une garantie, la maintenance, une assurance réparation...Ce secteur, qui se définit autant par ses produits que par la manière de les produire, est à la base

[384] Division de l'Economie de la Province de l'Ituri.

de l'économie quaternaire ou économie du quaternaire. À Mambasa, ce secteur est quasi-inexistant.

Opportunités et contraintes au de développement économique et social du Territoire de Mambasa

Opportunités : facteurs déclencheurs

Le Territoire de Mambasa regorge plusieurs potentialités susceptibles d'attirer les investisseurs. Son sol et son sous-sol renferment des potentialités importantes exploitées et, d'autres, inexploitées jusqu'à ce jour.

Il y a la possibilité d'entreprendre l'industrialisation pour la fabrication des produits manufacturés grâce à la présence d'innombrables ressources naturelles (mines et forêts) dans le Territoire.

À Mambasa, on retrouve une variété de fruits, notamment : les avocats, mangues goyave, oranges, citrons qui poussent et peuvent permettre aux entreprises de se développer dans le secteur de fabrication de la margarine et autres.

Les activités agricoles culturales peuvent y être intensifiées grâce aux potentialités agricoles énormes et variées, pouvant permettre les cultures fruitières, maraichères, vivrières, commerciales, industrielles et tant d'autres variétés spécifiques.

La présence de la RFO et la faune exceptionnelle, principalement les grands fauves, les énormes pachydermes, les sévriens, les oiseaux aux colons brillants, les serpents et les insectes bizarres a toujours suscité intérêt et curiosité. Ainsi, les activités touristiques peuvent y être prospères.

Au final, de la description de la structure économique du Territoire de Mambasa, il s'en dégage que le secteur primaire, principalement, et celui du tourisme demeurent les porteurs de croissance dans cette entité.

En effet, le Territoire de Mambasa a toujours été essentiellement une région d'industrie primaire et, si démarrage économique il y a, c'est également de ce secteur qu'il proviendra, car l'entité ne dispose, pour le moment, d'aucun avantage compétitif dans le secteur secondaire, tertiaire et quaternaire. Les secteurs qui sont sans doute actuellement les mieux placés pour redémarrer rapidement, avec des investissements conséquents, sont ceux des industries extractive et forestière qui disposent d'un potentiel énorme et est, en grande partie, inexploité, bien que, dans le domaine forestier, l'on constate déjà une augmentation des tonnages produits. Un obstacle demeure le mauvais état des infrastructures.

La rapidité du redémarrage du secteur de l'industrie extractive dépendra avant tout de l'évolution du cours des matières premières, car la richesse des gisements congolais, en général, et iturien, en particulier, est plus que compensée négativement par la vétusté du réseau de transport et les divers coûts d'exploitations qu'imposent la pléthore du personnel et cette vétusté des infrastructures. Ce secteur souffre également du fait que le désordre et la corruption ont favorisé la multiplication de « creuseurs » qui pillent les concessions officielles dans la plus totale illégalité et dans des conditions de quasi-esclavage pour le compte de divers « protecteurs ». Vu l'ampleur des investissements à consentir, la plupart des projets qui sont actuellement en négociation ne commenceront à se traduire par une augmentation de la production que d'ici plusieurs années.

Contraintes : facteurs-frein

En économie, une contrainte, c'est une hostilité capable de bloquer ou retarder l'évolution ou le développement d'une entité. Elle peut être endogène ou exogène.

Comme constaté ci-dessus, le Territoire de Mambasa a des potentialités énormes. Il réunit toutes les richesses motrices de sa croissance (secteur primaire). Une ressource, c'est toute chose susceptible de contribuer à une production. Il revient à ce niveau de faire une analyse sur les causes freinant son développement économique et social.

Les activités de service susceptibles de contribuer au développement économique et social du Territoire de Mambasa sont insuffisamment fournis actuellement, notamment : le transport aérien ; le transport terrestre, HORECA (Hôtellerie, Restauration, Café) et les assurances.

Malgré le potentiel agricole énorme et varié, la production organisée est pratiquement inexistante, posant le problème de la saisie statistique. Par ailleurs, d'autres obstacles sont légion : restriction de la propriété foncière, vol des récoltes et du cheptel, absence d'infrastructures de transport, faible pouvoir d'achat local, concurrence des produits importés, obligation de suppléer aux carences de l'État.

Malgré que le Territoire de Mambasa dispose de nombreux sites touristiques, ceux-ci sont malheureusement très peu exploités suite à des problèmes de tous ordres, notamment : (1) le manque de politique susceptible de promouvoir ce secteur, (2) l'insécurité liée à la guerre et à la présence des groupes armés aussi bien nationaux qu'étrangers, et (3) la carence d'infrastructures de transports et hôtelières.

Les possibilités de développement à moyen terme du Territoire de Mambasa sont fortement conditionnées par une série de facteurs internes, externes et régionaux à caractère politique, militaire, économique et social. Nombre de contre-performances sont consécutives, entre autres faits, à une mauvaise gestion de l'État et des ressources pendant des décennies et, aussi, à une généralisation du phénomène de la corruption dans toutes les couches de la société.

L'instabilité et l'insécurité qui prévalent dans le Territoire, la dimension sous-régionale de la crise, les enjeux économiques transfrontaliers, l'influence des pays limitrophes, l'absence de la légitimité démocratique des autorités en place, les mouvements des populations, le pillage des ressources sont autant de facteurs qui empêchent une mise en œuvre optimale de l'action gouvernementale, à travers différents programmes de relance économique.

À plus long terme, plusieurs facteurs compromettent encore la transition vers le développement et l'application d'une stratégie complexe de réduction de la pauvreté dans laquelle croupit toujours la population de Mambasa, notamment : (1) la destruction d'une grande partie des infrastructures de base, (2) l'extrême dégradation du secteur des transports, causant l'isolement de certaines entités, (3) l'inexistence du secteur industriel, (4) les « séquelles » d'un pillage systématique des richesses naturelles et du secteur productif, (6) l'étroitesse de l'assiette fiscale, (7) l'extrême pauvreté d'une proportion énorme de la population, (8) la management public déficient, et (9) la faible capacité mobilisatrice des recettes par les entités territoriales décentralisées (ici, les Chefferies).

Conclusion

La recherche qui a conduit à la rédaction de cet essai visait à diagnostiquer la situation économique et sociale du Territoire de Mambasa. Spécifiquement, il fallait décrire les forces et faiblesses de la situation socioéconomique de l'entité sous étude, d'une part, et identifier ses secteurs économiques porteurs de la croissance et déclencheurs de développement. À l'issue de l'analyse descriptive de la structure économique de ce Territoire, il en ressort ce qui suit.

- Les forces de la situation socioéconomique de l'entité s'avère être l'immensité et la variété de ses ressources naturelles.
- Il y a la possibilité d'entreprendre l'industrialisation pour la fabrication des produits manufacturés grâce à la présence d'innombrables ressources naturelles (mines et forêts) dans le Territoire.
- Le secteur primaire, principalement, et celui du tourisme demeurent les porteurs de croissance dans cette entité. Les secteurs qui sont sans doute actuellement les mieux placés pour redémarrer rapidement, avec des investissements conséquents, sont ceux des industries extractive et forestière qui disposent d'un potentiel énorme et est, en grande partie, inexploité, bien que, dans le domaine forestier, l'on constate déjà une augmentation des tonnages produits. Un obstacle demeure le mauvais état des infrastructures.
- Des faiblesses ou contraintes au développement économique et social du Territoire de Mambasa, l'on a noté, entre autres : le manque de politique susceptible de promouvoir le secteur touristique ; l'insécurité liée à la guerre et à la présence des groupes armés aussi bien nationaux qu'étrangers ; la destruction d'une grande partie des infrastructures de base ; l'extrême dégradation du secteur des transports, causant l'isolement de certaines entités ; l'inexistence du secteur industriel ; l'extrême pauvreté d'une proportion énorme de la population ; le management public déficient ; la faible capacité mobilisatrice des recettes par les Chefferies.

Pour tirer profit pleinement des opportunités au développement économique et social du Territoire de Mambasa, voici les recommandations qui seraient formulées tant aux acteurs étatiques qu'à la Société civile (population).

- Allouer des ressources et encadrer de façon substantielle les secteurs porteurs de croissance dans ce Territoire tels que décrits dans cet essai.
- Imposer aux entreprises d'exploitation des matières précieuses de réaliser suffisamment d'actions sociales en faveur des autochtones.
- Encourager l'exploration en vue de la connaissance plus ou moins exhaustive de nos ressources minières.
- Promouvoir les PME.

- Construire des microcentrales hydroélectriques là où il y en a des potentialités.
- Encourager les investisseurs privés à développer le secteur énergétique en améliorants le climat des affaires.
- Réhabiliter les routes d'intérêt provincial et local.
- Stimuler les secteurs qui renforcent la production du secteur primaire pour réduire l'extraversion de l'économie.
- Vulgariser la loi forestière et s'assurer de son application effective.
- Encourager la transformation des ressources naturelles localement.
- Décourager le braconnage, surtout des espèces protégées.
- Capturer les Okapi en divagation pour alimenter la réserve d'Epulu.
- Sensibiliser et conscientiser les autochtones au travail, en général, et à l'entrepreneuriat, en particulier.

Bibliographie

AYBEKA Kopikama Jean de Dieu, « Exploitation artisanale de l'or en Territoires de Mambasa et Wamba (Province Orientale, RD Congo) », Mémoire de licence, inédit, Université Catholique de Graben, Butembo, 2010, [en ligne], http://www.memoireonline.com/11/11/4932/m_Exploitation-artisanale-de-lor-et-developpement-en-territoires-de-Mambasa-et-Wamba-province-ori18.html.

BREMOND Janine et GELEDAN Alain, « Secteur économique », in *Dictionnaire économique et social*, Paris, Hatier, 1981, p. 332-333.

Division de l'Economie de la Province de l'Ituri, *Rapport annuel 2014*, publié en 2015.

Gouvernement du Québec, « secteur quaternaire », Thésaurus de l'activité gouvernementale, [en ligne], http://www.thesaurus.gouv.qc.ca/tag/terme.do?id=11512

Institut Congolais de la Conservation de la Nature, « Ce qu'est la Réserve de Faune à Okapis », Kinshasa, ICCN, 2006a, p. 3-8.

Institut Congolais de la Conservation de la Nature, « Protection du paysage forestier Ituri – Epulu – Aru et notion de site du patrimoine mondial », Kinshasa, ICCN, 2006b.

N'DA P., *Méthodologie de la recherche, de la problématique à la discussion des résultats*, Abidjan, Éd. Universitaires de Côte d'Ivoire.

Province Orientale, *Document de la Stratégie de Croissance et de Réduction de la Pauvreté*, Kisangani, 2007.

République Démocratique du Congo, « Loi n° 007/2002 du 11 juillet 2002 portant code minier », in *Journal Officiel*, n° spécial du 15 juillet 2002.

TAGBA Baginyo Stalon, « Initiation à la recherche scientifique », cours, inédit, Université du CEPROMAD de Bunia, Bunia, 2014.

__________, « Microéconomie et macroéconomie », cours, inédit, USB, Bunia, 2015.

UKUMU U., « Production agricole vivrière de l'Ituri », mémoire dc licence, inédit, UNAZA, Kinshasa, 1973.

16

Retombées économiques et sociales de l'exploitation de bois dans le Territoire de Mambasa

KISEMBO Nzumaki Patrick

Introduction

Les ressources naturelles ont joué et jouent encore un rôle important dans le processus de développement de plusieurs pays à travers le monde. C'est dans ce contexte que cette réflexion analyse les retombées économiques et sociales de l'exploitation forestière dans le Territoire de Mambasa et tente de comprendre pourquoi en dépit de cette abondance des ressources forestières ce Territoire peine à se développer.

Ici il est question d'analyser à travers la filière d'exploitation de bois, les avantages économiques et sociaux des exploitations des ressources forestières dans le Territoire et déterminer pourquoi les potentialités forestières de Mambasa ne contribuent pas suffisamment dans son développement. Dans ce cadre d'idée Perkins, Radelet and Lindauer affirment qu'en 1950 les exportations des matières premières ont joué un rôle majeur dans le développement des pays aujourd'hui industrialisés et ont été des facteurs déterminants de la croissance économique. Ils affirment que les USA, le Canada, l'Australie, le Danemark et d'autres pays ont en partie augmenté leurs revenus en exploitant leurs ressources naturelles[385].

Dans les pays en développement, les ressources naturelles constituent souvent la première source de survie pour les communautés et une source importante d'entrée des devises étrangères à travers les exportations sur le marché international. Cependant, plusieurs études ont montré que les ressources naturelles n'ont pas été suffisantes pour déclencher le développement de plusieurs pays pauvres. Jeffrey Sachs et Andrew Warner, économistes à l'Université de Harvard ont étudié 95

[385] PERKINS H. Dwight, RADELET Steven & LINDAUER David L., *Économie du développement*, Bruxelles, De Boeck, 2008, p. 756.

différents pays riches et pauvres en ressources naturelles. Essayant d'analyser leurs croissances économiques de 1971 à 1989, ils ont paradoxalement découvert que les pays qui ont plus exporté les matières premières ont connu une croissance moindre que les pays pauvres en ressources naturelles[386]. Parallèlement, Grudem et Asmus affirment que beaucoup pensent que les pays pauvres ont besoin de découvrir des nouvelles ressources naturelles pour stimuler leurs développements[387]. Cependant, l'on constate que cette solution n'est pas forcément la meilleure car certains pays ont peu de ressources naturelles et d'autres n'en ont pratiquement pas.

Poursuivant la même logique d'analyse, Arezki et Van der Ploeg démontrent qu'en plus de l'impact indirect négatif des ressources naturelles sur le revenu par habitant, ils découvrent un effet indirect négatif des ressources naturelles sur les institutions. Ils démontrent que la malédiction des ressources a plus de conséquences sur les performances économiques des pays relativement peu ouvert à l'extérieur. Ils notent, en outre, que l'abondance des ressources naturelles mesurée par le stock des ressources naturelles conduit au phénomène de malédiction des ressources cependant moins prononcé pour les pays relativement plus ouverts[388].

En dépit de ces évidences, l'exploitation forestière en RDC est au cœur de plusieurs enjeux, qu'ils soient économiques ou environnementaux. Elle constitue une source importante de revenu pour les différents acteurs de la filière. Les petites exploitations artisanales se mêlent à de grandes sociétés qui exploitent et exportent vers des pays industrialisés ou des pays émergents. On constate que la demande en matières premières en général et du bois en particulier de ces pays ne cesse de croître. Cette exploitation de plus en plus industrielle ou semi industrielle dans certaines régions se fait au détriment des communautés locales qui sont souvent marginalisées.

---

386 SACHS Jeffrey D. & WARNER Andrew M., « Natural Resource Abundance and Economic Growth », Center for International Development and Harvard Institute for International Development, Cambridge, Harvard University, 1997, p. 2, [en ligne], https://pdfs.semanticscholar.org/7b14/045909f42117197b82a910782ab68330a3e7.pdf.

387 GRUDEM Wayne & ASMUS Barry, *The Poverty of the Nations: A Sustainable Solution*, Wheaton, Crossway, 2013, p. 50.

388 AREZKI Rabah & van der PLOEG Frederick, « Can the Natural Resource Curse Be Turned into a Blessing? The Role of Trade Policies and Institutions», IMF Working Paper, 2007, p. 3.

En Territoire de Mambasa, couvert en grande partie par la forêt équatoriale, la population locale vit essentiellement des activités agricoles, de petit commerce, de la chasse et de ramassage. En marge de ces activités se développe l'exploitation artisanale des bois qui attire de plus en plus une classe d'entrepreneurs privés souvent venus des Provinces voisines.

Cette abondance des ressources devait constituer un atout majeur pour le développement économique et social du Territoire de Mambasa et de sa population toute entière, développement dû aux retombées des exploitations. Cependant, on constate que ce Territoire est assez peu développé et une tranche importante de sa population vit en dessous du seuil de la pauvreté.

Milieu, matériel et méthode

Milieu d'étude

Le Territoire de Mambasa constitue actuellement l'un des cinq Territoires de l'actuelle Province de l'Ituri. Il couvre près de 55 % de l'étendue de la Province de l'Ituri, soit près de 36 785 km^2.

Il a un climat entièrement équatorial caractérisé par des températures élevées et des fortes insolations diurnes suivies de l'humidité nocturne. La région connaît une alternance des saisons avec la saison pluvieuse qui commence de mars à mai et reprend en juillet et se termine entre novembre et décembre. La saison sèche va de décembre en mars et entre mai et juillet. La forêt équatoriale couvre entièrement toute l'étendue du Territoire.

Population

Le Territoire de Mambasa est habité par quelques tribus dominantes qui sont les Pygmées, les Bila, les Ndaka, les Bombo, les Lese-Dese, les Lese-Karo, les Budu et les Nande. Cependant, les principales tribus d'origine sont les Bila, les Ndaka, les Mbo, les Pygmées et les Lese.

Le Territoire a connu le phénomène d'immigration importante de deux groupes ethniques : (1) les Arabisés, venus de la Province de Maniema depuis 1915 et (2) les Nande en provenance du Nord-Kivu. Ces derniers sont venus, pour certains, à la recherche des terres arables, et d'autres en fuite des atrocités perpétrées par des groupes rebelles dans une partie du Nord-Kivu ; et d'autres encore sont à la recherche des opportunités économiques qu'offre le Territoire en termes de commerce ou des ressources exploitables. Les Budu du Territoire de Wamba se sont établis depuis près de 40 ans dans les Chefferies des Ndaka et Bombo. On note également la présence des populations en provenance des autres régions du pays.

Suite aux migrations et aux soldes positives des naissances, le Territoire connaît une augmentation régulière de sa population. De 510 598 personnes en 2013, la population du Territoire aurait atteint 606 445 en 2014 et 671 607 en 2015 selon les rapports annuels du Territoire[389]. Il sied de noter que faute de recensement ce chiffre est à considérer avec précaution.

La croissance de la population dans cette région est due à deux facteurs : (1) solde positif des naissances, mais aussi (2) aux incessants déplacements des populations en provenance du Kivu voisin qui n'a cessé de prendre de l'ampleur suite à l'insécurité dans cette Province.

Activités économiques

Mambasa est un Territoire à vocation agricole. L'agriculture est l'activité principale exercée par une grande partie de la population. Cette agriculture demeure celle de subsistance. Les cultures les plus pratiquées sont celles de manioc, haricot, arachide, banane, etc. On y retrouve également quelques plantations de caféier, palmerais et cacaoyer.

En plus de l'agriculture, on retrouve certains exploitants miniers artisanaux (qui exploitent l'or et le diamant) dans certaines parties du Territoire.

Le commerce est également une des activités y pratiquées. Ce commerce est généralement celui de détail et beaucoup de petits commerçants sont dans le secteur informel. Quelques petits hôtels existent dans les grands centres commerciaux, tels que : Mambasa, Nia Nia, Badengaido et point kilométrique 51.

Contexte de l'exploitation forestière à Mambasa

Les observations récentes démontrent que l'exploitation forestière est généralisée dans le Territoire. Les données les plus récentes (2014-2015) montrent que l'exploitation est plus concentrée sur l'axe Mambasa-Beni et Mambasa-Komanda. En 2015, selon les statistiques du service de l'environnement de Mambasa, la supervision de Lolwa a enregistré environ 9 498,300 m^3 de bois et la supervision de Bela a enregistré 5 690,100 m^3 sur le total de 17 776,400 m^3.

[389] Rapport annuel du Territoire de Mambasa, 2014 et 2015, p. 84 et 86.

Ces statistiques demeurent largement inférieures à la réalité car beaucoup de bois quittent le Territoire frauduleusement. Il sied de noter que l'exploitation forestière dans cette région est caractérisée par un contrôle insuffisant et le non-respect de la réglementation en la matière. On note la présence de plusieurs exploitants illégaux et sans titres valides délivrés par les autorités compétentes.

Matériel et méthode

Pour réaliser cette recherche, les approches tant qualitatives que quantitatives se sont révélées utiles. Les données quantitatives sur les taxes payées par les exploitants et le revenu perçu par les différents intervenants de la filière ont fait également l'objet des analyses. Les données qualitatives ont permis de comprendre pourquoi en dépit de cette abondance des ressources forestières le Territoire de Mambasa a de la peine à se développer.

Les données de cette recherche sont récoltées d'une population hétérogène constituée des personnes âgées d'au moins 15 ans vivant à Mambasa depuis au moins cinq ans, des acteurs de la filière d'exploitation de bois, les chefs, les leaders locaux, agents du secteur public en charge de forêt, membres des ONGs et autres forces vives ainsi que les petits commerçants.

Population et échantillonnage

Dû au problème de statistiques fiables la population de cette recherche est infinie et en conséquence la taille de l'échantillon est déterminée par la formule $n = \frac{z^2\, p\, q}{e^2}$. Avec z de 1.812 pour un niveau de confiance de 93%, n représente la taille de l'échantillon, p représente la proportion de l'échantillon, p est de 0.5 et q est de 0.5, e la marge d'erreur de 7 %[390]. Ce qui a ramené à une taille d'échantillon de 168 personnes interviewées.

L'échantillon a été constitué d'une façon occasionnelle. Cette recherche a été menée auprès de 94 agriculteurs membres des communautés locales, 33 exploitants et ouvriers, 18 petits commerçants, neuf fonctionnaires de l'État, huit enseignants, trois médecins et trois membres des ONGs.

Récolte, analyse et traitement des données

[390] KOTHARI C. R., *Research Methodology: Methods and Techniques*, Delhi, New Age International, 2011, p. 180.

Les données ont été récoltées par les techniques d'interview pour les raisons liées au niveau scolaire de certains répondants mais aussi pour question de minimiser le temps de récolte des données. La technique d'observation s'est révélée utile dans le but de mieux comprendre le fonctionnement de la filière d'exploitation des bois dans le Territoire de Mambasa.

Les données ainsi récoltées ont fait l'objet des analyses par le logiciel Excel et sont présentées sous forme des tableaux avec les calculs de pourcentages et des moyennes.

Caractéristiques sociodémographiques des enquêtés

Cette recherche a été réalisée au près d'une population adulte. Les observations ont montré que la majorité de la population est relativement jeune et une petite portion avait plus de 60 ans. La majorité de cette population pratique l'agriculture comme activité de base et il y a très peu qui sont actifs dans le secteur de service et fonction publique. Les agents de certains services publics, tels que ; le Service de l'Environnement, de Fonds Forestier National (FFN) et la Direction Générale des Recettes de la Province de l'Ituri (DGRPI) ont fourni des informations utiles dans le cadre de cette recherche.

Résultats

Les résultats des interviews démontrent que l'exploitation de bois n'offre quasiment aucun avantage aux communautés locales. La plupart des membres de la communauté est de cet avis. Cette opinion est la plus rependue au sein des membres des communautés. Par contre, certains répondants affirment que la communauté bénéficie de quelques biens en nature souvent résumés en tôles, matelas, assiettes, vaches (pour la viande), boisson et argent. Trop peu sont ceux qui pensent que la présence des exploitations a contribué dans la construction ou appui aux infrastructures sociales telles que les écoles ou hôpitaux. Souvent les chefs et membres des familles régnantes ou les propriétaires terriens sont les bénéficiaires de ces biens.

Cahier des charges et communautés locales

Selon le code forestier congolais de 2002, à son article 88, il est précisé que le contrat cahier des charges fixe les conditions spécifiques incombant au concessionnaire. À son article 89, le code précise que le cahier des charges comporte les clauses générales et les clauses particulières. Les clauses générales concernent les conditions techniques relatives à l'exploitation des produits concernés. Les clauses particulières concernent, notamment :

- les charges financières,
- les obligations en matière d'installation industrielle incombant au titulaire de la concession forestière,
- une clause particulière relative à la construction des infrastructures socio-économiques au profit des communautés locales, spécialement : (a) la construction et l'aménagement des routes ; (b) la réfection, l'équipement des installations hospitalières et scolaires ; (c) les facilités en matière de transport des personnes et des biens.

Cependant, la loi ne précise pas clairement les conditions des exploitants artisanaux en matière des responsabilités sociales et économiques en faveur des communautés locales quand bien même l'exploitation artisanale produit une quantité non négligeable des bois. Dans le Territoire de Mambasa, la production artisanale pour les années 2014 et 2015 sont largement supérieures à la production de la société Enzyme Refiner Association (ENRA), la seule société industrielle implantée à Beni au Nord-Kivu, et qui possède la totalité de son exploitation dans le Territoire de Mambasa.

Tableau 1 : Production artisanale et industrielle de bois dans le Territoire de Mambasa

Années	Production artisanale en m^3	Production de la société ENRA	Total
2013	20 034	-	20 034
2014	22 175,95	7 974,739	30 150,689
2015	17 776,4	8 259,115	26 035,515

Source : Rapports annuels du Service de l'Environnement, Territoire de Mambasa

On constate que la production artisanale varie d'une année à l'autre car elle dépend également du nombre des exploitants qui est souvent fluctuant. La production de la ENRA est croissante, selon les chiffres disponibles. Il sied de souligner que les statistiques présentés au service de tutelle sont inférieurs à la réalité car beaucoup d'exploitants ne sont pas transparents pour des raisons de fisc et minimisent les statistiques fournis dans la mesure où les agents de l'environnement ne sont toujours pas présents sur tous les sites de chargement de bois.

Le cahier des charges de la ENRA dans la Chefferie des Babila-Babombi

La ENRA, comme compagnie industrielle, était dans l'obligation légale d'élaborer un cahier de charge spécifiant les avantages de ses exploitations pour les communautés locales de la Chefferie des Babila-Babombi où se situe l'essentiel de sa concession. Makana note que la compagnie a acquis en 1982 une concession forestière de 52 190 ha dans la Chefferie de Babila-Babombi. Compte tenu de l'exploitation illégale dans sa concession la société a fait une demande de 28 800 ha supplémentaires qui lui ont été octroyés en 2005, ramenant ainsi sa concession à 80.990 ha[391].

En 2010 la ENRA a élaboré un cahier des charges spécifiant les réalisations au profit des communautés locales. Entre autres choses à réaliser à court terme par la compagnie il y avait la construction d'un Centre de Santé à Makumo en 2012, un Poste de Santé à Lukaya en 2013, une Ecole Primaire à Byakato, un bureau pour l'administration du Groupement Bangole à Makumo, établissement d'un émetteur radio à Biakato et la construction d'un bureau pour l'administration de la Chefferie à Teturi en 2014. En outre, la compagnie avait promis dans le cahier de charge d'octroyer 5m^3 de bois par mois à la communauté pour servir à la réalisation des cercueils et autres biens en faveur de la communauté et la société devait offrir des facilités de transport pour les membres de la communauté en mission de service avec la société.

Après observation il s'est avéré qu'aucun de ces ouvrages n'a étéétait réalisé jusqu'à l'année 2016, à l'exception de quelques voyages des membres des communautés payés par la compagnie. À long terme, la compagnie avait promis construire un bâtiment pouvant abriter l'Institut Supérieur des Sciences Agronomiques, Vétérinaires et de Foresterie dans la région et la réouverture de l'axe routier Teturi-Biakoto, qui, aujourd'hui est complètement impraticable.

---

[391] MAKANA Jérémie, « Forest Concession Land Use Planning: Lessons Learned from the Enzyme Refiners Association (ENRA) Forest Concession », Wildlife Conservation Society, s.d., p. 1., [en ligne], http://carpe.umd.edu/ Documents/2010/lessons_learned _chapter3_case_study2.pdf.

Les accords de vente des coupes ou Mapatano des exploitants artisanaux

Fautes des dispositions légales claires en matière des responsabilités de l'exploitation artisanale de bois, les exploitants artisanaux négocient des coupes de bois auprès des communautés locales en payant des droits de jouissance appelés communément *Mapatano.* Ces droits de jouissance payés par les exploitants varient en fonction du nombre et des espèces de bois disponible dans la coupe, ils varient également d'un endroit à un autre, en fonction des étendues et de l'habilité des parties à négocier. Généralement, une coupe regorge au minimum 100 pieds de gros arbres non affectés par les maladies ; les petits arbres ne sont généralement pas pris en compte lors de comptage, même si les exploitants ne manquent pas de les scier s'ils sont de bonne qualité.

L'analyse de quelques-uns de ces accords de vente déposés au Service de l'Environnement du Territoire donne les renseignements suivants :

- Deux kilomètres sur quatre acquis à 3100 USD.
- Deux kilomètres carrés acquis à 2400 USD.
- Deux kilomètres carrés acquis contre l'octroi de 120 tôles, une vache et une moto, équivalent à 2000 USD conformément aux prix locaux de ces biens.
- Sur les 12 actes de ventes pris au hasard, huit n'ont pas précisé la valeur des biens reçus ou à recevoir des exploitants et aucun acte de vente ne précise les obligations des communautés à l'égard des exploitants.
- Deux à six personnes signent les actes de vente.

Taxes dans la filière de bois à Mambasa

L'exploitation de bois dans le Territoire de Mambasa est caractérisée par une multitude de taxes tant légales qu'illégales. Ces taxes sont perçues par divers services gouvernementaux et sont pour la plupart destinées au trésor au niveau de la Province à travers la Direction Générale des Recettes de la Province de l'Ituri, au niveau nationale à travers le Service de l'Environnement et du Fonds Forestier National.

Tableau 2 : Différentes taxes perçues dans la filière de bois

Taxes	Destination	Montant
Permis de coupe	Trésor à travers le Service de l'Environnement	50 USD par hectare par année
Taxe d'abattage	Trésor à travers le Service de l'Environnement	Selon les espèces d'arbre scié
Frais techniques et administratives	Trésor	15 USD /m^3
Billes abandonnées	Trésor	Non appliqué
Autorisation d'achat et de vente	Trésor	- Vente locale ou provinciale 550 USD/année - Vente en dehors de la Province 1100 USD - Exportation 10 000 USD
Taxe d'évacuation	Trésor à travers la DGRPI	5 USD/m^3
DGRAD	Trésor à travers la DGRAD	1. 200 USD pour les gros camions 2. 100 USD pour les petits véhicules
Taxe de la Chefferie	Chefferie	5 USD/m^3
Taxe phytosanitaire	Trésor à travers le FFN	100 USD/cargo

Source : Constitué sur base des données du Service de FFN, DGRPI et Service de l'Environnement

De cette liste non exhaustive des taxes à payer par les exploitants et les commerçants des bois, seul cinq dollars par m^3 sont payés aux Chefferies et la majorité de taxe est destinée au trésor public qui est supposé rétrocéder une partie des recettes réalisées pour appuyer le développement local.

Origines des exploitants artisanaux opérant à Mambasa

Dans toutes les Collectivités visitées, la majorité des exploitants ne sont pas des natifs du milieu, pour la plupart ils sont originaires du Nord-Kivu suivis de ceux qui viennent des autres régions de la Province de l'Ituri et des autres Provinces voisines du Territoire de Mambasa comme le témoigne le tableau ci-dessous.

Tableau 3 : Origine des exploitants artisanaux

Année	**2012**		**2013**		**2014**		**2015**	
Origine	**Nombre des Exploitants**	**%**	**Nombre des exploitants**	**%**	**Nombre des exploitants**	**%**	**Nombre des exploitants**	**%**
Nord-Kivu	38	47,5	54	65,1	64	68,1	54	70,1
Autres régions de l'Ituri	12	15	9	10,8	13	13,8	11	14,3
Mambasa	22	27,5	15	18,1	9	9,6	5	6,5
Autres régions	8	10	5	6	8	8,5	7	9,1
Total	**80**	**100**	**83**	**100**	**94**	**100**	**77**	**100**
Moyenne								**62,7**

Source : Rapports annuels de Service de l'Environnement du Territoire de Mambasa

L'implication de la communauté dans la filière de bois

Selon les discussions eues avec les chefs et leaders locaux, les membres des communautés locales ainsi que les forces vives, dans la majorité des cas, la filière de bois intéresse peu les membres de la communauté ; seulement une petite tranche de la population locale s'intéresse réellement à l'exploitation. Pour le peu qui s'y impliquent, la majorité est dans la filière de bois consommé localement et s'occupent essentiellement de transport des bois de lieux de sciage à l'entrepôt. Les données récoltées au Service de l'Environnement démontrent qu'en moyenne de 2012 à 2015, 62,7 % des exploitants sont originaires du Nord-Kivu et seulement 15 % sont des originaires du Territoire de Mambasa.

Les exploitants en provenance de Kivu amènent également les travailleurs de la région du Nord-Kivu et principalement du haut plateau de Lubero, et ce pour diverses raisons, telles que : l'endurance physique, la relative abondance des mains d'œuvre au Kivu, la proximité culturelle entre la majorité des exploitants originaires du Kivu et les travailleurs.

Recrutement de la main d'œuvre et achat des consommables

Les observations démontrent que la majorité de la main d'œuvre (transporteurs des bois, machinistes ainsi que leurs aides), excepté quelques fois ceux qui chargent les camions, vient d'ailleurs et essentiellement de la région du Nord-Kivu. Les autochtones de Mambasa sont peu nombreux à s'investir dans le transport des bois qui parait être une source de revenu bien plus importante que beaucoup d'autres dans certaines partie du Territoire.

Les membres de la communauté sont également moins nombreux à posséder des coupes ou à exploiter le bois (tableau 3). Plusieurs raisons sont évoquées tant par les exploitants que les membres de la communauté pour expliquer pourquoi les autochtones sont peu intéressés à l'exploitation de bois.

Les enquêtes ont démontré que le manque de moyen pour entreprendre l'exploitation est une des raisons non négligeables expliquant le désintérêt des communautés locales. Pour le cas de faible implication des communautés locales dans l'évacuation des bois, les raisons évoquées par certains enquêtés sont l'incapacité physique et le manque de courage des membres des communautés locales qui ont peur de s'investir dans l'évacuation de bois car le travail en question semble être pénible à leurs yeux. Certaines pièces et espèces de bois peuvent peser jusque 80 kg et les pistes empruntées sont souvent difficile d'accès.

Cependant, il y a d'autres raisons telles que le manque de connaissance dans le domaine d'exploitation, la non maîtrise du fonctionnement du marché et la proximité tant culturelle que linguistique entre les exploitants et les transporteurs de bois (généralement venus du Nord-Kivu) qui expliquent également la faible implication des communautés locales aussi bien dans l'exploitation que dans le circuit d'évacuation de bois.

Revenu gagné dans l'évacuation de bois

Le tableau ci-dessous a été constitué sur base des données recueillies auprès des ouvriers qui évacuent les bois de la forêt jusqu'aux routes facile d'accès pour les gros camions. Le prix de 10 USD pour une « poutre » et huit dollars pour un « size » est fixé pour une distance dépassant les 8 km. Le nombre de pièces évacuées par semaine dépend du diamètre de la planche, de la capacité de l'ouvrier et même de la saison qui influe sur l'état de sentier emprunté par les ouvriers surtout dans la mesure où l'évacuation se fait essentiellement par vélo.

La « poutre » et le « size » sont des planches de grandes dimensions tandis que le « volige » et chevrons sont plutôt de taille relativement réduite.

Tableau 4 : Estimation de revenu gagné dans le circuit d'évacuation de bois à Mambasa

Catégorie	Prix par unité (en USD)	Nombre de tour moyen par semaine	Nombre de bois évacué par tour	Revenu moyen estimé par semaine (en USD)	Revenu moyen estimé par moi (en USD)
Poutre	10	3	1,5	45	180
Size	8	3	2	48	192
Chevrons	0.5	6	4	12	48
Volige	1	6	2	12	48
Planche	1	6	3	18	64

Source constitué sur base des données recueillies auprès des transporteurs de bois.

On constate que celui qui transporte deux « sizes » et fait trois tours par semaine peut gagner jusque 192 USD par mois et celui qui transporte une « poutre » et demi et fait trois tours par semaine peut gagner 180 USD ; tandis que celui qui transporte deux « voliges » ou « chevrons » et fait trois tours par semaine gagne 48 USD et 64 USD pour celui qui transporte de planches.

Les observations démontrent que les quelques membres des communautés locales qui s'impliquent dans le transport de bois évacuent plus de bois de petites dimensions que celles de grandes dimensions qui sont plus lourds.

Bénéfice social des exploitations pour les communautés locales

Selon les analyses faites des actes de vente des coupes et discussions eues avec les autorités locales, les bénéfices des exploitations de bois dans la communauté se résument souvent en biens en nature, tels que : les tôles, quelques planches sciés, matelas, vaches (pour la viande) et alcool. Ce sont des biens couramment donnés par les exploitants en contrepartie des pieds d'arbres ou des coupes à exploiter. Tous les chefs contactés reconnaissent que les concessions cédées valent plus que les biens reçus en contrepartie

Les infrastructures sociales, dont les écoles et les hôpitaux, appartiennent dans la majorité des cas aux confessions religieuses et quelques-unes sont privées. Selon le rapport du Territoire de Mambasa de 2015 plus de 75 % des hôpitaux sont dans un état de délabrement avancé ; beaucoup d'écoles n'offrent pas les conditions idéales d'apprentissage pour les élèves. Pour celles qui sont relativement à bon état et mieux équipées, elles ont reçu les appuis de la part des organisations internationales et nationales présentes dans la région. Au total le Territoire de Mambasa compte 153 écoles primaires et 59 écoles secondaires, selon le même rapport du Territoire. Ces écoles sont construites pour certaines par les églises, les ONGs, certaines sont les fruits des initiatives locales.

Selon le point de vue des organisations non gouvernementales et des autres forces vives (enseignants, médecins, responsables des églises) interviewées, les communautés locales sont perdantes dans ce deal des exploitations forestières et cela pour plusieurs raisons. Certains chefs locaux et autres membres de la communauté ignorent les réglementations et sont souvent incapables de bien négocier avec les exploitants. Dans beaucoup d'accords ou actes de vente de coupes forestières, les autorités locales ont du mal à donner priorité aux besoins de développement de la communauté toute entière. Cela se justifie au vu des biens matériels, tels que : tôles, matelas et autres, qu'elles demandent lors des négociations de vente. On note également l'incapacité de l'État à faire respecter la loi à la matière mais également son incapacité à appuyer les communautés locales avec des infrastructures.

Discussion

Idéalement la contribution de l'exploitation de bois aux communautés locales dans le Territoire de Mambasa devrait se traduire par la création d'emplois directs et indirects liée à cette exploitation. Cependant, le revenu perçu par les membres de la communauté lors de vente de coupes ou pieds d'arbre, les taxes perçues par les autorités locales, les réalisations sociales des exploitants en faveur de la communauté, les connaissances techniques acquises en matière d'exploitation demeurent dérisoire.

Avec une production de bois estimée à 22 175,95 m^3 en 2014, production issue de l'exploitation artisanale, le total de taxe perçue par les Chefferies, d'où sont sciés ces bois, s'élève à 110 879,5 USD. Comparé aux défis sociaux et économiques à relever par le gouvernement local dans un contexte d'une quasi absence de l'État cette somme de taxe ne représente pas grand-chose.

Les observations dans le Territoire ont démontré que les écoles et les hôpitaux manquent ou sont en mauvais états pour la plupart, les routes sont délabrées, etc. La pauvreté est généralisée. Si les milieux ruraux sont connus pour abriter beaucoup de pauvres dans les pays en développement, dans les régions forestières les pauvres semblent encore plus nombreux et les causes expliquant ce phénomène sont variées. Le manque d'investissements publics dans les infrastructures, la santé et l'éducation, faute de moyen, sont parmi les causes majeures.

Souvent pour ce qui est de gouvernements locaux, le manque de moyen et la mauvaise affectation de ressources paralysent le progrès social et économique. À ce sujet, van Puijenbroek note paradoxalement que dans le Territoire de Mambasa des sommes importantes de taxes perçues légalement et illégalement n'atteignent pas le trésor public et sont détournées par certaines autorités locales, les membres des forces armées et des agents du service public percepteurs de ces taxes[392].

Mambasa est connu pour abriter les Pygmées vivant généralement dans les milieux forestiers et qui sont victimes d'exclusion et de marginalisation. Faisant la comparaison entre les peuples indigènes et non indigènes en Amérique Latine Todaro et Smith découvrent que la pauvreté est plus prononcée parmi les indigènes[393]. Ils notent que les données compilées dans certains pays d'Amérique Latine démontrent que la majorité des indigènes vit dans l'extrême pauvreté et le fait d'être indigène augmente sensiblement la probabilité pour un individu d'être malnutri, illettré, chômeur et en mauvaise santé. Par exemple, au Mexique, les études ont prouvé que plus de 80 pourcent des indigènes sont pauvres comparé à seulement 18 pourcent des non indigènes qui sont pauvres.

Parallèlement, les données dans le Territoire de Mambasa montrent que la majorité des activités économiques dans les grands centres est détenue par les non indigènes et en l'occurrence des commerçants originaires du Nord-Kivu voisin. Des études systématiques sur l'état de pauvreté parmi les populations du Territoire n'étant pas encore réalisées, les observations empiriques tendent à confirmer cette situation.

Le revenu gagné explique en grande partie cet écart de vie observé. Les données sur le revenu perçu dans le transport de bois montrent que le gain mensuel peut varier entre 48 USD et 192 USD en moyenne selon le type et la quantité de bois évacué par un ouvrier. En analysant les données sur l'origine des ouvriers qui procèdent à l'évacuation des bois, l'on découvre que la grande majorité de ces ouvriers vient du Nord-Kivu. Seulement quelques-uns sont recrutés localement. En outre, les ouvriers en provenance du Nord-Kivu sont les plus nombreux à transporter les bois de grandes dimensions maximisant leurs chances de gagner plus contrairement aux travailleurs recrutés localement qui préfèrent transporter les bois de petites dimensions pour lesquels les frais d'évacuation sont moins élevés. Parallèlement les chiffres

---

392 van PUIJENBROEK Joost, « L'analyse de conflit et évaluation de besoin effectuée dans le cadre de l'opérationnalisation de la deuxième phase du STAREC/ISSSS dans les territoires de Mambasa et Bafwasende », PAX, Utrecht, 2014, p. 43.

393 TODARO Michael P. & SMITH Stephen C., *Development Economics*, New York, 11th ed., Pearson, 2014, p. 240.

montrent que 70,1 % des exploitants en 2015 viennent du Nord-Kivu et seulement 6,5 % sont originaires de Mambasa.

Les raisons de cette faible participation des communautés locales dans les exploitations sont nombreuses. Le manque de moyen pour y investir, le manque de connaissances techniques et la non maîtrise du marché sont entre autres raisons qui empêchent les communautés locales de s'impliquer activement dans l'exploitation. Le travail d'évacuation des bois essentiellement réalisé par les travailleurs en provenance du Nord-Kivu semble moins intéresser les communautés locales pour plusieurs raisons. L'une des raisons majeures est la proximité culturelle et linguistique entre les travailleurs et les exploitants qui viennent en majorité de la même région. Cependant, les exploitants pensent que les membres des communautés locales n'aiment pas ce travail et semblent moins forts et incapables de le réaliser. Ce qui justifie le recrutement massif dans la région du Nord-Kivu.

Ces réalités prouvent en suffisance que le revenu d'évacuation de bois quitte la région et ne contribue quasiment pas dans le circuit économique local. Asongu affirme à ce sujet que l'un des problèmes majeurs du secteur d'exploitation forestière en Afrique est de concilier les besoins des communautés locales qui dépendent des forêts et ceux des compagnies forestières. L'auteur note que lorsque les compagnies forestières ont épuisé les ressources exploitables dans une région, elles se déplacent vers d'autres régions[394]. Cela a été le cas, selon l'auteur, dans certains pays comme la Côte d'Ivoire, où les compagnies forestières ont quitté pour s'implanter dans les pays comme le Cameroun et dans ceux du Bassin du Congo. Les communautés locales dépendantes des ressources forestières manquent cette mobilité et en conséquence demeurent dans la pauvreté[395].

Les avantages sociaux et économiques de l'exploitation de bois pour les communautés locales dans le Territoire de Mambasa sont très minimes ou quasiment inexistant dans certaines parties du Territoire. Le manque de respect des clauses de cahier des charges par la ENRA, le mauvais établissement des actes de vente concédant les coupes de bois aux exploitants artisanaux ainsi que le manque de respect des clauses

---

[394] ASONGU A. Simplice, « Deforestation and Welfare: Evidence from Africa», African Governance and Development Institute, 2011, p. 3, [en ligne], http://ssrn.com/abstract=2493186.

[395] *Ibid.*, p. 3.

de ces actes de vente, la valeur monétaire faible des cessions des coupes, une affectation inefficace de ces sommes ou biens donnés en contrepartie des coupes sont autant des facteurs qui justifient un faible impact des exploitations sur le niveau de vie et le bien-être des communautés locales.

Ces facteurs sont, à leurs tours, les conséquences d'un ensemble de facteurs comme l'incapacité du pouvoir public à jouer correctement son rôle, une certaine ignorance des membres des communautés et des chefs coutumiers qui concèdent les coupes de bois, un manque de bonne volonté de certains exploitants qui ne respectent pas les clauses des contrats qu'ils ont eux-mêmes signés, etc.

Cependant, l'on note que l'inefficacité de l'État à travers ses différents services constitue la cause déterminante de ce chao observé dans le Territoire de Mambasa. Dalmazzo et De Blazio analysant les options qui s'offrent à un État dictatorial constatent que l'État peut choisir soit, de garder les mauvaises politiques qui exploitent les ressources du pays, ou adopter les bonnes politiques qui concèdent la libéralisation et la réalisation des infrastructures publiques encourageant la croissance et le bien-être social des communautés[396]. Cependant, l'on constate que les politiques gouvernementales dans le secteur d'exploitation forestière, comme dans beaucoup d'autres secteurs, ne semblent pas être à la hauteur des défis à relever. On observe un écart criant entre les politiques forestières et l'application sur terrain qui souffre des failles dues à plusieurs facteurs.

Conclusion

Cet essai a analysé les retombées économiques et sociales de l'exploitation de bois sur le bien-être des communautés locales du Territoire de Mambasa. Après les analyses il s'est avéré que les avantages de l'exploitation de bois pour les communautés locales sont minimes en général, et quasi inexistant dans certaines parties du Territoire. Cela s'est vérifié par une faible participation des membres des communautés locales dans les activités d'exploitation. 70,1 % en 2015, 68,1 % en 2014, la majorité des exploitants vient du Nord-Kivu ramenant avec eux le bénéfice de l'exploitation. La main d'œuvre est

[396] DALMAZZO Alberto & de BLAZIO Guido, « Resources and Incentives to Reform: A Model and Some Evidence on Sub-Saharan African Countries », IMF Working Paper, 2011, p. 3.

essentiellement recrutée au Nord-Kivu d'où les exploitants achètent également les intrants nécessaires à l'exploitation.

Le manque de respect des clauses du cahier des charges par les exploitants d'une part et le mauvais établissement de ces cahiers des charges par les autorités coutumières d'autre part, sont parmi les causes d'un faible impact de l'exploitation sur le niveau de vie des communautés locales. L'étude a démontré que l'essentiel de revenu de taxation va dans le trésor public qui ne rétrocède quasiment rien ou pas grand-chose aux collectivités ; seulement une somme de cinq dollars par m^3 de bois est perçue comme taxe pour les Chefferies, somme qui est insuffisante par rapport au défi à relever par les collectivités dans un contexte d'absence quasi-totale des investissements publics dans les infrastructures sociales et économiques.

Le rôle et la place de l'exploitation des ressources forestières en général et du bois en particulier mérite d'être revu afin d'accroître sa contribution dans le circuit économique local et en faire un outil efficace du développement local du Territoire de Mambasa.

Bibliographie

AREZKI Rabbah & Van Der PLOEG Frederick, « Can the Natural Resource Curse Be Turned Into a Blessing? The Role of Trade Policies and Institutions », IMF Working Paper, 2007, 34 p.

ASONGU A. Simplice, « Deforestation and Welfare: Evidence from Africa », African Governance and Development Institute, 2011, 26 p., [en ligne], http://ssrn.com/abstract= 2493186

DALMAZZO Alberto & de BLASIO Guido, « Resources and Incentives to Reform: A Model and Some Evidence on Sub-Saharan African Countries », IMF Working Paper, 2001, 42 p.

KOTHARI C. R., *Research Methodology, Methods and Techniques*, New Delhi, New Age International Publishers, 2011, 401 p.

MAKANA Jérémie, « Forest Concession Land Use Planning: Lessons Learned from the Enzyme Refiners Association (ENRA) Forest Concession », Wildlife Conservation Society, s.d., [en ligne], http://carpe.umd.edu/Documents/2010/lessons_learned_chapter3_case_study2.pdf.

PAX CHRISTI, « *Exploitation du bois, paradoxe de la pauvreté et conflit dans le Territoire de Mambasa* », 2007, 73 p.

PERKINS Dwight H., RADELET Steven & LINDAUER, David L., *Économie du développement*, Bruxelles, De Boeck, 2008, 985 p.
République Démocratique du Congo, Loi N° 0011/2002 du 29 août 2002, portant code forestier en République Démocratique du Congo, 25 p.
SACHS Jeffrey D. & WARNER Andrew M., « Natural Resource Abundance and Economic Growth », Center for International Development and Harvard Institute for International Development, Cambridge, Harvard University, 1997, 50 p., [en ligne], https://pdfs.semanticscholar.org/7b14/045909f42117197b82a910782ab68330a3e7.pdf
TODARO Michael P. & SMITH Stephen C., *Economic Development*, New York, 11th ed., Pearson, 2014, 801 p.
Van PUIJENBROEK Joost, « L'analyse de conflit et évaluation de besoin effectuée dans le cadre de l'opérationnalisation de la deuxième phase du STAREC/ISSSS dans les Territoires de Mambasa et Bafwasende », PAX/IKV, 2014, 63 p. [en ligne], www.paxforpeace.com
WAYNE Grudem & ASMUS Barry, *The Poverty of the Nations: A Sustainable Solution,* Wheaton, Crossway, 2013, 367 p.

17

Commercialisation et répartition du revenu des bois sciés en Chefferie des Babila-Bakwanza

BIRUNGI Sumbuso Imani

Introduction

La RDC est un pays à vocation forestière. Les forêts denses couvrent une superficie d'environ 101 millions d'hectares dont 60 millions sont actuellement exploitables[397].

La forêt constitue une réserve des ressources ; la mise en valeur de ces ressources forestières permet de relever l'économie du pays et fait naître de nouveaux pôles de développement, avec possibilité d'enrichir la vie rurale[398].

L'importance de la forêt est soutenue par le régime forestier qui vise à promouvoir une gestion rationnelle et durable des ressources forestières. Selon le Code forestier de la RDC de 2002, dans son article 2, il est affirmé que cette gestion doit être de nature à accroître leur contribution au développement économique, social et culturel des générations présentes et futures[399].

L'enrichissement de la forêt se traduit en termes de l'importance du bois qui, outre les autres rôles qu'il joue tant dans la médecine que dans la protection de l'environnement, fournissent la nourriture grâce au revenu régénéré. Ses dérivés contribuent au développement suivant le secteur donné, tant dans la consommation que dans la commercialisation. Ainsi, nous avons les bois de chauffage, d'œuvre,

---

[397] LOKOMBE Dimanga, « Caractéristiques dendrométriques et stratégie d'aménagement de la forêt dense humide à *gilbertiodendrondewevrei* en région de Bengamisa », Thèse de doctorat, inédit, IFA/Yangambi, 2004, p. 1.

[398] POUCHEPADAAS Jacques et PUYRAVAUD Jean-Philippe, *L'homme et la forêt en inde du sud: modes de gestion et symbolisme de la forêt dans les Ghâts occidentaux*, Paris, Karthala, 2002, p. 18.

[399] RDC, loi n° 011/2002 du 29 août 2002 portant code forestier en République Démocratique du Congo, Kinshasa, 2002, p. 3.

etc. Malgré le rôle économique et social du bois, le constat est que la forêt congolaise souffre du problème de gouvernance. Kisangani affirme à ce sujet que la gouvernance est pourtant présentée comme une des voies de sortie de la profonde crise que connaissent les pays d'Afrique noire[400]. La mauvaise gestion de la forêt congolaise se remarque dans l'exploitation et commercialisation abusive, sans respect des lois et normes environnementales.

L'exploitation et la commercialisation sont accentuées par la forte demande extérieure et intérieure du bois. Parmi les déterminants de la consommation intérieure du bois on note l'accroissement de la population (la consommation de bois par des ménages sous formes d'énergie pour la cuisson la fabrication des briques et autres). Le Territoire de Mambasa, plus particulièrement la Chefferie de Babila-Bakwanza, n'est pas épargné de cette déforestation, et cela au profit presque exclusif de non autochtones.

Eu égard à tout ce qui précède, nous nous posons les questions suivantes : Quelle est l'évolution de la quantité de bois produite et commercialisée dans la Chefferie de Babila-Bakwanza? Et comment les acteurs de ce secteur répartissent-ils le revenu relevant de ces activités ?

Le présent essai cherche à évaluer : (1) l'évolution de l'exploitation et de la commercialisation du bois dans la Chefferie de Babila-Bakwanza et (2) la répartition du revenu issu du bois par les autochtones et les non-autochtones.

Méthodologie et milieu d'étude

Méthodologie

Cette étude se veut essentiellement comparative. La méthode comparative a permis de comparer certaines variables comme l'évolution de la production des bois sciés consommés localement et importés, la répartition du revenu par les acteurs et autres.

Les données nécessaires à la réalisation de ce travail ont été récoltées par la technique documentaire et d'interview. Les documents tels que les rapports annuels du Service de l'Environnement, les « mapatano » ont permis de récolter les informations sur la quantité de bois produits et consommés, les étendues forestières cédées pour l'exploitation, le

[400] KISANGANI Endanda, *L'ABC du management : principes et techniques*, Goma, Prospectives africaines, 2007, p. 1.

nombre des exploitants et… La technique d'interview structurée a permis de récolter les points de vue des différents acteurs de la filière sur la répartition de revenu issu des exploitations…

La population de la présente étude est constituée des acteurs qui interviennent dans l'exploitation et la commercialisation du bois scié dans la Chefferie des Babila-Bakwanza. Il s'agit des exploitants forestiers, des acheteurs, des chefs coutumiers, des propriétaires de terre, des gérants, des machinistes et leurs aides, des « bombeurs »et des transporteurs.

Vue cette multiplicité des acteurs, cette étude s'est intéressée aux acteurs dont l'importance dans le circuit de production et de commercialisation est avérée. Ces acteurs sont les chefs coutumiers (17), les exploitants (5), les gérants (5), les machinistes (10) et les « bombeurs » (20), soit au total 57 personnes.

Dix-sept localités ont été ciblées. Elles ont été choisies à cause de l'intensité de l'activité d'exploitation qui s'y exerce. Cet échantillon représente 36,96% de 43 localités existantes dans la Chefferie des Babila- Bakwanza.Sept variables socio-démographiques ont été retenues pour cette étude, à savoir : le sexe, l'âge, l'origine des acteurs, l'ancienneté dans l'exercice de la fonction, le niveau d'étude et les fonctions (principales et secondaires). Quant aux variables d'études, nous avons retenu les six ci-dessous : le revenu, les dépenses de chaque acteur (consommation, investissement, épargne et rémunération des facteurs), la quantité produite, le coût d'exploitation, le prix de vente des produits et la valeur ajoutée.

Milieu d'étude

La présente étude s'est effectuée dans la Chefferie des Babila-Bakwanza en Territoire de Mambasa. Cette Chefferie a été créée le 27 novembre 1928. Sa population est composée des autochtones Bila, des Pygmées et des immigrés (surtout les Nande). En 2015, cette population était estimée à 56.000 habitants.

Selon le Rapport annuel de la Chefferie de 2015 les activités économiques essentielles réalisées par la population sont l'agriculture, la pêche traditionnelle, la chasse, l'élevage du petit bétail, la cueillette et l'exploitation artisanale de l'or et du bois et le petit commerce[401].

Présentation, interprétation et discussion des résultats

[401] Chefferie des Babila-Bakwanza, Rapport annuel, inédit, 2015.

Les résultats de cette étude sont présentés dans six points, à savoir : les procédures suivies et les taxes de filières des bois gérés par le service d'environnement, les essences exploitées dans la Chefferie des Babila-Bakwanza, l'évolution des effectifs des exploitants forestiers artisanaux de cette Chefferie, l'évolution de la quantité des bois sciés, la destination des bois sciés pour la commercialisation et la répartition du revenu des bois entre les acteurs.

Procédures suivies pour l'obtention de coupe de bois et les taxes exigées par le Service de l'Environnement

Le Service de l'Environnement et Conservation de la nature, principal gestionnaire du secteur d'exploitation et de commercialisation du bois dans la Chefferie des Babila-Bakwanza, observe une certaine procédure avant l'octroi des documents aux exploitants. Les deux conditions observées par ce Service sont les suivantes : (1) la signature de convention communément appelée « Mapatano » entre l'exploitant et la communauté, et (2) l'analyse de cette convention par le Service de l'Environnement. Cette analyse porte sur trois points, notamment : (1) le nombre d'hectares octroyés par la communauté (qui ne doit pas dépasser deux kilomètres), (2) le nombre des signataires de cette convention (en principe cinq personnes), et (3) l'enquête sur terrain pour vérifier les informations contenues dans le « mapatano »[402].

Les taxes perçues par le Service de l'Environnement sont les suivantes : la taxe pour l'obtention de permis de coupe de bois (50$ par hectare, renouvelable chaque année), la taxe d'agrément (600$), la licence d'exportation (10 000$ et s'octroie au niveau du Gouvernement Central), la licence d'achat et vente (est annuelle et s'octroie au niveau du Gouvernement Provincial). Cette dernière a trois sous- catégories : la licence interprovinciale (1100$), la licence de bois pour consommation locale à l'intérieure de la Province (550$) et la licence de revendeur pour les opérations sur le site d'exploitation (120$)[403].

Pour connaître la valeur économique de la forêt des Babila-Bakwanza, une présentation des essences exploitées est nécessaire.

---

[402] EDJUA Vumba, interviewé le 07/01/2016 à Mambasa.

[403] *Ibid.*

Les essences exploitées dans la Chefferie des Babila-Bakwanza

N⁰	Nom Commercial	Nom Scientifique	Nom Vernaculaire
1	Acajou d'Afrique	*Khayaanthotheca*	Linzo
2	Sapeli (bois rouge)	*Entandrophragmacylindricum*	Liboyo
3	Iroko	*Chlorophoraexcelsa*	Mpunga
4	Ngoma-Ngoma	*Cordiaabyssinica*	Mulingase
5	Makore	*Tieghemellahackeliii*	Mbala-Mbala
6	Emien	*Alstonia congensis*	Mutondo

Source : Service de l'Environnement Mambasa, Poste de Lolwa 2015

Il sied de signaler que parmi les essences répertoriées, les plus exploitées dans cette Chefferie sont *Khayaanthotheca, Entandrophragmacylindricum, Cordiaabyssinica et Alstonia congensis.*

L'analyse du nombre des exploitants forestiers de la Chefferie s'avère pertinente pour évaluer le niveau d'activité d'exploitation de bois.

Evolution des effectifs des exploitants forestiers artisanaux de la Chefferie des Babila-Bakwanza

Effectifs des exploitants forestiers artisanaux ayant payé leurs taxes au Service de l'Environnement

Année	Mambasa	Chefferie des Babila-Bakwanza	Taux de croissance
2013	-	29	
2014	61	31	6,9
2015	71	37	19,35

Source : Rapports annuels de Service de l'Environnement Mambasa, 2013, 2014 et 2015

L'observation de ce tableau montre qu'il y a une faible croissance d'effectif des exploitants qui suivent les normes. En comparant l'effectif de l'année 2015 avec celui de 2013, il ressort un taux d'accroissement de 27,59%.

Effectifs des exploitants déclarés par les associations AEFAB[404] *et AEAB*[405]

Association	Exploitants membres	Acheteurs	Total	Originaires
AEAB	21		21	5
AEFAB	32	18	50	2
TOL	53	18	71	7

Source : Rapports annuels AEAB et AEFAB 2015

Le présent tableau montre qu'il y a plus des exploitants illicites dans cette Chefferie, qui exploitent ou commercialisent le bois sans être en ordre avec le Service de l'Environnement. En comparant ces deux tableaux précédents, on retrouve que les illicites représentent 30,19 % des exploitants de la place. Ce résultat est appuyé par le résultat issu de 17 Chefs de localités qui affirment la présence de 26 exploitants illicites dans leurs villages.

Par rapport à l'origine de ces acteurs, il est constaté que les autochtones sont au nombre de 7 sur 53 exploitants, ce qui représente un taux de 13,2%.

Ce résultat révèle que la filière de bois dans la Chefferie est plus dominée par les non-autochtones qui proviennent majoritairement de Bunia et du Nord-Kivu.

La présentation des statistiques de bois sciés dans le Territoire de Mambasa et dans la Chefferie en particulier est utile, car elle permet de se rendre compte du niveau de la production.

[404] AEFAB représente l'Association des Exploitants Forestiers et Acheteurs de Bois.

[405] AEAB représente l'Association des Exploitants Artisanaux de Bois.

Production des bois sciés

Production et commercialisation du bois scié en m^3 dans la Chefferie des Babila-Bakwanza

Année	Consommation locale	Exportation	Production	Taux d'Accroissement
2013	4613	10081	14694	-
2014	4034,7	6180	10214,7	-30,48
2015	7509,65	4210	11719,65	14,73
Total	**16157,35**	**20471**	**36628,35**	-
Moyenne annuelle	5385,78	6823,67	12209,45	-

Source : Rapports annuels de Service de l'Environnement, poste de supervision de Lolwa, 2013, 2014 et 2015

La production et la commercialisation du bois scié dans cette Chefferie varient d'une année à une autre. La production moyenne annuelle est de 12209,45m^3. La consommation locale représente 44,11% et le bois exporté 55,89%. Malgré l'importance de cette exploitation la lecture du tableau montre que la production de bois diminue d'une année à l'autre. Cette exploitation a connu une diminution en 2014 par rapport à 2013 de 30,48 % et une légère augmentation à l'année 2015, de l'ordre de 14,73%. Si on compare les deux extrêmes, 2013 et 2015, on constate une variation négative de 20,24%.

Il est remarqué que la production diminue suite à l'éloignement de la forêt vierge à partir de la route, comme soulignent les chefs de localités. La distance moyenne à parcourir est de plus en plus longue. Comme cette distance a une répercussion sur le coût de production en termes des dépenses d'évacuation, les exploitants préfèrent aller dans d'autres Chefferies où les essences exploitables sont peu éloignées des routes principales d'évacuation.

Ce résultat nous pousse à voir la tendance de la droite de cette production d'une façon générale et spécifique.

Analyse économétrique

Tendance générale de production et de commercialisation de bois dans la Chefferie des Babila-Bakwanza de 2013 à 2015

Les calculs statistiques des valeurs centrées de production du bois scié en général, de la quantité consommée localement et exportée donnent les résultats exprimés par les tableaux ci-dessous. Dans la suite, ces valeurs centrées permettent de représenter graphiquement le trend de production globale du bois scié, y compris celle de consommation locale et d'exportation durant la période.

Valeurs centrées (Yc) de quantité de bois produite et commercialisée de 2013 à 2015

Année	Yc
2013	13696,6250
2014	12209,4500
2015	10722,2750

Source : Tableau de l'auteur, à l'aide des données de l'annexe

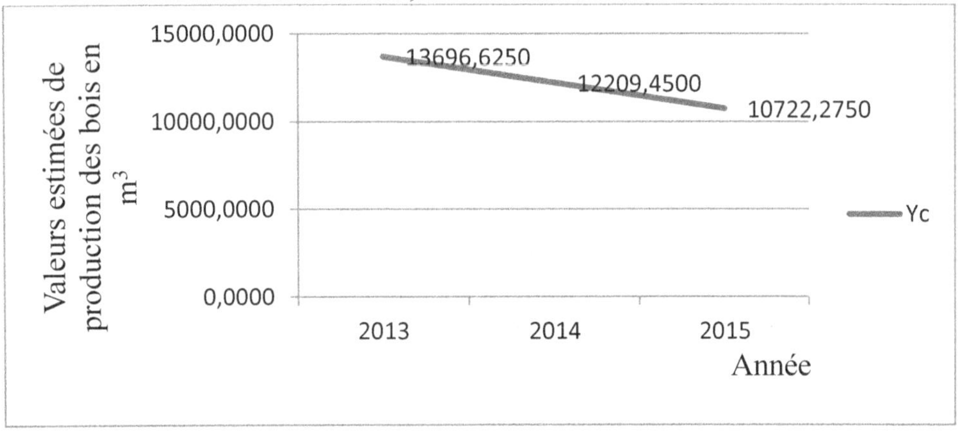

Graphique 1 : Représentation du « trend » de la production et commercialisation de bois sciés dans la Chefferie des Babila-Bakwanza de 2013 à 2015.

Ce graphique montre que la tendance générale de la production et la commercialisation du bois scié dans cette entité est décroissante.

Valeurs centrées (Yc) de quantité de bois exporté de 2013 à 2015

Année	Yc
2013	9759,1667
2014	6823,6667
2015	3888,1667

Source : Tableau de l'auteur, à l'aide des données de l'annexe

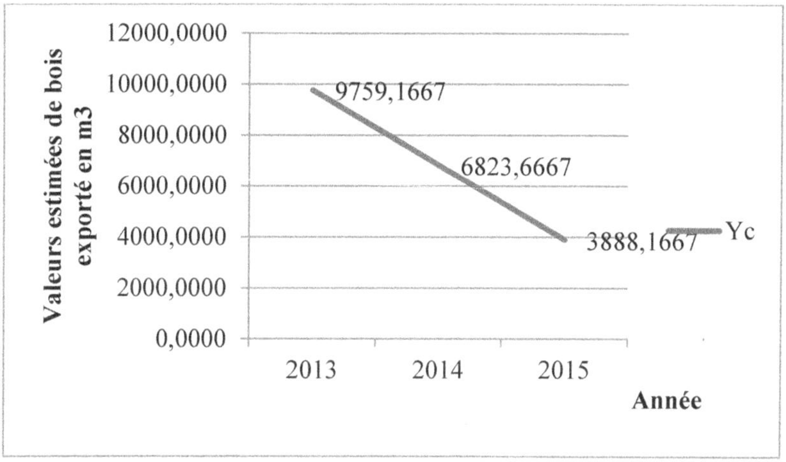

Graphique 2 : Représentation du « trend » de la commercialisation de bois d'exportation dans la Chefferie des Babila-Bakwanza de 2013 à 2015

Ce graphique montre que la tendance générale de commercialisation du bois scié d'exportation dans cette entité est plus décroissante que celle de la production totale.

Valeurs centrées (Yc) des quantités de bois consommés localement de 2013 à 2015

Année	Yc
2013	3937,4583
2014	5385,7833
2015	6834,1083

Source : Tableau de l'auteur, à l'aide des données de l'annexe

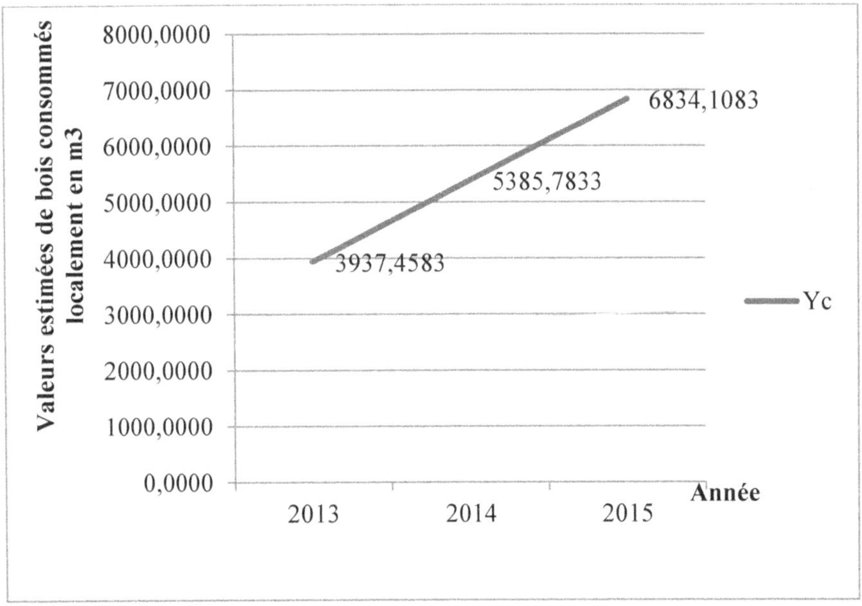

Graphique 3 : Représentation du « trend » de la commercialisation de bois local dans la Chefferie des Babila-Bakwanza de 2013 à 2015

Ce graphique montre que, contrairement aux deux résultats précédents, la tendance générale de commercialisation de bois local est croissante.

Destination des bois sciés pour la commercialisation

Consommation locale

Destination	2013	2014	2015	Total	Moyenne	Taux moyen
Bunia	2682	2355,9	2835,38	7873,28	2624,427	48,73
Kasindi	585	1136	3563,65	5284,65	1761,55	32,71
Beni	654	249	773,5	1676,5	558,833	10,38
Butembo	312	84	55,42	451,42	150,473	2,79
Goma	354	87	23	464	154,667	2,87
Tchomia	18	122,8	258,7	399,5	133,167	2,47
Oicha	8	0	0	8	2,667	0,05
Total	4613	4034,7	7509,65	16157,35	5385,783	100

Source : Rapports annuels de Service de l'Environnement, poste de supervision de Lolwa, 2013, 2014 et 2015

Parmi les grands consommateurs du bois exploité dans cette Chefferie, Bunia est le premier avec 48,73%, suivi de Kasindi 32,71% et Beni 10,38%.

Cette réalité se justifie par la proximité de Bunia avec les zones de production par rapport aux autres régions, mais aussi par le niveau élevé de sa demande en bois. Cette hausse de demande se justifie par un accroissement des activités économiques et une démographie en croissante. Le centre de Kasindi vient en deuxième position car il constitue le point de passage vers l'Ouganda. Il y a beaucoup d'acheteurs de bois en provenance des pays de l'est qui viennent s'y approvisionner.

Exportation

Destination	2013	2014	2015	Total	Moyenne	Taux moyen
Kenya	9939	6180	4210	20329	6776,333	99,3063
Ouganda	119	0	0	119	39,667	0,58131
Rwanda	23	0	0	23	7,667	0,11235
Total	10081	6180	4210	20471	6823,667	100

Le résultat révèle que c'est le Kenya qui est le grand consommateur du bois exporté de cette Chefferie.

Répartition de revenu des bois entre les acteurs

Plusieurs acteurs sont impliqués directement ou indirectement dans l'exploitation artisanale de bois dans cette Chefferie. La présentation de ces acteurs, le calcul et l'analyse de coût de production ainsi la répartition de revenu issu de cette activité par quelques acteurs s'avèrent indispensable.

Les acteurs de l'exploitation et la commercialisation de bois scié

Dans la filière, on retrouve les différents acteurs suivants : la communauté locale, les autorités coutumières, les services étatiques, les exploitants artisanaux, les gérants, les machinistes, les aides machinistes, les « bombeurs », les acheteurs et les transporteurs.

Il est important de signaler que, les autochtones sont plus représentés dans l'administration locale (Chefferie, groupement et localité) que dans les autres services étatiques et dans la filière d'exploitation de bois. Les autochtones représentent 13,2% des exploitants et parmi les machinistes, les aides machinistes et les bombeurs, ils représentent 20% de la main d'œuvre.

Les autochtones s'occupent plus d'évacuation de bois local, dont la distance n'est pas généralement longue par rapport au bois d'exportation, et de chargement de véhicule. Les 80% de la main-d'œuvre proviennent du Kivu et le paiement se fait par contrat et après une bonne période.

Il est évident que cette activité crée moins d'emplois pour les autochtones que pour ceux qui viennent d'autres coins du pays.

Calcul du coût de production

Les bois sciés dans la région tant pour l'exportation que pour la consommation locale ont plusieurs dimensions. Ces différentes formes sont motivées par la nature de l'essence exploitée, le niveau de la demande de cette espèce et la volonté des exploitants par rapport à la gestion de stock de leurs produits. Les bois de différentes dimensions sont entre autres, les chevrons, les planches, les voliges, les « size », etc. dont les coûts se diffèrent.

Compte tenu de la multiplicité de forme, cette étude a porté sur l'analyse de coût de production de « size », qui est l'une des catégories les plus exportées, et de chevron, l'une des catégories les plus consommées localement.

Le présent calcul présente l'image en termes de coût de production par m^3.

Estimation de coût de production par m^3 de « size »

Coûts	**Libellé**	**Montant en USD**
Coûts variables		
Consommation intermédiaire		
Carburant	15 litres	16
Huile moteur	1,5litres	2,7
Huile brulée	5litres	3,5
Sous total		22,2
Main d'œuvre		
Machiniste	1 personne	10
Aide machiniste	2 personnes 2,5$ par personne	5
Bombeurs	6,5$/pièce*14 pièces	91
Restauration machiniste et aide machiniste		2
Frais connexe (communication, transport, etc.)		2
Consommation et logement exploitant journalier		3
Sous total main d'œuvre		**113**
Total coût variable		**135,2**
Coût fixe		

Charges à étaler		
Droit coutumier		2500
Taxe d'agrément		600
Permis de coupe/annuel	50$/ha (50ha*50$)	2500
Tronçonneuse		1100
Droit coutumier /tronçonneuse		50
Salaire moyen gérant/annuel	65$*12 mois	780
Frais connexe (patente, etc.)		100
Total annuel		**7630**
Prix moyen de vente unitaire	15$*14 pièces	210
Production annuelle en m^3	Quantité accordée par le service de l'environnement	350
Vente annuelle	210$*350 m^3	73500
Charges fixe à étaler par m^3	7630$/350 m^3 = 21,8$	21,8
Coût unitaire par m^3	coût unitaire variable (135,2$) et coût unitaire fixe (21,8$)	157
Marge bénéficiaire par m^3	prix de vente (210$) - coût /m^3 (157$)	53

De ce tableau, il est remarqué que la marge bénéficiaire pour le bois d'exportation est de 53$ par mètre cube. Ce montant représente 25,24% du prix de vente.

Les observations empiriques ont démontré que l'essentiel des matières premières telles que l'huile moteur, le carburant, et autres ne sont pas achetées localement soit parce qu'elles sont indisponibles ou coûtent plus chères. Les sommes affectées aux matières premières, l'achat des machines ainsi que les pièces de rechange échappent donc à l'économie locale. Compte tenu du fait que la majorité de la main d'œuvre vient de l'extérieur une bonne partie du revenu payé comme salaire est rapatriée dans les milieux d'origine des travailleurs. Les sommes qui profitent directement aux communautés locales sont les droits coutumiers payés pour l'obtention des coupes de bois et les frais payés comme droits coutumiers par tronçonneuse.

Les taxes sont pour l'essentiel destinées au trésor public provincial ou national. La nourriture servant à la restauration des travailleurs est quelques fois achetée localement et quelques fois ramenée d'ailleurs.

Estimation du coût de bois local chevron/1M3 (50 pièces)

Lignes	**Libellé**	**Montant en USD**
Coût variable		
Consommation intermédiaire		
Carburant	20litres pour 120chevron	10,65
Huile moteur		1,85
Huile brulée		3,47
Autre huile		2,55
Transport matière première		0,93
Sous/total		**19,45**
Main d'œuvre		
Machiniste	1 personne	10
Aide machiniste	2 personnes 2,5$ par personne	5
Bombeurs (prix moyen)	420CDF=0,47$/unitaire*50 pièces	23,5
Restauration machiniste et aide machiniste		2,5
Frais connexe (communication, transport)		2
Consommation et logement exploitant journalier		3
		46
Total coût variable		**65,45**
Prix de vente unitaire	1,8$*50	**90**
Marge bénéficiaire unitaire hors taxe	prix de vente (90$)- cout variable (65,45$)	**24,55**
Cout fixe		
Droit coutumier		2500
Taxe d'agrément		600
Permis de coupe/annuel	50$/ha (10 ha *50$)	500

Tronçonneuse		1100
Droit coutumier/tronçonneuse		50
Salaire gérant/annuel	65$*12mois	780
Frais connexe (patente, etc.)		100
Total annuel		**5630**
Prix moyen de vente unitaire	50 pièces *1,8$	90
Production annuel	2m3/ journalier/machiniste *24 jours ouvrables mensuels*12mois	576
Vente annuel	90$*576	51840
Charges fixe à étaler par m3	5630$/576production annuelle=9,77$	9,77
Coût unitaire/m3	coût unitaire variable (65,45) et coût unitaire fixe (9,77$)	75,22
Marge bénéficiaire par m3	prix de vente (90) -coût /m3 (71,64)	14,78

Si l'exploitant du bois local supporte le coût fixe comme l'exploitant du bois d'export, la marge bénéficiaire est de 14,78$ par m^3. Cette réalité pousse ceux qui exploitent le bois à prester plus dans le secteur informel, en procédant par plusieurs stratégies entre autres la location de l'étendue de celui qui exploite le bois d'exportation, en travaillant sur le bois local, l'achat des pieds d'arbres et autres.

Vu le niveau bas du bénéfice de la commercialisation du bois scié dans la zone de production, les exploitants préfèrent écouler leurs produits ailleurs où la marge bénéficiaire est élevée. Ferraton et Touzard affirment à ce sujet que les prix varient selon le lieu et l'époque de la mise en marché ; ils sont plus élevés sur les marchés urbains qu'aux abords des villages.[406]

On constate par ailleurs que les exploitants artisanaux ont tendance à produire plus que la quantité limite fixée par le service de tutelle en vue de minimiser le poids des coûts fixes. A ce sujet Vidaillet note que plus on travaille plus on gagne. [407] Autrement dit, le travail sert à gagner et « un plus de travail équivaut à un plus de gain ». Ce également ce que pensent Croteau, Quellet, Felix et Boisvert qui présentent trois moyens

---

[406] FERRATON Nicolas et TOUZARD Isabelle, *Comprendre l'agriculture familiale. Diagnostic des systèmes de production*, Gembloux, QUAE, CTA, 2009, p. 49.

[407] VIDAILLET Bénédicte, *Evaluez-moi, évaluation au travail : les ressorts d'une fascination*, Paris, Seuil, 2013, p. 142.

pour améliorer la rentabilité qui est l'objectif de l'entreprise: l'accroissement des ventes par augmentation des quantités ou des prix, la réduction des charges et l'augmentation ou réduction des ressources financières utilisées[408].

Répartition des revenus par quelques acteurs du secteur du bois scié

Les services étatiques

Il sied de signaler que les services étatiques œuvrant dans cette Chefferie s'occupent uniquement de la mobilisation des taxes dont l'affectation des recettes se fait au niveau du Gouvernement provincial et national.

La Chefferie étant une entité décentralisée, effectue des prélèvements sur les activités commerciales du bois en titres des taxes d'évacuation du bois scié (5000fc/m^3) et 50$ par an par tronçonneuse). Ce montant contribue au financement des activités de la Chefferie.

Les Chefs des Localités

Le résultat ci-dessous provient des informations reçues auprès de dix-sept chefs des localités en collaboration avec les vieux sages des villages visités.

Les chefs des villages de la Chefferie des Babila-Bakwanza ont en moyenne 48 ans et 17 ans d'ancienneté dans leur profession. Ceci montre la maturité de ces leaders, malgré leur niveau faible d'études (EP). Pour améliorer leur niveau de vie, à part l'activité de bois, ces acteurs pratiquent également l'agriculture et l'élevage du petit bétail.

D'après l'observation des chefs des localités, la population autochtone représente environ 15% de la population totale. Cette réalité justifie en partie la sous-représentativité des autochtones dans les secteurs et domaines d'activités socio-économiques. La distance qui sépare les localités est environ de 3 km. Selon les observations la forêt vierge est de plus en plus loin des villages. Dans certains villages la distance à parcourir atteint 14 km ou plus. Cette distance révèle l'évolution de l'exploitation qui provoque la déforestation.

---

408 CROTEAU Omer, QUELLET Leo-Paul, FELIX Vernet et BOISVERT Hugues, *Comptabilité de gestion*, 2e éd., Québec, Ottawa, 1986, p. 7.

Source de revenu de l'exploitation de bois

Selon les chefs des localités, le revenu de l'exploitation et de la commercialisation du bois scié provient de trois sources, à savoir : la vente des pieds d'arbres, le droit de chancellerie de 10% sur la valeur de la vente si cette dernière est effectuée par un membre de la communauté ou un clan et le droit coutumier demandé à ceux qui demandent des coupes. Ce droit coutumier constitue souvent les exigences des communautés aux demandeurs des coupes de bois.

Le prix d'un pied d'arbre varie entre 10 et 50$, il dépend de l'essence et de sa dimension, mais aussi d'autres variables comme la distance qui séparent le site d'exploitation et la route principale, le niveau de la demande, etc. Le droit coutumier payé par pied d'arbre vendu est de 10% du prix de vente. Cependant, 50 pourcents des chefs affirment qu'ils ne bénéficient pas de ce revenu de la part des exploitants illicites.

Le droit coutumier issu de l'activité formelle est composé de l'argent et des biens en nature comme la vache, le riz, l'huile, l'alcool. Ces biens représentent généralement entre 400$ et 500$. Les biens en nature sont distribués aux familles autochtones de la localité pour la consommation tandis que l'argent reçu est distribué aux vieux sages qui entourent le chef.

Les analyses des différentes conventions ont démontré que celles-ci sont constituées pour la plupart de cas des biens matériels tels que les motos, les tôles et autres. Les motos sont souvent récupérées par les chefs des villages et servent également au transport des malades en cas d'urgence.

La gestion des tôles se fait de manière qu'une partie soit réservée aux vieux sages et aux autorités coutumières comme le Chef de Groupement.

Le nombre déclaré des tôles reçues par les localités enquêtées entre 2013 et 2015 s'élèvent à 2755 tôles, soit une moyenne par localité de 229, 58 tôles. Les tôles distribuées aux familles autochtones sont au nombre de 1465 soit 53,18% de tôles reçues. En fin, les tôles utilisées (856) pour la construction des maisons représentent 58,43%, de tôles distribuées.

La réalité ci-dessus montre la faiblesse au niveau de l'affectation des biens et argent reçus lors de la vente des coupes forestières ou des pieds d'arbre. Ces biens ne sont pas toujours affectés au réel développement local. Certaines tôles sont revendues au lieu qu'elles servent à la construction, ce qui justifie pourquoi il y a encore beaucoup de maisons construites en feuilles d'arbre malgré tous ces paiements effectués par les exploitants.On note une sous-évaluation de la valeur réelle de la forêt par les communautés propriétaires de cette forêt. Cela se justifie par la valeur des biens payés par les exploitants au profit des communautés. Outre le problème des communautés on note également une implication insuffisante des services étatiques supposés protéger la forêt tout en surveillant la vente des coupes et la durabilité de l'exploitation.

Pour résoudre le problème de déficit de leadership et amener cette Chefferie au développement, la participation des jeunes intellectuels issus de ces communautés est une des solutions indispensables. Defour écrit à ce sujet « pour que le monde rural change, il faut que ces jeunes aient la possibilité de s'engager à fond, il nous faut une jeunesse rurale heureuse, épanouie, soucieuse de progrès, de compétence vraie, une jeunesse rurale éveillée, formée et soutenue en vue de ces objectifs »[409].

L'auteur souligne également l'importance de la contribution de l'État dans le développement du milieu, en démontrant comment un pouvoir fort et centralisé favorise, s'il est bien orienté, le développement économique du pays. C'est pourquoi, dans la gestion des ressources naturelles, l'intervention responsable du Gouvernement tant provincial que central est nécessaire[410].

[409] DEFOUR George, *Le développement rural en Afrique centrale, théories et essai d'analyse critique*, Bukavu, Bandari, 1994, p. 203.
[410] *Ibid.*, p. 108.

Répartition de revenu par les travailleurs (machinistes, les gérants et les bombeurs)

Variables / Acteurs	Revenu moyen mensuel en USD	Revenu moyen mensuel en USD consommé dans la zone d'exploitation		Revenu en USD rapatrié dans les milieux d'origine des travailleurs	
		Montant	**%**	**Montant**	**%**
Machinistes	260	21,8	8,4	238,16	91,6
Gérants	65	15	23,08	50	76,92
Bombeurs non autochtone avec famille sur place	208	78	37,5	130	62,5
Bombeurs non autochtones sans famille sur place	234	26	11,1	208	89,9
Bombeurs autochtones	182	182	100	0	0

Source : Le présent auteur sur base des informations reçues sur terrain

L'affectation du revenu peut dépendre de plusieurs variables qui sont entre autres : le niveau du revenu lui-même, la charge familiale, le mode de paiement, l'origine de l'acteur et autres. 8,4% de revenu des machinistes, 23,08% de revenu des gérants, 37,5% de revenu des bombeurs ayant une famille dans la zone de commercialisation et 11,11% de revenu des bombeurs venus d'ailleurs sont consommés dans la Chefferie des Babila- Bakwanza tandis que la grande partie est rapatriée dans les régions d'origine de ces travailleurs.

Les calculs ont démontré qu'environ 80% du revenu gagné par les différents acteurs sont rapatriés dans leurs milieux d'origine. Cette réalité s'explique par le fait que les non autochtones constituent la majorité de ceux qui exploitent et travaillent dans le secteur du bois dans la Chefferie.

Au-delà de la question de la répartition du revenu entre les différents acteurs de la filière, la question de l'affectation de ce revenu se pose chez les autochtones. Les observations ont démontré que les communautés ont l'habitude d'épargner en nature (environ trois pourcent du revenu gagné) par les achats des petits bétails qu'elles élèvent. Beaucoup affirment investir, cependant, on a du mal à voir les investissements concrets capables de changer la vie de la communauté.

À ce sujet, Capul et Garnier soulignent que le rôle économique de l'épargne, qui est considérée comme la partie de revenu non consommé, qui permet de financer l'investissement, assurer le maintien et croissance du niveau de la production.[411]

Les observations faites montrent également l'importance de l'alimentation dans le budget des ménages autochtones, comme confirme Peltre-Wurtz en soulignant que la nourriture est le besoin le plus essentiel à satisfaire avant l'habitat, l'instruction des enfants ou les soins médicaux pour les familles pauvres[412].

Conclusion

Il ressort de cette étude que l'exploitation forestière artisanale est en régression, car la tendance générale a une pente décroissante. Cette réalité est plus influencée par la baisse significative de la production du bois scié exporté. Malgré la diminution de la production, cette activité reste économiquement rentable pour les acteurs car elle contribue à la survie de plusieurs personnes.

L'analyse de la répartition du revenu issu de cette commercialisation montre qu'au niveau des services étatiques percepteurs, il n'y a pas une politique de décentralisation et de rétrocession pour la restauration de la forêt ; les autorités locales gèrent irrationnellement le droit coutumier, car la grande partie de ce droit est consommée. Les autres acteurs comme les gérants, les machinistes et les bombeurs, étant à 80% venus du Nord-Kivu et d'autres Territoires de l'Ituri, comme Mahagi et Irumu, environ 80% de leur revenu est réinvestie dans leurs milieux d'origines.

---

[411] CAPUL Jean-Yves et GARNIER Olivier, *Dictionnaire d'économie et de sciences sociales*, Paris, Hatier, 2008, p. 176.

[412] PELTRE-WURTZ Jacqueline, *Alimentation et pauvreté en Equateur : manger est un combat*, Paris, Karthala, 2004, p. 96.

Bibliographie

CAPUL Jean-Yves et GARNIER Olivier, *Dictionnaire d'Economie et de Sciences Sociales*, Paris, Hatier, 2008, 575 p.

Chefferie de Babila-Bakwanza, Rapport annuel, inédit, 2015.

CROTEAU Omer, QUELLET Leo-Paul, FELIX Vernet et BOISVERT Hugues, *Comptabilité de gestion*, 2e éd. Québec, Ottawa, 1986, 1768 p.

DEFOUR Georges, *Le développement rural en Afrique centrale : théories et essai d'analyse critique*, Bukavu, Bandari, 1994, 337 p.

EDJUA Vumba, interviewé le 07/01/2016 à Mambasa.

FERRATON Nicolas et TOUZARD Isabelle, *Comprendre l'agriculture familiale. Diagnostic des systèmesde production*, Gembloux, QUAE, CTA, 2009, 123 p.

KISANGANI Endanda, *L'ABC du management, principes et techniques*, Goma, Prospectives Africaines, 2007, 293 p.

LOKOMBE Dimanga, *Caractéristiques dendrométriques et stratégie d'aménagement de la forêt dense humide à gilbertiodendrondewevrei en région de Bengamisa*, thèse, inédit, IFA/Yangambi, 2004, 222 p.

PELTRE-WURTZ Jacqueline, *Alimentation et pauvreté en Equateur : manger est un combat*, Paris, Karthala, 2004, 184p.

POUCHEPADAAS Jacques et PUYRAVAUD Jean-Philippe, *L'homme et la forêt en Inde du sud : modes de gestion et symbolisme de la forêt dans les Ghâts occidentaux*, Paris, Karthala, 2002, 454 p.

RDC, loi n° 011/2002 du 29 août 2002, portant code forestier en République Démocratique du Congo, Kinshasa, 2002, 25 p.

Service de l'environnement de Mambasa, Rapport annuel, inédit, 2015.

Service de l'environnement, poste de supervision de Lolwa, Rapports annuels, inédit, 2013-2014.

VIDAILLET Bénédicte, *Evaluez-moi, évaluation au travail : les ressorts d'une fascination*, Paris, SEUIL, 2013, 219 p.

ANNEXE

Calcul des valeurs centrées (Yc) de quantité de bois produite et commercialisée de 2013 à 2015

Année	t_i	Y_i (Production de bois scies)	x	Y	x.y	x^2	y^2	Y_c
2013	0	14694,0000	-1,000	2484,5500	-2484,5500	1,0000	6172988,7025	13696,6250
2014	1	10214,7000	0,000	-1994,7500	0,0000	0,0000	3979027,5625	12209,4500
2015	2	11719,6500	1,000	-489,8000	-489,8000	1,0000	239904,0400	10722,2750
Σ	**3,00**	**36628,35**			**-2974,35**	**2,00**	**10391920,31**	
M	**1,00**	**12209,45**						

α **-1487,175**

β **13696,625**

Source : Calcul de l'auteur à l'aide des données du tableau de la Production et commercialisation du bois scié en m^3 dans la Chefferie des Babila-Bakwanza

Calcul des valeurs centrées (Yc) de quantité de bois exporté de 2013 à 2015

Année	t_i	Y_i (Bois sciés exportés)	x	y	x.y	x^2	y^2	Y_c
2013	0	10081,0000	-1,0000	3257,3333	-3257,3333	1,0000	10610220,4444	9759,1667
2014	1	6180,0000	0,0000	-643,6667	0,0000	0,0000	414306,7778	6823,6667
2015	2	4210,0000	1,0000	-2613,6667	-2613,6667	1,0000	6831253,4444	3888,1667
Σ	**3,00**	**20471,00**			**-5871,00**	**2,00**	**17855780,67**	
M	**1,00**	**6823,67**						
α	**-2935,500**							
β	**9759,167**							

Source : Calcul de l'auteur à l'aide des données du tableau de la Production et commercialisation du bois scié en m^3 dans la Chefferie des Babila-Bakwanza

Calculs des valeurs centrées (Yc) des quantités de bois consommés localement de 2013 à 2015

Année	t_i	Y_i **(Bois scies consommé localement)**	**X**	**y**	**x.y**	x^2	y^2	Y_c
2013	0	4613,0000	-1,0000	-772,7833	772,7833	1,0000	597194,0803	3937,4583
2014	1	4034,7000	0,0000	-1351,0833	0,0000	0,0000	1825426,1736	5385,7833
2015	2	7509,6500	1,0000	2123,8667	2123,8667	1,0000	4510809,6178	6834,1083
Σ	**3,00**	**16157,35**			**2896,65**	**2,00**	**6933429,87**	
M	**1,00**	**5385,78**						
α	**1448,325**							
β	**3937,458**							

Source : Calcul de l'auteur à l'aide des données du tableau de la Production et commercialisation du bois scié en m^3 dans la Chefferie des Babila-Bakwanza

Dans les tableaux en annexe ci-dessus, les calculs sont effectués grâce aux formules suivantes :

Y_i représente les productions de bois (totales, consommés localement et exportés)

$$X = t - \bar{t}$$
$$Y = Y - \bar{Y}$$

$$\propto = \frac{\sum_{2015}^{2013}(X \times Y)}{\sum_{2015}^{2013} X^2}$$

$$\beta = \bar{Y} - \alpha \bar{t}$$

$Yc = \alpha t + \beta$ (Cette formule représente l'équation de la droite de régression pouvant servir d'un modèle de prévision).

18

Participation des autochtones dans la structure de l'économie informelle dans les Chefferies des Babila-Babombi et des Babila-Bakwanza en Territoire de Mambasa

TATI Makodra Bienvenu

Introduction

En considérant le taux de chômage très élevé et le manque d'une politique gouvernementale dans la création d'emploi en RDC, l'importance du secteur informel sous la forme du petit commerce n'est plus à démontrer. En effet, du politicien à l'homme de la rue, de l'intellectuel à l'analphabète, de l'État à l'individu, du citadin au paysan, tout le monde est soit opérateur, soit bénéficiaire des biens, des services fournis par ce secteur qui agit à la fois comme support de sécurité et amortisseur des chocs sociaux. Les Congolais se sont lancés dans différentes sortes de débrouillardises imaginables, si bien qu'aujourd'hui, le pays ne vit que grâce à ces activités[413].

La présente étude porte sur la participation des autochtones dans la structure de l'économie informelle dans les Chefferies des Babila-Babombi et des Babila-Bakwanza en Territoire de Mambasa. Etudier la structure économique, c'est décomposer ou classer les activités économiques selon certains critères et examiner les proportions des différents éléments et leurs relations entre eux. Par « structure », selon cette étude, nous entendons l'analyse de la manière dont l'économie informelle est organisée, à l'instar de l'architecture d'une construction

[413] MUSENGA Tshimankinda Christian, « La fiscalisation de l'économie informelle comme facteur du développement économique de la RDC », Mémoire de Master, inédit, UPC, Kinshasa, 2008, [en ligne], http://www.memoireonline.com/12/09/3052/m_La-fiscalisation-de-leconomie-informelle-comme-facteur-du-developpement-economique-de-la-Repu0.html (consulté le 12 mars 2016).

d'un édifice. Notre édifice est la construction de l'économie informelle de deux Chefferies évoquées ci-haut[414].

L'expression « économie informelle » est une invention des institutions internationales (Banque mondiale, BIT) pour désigner des réalités très diverses : commerce de rue, trafic de drogue, emploi non déclaré dans de grandes firmes et emploi des domestiques.... Avant 1985, les institutions internationales voyaient surtout dans l'économie informelle le lieu de développement de stratégie de survie. Mais depuis lors, la paupérisation urbaine, le sous-emploi massif et catastrophe sociale qui accompagnent les politiques d' « ajustement structurel» dans les pays du tiers monde ont eu tendance à faire de l'économie informelle la solution à tous les problèmes sociaux[415].

Le secteur informel est l'ensemble des activités professionnelles qui évoluent à l'insu des pouvoirs publics, sans se faire immatriculer au registre de commerce, relevant ainsi de l'économie souterraine. Pour cette étude, ce secteur regroupe des unités de production où la production est effectuée à petite échelle, le capital avancé reste faible et le salariat limité ; mais où il y a la vente des biens et des services[416].

La RDC est l'un des pays au monde où le social de sa population ne figure pas parmi les priorités de son programme gouvernemental de façon contraignante. Le Rapport du Programme des Nations Unies pour le Développement (PNUD) sur le développement humain, en 2013, note avec satisfaction des progrès particulièrement importants réalisés par la plupart des pays en développement. Il renseigne pour l'Afrique subsaharienne, en tant que région, un IDH identique à celui de 2012 (soit 0,475). La RDR se situe en-deçà de cette moyenne régionale avec un IDH de 0,304. Ceci confirme qu'en RDC, près de 87,7 % de la population congolaise vit sous le seuil de pauvreté multidimensionnelle de 1,25 dollar américain par jour[417]. On est porté à croire que les richesses nationales ne sont toujours pas partagées pour le bénéfice de l'ensemble de la population[418].

---

414 TINBERGEN Jean, « De quelques problèmes posés par le concept de structure économique », in *Revue Economique et Politique*, 1952, vol. 62, n° 1, p. 28-35.

415 LAUTIER Bruno, « L'économie informelle dans le tiers monde », in *Cairn. Info*, Paris, La Découverte, 2004, 128 p.

416 HUGON Philippe, *Economie du tiers monde*, Paris, Dalloz, 1996, 112 p.

417 Rapport annuel 2013, mis à jour par la BCC, [en ligne], http://www.bcc.cd/downloads/pub/rapann/Rapport_ann_2013_integral.pdf (consulté le 17 mars 2016).

418 JOYAL André, *Les systèmes économiques : capitalisme, socialisme, social-démocratie*, Québec, Gaëtan Morin et Associés, 1979, 202 p.

Devant la baisse croissante du pouvoir d'achat des salariés congolais et l'insuffisance notoire du revenu de la population, cette dernière se voit obligé de recourir aux activités informelles en vue de suppléer tant soit peu à sa misère. Voilà ce qui motive cette recherche consacrée à la participation des autochtones dans les activités de l'économie informelle du Territoire de Mambasa, précisément dans les Chefferies des Babila-Babombi et des Babila-Bakwanza. Elle vise d'abord à déceler les principales activités du secteur informel de l'économie existant dans ces Chefferies, en suite à déterminer le pourcentage de participation des autochtones auxdites activités face aux allochtones; et enfin, à préciser les principales causes de ce niveau de participation.

Les réponses provisoires à ces préoccupations, que nous avions vérifiées, stipulaient que les activités du secteur informel dans ces deux Chefferies du Territoire de Mambasa, seraient conformes à celles des pays en développement, c'est-à-dire commerce de rue, petits ateliers de réparation et bricolages, trafic de drogues, emploi non déclaré dans les firmes, emploi des domestiques. La participation des autochtones serait très faible, ne dépassant pas 10%. Ce faible niveau de participation des autochtones comme acteurs du secteur informel, serait occasionné par leur faible niveau d'instruction, le difficile accès aux capitaux, et leur attentisme.

Les objectifs fixés par ce travail consistent à déterminer le taux de participation des autochtones aux activités du secteur informel de l'économie, tout en déterminant les principales causes de ce niveau de participation. Le travail revêt un intérêt à deux niveaux; sur le plan scientifique, ce sujet apporte une connaissance en rapport avec la participation individuelle dans les activités économiques et sur le plan pratique, cette étude permettra aux autochtones de s`inspirer de l´acquit pour se lancer comme acteurs des activités économiques dans le secteur informel. Son choix se justifie par le fait que les ressources nationales ne sont pas équitablement partagées. Ainsi le peuple doit se battre pour sa survie en participant aux activités du secteur informel de l'économie.

Pour cette étude, la population considérée était l'ensemble de tous les acteurs du secteur informel de l'économie dans les deux Chefferies regroupant le peuple Bila. La taille de la population est indéterminée. Nous avons opté pour un échantillonnage aléatoire stratifié où, chaque élément peut seulement appartenir à une strate. Nos deux strates étaient d'une part les autochtones, et les allochtones d'autre part. La taille de l'échantillon était égale à 3317.

Pour vérifier nos hypothèses, nous avons effectué deux descentes sur terrain qui nous ont permis de visiter et enquêter les lieux suivants : Biakato, Lwemba, Teturi, Bahaha, Mayuwano et Some. Ces lieux, sont les principales agglomérations se trouvant dans les deux Chefferies faisant l'objet de cette étude, renfermant l'effectif élevé de la population, avec une diversité d'activités. Ainsi, nous nous sommes servis de la méthode d'enquête transversale, qui est le cliché de la population, enquête dont l'objectif principal est descriptif ; estimation de la fréquence d'une exposition. En ce qui concerne les techniques de recherche et critères de collecte des données, nous avons utilisé la technique d'observation directe c'est-à-dire le travail de terrain en sciences sociales ; la technique d'entretien semi dirigée, qui est une technique de collecte de données qui contribue au développement de connaissances favorisant des approches qualitatives et interprétatives ; semi-directif en ce sens qu'il n'est ni entièrement ouvert, ni entièrement fermé ; et enfin la technique d'échantillonnage. L'échantillon occasionnel est choisi, suite à la taille de la population totale qui reste non maîtrisée.

Pour l'analyse des données, nous avons procédé au calcul de l'indice de pourcentage (%) pour déterminer la proportion de chaque strate. Il est calculé par la formule $\boxed{\% = \frac{xi}{N} \times \mathbf{100}}$, où xi = est l'observation, N = le nombre d'observations et 100 = constante qui est la caractéristique invariable qui détermine le pourcentage.

Milieu d'étude

Population

Les ethnies et tribus dominantes du Territoire de Mambasa sont : Bambute (Pygmées), Babila, Bandaka, Bombo, Walese-Dese, Walese-Karo, Babudu et Nande. Les principaux clans d'origines sont : Bila, Ndaka, Bombo, Pygmées, Lese-Dese et Lese-Karo. Les immigrés comprennent quatre groupes importants, composés des arabisés, des Nande, des Babudu, et une bonne poignée des populations venues des différents coins du pays[419].

Les résultats du recensement de la population dans les deux Chefferies faisant l'objet de notre étude, montrent que, pour la Chefferie des Babila-Babombi, l'effectif de la population s'élève à

[419] BONGWALANGA Alfred, Rapport annuel du Territoire de Mambasa, inédit, 2014, p. 1-9.

134 084 sur une superficie de 7 660 km2, ce qui donne une densité de 5,71 habitants par kilomètre carré ; alors que dans la Chefferie des Babila-Bakwanza, cet effectif s'élève à 75 977 sur une superficie de 2 100 km2, ce qui donne une densité de 2,76 habitants par kilomètre carré.

Principales activités économiques

Les activités économiques dans le Territoire de Mambasa en général, et dans les deux Chefferies composant le peuple Bila sont dominées par l'exploitation artisanale des matières premières par les jeunes garçons et certains adultes, la vente des produits vivriers et manufacturés aux marchés locaux et dans les foyers miniers et les activités commerciales (boutiques, restaurants, débits de boissons) exercées par les Nande et d'autres populations venues des différents coins du pays.

Type, période et durée d'étude

Cette étude, du type évaluatif, couvre l'année 2015.

Résultats

Les résultats de cette étude sont présentés sous forme de tableaux statistiques qui prennent en compte les types des activités du secteur informel de l'économie, le nombre des acteurs répertoriés, le niveau de participation des strates (autochtones et allochtones) sur le total des acteurs. Ces résultats sont présentés d'abord par Chefferie et la situation finale, présente le résultat global.

Chefferie des Babila-Babombi

Tableau 1. Acteurs de l'économie informelle de la Chefferie des Babila-Babombi

N°	Désignation	Totaux acteurs	Autochtones		Allochtones	
			Eff.	%	Eff.	%
	A. Biakato					
1.	Salons de coiffure	32	0	0,00	32	100,00
2.	Vendeurs du carburant en détail	45	2	4,44	43	95,56
3.	Boutiques	138	0	0,00	138	100,00
4.	Cabines téléphoniques	45	1	2,22	44	97,78
5.	Taxi moto, voiture et dockers	437	8	1,83	429	98,17
6.	Ateliers de réparation	20	1	5,00	19	95,00
7.	Ateliers de couture	35	1	2,86	34	97,14
8.	Vendeuses au marché	447	15	3,36	432	96,64
9.	Bouchers	12	1	8,33	11	91,67
10.	Hôtels	9	0	0,00	9	100,00
11.	Restaurants et buvettes	23	0	0,00	23	100,00
12.	**Total Biakato**	**1243**	**29**	**2,33**	**1214**	**97,67**

B. Lwemba					
1. Salons de coiffure	9	0	0,00	9	100,00
2. Vendeurs du carburant en détail	12	0	0,00	12	100,00
3. Boutiques	106	0	0,00	106	100,00
4. Taxi moto	55	5	9,09	50	90,91
5. Ateliers de réparation	4	0	0,00	4	100,00
6. Ateliers de couture	12	0	0,00	12	100,00
7. Restaurants	16	0	0,00	16	100,00
8. Vendeurs des vivres et divers	126	0	0,00	126	100,00
9. **Total Lwemba**	**340**	**5**	**1,47**	**335**	**98,53**
C. Teturi					
1. Salons de coiffure	13	0	0,00	13	100,00
2. Vendeurs du carburant en détail	12	0	0,00	12	100,00
3. Boutiques	76	0	0,00	76	100,00
4. Cabines téléphoniques	9	0	0,00	9	100,00
5. Taxi moto	67	2	2,99	65	97,01
6. Ateliers de réparation	6	0	0,00	6	100,00
7. Ateliers de couture	11	0	0,00	11	100,00

8.	Vendeurs au marché	153	7	4,58	146	95,42
9.	Hôtellerie	4	0	0,00	4	100,00
10.	Restaurants et buvettes	21	0	0,00	21	100,00
11.	**Total Teturi**	**372**	**9**	**2,42**	**363**	**97,58**
	Total Babila-Babombi	**1955**	**43**	**2,20**	**1912**	**97,80**

Ce tableau présente les résultats des recherches sur les acteurs de principales activités de l'économie informelle dans la Chefferie des Babila-Babombi. Dans cette Chefferie, nos enquêtes ont été menées dans les trois grands centres commerciaux majeurs, à savoir : Biakato, Lwemba et Teturi et nous avons abouti aux résultats ci-dessous.

Pour Biakato, qui est le chef-lieu de la Chefferie, un total de 1 243 acteurs est identifié, parmi lesquels nous avons trouvé 29 autochtones. Ce qui représente 2,33% du total, regroupant 8 taximen, 15 vendeurs au marché, 1 cabine téléphonique, 1 boucher, 2 vendeurs du carburant en détail et 1 atelier de réparation. Les allochtones représentent 1 214 acteurs (soit 97,67%) composés presque en totalité de la population nande.

Pour Lwemba ensuite, 340 acteurs sont répertoriés, parmi lesquels, 5 autochtones qui font le taxi-moto, ce qui représente 1,47%, et le reste (soit 335) constitue la participation des allochtones avec 98,53%.

Pour Teturi en fin, sur 372 acteurs répertoriés, l'effectif des autochtones s'élève à 9, ce qui représente 2,42% et les allochtones 363 acteurs (soit 97,58%).

La situation globale de la Chefferie des Babila-Babombi se présente comme suit : sur un total de 1955 acteurs du secteur informel répertoriés, l'effectif des autochtones s'élève à 43 acteurs (soit 2,20%), et le reste (soit 1912 acteurs), qui représente 97,80% constitue l'effectif des allochtones.

Chefferie des Babila-Bakwanza

Tableau 2. Acteurs de l'économie informelle de la Chefferie des Babila-Bakwnza

			Autochtones		Allochtones	
N°	**Désignation**	**Totaux acteurs**	**Eff.**	**%**	**Eff.**	**%**
	A. Some					
1.	Salons de coiffure	6	0	0,00	6	100,00
2.	Vendeurs du carburant en détail	11	0	0,00	11	100,00
3.	Boutiques	67	0	0,00	67	100,00
4.	Hôtels	3	0	0,00	3	100,00
5.	Taxi moto	142	6	4,23	136	95,77
6.	Ateliers de réparation	4	0	0,00	4	100,00
7.	Transporteurs/Bombeurs	60	2	3,33	58	96,67
8.	Ateliers de couture	7	0	0,00	7	100,00
9.	Planteurs et vendeurs du cacao	493	13	2,64	480	97,36
10.	Exploitants de braises	7	1	14,29	6	85,71
11.	Salons de coiffure	6	0	0,00	6	100,00
12.	Exploitants du bois	4	0	0,00	4	100,00

13.	Ateliers de menuiserie	3	0	0,00	3	100,00
14.	Restaurants et Buvettes	18	0	0,00	18	100,00
15	**Total Some**	**831**	**22**	**2,65**	**809**	**97,35**
	B. Mayuano					
1.	Salons de coiffure	7	0	0,00	7	100,00
2.	Vendeurs du carburant en détail	9	0	0,00	9	100,00
3.	Boutiques	88	0	0,00	88	100,00
4.	Cabines téléphoniques	3	0	0,00	3	100,00
5.	Taxi moto	56	2	3,57	54	96,43
6.	Ateliers de réparation	4	0	0,00	4	100,00
7.	Transporteurs de braise	4	0	0,00	4	100,00
8.	Ateliers de couture	8	0	0,00	8	100,00
9.	Vendeuses au marché	152	2	1,32	150	98,68
10.	Exploitants de braise	22	0	0,00	22	100,00
11.	Hôtellerie	3	0	0,00	3	100,00
12.	Restaurant	3	0	0,00	3	100,00
13.	Buvettes	9	0	0,00	9	100,00
14	Menuiserie	3	0	0,00	3	100,00

15	**Total Mayuano**	**371**	**4**	**1,08**	**367**	**98,92**
	C. Bahaha					
1.	Exploitation du bois et de braises	6	0	0,00	6	100,00
2.	Boutiques	49	0	0,00	49	100,00
3.	Vente des produits des champs	94	0	0,00	94	100,00
4.	Vendeur du carburant en détail	11	0	0,00	11	100,00
5.	**Total Bahaha**	**160**	**0**	**0,00**	**160**	**100,00**
	Total Babila-Bakwanza	**1362**	**26**	**1,91**	**1336**	**98,09**

Ce deuxième tableau présentant les résultats des recherches sur la Chefferie des Babila-Bakwanza, donne les situations de ses trois importants centres commerciaux considérés. Pour Some, 831 acteurs du secteur informel de l'économie sont identifiés, parmi lesquels 22 autochtones, soit 2,65% du total regroupant 6 taximen, 13 petits exploitants de cacao, 2 dockers et un exploitant de braise. Les allochtones représentent 809 acteurs, soit 97,35%.

Pour Mayuano par contre, 371 acteurs sont répertoriés parmi lesquels 4 autochtones (2 taximen et 2 vendeuses au marché), soit 1,08%. Le reste, soit 367 acteurs, constituent l'effectif des allochtones qui représente 98,92%.

Bahaha qui est le chef-lieu de la Chefferie ne représente plus le centre des activités économiques de cette Chefferie. Sur 160 acteurs répertoriés, aucun autochtone n'est identifié. Ceci montre que les allochtones constituent la totalité des acteurs du secteur informel, soit 100%.

La situation globale de la Chefferie des Babila-Bakwanza confirme que sur un total de 1362 acteurs du secteur informel répertoriés, l'effectif des autochtones s'élève à 26 acteurs (soit 1,91%); et 1336 acteurs sont des allochtones (soit 98,09%).

Résultats globaux

Cette section, présente la structure du secteur informel de l'économie de deux Chefferies qui regroupent le peuple bila, dans le tableau ci-dessous.

Tableau 3. Synthèse des acteurs du secteur informel de l'économie des Chefferies des Babila-Babombi et des Babila-Bakwanza

N°	Désignation	Totaux acteurs	Autochtones		Allochtones	
			Eff.	**%**	**Eff.**	**%**
1.	Babila-Babombi	1955	43	2,20	1912	97,80
2.	Babila-Bakwanza	1362	26	1,91	1336	98,09
	Totaux	**3317**	**69**	**2,08**	**3248**	**97,92**

Le tableau 3 montre que, sur 3 317 acteurs répertoriés, l'effectif des autochtones s'élève à 69soit 2,08%, et le reste qui s'élève à 3 248 acteurs, constitue l'effectif des allochtones, soit 97,92% du total des acteurs répertoriés. Ces résultats sont concrétisés par le graphique ci-dessous.

Graphique 1 : Les acteurs du secteur informel de l'économie des Chefferies des Babila-Babombi et des Babila-Bakwanza

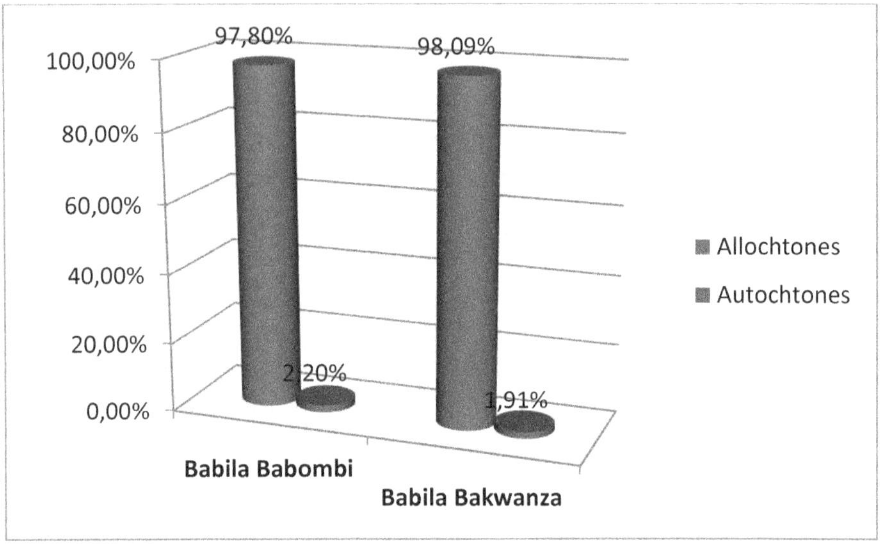

Ces résultats prouvent que les autochtones, c'est-à-dire les Bila et les Pygmées qui vivent dans ces Chefferies, participent très faiblement dans les activités du secteur informel de l'économie. Presque tous les aspects de l'économie (boutiques, taxi, vente au marché, transporteurs, exploitants tant du bois que de braise, restaurant, etc.) sont animés par les allochtones.

Discussion

Causes de faible niveau de participation des autochtones

Les entretiens et interviews avec les différentes couches dans ces deux Chefferies font ressortir les principales causes suivantes.

Premièrement, les superficies de ces deux Chefferies sont très vastes avec un faible nombre des autochtones, ce qui a favorisé le glissement facile de la population du Nord-Kivu. Cette réalité est confirmée par le rapport 2014 de l'administrateur du Territoire de Mambasa qui a répertorié une augmentation de la population de 95 647 personnes venues des Territoires de Lubero et Beni, sans compter les nouvelles naissances de ce peuple qui présente un taux de natalité très élevé. Ces mouvements considérables de la population du Nord-Kivu ne se justifient pas seulement par l'insécurité, mais surtout la disponibilité des terres à très bas prix[420].

En deuxième lieu, il faut noter le niveau d'instruction très faible des autochtones. La majorité de leurs leaders intellectuels qui vivent sur terrain, ne dépassent pas le niveau du diplôme du Secondaire. En effet, il n'existait aucune institution de formation du niveau supérieur et universitaire dans ce Territoire.

En troisième lieu, la très faible formation des autochtones sur les techniques entrepreneuriales, tant dans la création que dans la gestion des entreprises.

Quatrièmement, le difficile accès aux capitaux faute des institutions financières dans le milieu capable d'octroyer des crédits, pour leurs permettre de créer les activités personnelles.

Cinquièmement, la mauvaise affectation de fonds, produit de l'exploitation artisanale des matières premières et de la vente des produits vivriers. Ces autochtones affectent tous les fonds gagnés, uniquement pour les boissons alcoolisées, les habits de valeur, sans planifier l'avenir en choisissant les secteurs prioritaires de la vie. Ils ont un complexe de supériorité en se considérant comme propriétaire de la terre regorgeant beaucoup des richesses, ce qui les pousse à négliger les activités du secteur informel de l'économie.

Sixièmement, les autochtones ne fournissent aucun effort pour s'inspirer de la réussite des allochtones dans le domaine de l'économie informelle. C'est ce qui justifie l'intégration de la notion de la convergence des autochtones avec les allochtones dans cette étude; notion, qui représente le point de rencontre entre quelque chose que vous aimez spécialement faire ou que vous faite bien (et si possible les deux à la fois) et ce qui intéresse les autres[421].

Septièmement, les autochtones pensent que leur développement dépend des Organisations Non Gouvernementales qui œuvrent dans ce Territoire ;

---

420 BONGWALANGA Alfred, *op. cit.*, p. 9.

421 GUILLEBEAU Chris, *100$ pour lancer son business*, Paris, Pearson, 2014, p. 21-22.

ce qui a développé dans le chef de ces derniers, l'attitude d'attente passive et l'inaction.

Pour mieux cerner la valeur de cette étude, il est important d'épingler la répartition d'emploi en RDC ; ce qui se résume dans le tableau ci-dessous :

Tableau 6. Répartition d'emplois en RDC

N°	Désignation	Nombre	%
1.	Secteur public	920 855,00	3,92
2.	Secteur privé formel	19 482,20	0,08
3.	Indépendants dans le secteur informel	22 469,50	96,00
4.	Total	23 410 016,70	100,00

Source : Condensé Hebdomadaire d'Informations Statistiques BCC n°15/2015

Ce tableau confirme que seulement 4% de ceux qui ont un emploi en RDC, œuvrent dans les deux secteurs maitrisés par le Gouvernement (Secteur public et privé formel). Mais 96% concernent des indépendants dans un secteur qui regroupe les chômeurs déguisés que les autorités politico-administratives comptabilisent pour camoufler le faible niveau de création d'emploi dans notre pays. Pour elles, tout va bien, le peuple est au travail; car toute nouvelle demande sur le marché du travail non absorbée par les secteurs public ou privé formel, l'est par l'auto-emploi ou le secteur d'indépendants[422].

Incidence de la faible participation des autochtones aux activités du secteur informel de l'économie sur leur vie socio-économique.

Le secteur de l'économie informel agit aussi à la fois comme support de sécurité et amortisseur des chocs sociaux. Les congolais se sont lancés dans différentes sortes de débrouillardises imaginables. Si bien qu'aujourd'hui, le pays ne vit que grâce à ces activités[423]. De ce qui précède, il est clair qu'en RDC, celui qui ne saura pas se battre dans l'auto-emploi du secteur informel de l'économie pour sa survie et son

[422] MUZITO Adolphe, « Le chômage en RDC hier, aujourd'hui et demain », 2015, [en ligne], http://7sur7.cd/new/5eme-tribune-dadolphe-muzito-le-chomage-en-rdc-hier-aujourdhui-et-demain (consulté le 08 février 2016).

[423] MUSENGA Tshimankinda Christian, *op. cit.*, p. 6.

développement, va régresser ; car ce secteur est considéré, comme le lieu de développement de stratégie de survie[424].

La négligence de s'investir dans ce secteur qui est considéré comme la solution magique aux problèmes que connaissent la population, constitue l'une des principales causes de la pauvreté et de non développement des autochtones par rapport aux allochtones qui vivent dans les Chefferies des Babila-Babombi et des Babila-Bakwanza.

L'identité devient l'identification à l'image d'un avoir et d'un paraître, la société globale participe à la construction de l'imaginaire de tout individu en lui envoyant l'image de ce qu'il avoir et de ce qu'il doit paraître. Non seulement l'individu doit constituer son identité sur base de l'avoir, mais encore, il doit avoir ce que la société lui propose d'avoir pour être reconnu par les autres comme quelqu'un. De plus, non seulement l'individu doit constituer son identité sur base de paraitre, mais encore, il doit paraitre tel que la société lui propose de paraitre pour être reconnu par les autres comme quelqu'un[425].

Conclusion

Cette étude a porté sur la participation des autochtones dans la structure de l'économie informelle; dans les Chefferies des Babila-Babombi et des Babila-Bakwanza en Territoire de Mambasa. La structure de l'économie informelle de ces deux Chefferies confirme que, sur 3 317 acteurs répertoriés, l'effectif des autochtones s'élève à 69 (soit 2,08%), et le reste qui s'élève à 3 248 acteurs, constitue l'effectif des allochtones, qui représente 97,92% du total des acteurs ; ce qui confirme toutes nos hypothèses du départ. Eu égard à ce qui précède, nos recommandations visent trois niveaux.

D'abord les leaders autochtones, qui doivent œuvrer vers la convergence des autochtones avec les allochtones pour susciter en eux, un effet d'entraînement. Ensuite, l'Université Shalom de Bunia, qui doit développer l'économie conviviale au sein de ce peuple. Enfin, une implication du gouvernement congolais visant l'amélioration de la situation économique par la fixation de la politique du pays et les choix

[424] LAUTHIER Bruno, *L'économie informelle dans le tiers monde*, Paris, La Découverte, 2004, p. 24.

[425] DEFRENNE Jacques et DELVAUX Chantal, *Le management de l'incertitude*, Bruxelles, De Boeck Université, 1990, p. 160-162.

des objectifs économiques et sociaux visant le partage équitable des revenus et la promotion de l'auto emploi[426].

Bibliographie

BEZBAKH Pierre et GHERARDI Sophie, *Dictionnaire économique*, Hambourg, La Rousse, 2008, 656 p.

BONGWALANGA Alfred, Rapport annuel du Territoire de Mambasa, inédit, 2014, 94 p.

DEFRENNE Jacques et Delvaux Chantal, *Le management de l'incertitude*, Bruxelles, De Boeck Université, 1990, 281 p.

GUILLEBEAU Chris, *100$ pour lancer son business*, Paris, Pearson, 2014, 291 p.

HUGON Philipe, *Économie du tiers monde*, Paris, Dalloz, 1996, 112 p.

JOYAL André, *Les systèmes économiques : capitalisme, socialisme, social-démocratie*, Québec, Gaëtan Morin et Associés, 1979, 202 p.

LAUTIER Bruno, « L'économie informelle dans le tiers monde », in *Cairn. Info*, Paris, La Découverte, 2004, 128 p.

MUSENGA Tshimankinda Christian, « La fiscalisation de l'économie informelle comme facteur du développement économique de la RDC », Mémoire Master1, inédit, UPC, 2008, [en ligne], http://www.memoireonline.com/12/09/ 3052/m_La-fiscalisation-de-leconomie-informelle-comme-facteur-du-developpement-economique-de-la-Repu0.html

MUZITO Adolphe, « Le chômage en RDC hier, aujourd'hui et demain » 2015, [en ligne], http://7sur7.cd/new/5eme-tribune-dadolphe-muzito-le-chomage-en-rdc-hier-aujourdhui-et-demain

Rapport annuel 2013, mis à jour par la Banque Centrale du Congo(BCC), [en ligne], http://www.bcc.cd/downloads/pub/rapann/Rapport_ann_2013_integral.pdf

TINBERGEN Jean, « De quelques problèmes posés par le concept de structure économique », in *Revue Economique et Politique*, 1952, vol. 62, n° 1, 46 p.

[426] Bezbakh Pierre et Gherardi Sophie, *Dictionnaire économique*, Hambourg, Larousse, 2008, p. 495-501.

19

Problématique de l'élaboration du budget dans la Chefferie des Babila-Bakwanza en Territoire de Mambasa de 2011 à 2015

OBEDI Poung'a Willy

Introduction

L'intervention du budget dans la gestion des finances publiques est très déterminante pourvu qu'il joue véritablement son rôle de planification et, éventuellement, de toute programmation qui pourraient retenir des stratégies globales et sectorielles préalablement établies. Cependant, l'élaboration d'un budget doit absolument intégrer les quatre parties[427] édictées par la hiérarchie selon la nomenclature préalablement établie de la manière suivante : (1) les informations générales (population, potentiel fiscal, ratios financiers, exposé de motif) ; (2) la présentation générale (tableau d'équilibre financier, balance générale) ; (3) le fonctionnement et investissement ; (4) les annexes (état du personnel, concours aux associations, dette, immobilisations).

Outre la forme de la présentation, le budget doit respecter les principes de l'annualité[428] (qui signifie que le budget de l'État doit être voté chaque année), d'unité (qui exige que le budget de l'État soit retracé dans un document unique), d'universalité (selon lequel l'ensemble des recettes couvre l'ensemble des dépenses), de spécialité (qui impose d'indiquer précisément le montant et la nature des opérations prévues par la loi de finances), de sincérité (implique l'exhaustivité, la cohérence et l'exactitude des informations financières fournies), de l'équilibre (qui exige que les recettes soient égalent aux dépenses) et de publicité (qui exige que le budget vote soit connu de tous). La Chefferie des Babila-Bakwanza étant une entité territoriale

---

[427] UMBA-di-Ndangi, *Finances publiques*, Kinshasa, Mediaspaul, 2006, p. 25.

[428] STECKEL-ASSOUÈRE Marie-Christine, *Les finances publiques en schémas*, Ellipses, coll. Le droit en schémas, 2015, p. 141.

décentralisée[429], est donc obligée, de par son statut, de faire une planification en élaborant un budget lui permettant de mobiliser les ressources nécessaires pour couvrir ses dépenses de fonctionnement et d'investissement.

L'objectif de cette recherche est de déterminer si la Chefferie des Babila-Bakwanza respecte les principes de l'élaboration du budget tel que prôné par la loi de finance publique de la RDC. D'une façon détaillée, l'analyse se fait sur quatre points :

- Comment la Chefferie intègre les éléments relatifs à l'information générale dans le cadre de l'élaboration de ses budgets ?
- Les éléments contenus dans sa présentation sont-t-ils suffisants pour une bonne analyse et discussion du budget ?
- Les budgets de ladite Chefferie renferment-ils tous les principes nécessaires pour l'élaboration d'un budget ?
- Les personnes qui participent aux sessions ont-elles les compétences requises en matière de l'élaboration du budget ?

L'objectif de cette recherche est d'évaluer l'administration de la Chefferie des Babila-Bakwanza en vue de déceler d'éventuelles failles que contiennent les budgets élaborés dans cette contrée.

Le cadre d'étude est la Chefferie des Babila-Bakwanza, qui est l'une des sept Chefferies de Territoire de Mambasa, en Province de l'Ituri. Sa population est estimée à 80.798 habitants. La majorité de la population est constituée de peuple autochtone, à savoir les Bila, les Lese et les Pygmées. Mais on y trouve d'autres tribus qui viennent d'ailleurs pour exploiter du bois, et travailler dans des écoles et structures sanitaires. L'économie du milieu est dominée par l'exploitation du bois, l'agriculture, la pêche, l'exploitation artisanale de l'or, la chasse et l'élevage de petits bétails. On y trouve huit exploitants d'or, 140 boutiques et 21 pharmacies.

Cette Chefferie compte 25 écoles primaires et sept écoles secondaires dont cinq en progression. On y trouve également huit

[429] Lorsqu'une entité territoriale est décentralisée, elle se voit reconnaître pour certaines affaires qui lui sont propres, le droit de s'administrer elle-même, en disposant d'une certaine autonomie, tout en restant soumis au contrôle de tutelle du pouvoir central. Autrement dit, on reconnaît au profit de l'entité décentralisée un certain nombre d'affaires qu'elle gère seule, par ses propres organes, le pouvoir central disposant toutefois sur elle d'un pouvoir de Contrôle

structures sanitaires dont un Hôpital Général de Référence et sept centres de santé.

Ce travail s'est réalisé dans le domaine de la gestion, et spécifiquement dans les matières budgétaires. Cette étude se fait pour investiguer l'élaboration du budget de la Chefferie des Babila-Bakwanza pour la période allant de 2011 à 2015[430]. La population[431] de cette recherche concerne tous les éléments relatifs à l'élaboration du budget notamment les informations générales, la présentation du budget, les principes budgétaires et les participants à l'élaboration du budget.

Ce travail est réalisé grâce à la méthode analytique. La méthode analytique qui est définit comme « une opération intellectuelle qui consiste à décomposer une œuvre ou un texte en ses éléments essentiels afin d'en saisir les rapports et de donner un schéma général de l'ensemble[432] ». Cette méthode nous a permis de décomposer les éléments relatifs à l'élaboration du budget. Cette méthode est appuyée par les techniques documentaires et l'interview. La technique documentaire nous a permis de consulter les informations écrites se trouvant dans les livres et les archives de la Chefferie. L'interview nous a permis de faire l'échange avec les acteurs de la Chefferie qui élabore et exécute le budget.

Les variables d'étude pour cette recherche sont des éléments relatifs à l'élaboration du budget. Ainsi, le « oui » a représenté l'existence de la variable recherchée et le « non » son absence.

Résultats et interprétation

Nous nous sommes posé quatre questions relatives à l'élaboration du budget de la Chefferie des Babila-Bakwanza. Dans la première question, on s'est demandé comment cette Chefferie intègre les éléments relatifs à l'information générale dans le cadre de l'élaboration de ses budgets.

[430] Nous avons cadré notre recherche de 2011 à 2015, cinq durant pour permettre une bonne analyse. L'année 2011 était l'année où la RD Congo est passée par le vote pour le 2e mandat de Joseph Kabila Kabange et l'année 2015 est l'année où les données budgétaires sont disponibles.

[431] THIERTART Raymond-Alain *et al.*, *Méthodes de recherche en management*, 4e éd, Paris, Dunod, 2014, p. 195. Nous avons utilisé la méthode de sélection de l'échantillon par choix raisonné qui repose fondamentalement sur le jugement.

[432] GUIDÈRE Mathieu, *Méthodologie de la recherche*, Lyon, éd. Ellipses, 2014, p. 60.

Tableau 1 Élaboration du budget selon les informations générales

Variable	Budget 2011		Budget 2012		Budget 2013		Budget 2014		Budget 2015	
	Oui	Non	Oui	Non	Oui	Non	Oui	Non	Oui	Non
Population		X		X		X		X		X
Potentiel fiscal	X		X		X		X		X	
Ratio financier		X		X		X		X		X
Exposé de motif		X		X		X		X		X
Total	1	3	1	3	1	3	1	3	1	3
Pourcentage de oui	25,00%		25,00%		25,00%		25,00%		25,00%	

Le tableau 1, qui recherchait ces éléments de l'information générale pour l'élaboration du budget, mentionnait comme variable le nombre de la population, le potentiel fiscal, le ratio financier et l'exposé de motif. Il est ressorti que 1 seul élément, le potentiel fiscal, se retrouvait, soit 25 %. Avant d'élaborer le budget, la Chefferie fait l'inventaire de contribuable selon la nomenclature édictée par sa hiérarchie.

La population, supposée être bénéficiaire du budget, n'est pas intégrée dans l'élaboration du budget de la Chefferie. Manqué un tel élément dénote une défaillance dans l'élaboration budgétaire. Le ratio financier, outil de gestion qui définit le rapport (ou une relation) entre deux grandeurs ne fait non plus mention dans l'élaboration du budget de la Chefferie sous étude. À titre illustratif, le budget 2014 avait une prévision générale de 40.476.819 francs congolais et en 2015 à 74.743.712 francs congolais sans une comparaison quelconque.

En plus, l'élaboration du budget de la Chefferie des Babila-Bakwanza, n'établit aucune relation entre le budget de fonctionnement et le budget d'investissement, ni entre le budget courant et le budget prévisionnel. En 2011, sur un total de prévision budgétaire de 44.129.096 FC, la prévision pour biens matériels s'élevait à 624.000 FC, et la réalisation s'élevait seulement à 150.000 FC. En 2012, la prévision budgétaire baisse à 36.084.896 FC, la prévision de biens monte à 1.451.000 FC.

Ces rapports sont très importants dans l'analyse d'un budget. La loi de finance répond à des contraintes strictes de présentation liée aux règles de vote. Parmi ces contraintes, mentionnons la présentation des états budgétaires mais également un exposé des motifs. C'est l'exposé des motifs qui présente les orientations générales contenus dans les états chiffrés. Dans son livre de Finance Publique, Robert Umba-di-Ndangi explique que l'exposé des motifs laisse transparaître clairement les préoccupations de l'État, ou de l'entité publique, au cours de l'exercice qui s'annonce[433]. On ne retrouve pas malheureusement l'exposé de motif dans les budgets de la Chefferie des Babila-Bakwanza. Le budget est présenté sans connaître au préalable les réalisations attendues.

La deuxième préoccupation s'orientait sur la question de savoir si les éléments contenus dans la présentation du budget de la Chefferie des Babila-Bakwanza sont suffisants pour une bonne analyse et discussion du budget.

Tableau 2 Présentation générale du budget

Variable	Budget 2011		Budget 2012		Budget 2013		Budget 2014		Budget 2015	
	Oui	Non	Oui	Non	Oui	Non	Oui	Non	Oui	Non
Equilibre financier	X		X		X		X		X	
Fonctionnement et investissement	X		X		X		X		X	
Prévision année courante	X		X		X		X		X	
Réalisation année courante		X		X		X		X		X
Prévision année prochaine	X		X		X		X		X	
Ecart budgétaire		X		X		X		X		X
Les annexes		X		X		X		X		X
Total	4	3	4	3	4	3	4	3	4	3
Pourcentage de oui	57,14%		57,14%		57,14%		57,14%		57,14%	

Le tableau 2 détaillait les sept éléments requis pour la présentation générale du budget. On citera le fonctionnement et l'investissement, la prévision année courante, la réalisation année courante, la prévision année suivante, l'écart budgétaire et les annexes. Parmi les sept

433 UMBA-DI-NDANGI, *op. cit.*, p. 67.

éléments de la présentation, quatre existent soit 57,14 %. Dans le budget de la Chefferie sous étude, on y trouve les éléments concernant l'équilibre financier apparent, le fonctionnement et l'investissement, la prévision de l'année courante et la prévision de l'année suivante.

La réalisation de l'année courante, l'écart budgétaire et les annexes sont absents dans la présentation du budget de la Chefferie. Sans les trois éléments manquants, il est difficile de donner confiance au budget présenté par la Chefferie.

Dans le budget, nous n'avons pas vu les sommes des réalisations année courante en recettes comme en dépenses face aux prévisions budgétaires. Dans une telle situation, il est donc difficile (si pas impossible) de dégager l'écart. Henri Bouquin au sujet des écarts dit : « Il faut connaître les écarts élémentaires qui expliquent l'écart budgétaire ». Le suivi du budget, grâce à l'étude des écarts, fournit des informations importantes. Ne pas suivre ces écarts, renchéris Bouquin, risque de masquer les faits concrets sinon d'enclencher des effets pervers[434].

Les annexes manquent. Ces annexes constituent la synthèse des livres comptables dans lesquels se trouvent les réalisations en recettes et en dépenses. Les archives de la Chefferie en matière financière n'existent pas. La gestion des affaires de l'État se passe comme dans une boutique. L'argent perçu et dépensé n'est enregistré nulle part. L'actuel secrétaire déclare qu'il n'a trouvé pas les archives concernant la finance de la Chefferie. La loi n° 76-020 du 16 juillet 1976 dit que les livres et les documents comptables ainsi que leurs pièces justificatives doivent être conservés pendant dix ans au moins, à partir de la fin de l'exercice concerné[435].

La troisième question de recherche s'articulait autour des principes budgétaires appliqués lors de l'élaboration du budget de la Chefferie des Babila-Bakwanza.

---

[434] BOUQUIN Henri, *Le contrôle de gestion*, 9e éd. Paris, PUF, 2010, p. 512.
[435] LUHONGE Kabinda Ngoy *et al.*, *Les codes Larcier : droit commercial et économique*, tome 3, vol. 2, Bruxelles, éd. De Boeck et Larcier, 2003, p. 492.

Tableau 3 Principe budgétaire

Variable	Budget 2011		Budget 2012		Budget 2013		Budget 2014		Budget 2015	
	Oui	Non	Oui	Non	Oui	Non	Oui	Non	Oui	Non
Annualité	X		X		X		X		X	
Unité	X		X		X		X		X	
Universalité	X		X		X		X		X	
Spécialité	X		X		X		X		X	
Sincérité		X		X		X		X		X
Equilibre		X		X		X		X		X
Publicité		X		X		X		X		X
Total	4	3	4	3	4	3	4	3	4	3
Pourcentage de oui	57,14%		57,14%		57,14%		57,14%		57,14%	

Le tableau 3, qui s'y est penché dénote que sur les sept principes exigés, quatre sont appliqués, mais trois manquent. Dans cette Chefferie, le budget est élaboré chaque année en respectant le principe de l'annualité budgétaire. Il n'y a qu'un seul budget d'où le respect de principe de l'unité budgétaire. Les recettes perçus couvrent l'ensemble des dépenses, il n'y a donc pas une catégorie de recette destinée à une dépense précise. C'est donc le respect de principe de l'universalité du budget. Enfin, dans ce qui s'y trouve, les recettes sont perçues suivant la nomenclature édictée par la hiérarchie, d'où le principe de spécialité.

Le principe de la sincérité budgétaire n'est pas appliqué en Chefferie des Babila-Bakwanza. Les documents de recettes perçues ou des dépenses réalisées n'existent pas. Le secrétaire et le comptable de ladite Chefferie disent qu'ils n'ont pas fait la remise-reprise avec ceux qui sont partis. Même les temps que ces derniers ont passés, ils n'enregistraient pas les transactions financières effectuées par la Chefferie. Sans un tel élément, il est difficile de comparer le budget prévu au budget réalisé. Aussi, même si un tel élément se trouvait dans un autre document, comment se fier aux données, sans soubassement confiant ? Les données non enregistrées ne prêtent aucune confiance permettant de faire une autre planification.

Le principe d'équilibre est obligatoire selon la loi de finance. Il s'agit de l'égalité mathématique entre les prévisions des recettes et celles de dépenses. Les budgets de la Chefferie des Babila-Bakwanza signé par Ausse Mboko Joël, le chef coutumier, présentent partout l'équilibre apparent. En 2011, par exemple, le budget présente un équilibre en recette comme en dépense de l'ordre de 44.129.096,24 FC. Dans les calculs, les recettes sont de l'ordre de 60.054.096,24 FC, et les dépenses de l'ordre de 44.753.096,24 FC. En 2012, les prévisions de recettes et de dépenses sont présentées en équilibre de l'ordre de 36.084.896,24 FC. Après le calcul, les recettes sont de l'ordre de 39.234.696,24 FC et les dépenses de l'ordre de 36.084.896,24 FC. En 2014, les prévisions de recettes et de dépenses sont présentées en équilibre de l'ordre de 79.904.812,17 FC. Tandis qu'après le calcul, les recettes s'élèvent à 75.904.812,47 FC et les dépenses à 30.179.819 FC. En 2015, il y a équilibre dans les prévisions de recettes et de dépenses de l'ordre de 74.743.712,17 FC. Tandis que le calcul donne en recettes 74.743.712,17 FC et en dépenses 69.483.712 FC.

Une telle situation démontre qu'on n'y met pas beaucoup d'attention sur les détails des documents budgétaires. Le principe de la publicité budgétaire qui exige qu'après vote, que le public soit informé du montant arrêté, de mode de perception des recettes et d'exécution de dépenses n'est pas appliqué. Dans la Chefferie des Babila-Bakwanza, les opérateurs économiques, les notables, les intellectuels du milieu ne sont pas informés du montant voté, ni de dépenses qui sont engagées pour la prise en charge de personnel par exemple, et même du développement de la contrée.

La quatrième question-problème a porté sur les personnes qui participent à l'élaboration du budget dans la Chefferie des Babila-Bakwanza.

Tableau 4 Participants à l'élaboration du budget

Variable	Budget 2011		Budget 2012		Budget 2013		Budget 2014		Budget 2015	
	Oui	Non	Oui	Non	Oui	Non	Oui	Non	Oui	Non
Bureau de la collectivité		X		X		X		X		X
Fédération des Entreprises du Congo		X		X		X		X		X
Société civile		X		X		X		X		X
Les notables		X		X		X		X		X
Total	0	4	0	4	0	4	0	4	0	4
Pourcentage de oui	0%		0%		0%		0%		0%	

Le tableau 4, qui présente les groupes qui pouvaient participer à l'élaboration du budget ne reprend personne. Le budget s'élabore ensemble. Le comptable de la Chefferie pouvait commencer par un brouillon pour présenter aux membres du bureau de la Chefferie. Après la prise de connaissance du bureau de la Chefferie, on devrait convoquer d'abord les membres de la Fédération des Entreprises du Congo (FEC), qui sont les plus grands contribuables, ensuite les membres de la Société civile, les intellectuels du milieu et les notables. C'est après débat et amélioration avec tous ces membres, que le budget devrait être envoyé au niveau de la hiérarchie.

Revenant à la question, nous trouvons que dans la Chefferie des Babila-Bakwanza, le comptable seul élabore le budget pour amener au niveau du Territoire. Ce dernier a fait la section mécanique au secondaire. Il s'efforce à travailler malgré le fait qu'il n'ait pas de compétence consistante à la matière.

Conclusion

L'objectif de la recherche consistait à déceler les failles dans l'élaboration de budgets de la Chefferie des Babila-Bakwanza. Ainsi, avec la méthode analytique appuyée par les techniques documentaire et d'interview, nous avons décelé douze éléments suivants :

1. Le nombre de la population n'est pas une préoccupation dans l'élaboration du budget. Et pourtant le budget doit d'abord être élaboré pour le bien-être de la population.
2. Le ratio financier manque. Le budget élaboré ne tient pas compte du budget précédent.
3. Il n'y a aucune relation entre le budget de fonctionnement et le budget d'investissement (équipement).
4. Les réalisations en recettes comme en dépenses de l'année courante manquent. La remise et reprise entre le secrétaire sortant et le secrétaire entrant ne s'est pas réalisée.
5. Les écarts budgétaires provenant de la comparaison entre les prévisions et les réalisations ne sont pas présentés.
6. Les annexes constituant le résumé des états financiers provenant des pièces justificatives manquent.
7. Le principe de la sincérité budgétaire fait défaut. Les perceptions de recettes tout comme les engagements des dépenses ne sont pas mentionnés avec soubassement dans un livre comptable.
8. Le principe de l'équilibre budgétaire est apparent. Sur le plan présentation, on voit qu'il y a équilibre ; mais si l'on l'examine, les calculs ne donnent pas les valeurs présentées au budget.

9. Le principe de publicité budgétaire ne s'applique pas. La population, les notables, la FEC ne sont pas informés du montant de budget voté. En plus, ils ne sont pas informés des réalisations.
10. La FEC ne participe pas à l'élaboration du budget.
11. La Société civile, force vive constituée d'intellectuels, ne participe pas dans la session budgétaire de la Chefferie des Babila-Bakwanza.
12. Les notables non plus ne sont pas invités à l'élaboration du budget de leur propre Chefferie.

Dans la prochaine recherche, il sera intéressant de focaliser sur l'examen d'une éventuelle solution pour une élaboration de budget adéquate au sein de la Chefferie des Babila-Bakwanza. Cette recherche devra prendre en compte les principes scientifiques de l'élaboration du budget et un correctif aux failles observées dans l'élaboration de budget de Chefferie des Babila-Bakwanza.

Bibliographie

BOUQUIN Henri, *Le contrôle de gestion*, 9e éd., Paris, PUF, 2010, 595 p.

GORTNER Harold F. *et al.*, *La gestion des organisations publiques*, Québec, PUQ, 1994, 587 p.

GUIDÈRE Mathieu, *Méthodologie de la recherche*, Lyon, éd. Ellipses, 2010, 126 p.

LUHONGE Kabinda Ngoy *et al.*, *Les codes Larcier : droit commercial et économique*, Tome III, vol. 2, Bruxelles, éd. De Boeck et Larcier, 2003, 910 p.

PYLE W. *et al.*, *Initiation à la comptabilité financière et administrative*, 3e éd., Homewood, éd. Library of Congress, 1985, 1138 p.

STECKEL-ASSOUÈRE Marie-Christine, *Les finances publiques en schémas*, Ellipses, coll. Le droit en schémas, 2015.

THIERTART Raymond-Alain *et al.*, *Méthodes de recherche en management*, 4e éd, Paris, Dunod, 2014, 644 p.

UMBA-DI-NDANGI R., *Finance publique*, Kinshasa, Mediaspaul, 2006, 427 p.

Conclusion générale

BUNGISHABAKU Katho Robert &

MBABAZI Kahwa Isaac

Le présent volume est parti d'un constat selon lequel le Territoire de Mambasa accuse un retard considérable dans son développement intégral par rapport à d'autres Territoires de la Province de l'Ituri. Dans ce sens, chaque contributeur a cherché à comprendre les facteurs qui seraient à la base de ce retard. La préoccupation principale était de mieux cerner les raisons pour lesquelles les résidents autochtones de la forêt de Mambasa retournent aux croyances et pratiques traditionnelles après qu'ils aient été illuminés par les enseignements évangéliques, d'une part, et mieux cerner les raisons de la dégradation de leurs conditions socioéconomiques malgré leur basculement de l'exploitation de subsistance des ressources naturelles de la forêt à l'exploitation commerciale, d'autre part. Les recherches, faisant recours à diverses méthodes, ont révélé plusieurs entraves au développement intégral de ce Territoire, en l'occurrence :

- la grande importance accordée à la valeur identitaire liée aux rites initiatiques, à la lecture du temps, à la croyance aux mânes des ancêtres et aux diverses pratiques religieuses traditionnelles qui gardent ces peuples dans le passé et les empêchent de se tourner vers l'avenir ;
- le manque de politique susceptible de promouvoir le tourisme ;
- l'insécurité liée à la guerre et à la présence des groupes armés ;
- la carence d'infrastructures de base pouvant favoriser le changement ;
- le management public déficient ;
- l'inexistence du secteur industriel ;
- la faible implication des communautés locales dans le circuit d'exploitation de bois dans le Territoire de Mambasa ;

- le manque d'une politique de décentralisation et de rétrocession dans la commercialisation de ces bois.

Tous ces facteurs constituent ce qu'on appelle le « paradoxe du territoire de Mambasa » : d'un côté sa vaste étendue, ses richesses en faune et flore, et de l'autre, la misère de sa population malgré de tels atouts. Ainsi par exemple, après avoir décrit ce contraste de façon assez claire, Umvor Keno Gilbert et Bazungu Avemvo Joseth[436], recommandent qu'une étude approfondie des mœurs et coutumes rétrogrades de ces peuples soit envisagée afin de parvenir au redressement socio-économique de ce territoire à la hauteur de ses ressources naturelles, mais aussi à la transformation spirituelle de ses habitants.

Concernant le déclin de l'évangile dans le Territoire de Mambasa, certains chercheurs ont voulu établir la responsabilité de l'église, celle des gardiens traditionnels de la forêt et de l'élite de l'Ituri pour leur manque d'implication dans la gestion durable de ces ressources naturelles ainsi que du partage équitable de la richesse produite par ces dernières. Ces chercheurs ont voulu aussi aider les églises implantées dans ce Territoire à découvrir de possibles failles qui auraient conduits aux fondations instables de l'évangile dans la perspective de trouver de nouvelles stratégies pour atteindre ces communautés avec un évangile holistique adapté au contexte local.

C'est dans ce cadre qu'un contributeur[437] a cherché à comprendre les raisons qui sous-tendent le retour des Ndaka de Mambasa à leur religion traditionnelle et au mysticisme, après avoir été éclairés par l'évangile. La recherche a abouti à deux conclusions ci-après : (1) les Ndaka avaient, et ont, une conception du temps qui souffre d'un manque de rationalisation et d'une quantification chronométrée ; et (2) les Ndaka sont tributaires d'un temps prenant en compte les saisons, un temps événementiel et élastico-cyclique, favorisant aussi des activités cycliques et plongeant ce peuple dans une routine perpétuelle qui ne favorise pas une réflexion tournée vers un futur lointain. Un tel peuple manque de l'espérance qui le motiverait à travailler pour le changement. Quoi donc de plus naturel pour ce peuple que de se jeter constamment dans la recherche aux

---

[436] Umvor Keno Gilbert et Bazungu Avemvo Joseth, « Présentation du Territoire de Mambasa ».

[437] Kibuka Kutionga N. Corneille, « Conception de temps et développement spirituel chez les Ndaka ».

solutions immédiates à leurs préoccupations quotidiennes à travers des croyances et pratiques traditionnelles, plutôt que d'aller vers l'église dont le message semble tourner plus vers un avenir lointain ?

Une autre contribution sur les Lese-Karo[438] a révélé que ce peuple aussi est solidement tourné vers son passé, introvertis sur ce qu'il a hérité de ses ancêtres. Il est possible de justifier cette introversion par l'isolement de ce peuple au milieu de la forêt, sans interaction avec les autres cultures. Le changement de mentalité, base du développement intégral, serait mieux adopté par les peuples de Mambasa si les valeurs positives venant des autres cultures sont introduites subtilement dans leurs visions du monde.

Un autre chercheur a tenté d'expliquer les raisons qui font que les Bila abandonnent les églises issues des missions[439]. Sa conclusion est que l'une des raisons de leur abandon est la forte influence du rite d'initiation dans leur vie, lequel fait partie de ce qui détermine leur identité et conditionne leur vie sociale, religieuse et économique. Ainsi, la tradition ancestrale exerce une forte pression sur la vie des Bila, même des Bila chrétiens, et les imprègne dans son profond être. Cela constitue un grand défi missiologique pour lequel la recherche propose trois pistes de solutions. En premier lieu, dans la mesure où le rite de passage est une école des Bila, ce rite peut servir pour l'éducation chrétienne de ce peuple après la réception de l'évangile. Ce rite pourrait tout de même servir de lieu d'échange entre la grâce commune et la grâce salvifique pour l'évangélisation profonde de ce peuple. En deuxième lieu, la valeur du rite de circoncision chez les Bila peut servir de pont pour communiquer efficacement la vérité de l'évangile aux Bila. En troisième lieu, pour permettre aux Bila de se développer de façon intégrale et réduire la pauvreté, il faudra : (1) qu'ils tournent des idoles vers le Dieu vrai et vivant, vivent leur foi dans leur contexte et assument leur foi chrétienne en suivant un modèle vivant d'un chrétien bila engagé ; (2) qu'un projet d'encadrement spirituel social et économique soit initié pour aider les Bila à se développer, tel la création d'un centre missionnaire à Mambasa avec des cercles des disciples dans les tous les villages en Territoire de Mambasa ; et (3) que soit créé un projet pour l'encadrement des producteurs bila de cacao avec des micro-crédits, un projet de l'économie

[438] Ndagijimana Batibuka Pontien, « Le retour massif des baptisés lese-karo aux valeurs non chrétiennes : une crise du baptême comme rite de passage ? ».
[439] Krikaidja Longa Semire Josaphat, « Rite d'initiation *kanjá* : facteur d'identité chez les Bila-Bakwanza en Territoire de Mambasa ».

verte et celui des réserves communautaires de la forêt pour protéger l'environnement.

Une résurgence de la métaphysique indigène chez le peuple bila a été observée. À quoi ce phénomène est-il dû ? Atido Pirwoth Georges a démontré que « la léthargie spirituelle des chrétiens qui, comme les non chrétiens, croient que le christianisme est inefficace pour répondre adéquatement aux problèmes dont ils font face et l'absence d'une incarnation soutenue de la culture bila dans la foi chrétienne seraient des catalyseurs à ce phénomènes métaphysiques[440]. »

Il ressort de l'analyse de Atido que les Bila croient en la puissance des forces métaphysiques qui sont au service de l'homme pour intervenir en cas de difficultés. Ils ont des rituels de la chasse, de leadership, de la procréation, de la protection, etc. Ces rituels ont initialement étaient interdits par les églises qui n'ont malheureusement pas fourni des rituels chrétiens alternatifs. De ce fait, certains chrétiens pensent qu'ils sont en situation d'insécurité dans la foi chrétienne. Certains mêlent le christianisme à la tradition, ce qui contribue à la prolifération de la métaphysique indigène qui trouve sa justification face aux crises économique, sociale, politique, etc., que traverse le pays.

De plus, peut-on lire un dualisme dans la conception locale du christianisme bila. En fait, les chrétiens ont largement délégué l'administration et la gestion des affaires culturelles et sociales aux non chrétiens. Plusieurs églises parmi les Bila jugent compatible la fonction de l'ancien du village et ancien de l'église. En conséquence, la foi chrétienne est comprise comme une religion qui s'intéresse plus au physique et à la vie de l'au-delà, pendant que la spiritualité indigène donne de solution aux problèmes mystiques et à la vie présente. On s'aperçoit nettement que l'incarnation de l'évangile est restée à la périphérie de la culture bila qui refait surface en ce moment où la nouvelle génération des chrétiens interroge et évalue la foi chrétienne.

Clairement, les peuples de Mambasa sont pris en otage ; les religions traditionnelles de ces peuples deviennent une aliénation psychologique et sociale qui exclut leurs membres actifs de la communauté, entendez par là les femmes et les jeunes. Ainsi, leurs religions traditionnelles font perdre aux jeunes et femmes de cette contrée leur liberté humaine, d'une

[440] Atido Pirwoth Georges, « La résurgence des pratiques métaphysiques indigènes dans la société bila contemporaine : une analyse missiologique ».

part, et d'autre part, elles maintiennent les personnes âgées dans une peur perpétuelle des esprits.

Il s'avère ainsi important que les églises au sein des communautés du Territoire de Mambasa impliquent la jeunesse dans la vie de l'église pour mieux préparer les générations futures. Les programmes des Écoles du Dimanche, les activités spirituelles des jeunes, les programmes de la traduction de la Bible en langues locales, par exemple, doivent avoir une considération importante dans le budget de l'église et les stratégies du Discipulat. Un tel engagement conduirait les convertis à leur répudiation de leur association avec tout ce qui ne glorifie pas Dieu dans son passé, à leur appropriation de la foi chrétienne, et partant au refus de tout ce qui compromet cette foi, et au rétablissement d'une « nouvelle identité ». C'est pour cette raison que les églises implantées dans le Territoire de Mambasa sont invitées à redoubler d'effort, à repenser leur méthode de travail et à renouveler leur engagement pour tirer les peuples de ce Territoire du sous-développement spirituel et socioéconomique dans lesquels ils sont plongés.

Parmi les facteurs additionnels qui entravent le développement intégral du Territoire de Mambasa, avions-nous retenu l'inefficience du contenu éducatif traditionnel des peuples de ce Territoire, leur désintéressement dans l'éducation formelle de leurs enfants – en faveur de l'éducation traditionnelle – la disparition du système alimentaire traditionnelle, la non-adaptation des objectifs des Associations locales au contexte local, des caractères opportunistes et interventionnistes de ces Associations basés sur la disponibilité de financements extérieurs, du faible investissement dans le capital humain, la faible implication des autorités locales dans l'encadrement et dans l'appui des associations, et la difficulté des peuples autochtones de Mambasa d'accéder aux services élémentaires de soins disponibles, par rapport aux peuples allochtones du même Territoire.

En effet, le contenu éducatif traditionnel d'un peuple peut favoriser ou défavoriser les initiatives de développement. C'est ce qu'ont cherché à démontrer deux contributeurs, pour qui ce contenu joue un rôle prépondérant dans la fonction sociale de l'éducation dans la mesure où il permet à intégrer l'homme dans sa société[441]. Malheureusement, le contenu éducatif que véhicule l'éducation traditionnelle des plusieurs

[441] Nitilu Kongawi Pascal, « Le contenu éducatif traditionnel des Bila » et Drabu Dhegru Bienfait, « Représentation sociale de l'éducation traditionnelle et formelle chez les Lese-Karo de Mambasa ».

peuples de Mambasa contient plusieurs éléments nuisibles à l'épanouissement social et spirituel et ne favorise pas d'initiatives de développement. Puisque ces peuples sont plus attachés aux valeurs accordées à leurs rites initiatiques, et à l'interprétation des réalités physiques et sociales en fonction de leur culture, négocier la révision du cursus de l'éducation traditionnelle offerte au sein desdits peuples serait une bonne solution, et permettrait à ces peuples de mener une vie décente.

Contrairement à la représentation générale selon laquelle les facteurs culturels pourraient être à la base du désintéressement des peuples autochtones de Mambasa à la médecine moderne et au recours à la médecine traditionnelle, une étude a plutôt démontré que les peuples autochtones de cette entité ont bien besoin de bénéficier de soins modernes. Il se pose pourtant deux problèmes, celui lié à la qualité de soins administrés et l'inaccessibilité à ces soins modernes à cause de très faibles revenus. C'est ce qui pousse la plupart d'entre eux à renoncer à la médecine moderne et à rechercher la solution dans les soins traditionnels.

Le manque de politique susceptible de promouvoir le tourisme, l'insécurité liée à la guerre et à la présence des groupes armés, la carence d'infrastructures diverses, le management public déficient et l'inexistence du secteur industriel, voilà également les facteurs qui entravent le développement en Territoire de Mambasa. À ces entraves s'ajoutent la faible implication des communautés locales dans le circuit d'exploitation de bois à Mambasa, le manque d'une politique de décentralisation et de rétrocession dans la commercialisation de ces bois. C'est dans ce cadre qu'une étude s'est évertuée à diagnostiquer la situation économique et sociale du Territoire de Mambasa[442]. Comme possibles pistes de solution, l'étude a suggéré, entre autres : allouer des ressources et encadrer de façon substantielle les secteurs porteurs de croissance dans ce Territoire tels que décrits dans cet article ; imposer aux entreprises d'exploitation des matières précieuses de réaliser suffisamment d'actions sociales en faveur des autochtones ; encourager l'exploration en vue de la connaissance plus ou moins exhaustive de nos ressources minières ; promouvoir les PME ; construire des microcentrales hydroélectriques là où il y en a des potentialités ; encourager les investisseurs privés à développer le secteur énergétique en améliorants le climat des affaires ; réhabiliter les routes d'intérêt provincial et local ;

[442] Tagba Baginyo Stalon & Bati Bateaka Jacques, « Bilan socioéconomique du Territoire de Mambasa ».

stimuler les secteurs qui renforcent la production du secteur primaire pour réduire l'extraversion de l'économie ; vulgariser la loi forestière et s'assurer de son application effective ; encourager la transformation des ressources naturelles localement ; décourager le braconnage, surtout des espèces protégées ; capturer les Okapi en divagation pour alimenter la réserve d'Epulu ; et sensibiliser et conscientiser les autochtones au travail, en général, et à l'entrepreneuriat, en particulier.

Les retombées économiques et sociales de l'exploitation de bois sur le bien-être des communautés locales du Territoire de Mambasa ont fait l'objet d'une autre étude bien faite[443]. Celle-ci a révélé que les avantages de l'exploitation de bois pour les communautés locales sont minimes en général, et quasi inexistant dans certaines parties du Territoire. Elle préconise que le rôle et la place de l'exploitation des ressources forestières en général, et du bois en particulier, soit revu en vue d'accroître sa contribution dans le circuit économique local, et en faire un outil efficace du développement local du Territoire de Mambasa.

Tout compte fait, nous nous réjouissons et sommes fiers des contributeurs à ce volume. Leurs réflexions permet au lecteur de mieux comprendre les facteurs qui sont à la base du retard qu'accuse le Territoire de Mambasa dans son développement intégral, par rapport à d'autres Territoires de la Province de l'Ituri. Dès lors, le lecteur sait les raisons pour lesquelles les résidents de la forêt de Mambasa retournent aux croyances et pratiques traditionnelles, après qu'ils aient été illuminés par les enseignements évangéliques. Mais encore, il sait les raisons de la dégradation de leurs conditions socioéconomiques malgré leur basculement de l'exploitation de subsistance des ressources naturelles de la forêt à l'exploitation commerciale. Cependant, il faudra souligner que ce livre est une invitation aux chercheurs à s'apercevoir de l'immensité de problèmes qui se posent dans le Territoire de Mambasa afin de mener d'autres recherches plus approfondies et des actions concrètes pour son décollage. Ces recherches peuvent aussi nous faire une idée sur les défis immenses qui se posent dans la plupart de nos milieux enclavés.

---

443 Kisembo Nzumaki Patrick, « Retombées économiques et sociales de l'exploitation de bois dans le Territoire de Mambasa ».

Structures éditoriales du groupe L'Harmattan

L'Harmattan Italie
Via degli Artisti, 15
10124 Torino
harmattan.italia@gmail.com

L'Harmattan Hongrie
Kossuth l. u. 14-16.
1053 Budapest
harmattan@harmattan.hu

L'Harmattan Sénégal
10 VDN en face Mermoz
BP 45034 Dakar-Fann
senharmattan@gmail.com

L'Harmattan Cameroun
TSINGA/FECAFOOT
BP 11486 Yaoundé
inkoukam@gmail.com

L'Harmattan Burkina Faso
Achille Somé – tengnule@hotmail.fr

L'Harmattan Guinée
Almamya, rue KA 028 OKB Agency
BP 3470 Conakry
harmattanguinee@yahoo.fr

L'Harmattan RDC
185, avenue Nyangwe
Commune de Lingwala – Kinshasa
matangilamusadila@yahoo.fr

L'Harmattan Congo
67, boulevard Denis-Sassou-N'Guesso
BP 2874 Brazzaville
harmattan.congo@yahoo.fr

L'Harmattan Mali
Sirakoro-Meguetana V31
Bamako
syllaka@yahoo.fr

L'Harmattan Togo
Djidjole – Lomé
Maison Amela
face EPP BATOME
ddamela@aol.com

L'Harmattan Côte d'Ivoire
Résidence Karl – Cité des Arts
Abidjan-Cocody
03 BP 1588 Abidjan
espace_harmattan.ci@hotmail.fr

L'Harmattan Algérie
22, rue Moulay-Mohamed
31000 Oran
info2@harmattan-algerie.com

L'Harmattan Maroc
5, rue Ferrane-Kouicha, Talaâ-Elkbira
Chrableyine, Fès-Médine
30000 Fès
harmattan.maroc@gmail.com

Nos librairies en France

Librairie internationale
16, rue des Écoles – 75005 Paris
librairie.internationale@harmattan.fr
01 40 46 79 11
www.librairieharmattan.com

Librairie l'Espace Harmattan
21 bis, rue des Écoles – 75005 paris
librairie.espace@harmattan.fr
01 43 29 49 42

Lib. sciences humaines & histoire
21, rue des Écoles – 75005 paris
librairie.sh@harmattan.fr
01 46 34 13 71
www.librairieharmattansh.com

Lib. Méditerranée & Moyen-Orient
7, rue des Carmes – 75005 Paris
librairie.mediterranee@harmattan.fr
01 43 29 71 15

Librairie Le Lucernaire
53, rue Notre-Dame-des-Champs – 75006 Paris
librairie@lucernaire.fr
01 42 22 67 13

www.ingramcontent.com/pod-product-compliance
Lightning Source LLC
LaVergne TN
LVHW011141061026
849535LV00003B/559